Zeitschrift für bayerische Landesgeschichte
2023, Band 86 [Heft 1]

Zeitschrift für bayerische Landesgeschichte

2023, Band 86 [Heft 1]

Herausgegeben von der Kommission
für bayerische Landesgeschichte
bei der Bayerischen Akademie der Wissenschaften
in Verbindung mit der
Gesellschaft für fränkische Geschichte und
der Schwäbischen Forschungsgemeinschaft

C. H. Beck

Schriftleitung: Univ.-Prof. Dr. Ferdinand Kramer, München
Geschäftsführung und Redaktion: Dr. Nikola Becker
Kommission für bayerische Landesgeschichte
80539 München, Alfons-Goppel-Str. 11, Tel. 089-23031-1174/1333 (Fax)
E-Mail: zblg@kbl.badw.de
Verlag: C.H. Beck, 80801 München, Wilhelmstr. 9
Satz: Dr. Anton Thanner, Weihungszell
Gestaltungskonzept: Gorbach Büro für Gestaltung und Realisierung, Utting
Druck: Memminger MedienCentrum, Memmingen
ISSN 00442364

© Kommission für bayerische Landesgeschichte

Die Zeitschrift für bayerische Landesgeschichte erscheint in Jahresbänden zu je 3 Heften.
Sie ist in Einzelheften oder im Abonnement über den Buchhandel zu beziehen.
Im Abonnementpreis sind 20 Prozent Nachlaß enthalten.

Manuskripte sind in druckfertigem Zustand an die Geschäftsstelle der Schriftleitung zu senden. Beiträge aus dem Gebiet der fränkischen Geschichte werden von der fränkischen Redaktionsabteilung (Prof. Dr. Dieter J. Weiß/Gesellschaft für fränkische Geschichte), aus dem Gebiet der schwäbischen Geschichte von der schwäbischen Redaktionsabteilung (Dr. Gerhard Hetzer/Schwäbische Forschungsgemeinschaft) verantwortet. Die Beiträge unterliegen einem anonymisierten Begutachtungsverfahren (peer review).

Inhalt

Felicitas Söhner, Epidemien in Bayern von der Vorgeschichte bis zur Frühen Neuzeit *1*

Matjaž Bizjak, Diepold IV. von Katzenstein im Dienste Ludwigs V. von Brandenburg *29*

Philipp T. Wollmann, Zwischen München und Rom. Das Repertorium Germanicum und das Repertorium Poenitentiariae Germanicum als Quellen zur bayerischen Geschichte *55*

Stephanie Ruhwinkel, »Nun bin ich Diktator im Reich der Trümmer und der Toten«. Wahlkampagne der Bayerischen Volkspartei gegen Hitler aus dem Jahr 1930 mit Druckgraphiken des Münchner Künstlers Rudolf Wirth *79*

Alexander Wegmaier, Die Angst vor der europäischen »Megamaschine«. Europapolitische Vorstellungen der frühen Grünen in Bayern *149*

Schrifttum *183*

Epidemien in Bayern von der Vorgeschichte bis zur Frühen Neuzeit

Von Felicitas Söhner

Gegenwärtig wird der mediale wie medizinhistorische Diskurs stark beeinflusst durch die seit 2020 vorherrschende Covid-19-Pandemie. Zu Beginn ihres Auftretens fanden sich zunehmend populärwissenschaftliche Beiträge, die an das Auftreten historischer Epidemien und Pandemien wie die Pest, die Cholera oder die sogenannte »Spanische Grippe« (1918–1920) erinnerten. Auch die wissenschaftliche Auseinandersetzung mit Seuchen als die sozialsten aller Krankheiten nahm in fachlichen Disziplinen stark zu. In der Medizingeschichte befassen sich zahlreiche Beiträge mit lokalen Phänomenen, regionalen Auswirkungen und bieten nationale Überblicke. Eine Zusammenstellung der in der Literatur angeführten Pestereignisse in bayerischen Städten, aber auch eine übersichtsartige Darstellung gesellschaftspolitischer Maßnahmen und Folgen bei Epidemien in Bayern stand bisher noch aus; diese Lücke möchte folgender Aufsatz schließen.

Er soll verstanden werden als grundlegende Darstellung, die zur Erweiterung und Kommentierung wie zur Diskussion medizinhistorischer Konzepte und Einordnungen anregen möchte und damit als Teil einer Reihe historischer Beiträge, die Epidemien im heute bayerischen Raum beleuchten und in denen die Vielzahl lokaler Perspektiven und damit einhergehende Maßnahmen wie auch Folgen zusammengeführt werden[1].

Um das Auftreten von Epidemien in der Geschichte zu verstehen, ist es sinnvoll, das Begriffsverständnis darzulegen und zu differenzieren. Im historischen Verständnis bedeutete eine Seuche das massenhafte Auftreten einer Krankheit mit der Tendenz einer zunehmenden Verbreitung. Die moderne Infektionsmedizin versteht unter einer Seuche die »Anhäufung von gefährlichen, jedoch nicht immer kontagiösen Infektionskrankheiten in größeren und kleineren Gebieten über eine

---

[1] Siehe Forschungsstand im Folgenden. Auszüge aus diesem Beitrag dienten als Grundlage für den Lexikonbeitrag: Felicitas Söhner, Seuchen in Bayern (bis 1800), in: Historisches Lexikon Bayerns, publiziert am 14. Juni 2022, in: Historisches Lexikon Bayerns, URL: https://www.historisches-lexikon-bayerns.de/Lexikon/Seuchen_(bis_1800) (letzter Zugriff: 29. April 2022).

bestimmte Zeit mit der Tendenz zur Massenausbreitung«[2]. Als typische Beispiele sind im europäischen kollektiven Gedächtnis insbesondere die Pest und die Cholera verankert[3].

Seuchen werden nach ihrer Ausbreitung und Entstehung folgenden Kategorien zugeordnet – oftmals besteht ein fließender Übergang[4]:

- Endemie: räumlich begrenzte Häufung einer Infektionskrankheit, jedoch ohne zeitliche Begrenzung (z.B. Masern in Mitteleuropa, Malaria in tropischen und subtropischen Regionen)[5].
- Epidemie: zeitlich und räumlich begrenzte Häufung einer Infektionskrankheit innerhalb einer menschlichen Population (z.B. Cholera in Mitteleuropa, Ebola in Westafrika)[6].
- Pandemie: zeitlich begrenzte Häufung einer Infektionskrankheit, jedoch ohne räumliche Begrenzung (z. B. Influenza, Covid-19)[7].

Um sich der Frage ansteckender, epidemisch auftretender Infektionskrankheiten zu nähern, kann die Medizingeschichte auf unterschiedliche methodische Zugänge zurückgreifen.

Da im Unterschied zu anderen Regionen für Süddeutschland kaum schriftliche Belege zu Seuchenereignissen in antiker und frühmittelalterlicher Zeit vorliegen, bieten archäologische Quellen und deren anthropologische und paläogenetische Auswertung (z.B. DNA-Analyse von Knochenfunden) einen wesentlichen Zugang[8]. Am eingehendsten dürfte das Auftreten der Pest im späten Mittelalter erforscht sein; jedenfalls existieren zahlreiche Publikationen zu deren Auftreten, zu politischen und kulturhistorisch relevanten Auswirkungen[9]. Als historische Quellen jener Epoche können Chroniken, Steuer- und Kirchenbücher oder Pestord-

---

2 Michael ROLLE, Medizinische Mikrobiologie, Infektions- und Seuchenlehre, Stuttgart 2007, 25.
3 Malte THIESSEN, Infizierte Gesellschaften. Sozial- und Kulturgeschichte von Seuchen, in: Aus Politik und Zeitgeschichte 20–21 (2015) 11–18.
4 Reinhard GÜLL, Seuchen – unausrottbare Geißeln der Menschheit? in: Statistisches Monatsheft Baden-Württemberg 10 (2013) 38–43.
5 ROLLE, Medizinische Mikrobiologie (wie Anm. 1), 25.
6 Ebd., 25.
7 Ebd., 25.
8 STAATLICHE NATURWISSENSCHAFTLICHE SAMMLUNGEN BAYERNS, Genomforschung. Die Pest kam in mehreren Wellen in das frühmittelalterliche Bayern, Pressemitteilung vom 5. Juni 2019.
9 Martin DINGES, Pest und Staat. Von der Institutionsgeschichte zur sozialen Konstruktion, in: DERS. (Hg.), Neue Wege in der Seuchengeschichte, Stuttgart 1995, 71–103; Klaus BERGDOLT, Der schwarze Tod in Europa, München 2000; Hans WILDEROTTER, »Alle dachten, das Ende der Welt sei gekommen«. Vierhundert Jahre Pest in Europa, in: DERS. (Hg.), Das große Sterben. Seuchen machen Geschichte, Berlin 1995, 12–53.

nungen dienen. Deren Überlieferung weist aber zumeist Lücken auf und gibt epidemiologische Ereignisse und damit einhergehende Maßnahmen und Auswirkungen meist eher ungenau wieder. So ist jeweils kritisch zu prüfen, ob die dokumentierten Daten ein korrektes und vollständiges Bild der betrachteten Geschehen bieten. Gilt das Spätmittelalter als eine an einschlägigen schriftlichen Zeugnissen noch arme Zeit[10], liegen ab der Frühen Neuzeit städtische Aufzeichnungen vor, die Informationen zu Epidemien enthalten, wie Ratsprotokolle, Steuerbücher oder Baumeisterrechnungen[11]. Stadtschreiber und Chroniken berichten über Ausbrüche und Folgen von Epidemien. Daneben eröffnen Annalen von Städten[12] und Klöstern (wie deren Rechnungsbücher[13]) sowie Flugblätter einen Zugang zu lokalen und regionalen Seuchengeschehnissen[14]. Über lokale Ausbrüche ansteckender Krankheiten mit hoher Mortalität finden sich Hinweise in Totenbüchern von

---

10 Martin VASOLD, Die Pest. Ende eines Mythos, Stuttgart 2003; Rolf KIESSLING, Der schwarze Tod und die weißen Flecken. Zur Großen Pest von 1348/49 im Raum Ostschwaben und Altbayern, in: Zeitschrift für bayerische Landesgeschichte 68 (2005) 519–539.
11 Charlotte BÜHL, Die Pestepidemien des ausgehenden Mittelalters und der frühen Neuzeit in Nürnberg (1483–1533), Zulassungsarbeit Erlangen, erschienen in: Rudolf ENDRES (Hg.), Nürnberg und Bern. Zwei Reichsstädte und ihre Landgebiete, Erlangen 1990, 121–168; Amalie FÖSSEL, Der schwarze Tod in Franken 1348–1350, Magisterarbeit Erlangen 1986, erschienen in: Mitteilungen des Vereins für Geschichte der Stadt Nürnberg 74 (1987) 1–77; Kay Peter JANKRIFT, ›Up dat god sich aver uns verbarmen wolde‹. Formen, Strukturen und Entwicklungen der Auseinandersetzung mit Seuchen in westfälischen und rheinischen Städten im Mittelalter (8.-16. Jh.), Habilitation Münster 2002; DERS., Epidemien im Hochmittelalter, in: Mischa MEIER (Hg.), Pest. Die Geschichte eines Menschheitstraumas, Stuttgart 2005, 129–141; Kay Peter JANKRIFT, Im Angesicht der »Pestilenz«. Seuchen in westfälischen und rheinischen Städten (1349–1600), Stuttgart 2020; Helmut MARTIN, Die Pest im spätmittelalterlichen Würzburg, in: Mainfränkisches Jahrbuch für Geschichte und Kunst 46 (1994) 24–73; Hermann SCHÖPPLER, Die Geschichte der Pest zu Regensburg, München 1914.
12 Johannes MÜLLNER, Die Annalen der Reichsstadt Nürnberg von 1623, 1470–1544, Bd. 2, Nürnberg 1972, 175.
13 KIESSLING, Der schwarze Tod (wie Anm. 10).
14 Achilles Pirmin GASSER, Ander und Dritter Theil/ Der weitberümpten Keyserlichen Freyen vnd deß H. Reichßstatt Augspurg in Schwaben/ Chronica/ Auß Achillis P. Gasseri. Chronica. gezogen/ vnnd. inn vnser Teutsche Spraach inn offentlichen Truck gegeben/. Durch Wolffgangum Hartmannum Pfarherrn zu Eberspach, Getruckt zu Franckfurt am Mayn/ bey Christ. Egen. Erben 1595–1596; Paul von STETTEN, Geschichte der Heil. Röm. Reichs Freyen Stadt Augsburg/ Aus Bewährten Jahr=Büchern und Tüchtigen Urkunden gezogen/ und an das Licht gegeben, 2 Bde., Frankfurt/Leipzig 1743/1758; Kaspar AUGUSTIN, Christliche Erinnerung/ neben kurtzer historischen Verzaichnus/ Wie offt der Gott der Herr/ von Anno 1042 biß dahero/ wegen ubermachter Sünde/ mit der Pest/ neben anderen Plagen/ diese Statt Augsburg habe heimgesucht. Menigklich zu wahrer Buß und besserung des Lebens (Kupferstich von Raphael Custos, gedruckt in Augsburg 1629 von Johannes Schultes), in: Wolfgang HARMS (Hg.), Deutsche illustrierte Flugblätter des 16. und 17. Jahrhunderts, Bd. 1, Tübingen 1985.

Pfarreien wie auch in Untersuchungsbefunden in der Überlieferung von Kliniken und in Nachlässen von Medizinern.

Viele historische Seuchenbeschreibungen lassen keinen eindeutigen Schluss zu, um welche Krankheit es sich handelte. Der Pestbegriff wurde zunächst unspezifisch für Seuchen mit hoher Mortalität verwendet und erst im 16. Jahrhundert wurde begonnen, diese begrifflich zu unterscheiden[15]. Die historische Forschung konstatiert eine synonyme Verwendung der Begriffe »Pestilentz«, »Brechen« und »großes Sterben« in vormodernen Quellen im Zusammenhang mit der Pest[16]. Die Forschung erschwert, dass in zeitgenössischen Quellen Begrifflichkeiten auch mehrdeutig verwendet werden. So bleibt es bei den Ausführungen im Einzelfall jeweils unklar, welcher Erreger ein lokales oder regionales Seuchengeschehen ausgelöst hatte. Nicht zuletzt deswegen gilt der Versuch einer »retrospektiven Diagnostik« bei gleichzeitig fehlender Berücksichtigung vormoderner (vor 1800) Erklärungsmodelle für die »Ursprünge« von Seuchen als sehr problematisch[17].

Welche Einschnitte Seuchen wirtschaftlich, politisch und gesellschaftlich bedeuten, lässt sich hingegen besser rekonstruieren. Für viele Regionen und Städte in Bayern liegen gelungene Analysen zur Ausprägung, Wahrnehmung und Bekämpfung von Seuchen vor, z.B. für Nürnberg von Fritz Dross[18] und Carolin Porzelt[19] oder für Augsburg von Claudia Stein[20] und Mariusz Horanin[21].

In der Geschichte traten immer wieder Seuchenzüge auf. In Phasen, in denen sich Umwelt oder Gesellschaft stark wandelten (Zugänge in abgeschiedene Regionen, klimatische Veränderungen, Bevölkerungsbewegungen, Vermassung, Verelen-

---

15 Mariusz HORANIN, Die Pest in Augsburg um 1500. Die soziale Konstruktion einer Krankheit, Dissertation Göttingen 2019, 29.
16 Ebd., 193.
17 Heiner FANGERAU, Zu Paläopathologie und Geschichte der Medizin, in: Der Urologe 49 (2010) 1406–1410; DERS./Alfons LABISCH, Pest und Corona. Pandemien in Geschichte, Gegenwart und Zukunft, Freiburg 2020; Karl-Heinz LEVEN, Die Geschichte der Infektionskrankheiten. Von der Antike bis ins 20. Jahrhundert, Freiburg 1997; DERS., »Vandalisches Minimum« und molekularisierte Medizingeschichte. Neuere Entwicklungen in der Seuchengeschichte des Frühen Mittelalters, in: Jörg VÖGELE/Stefanie KNÖLL/Thorsten NOACK (Hg.), Epidemien und Pandemien in historischer Perspektive, Berlin 2016, 35–49.
18 Fritz DROSS, Seuchen in der frühneuzeitlichen Stadt, in: Susanne GREITER/Christine ZENGERLE (Hg.), Ingolstadt in Bewegung. Grenzgänge am Beginn der Reformation, Göttingen 2015, 303–324.
19 Carolin PORZELT, Die Pest in Nürnberg. Leben und Herrschen in Pestzeiten in der Reichsstadt Nürnberg (1562–1713), St. Ottilien 2000.
20 Claudia STEIN, Die Behandlung der Franzosenkrankheit in der Frühen Neuzeit am Beispiel Augsburgs, Stuttgart 2003.
21 HORANIN, Die Pest in Augsburg (wie Anm. 15).

dung), finden sich auch Veränderungen in der Ausbreitung und Folgenschwere von Infektionskrankheiten[22]. Die Medizingeschichte zielt nicht nur darauf, die pathologischen Geschehen zu beschreiben, sondern begreift es vielmehr als ihre Aufgabe, die Seuchenereignisse im Kontext ihrer gesellschaftlichen, politischen, kulturellen und wissenschaftlichen Hintergründe zu untersuchen und dabei zwischen individuellen, institutionellen und gesellschaftlichen Wahrnehmungs-, Deutungs- und Handlungsmustern zu unterscheiden. Da betrachtete historische Ereignisse mit aktuellen Situationen keinesfalls gleichzusetzen sind, sind die erfassten Reaktionen und die damit einhergehenden Prozesse in ihrer Abhängigkeit von der jeweiligen Kultur und Epoche zu verstehen und stets quellenkritisch einzuordnen.

Vorgeschichte und Antike

Für die Phase der Vorgeschichte und Antike ist die Informationslage zu epidemischen Ereignissen eher dürftig. Zwar ist bekannt, dass Seuchen in Europa bereits in dieser Epoche auftraten, doch ist das Wissen zu den verschiedenen Krankheitserregern noch recht ungenau.

Anhand von Skelettanalysen wurde das Auftreten des Pesterregers in Europa etwa 3500 v. Chr. nachgewiesen[23]. Die Existenz mehrerer Pestgräber aus der Jungsteinzeit und der Bronzezeit in Europa legt den Schluss nahe, dass die Pest kein lokales Phänomen war[24]. Das älteste bekannte Pestgenom in Zentraleuropa stammt aus Grabstätten in Haunstetten (Stadt Augsburg) aus der Zeit 2396 bis 2148 v.Chr.[25]. Die Archäologie erklärt die Ausbreitung der Krankheit mit dem Aufkommen eines stabilen Siedlungssystems im Lechtal ab ca. 2500 v.Chr. und einem An-

---

22 Manfred VASOLD, Pest, Not und schwere Plagen. Seuchen und Epidemien vom Mittelalter bis heute, München 1991; DERS., Seuchenzüge, in: Werner E. GERABEK/Bernhard D. HAAGE/Gundolf KEIL/Wolfgang WEGNER (Hg.), Enzyklopädie Medizingeschichte, Berlin 2005, 1323f.
23 Aida ANDREADES VALTUENA/Alissa MITTNIK u.a., The Stone Age Plague and Its Persistence in Eurasia, in: Current Biology 27 (2017) 3683–3691; Hubert FILSER, Die erste Pandemie der Menschheitsgeschichte, in: Spektrum, 26. August 2020; Lisa SEIFERT, Mikroevolution und Geschichte der Pest. Paläogenetische Detektion und Charakterisierung von Yersinia pestis, gewonnen aus historischem Skelettmaterial, Dissertation München 2013.
24 Majander KERTTU/Saskia PFRENGLE/Arthur KOCHER/Judith NEUKAMM u.a., Ancient Bacterial Genomes Reveal a High Diversity of Treponema pallidum Strains in Early Modern Europe, in: Current Biology 30 (2020) 3788–3803; Lee MORDECHAI/Merle EISENBERG/Timothy P. NEWFIELD u.a., The Justinianic Plague. An inconsequential pandemic?, in: Proceedings of the National Academy of Sciences 116 (2019) 25546–25554.
25 ANDREADES VALTUENA, The Stone Age (wie Anm. 23).

stieg der Bevölkerungsdichte. Auch die Etablierung weiträumiger Handelsnetze wird als Verbreitungsfaktor betrachtet[26].

Für das 2. Jahrhundert deuten römische Grabinschriften aus dem Landkreis Rosenheim (Mauerkirchen) und aus Regensburg auf das Auftreten einer Epidemie hin. Mit der sogenannten »Antoninischen Pest« erfasste eine Epidemie das Römische Reich um 165 bis 185 n. Chr. Die Verbreitung erfolgte wohl über militärische Bewegungen vom Nahen Osten zurück in verschiedene Militärstandorte des römischen Imperiums. Welcher Erreger das Seuchengeschehen ausgelöst hat, blieb bislang unklar.

Aktuell liegen zu individuellen, institutionellen wie gesellschaftlichen Maßnahmen und Bewältigungsstrategien wie auch zu gesellschaftspolitischen und wirtschaftlichen Auswirkungen der Seuchenereignisse im heutigen Bayern aktuell kaum Erkenntnisse vor. Es ist zu hoffen, dass zukünftige paläogenetische Untersuchungen in diesem Zusammenhang weitere Aufschlüsse liefern.

Mittelalter (6. bis zum Anfang des 16. Jahrhunderts)

Für das mittelalterliche Europa deuten die Quellen auf ein regelmäßiges Auftreten von Seuchen wie der sogenannte »Englische Schweiß«, Fleckfieber, Ruhr, Typhus und Pocken hin[27].

Eine Krankheit, die die Bevölkerung auch im süddeutschen Raum ständig begleitete, war die Lepra. Eine enorme Zunahme der Lepraerkrankungen ab dem späten 11. Jahrhundert wird mit den Kreuzzügen verbunden[28]. Das Auftreten der Lepra erfuhr seinen Höhepunkt im 13. Jahrhundert, ab dem 14. Jahrhundert reduzierte es sich merklich bis zum weitestgehenden Verschwinden gegen Ende des 16. Jahrhunderts.

Als die Krankheit mit dem größten demographischen Einfluss auf die Bevölkerung Europas gilt die Pest. Zu den frühesten schriftlich dokumentierten Seuchengeschehen zählt die sogenannte »Justinianische Pest«; diese begann im Jahr 541 in

---

[26] Aida ANDREADES VALTUENA/Ken MASSY/Marcel KELLER, Die Steinzeitpest im Lechtal, in: Bayerische Archäologie 3 (2020) 16–19.
[27] JANKRIFT, Formen, Strukturen (wie Anm. 11); DERS., Epidemien im Hochmittelalter (wie Anm. 11); DERS., Im Angesicht der »Pestilenz« (wie Anm. 11).
[28] Ulrich KNEFELKAMP, Leprosenhäuser, publiziert am 5. Februar 2012, in: Historisches Lexikon Bayerns, URL: http://www.historisches-lexikon-bayerns.de/Lexikon/Leprosenhäuser (letzter Zugriff: 24. März 2021).

Ägypten, erreichte um 543 Vorderasien und Mitteleuropa und hielt bis 750 an[29]. Genomanalysen in Reihengräberfeldern in Aschheim, Altenerding, Dittenheim, Unterthürheim, Petting und Waging wiesen das Auftreten des Pesterregers im 6. Jahrhundert nach[30]. Zunehmend wird mehr über die Ausbreitung, Diversität und genetische Geschichte des Erregers im Verlauf der Pandemie bekannt. Die genomischen Untersuchungen deuten auf mindestens zwei unabhängige Pestwellen im frühmittelalterlichen Bayern hin.

Paläogenetische Untersuchungen ermittelten mehrere Peststämme, die Mitteleuropa in den folgenden zwei Jahrhunderten heimsuchten[31]. Untersuchungen wiesen an 21 Fundorten in Österreich, Großbritannien, Deutschland, Frankreich und Spanien acht Pestgenome nach; sie belegen das Vorhandensein der »Justinianischen Pest« auf den Britischen Inseln sowie das parallele Auftreten mehrerer abgeleiteter Stämme in Zentral- und Südfrankreich, Spanien und Süddeutschland[32]. Es ist davon auszugehen, dass sich der Erreger der Pest nach dem 8. Jahrhundert in der Region nicht erhalten hat und im Spätmittelalter wieder neu nach Europa gelangt ist[33].

Chroniken verweisen in den Jahren 1059/60, 1092 und 1099 auf das Auftreten von Seuchenzügen im bayerischen Raum, die Benennung des Krankheitserregers bleibt dabei sehr ungenau[34]. Mit erneutem Auftreten der Pest im 14. Jahrhundert wurde Europa von einer Epidemie getroffen, die geprägt war von hoher Virulenz und Mortalität[35].

Den bayerischen Raum erreichte die Pest vermutlich über den Fernhandelsweg von Trient über den Brenner und das Inntal[36]. Chroniken berichten 1348 vom Er-

---

29 MORDECHAI, The Justinianic Plague (wie Anm. 24).
30 Marcel KELLER/Maria A. SPYROU/Christiana L. SCHEIB/Gunnar U. NEUMANN u.a., Ancient Yersinia pestis genomes from across Western Europe reveal early diversification during the First Pandemic (541–750), in: Proceedings of the National Academy of Sciences 116 (2019) 12363–12372; Andreas ROTT/Bernd PÄFFGEN/Brigitte HAAS-GEBHARD u.a., Family graves? The genetics of collective burials in early medieval southern Germany on trial, in: Journal of Archaeological Science 92 (2018) 103–115.
31 KELLER, Ancient Yersinia (wie Anm. 30).
32 Ebd.
33 Wolfram BRANDES, Die Pest in Byzanz nach dem Tode Justinians (565) bis 1453, in: MEIER, Pest (wie Anm. 11), 201–224; VASOLD, Die Pest (wie Anm. 10).
34 Thomas WOZNIAK, Naturereignisse im frühen Mittelalter. Das Zeugnis der Geschichtsschreibung vom 6. bis 11. Jahrhundert, Berlin 2020, 657 ff.
35 HORANIN, Die Pest in Augsburg (wie Anm. 15); PORZELT, Die Pest (wie Anm. 19).
36 Robert D. PERRY/Jacqueline D. FETHERSTON, Yersinia pestis. Etiologic Agent of Plague, in: Clinical Microbiology Reviews 10 (1997) 35–66.

scheinen des sogenannten »Schwarzen Todes« in Braunau, Mühldorf am Inn, Landshut und München[37]. Andere Städte wie Augsburg[38], Regensburg, Nürnberg und Würzburg[39] waren in dieser ersten Phase (1348–51) dagegen kaum betroffen. In den folgenden dreieinhalb Jahrhunderten blieb die Seuche eine ständige Bedrohung, verbreitete sich über Handelswege zu Land und zu Wasser. Oft war das Auftreten der Pest aber regional begrenzt. In schriftlichen Dokumenten und vorliegenden medizinhistorischen Arbeiten liegen für den Zeitraum zwischen 1350 und 1525 folgende Hinweise auf Pestausbrüche in Städten vor:

Augsburg[40]	1357/58, 1379/80, 1389, 1398, 1402, 1420, 1429–31, 1438/39, 1463–67, 1483, 1494
Bamberg[41]	1356, 1483, 1494, 1506, 1520
Eichstätt[42]	1347/48, 1397, 1483
Hof[43]	1365, 1394, 1408, 1438, 1457/58, 1480, 1482, 1505, 1519
Ingolstadt[44]	1494, 1521
Kempten[45]	1482, 1521, 1523

---

37 BERGDOLT, Der schwarze Tod (wie Anm. 9), 79; Edmund von OEFELE, Die Chroniken der baierischen Städte. Regensburg, Landshut, Mühldorf, München 1878, 384 f.
38 AUGUSTIN, Christliche Erinnerung (wie Anm. 14).
39 MARTIN, Die Pest (wie Anm. 11).
40 Chroniken der deutschen Städte vom 14. bis 16. Jahrhundert, hg. v. der HISTORISCHEN KOMMISSION BEI DER BAYERISCHEN AKADEMIE DER WISSENSCHAFTEN, Bd. 4: Chronik von 1368–1406 mit Fortsetzung bis 1447, Chronik von der Gründung der Stadt Augsburg bis zum Jahre 1469, Chronik des Erhard Wahraus 1126–1445, Leipzig 1865; Bd. 5: Chronik des Burghard Zink 1368–1487, Leipzig 1866; Bd. 22: Chronik des Hector Mülich 1348–1487, Anonyme Chronik von 991–1483, Leipzig 1892; Bd. 23: Chronik von Clemens Sender bis 1536, Leipzig 1894; Bd. 32: Paul Hector Mairs I. Chronik von 1547–1565, Leipzig 1917; Wilhelm ABEL, Die Wüstungen des ausgehenden Mittelalters, Stuttgart 1955, 35, 79; Paul HEITZ, Pestblätter des XV. Jahrhunderts, Straßburg 1918, 4; HORANIN, Die Pest in Augsburg (wie Anm. 15); Bettina PFOTENHAUER, Seuchen und Krankheiten als städtische Reformer, in: Richard LOIBL (Hg.), Krisen in Bayern. Seuchen, Kriege, Naturkatastrophen und ihre Folgen, München 2021, 38–45, hier 39.
41 DOMKAPITEL BAMBERG, Gegen-Bericht samt Beylagen in Sachen Hochbesagten Bambergischen Dohm-Capituls wider Se. Hoch-Fürstl. Gnaden zu Bamberg, Bamberg 1740; Karl LECHNER, Das große Sterben in Deutschland in den Jahren 1348 bis 1351, Innsbruck 1884, 126; PFOTENHAUER, Seuchen (wie Anm. 40), 39.
42 ABEL, Die Wüstungen (wie Anm. 40), 80; Adam BRAUNWART, Beitrag zur medizinischen Geschichte Bayern's, Dissertation Würzburg 1865, 34.
43 BRAUNWART, Beitrag (wie Anm. 42), 34.
44 Ebd., 5; Josef SEGER, Der Bauernkrieg im Hochstift Eichstätt, München 1997, 152.
45 BRAUNWART, Beitrag (wie Anm. 42), 34.

Landshut[46]	1348, 1494/95
München[47]	1349, 1356, 1380, 1396, 1412, 1420, 1430, 1439, 1452, 1462/63, 1473, 1482/83, 1484/85, 1494–96, 1515, 1517
Nürnberg[48]	1359, 1379, 1406, 1437, 1451/52, 1460–63, 1473–75, 1483/84, 1494/95, 1505/06, 1519–21
Regensburg[49]	1357, 1371, 1375, 1407, 1436, 1462/63, 1520–22
Schweinfurt[50]	1449, 1463, 1472
Würzburg[51]	1356, 1363, 1389, 1425, 1437, 1475, 1494, 1507, 1519

Da im Mittelalter die Begrifflichkeiten für Infektionskrankheiten unscharf verwendet wurden, ist damit der sichere Beleg für ein Pestereignis erschwert[52]. Nicht zuletzt deswegen dürfen obenstehende Angaben keineswegs als vollständig betrachtet werden, sie lassen sich vielmehr als Ausgangspunkt und Diskussionsgrundlage einer in der Forschungsgemeinschaft zu erhebenden Datenbasis verstehen. Anregungen und Impulse an die Autorin sind daher sehr willkommen.

---

46 ABEL, Die Wüstungen (wie Anm. 40), 83; BRAUNWART, Beitrag (wie Anm. 42), 9; HEITZ, Pestblätter (wie Anm. 40), 4.
47 Michael BECKER, Geschichte München's für Alt und Jung, München 1871, 151 f., 174; Wolfgang BURGMAIR/Wolfgang LOCHER, Medizinhistorischer Stadtführer München, Lindenberg 2008, 132 f.; Waldemar FROMM (Hg.), Literaturgeschichte Münchens, München 2019, 93; Alois MITTERWIESER, Die Pest in München und in der Vorstadt Au in den Jahren 1649–1651, München 1919; Helmuth STAHLEDER, Chronik der Stadt München, Bd. 1: Herzogs- und Bürgerstadt, die Jahre 1157–1505, Bd. 2: Belastungen und Bedrückungen 1505–1705, München 2005.
48 ABEL, Die Wüstungen (wie Anm. 40), 80 ff.; BÜHL, Die Pestepidemien (wie Anm. 11), 121; DROSS, Seuchen (wie Anm. 18), 306 ff.; Dominik FELDMANN/Andrea WALSER/Antonia LANDOUS/Bettina PFOTENHAUER (Hg.), Der Feind in der Stadt. Vom Umgang mit Seuchen in Augsburg, München und Nürnberg. Eine Ausstellung der Bayerischen Archivschule der Generaldirektion der Staatlichen Archive Bayerns, München 2016, 16; HEITZ, Pestblätter (wie Anm. 40), 4; Reinhard HEYDENREUTER/Birgit STROBL (Hg.), Bayerische Landesgeschichte, München 2009, 162; PORZELT, Die Pest (wie Anm. 19), 34 ff.; SEGER, Der Bauernkrieg (wie Anm. 44), 149.
49 ABEL, Die Wüstungen (wie Anm. 40), 79; SCHÖPPLER, Die Geschichte der Pest (wie Anm. 11), 20 f.
50 BRAUNWART, Beitrag (wie Anm. 42), 34.
51 Peter KOLB, Das Spital- und Gesundheitswesen, in: Ulrich WAGNER (Hg.), Geschichte der Stadt Würzburg, Band 1: Von den Anfängen bis zum Ausbruch des Bauernkriegs, Stuttgart 2001, 402; Alfred LECHNER, Die Pest in Würzburg im 16. Jahrhundert, Dissertation Würzburg 1923, 8 f.; MARTIN, Die Pest (wie Anm. 11), 33–48.
52 Wilhelm VOLKERT, Herzoglicher Rat (Herzogtum Bayern), publiziert am 20. Juni 2012, in: Historisches Lexikon Bayerns, URL: http://www.historisches-lexikon-bayerns.de/Lexikon/Herzoglicher_Rat_(Herzogtum_Bayern) (letzter Zugriff: 29. April 2022); WOZNIAK, Naturereignisse (wie Anm. 34), 631 ff.

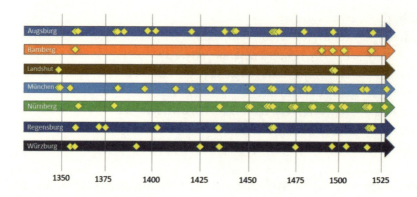

Abb. 1: Dokumentierte Pestausbrüche in bayerischen Städten (1350–1525).

Auf das Auftreten von Seuchenereignissen reagierte die mittelalterliche Gesellschaft mit unterschiedlichen sozialen, administrativen und städtebaulichen Maßnahmen. Außer der Isolierung der Erkrankten bediente sich die Bevölkerung kaum weiterer wirksamer Maßnahmen, um das Auftreten ansteckender Krankheiten einzudämmen.

So wurden die von der Lepra befallenen Menschen von der Bevölkerung isoliert, sie hatten ihr Recht als Stadtbürger verloren und waren auf Almosen angewiesen. Leprahäuser, sogenannte »Leprosorien«, dienten zur Unterbringung und Kontrolle der Leprakranken[53]. Als große Zäsur für die Verbreitung der Lepra gilt das Auftreten der Pest im 14. Jahrhundert[54]. Zum einen bedeutete das Auftreten der Pest den größten demographischen Einschnitt für das mittelalterliche Europa, zum anderen wirkten sich die Maßnahmen gegen die Pest auch auf die Verbreitung der Lepra aus[55]. Zwar wurde eine Ansteckungsgefahr erkannt, die jedoch schlechten Dünsten (sogenannte »Miasmen«) oder anatomischen Einflüssen zugerechnet wurde, doch die Ursache der Erkrankung blieb bis 1894 unbekannt.

Die Bevölkerung reagierte in dieser Ungewissheit gegenüber der Bedrohung durch die Pest auf vielfältige Weise. Die Landbevölkerung mied die Städte zunehmend. Auf der Suche nach den »Verantwortlichen« richtete sich die Reaktion der

---

53 KNEFELKAMP, Leprosenhäuser (wie Anm. 28).
54 Ebd.
55 Ebd.

Bevölkerung oft gegen Angehörige von Minderheiten oder deviante Personengruppen (wie jüdische, fahrende, bettelnde, behinderte oder psychisch kranke Menschen) als »Sündenböcke« (z.B. 1348 Regensburg[56]) und entlud sich in Verunglimpfung und Verfolgung[57]. Insbesondere in schwäbischen und fränkischen Orten kam es zu Judenpogromen[58] (z.B. 1348 Augsburg[59], 1349 Nürnberg[60], 1349 Würzburg[61]) und Geißlerzügen[62]. In den bayerischen Teilherzogtümern wurden 1349 Juden auf ausdrückliche Weisung der Herzöge ermordet[63]. In einzelnen Städten wie in Regensburg blieb die jüdische Gemeinde durch den Schutz des Magistrats davon verschont[64]. Zusammenhänge zwischen dem Auftreten der Pest und Judenpogromen sind zu vermuten, aber schwer zu belegen[65].

Zum anderen wurden religiöse Rituale befördert; die Bevölkerung reagierte auf die überwältigenden Auswirkungen des Seuchengeschehens zunächst weniger mit sanitären Maßnahmen als mit Bittgottesdiensten, Prozessionen[66] (z.B. 1380, 1407,

---

56 SCHÖPPLER, Die Geschichte der Pest (wie Anm. 11), 20.
57 FELDMANN, Der Feind (wie Anm. 48), 11 f.; Nico PIETSCHMANN, Das Armen- und Krankenwesen im Spätmittelalter und der Frühen Neuzeit. Lebensbedingungen und Lebenswirklichkeit. Die Reichsstädte Augsburg und Nürnberg im Vergleich, in: Zeitschrift des Historischen Vereins für Schwaben 107 (2015) 151–170; THIESSEN, Infizierte Gesellschaften (wie Anm. 2).
58 Josef KIRMEIER, Judenverfolgungen (Spätmittelalter), publiziert am 24. September 2014, in: Historisches Lexikon Bayerns, URL: https://www.historisches-lexikon-bayerns.de/Lexikon/Judenverfolgungen_(Spätmittelalter) (letzter Zugriff: 29. April 2022).
59 Samuel K. COHN, The Black Death and the Burning of Jews, in: Past and Present 196 (2007) 3–36; GASSER, Ander und Dritter Theil (wie Anm. 14); Frantisek GRAUS, Pest, Geißler, Judenmorde. Das 14. Jahrhundert als Krisenzeit, Göttingen 1987; Raphael M. KRUG, »Es ist doch zem Jungsten ein end daran«. Die Augsburger Steuerbücher im Spätmittelalter (1346–1430) als Medium städtischer Verwaltung, Augsburg 2006; Iris RITZMANN, Judenmord als Folge des »Schwarzen Todes«. Ein medizinhistorischer Mythos? in: Medizin, Geschichte und Gesellschaft 17 (1998) 101–130.
60 BÜHL, Die Pestepidemien (wie Anm. 11); FÖSSEL, Der schwarze Tod (wie Anm. 11); PORZELT, Die Pest (wie Anm. 19).
61 MARTIN, Die Pest (wie Anm. 11).
62 Ingrid WÜRTH, Geißlerzüge, in: Historisches Lexikon Bayerns, publiziert am 19. August 2015, URL: http://www.historisches-lexikon-bayerns.de/Lexikon/Geißlerzüge (letzter Zugriff: 18. August 2021).
63 Josef KIRMEIER, Judentum in Altbayern (bis 1800), in: Historisches Lexikon Bayerns, publiziert am 8. Februar 2012, URL: http://www.historisches-lexikon-bayerns.de/Lexikon/Judentum_in_Altbayern_(bis_1800) (letzter Zugriff: 23. März 2021).
64 SCHÖPPLER, Die Geschichte der Pest (wie Anm. 11).
65 WÜRTH, Geißlerzüge (wie Anm. 62).
66 Staats- und Stadtbibliothek Augsburg (SuStBA), 2° Cod. Aug. 71: Chronik der Stadt Augsburg von Math. Mannlich 911–1545, Fol. 26; Chroniken der deutschen Städte, Bd. 4 (wie Anm. 40), 228 sowie Bd. 22 (ebd.), 463.

1462 Pestgang in Regensburg[67], 1381 Bittprozession in Würzburg[68]) und Wallfahrten (z.B. 1462, 1483/84 Münchner Wallfahrt nach Andechs[69]). Als Vermittler in der Bitte an Gott, die Seuche wieder verschwinden zu lassen, dienten insbesondere die sogenannten »Pestheiligen« St. Sebastian und St. Rochus[70].

Erst ab dem Ende des 15. Jahrhunderts etablierten sich obrigkeitliche Abwehrstrategien, eine auf Beratung gelehrter Mediziner basierende landesherrliche wie städtische Pestpolitik[71]. Medizinalordnungen regelten die Ausbildung, Tätigkeiten und Vergütungen von Ärzten, Apothekern und Badern (z.B. 1502 Würzburg[72]). Speziell einberufene Ärzte sollten sich um die Pestkranken kümmern[73], Hebammen erhielten gesonderte Bezahlung für die geburtshilfliche Versorgung und Behandlung von pestkranken Schwangeren und Müttern (z.B. 1483 München[74]). Die Medizin konnte zwar keine präventiven oder therapeutischen Hilfen bieten, empfahl jedoch Mittel zur Linderung der Symptome[75]. Zu den gesellschaftlichen Reaktionen auf das Auftreten von Seuchen gehörten Stigmatisierung, Isolierung und soziale Kontrolle[76].

Die Räte in den Städten erließen Pestmandate, später gedruckte Pestordnungen in hoher Auflage (6000 Exemplare in Nürnberg[77]), die bei jedem Auftreten der Pest erneut veröffentlicht wurden. Zur Organisation und Durchsetzung der städtischen Pestordnung wurden Personen in Ämter bestellt[78]. Die Pestmandate (z.B. 1412 Regensburg[79], 1519, 1533 Nürnberg[80], 1585 Würzburg[81]) enthielten v.a. be-

---

67 SCHÖPPLER, Die Geschichte der Pest (wie Anm. 11), 21, 47.
68 MARTIN, Die Pest (wie Anm. 11), 42.
69 BECKER, Geschichte Münchens (wie Anm. 47), 151.
70 DROSS, Seuchen (wie Anm. 18), 314.
71 HORANIN, Die Pest in Augsburg (wie Anm. 15); VOLKERT, Herzoglicher Rat (wie Anm. 52).
72 MARTIN, Die Pest (wie Anm. 11), 54.
73 Marion Maria RUISINGER, Fact or Fiction? Ein kritischer Blick auf den »Schnabeldoktor«, in: Stefan LEENEN (Hg.), Pest! Eine Spurensuche, 20. September 2019–10. Mai 2020, LWL-Museum für Archäologie, Westfälisches Landesmuseum Herne, Darmstadt 2020, 267–274.
74 BURGMAIR/LOCHER, Medizinhistorischer Stadtführer (wie Anm. 47), 132.
75 Sebastian DROST, Die Stadt im späten Mittelalter. Sendung des Bayerischen Rundfunks, München 2002.
76 Robert JÜTTE, Über Krankheit und Gesundheit in der Frühen Neuzeit, Stuttgart 2014.
77 PFOTENHAUER, Seuchen (wie Anm. 40), 39.
78 DROSS, Seuchen (wie Anm. 18).
79 SCHÖPPLER, Die Geschichte der Pest (wie Anm. 11), 10.
80 FELDMANN, Der Feind (wie Anm. 48), 29 f.; Hubert MATTAUSCH, Das Beerdigungswesen der freien Reichsstadt Nürnberg (1219–1806). Eine rechtsgeschichtliche Untersuchung an Hand der Ratsverlässe und der vom Rat erlassenen Leichenordnungen, Dissertation Würzburg 1970, 158; PFOTENHAUER, Seuchen (wie Anm. 40), 39.
81 LECHNER, Die Pest (wie Anm. 51), 40.

schränkende Vorschriften, wie Einreiseverbote, Restriktionen der Beherbergung und Verbote größerer Feiern sowie Quarantänebestimmungen für Erkrankte und ihre Mitbewohner (z.B. 1494 Nürnberg[82], 1535 Augsburg[83], 1520 Regensburg[84]). Einreisende hatten mit sogenannten »Gesundheitspässen« die Herkunft aus seuchenfreien Gebieten nachzuweisen[85]. Vielfach wurden bei Pestausbrüchen öffentliche Treffpunkte geschlossen (Turniere, Märkte, Schulen, Universitäten[86], Gasthäuser), andernorts fand das gesellschaftliche Leben weiter statt. Den Ausschlag gab vermutlich die Intensität der Epidemie vor Ort.

Zu den wesentlichen gesundheitspolitischen Maßnahmen gehörte neben der Beschränkung sozialer Kontakte die Isolierung der Kranken wie der Verstorbenen. Um Ansteckung zu minimieren wurde die Reinigung der Luft durch Räucherwerk wie die Reinhaltung der Straßen und Häuser empfohlen (z.B. 1521 Augsburg[87]). Für Erkrankte wurden gesonderte Häuser (Pest-, Leprosen- oder Siechenhaus) bzw. Stationen eingerichtet (z.B. 1495, 1521 Augsburg[88], 1493 Nürnberg[89], 1520 Regensburg[90], 1542 Würzburg[91]).

Wurden zu Beginn der Pestepidemien die Verstorbenen noch auf den Friedhöfen bei den Kirchen bestattet, wurden auch gegen den Widerstand der Geistlichkeit im 15. und beginnenden 16. Jahrhundert sogenannte »Pestfriedhöfe« außerhalb der Stadtmauern angelegt[92]. So sollten ab 1519 an der Pest Verstorbene in Nürnberg auf dem Friedhof des Lepraspitals außerhalb der Stadt bestattet werden[93], ab 1526/27 sollte überhaupt keine Bestattung mehr innerhalb der Stadtmauern stattfinden[94].

Sowohl die Seuchenereignisse als auch die damit einhergehenden Maßnahmen wirkten sich auf die mittelalterliche Bevölkerung gesellschaftlich, wirtschaftlich wie politisch aus. Zeitzeugenberichte zur »Justinianischen Pest« aus dem Mittel-

---

82 BÜHL, Die Pestepidemien (wie Anm. 11), 137.
83 HORANIN, Die Pest in Augsburg (wie Anm. 15), 167.
84 SCHÖPPLER, Die Geschichte der Pest (wie Anm. 11), 24; Tobias BUSSE, Geschichte der Pest in Regensburg von den Anfängen bis ins 18. Jahrhundert, Dissertation Regensburg 2006, 77 f.
85 PFOTENHAUER, Seuchen (wie Anm. 40), 39; THIESSEN, Infizierte Gesellschaften (wie Anm. 2).
86 BRAUNWART, Beitrag (wie Anm. 42), 5; SEGER, Der Bauernkrieg (wie Anm. 44), 152.
87 HORANIN, Die Pest in Augsburg (wie Anm. 15), 159.
88 Ebd., 142.
89 DROSS, Seuchen (wie Anm. 18), 314.
90 SCHÖPPLER, Die Geschichte der Pest (wie Anm. 11), 24.
91 LECHNER, Die Pest (wie Anm. 51), 84.
92 MATTAUSCH, Das Beerdigungswesen (wie Anm. 80), 60.
93 Ebd., 60 f.
94 DROSS, Seuchen (wie Anm. 18), 313.

meerraum beschreiben hohe Todeszahlen. Historiker halten sie für eine der größten Katastrophen, die den Mittelmeerraum je betroffen habe, mit merklichen Auswirkungen auf Bevölkerungszahl, Religion, Politik, Wirtschaft und Geistesleben. Die Überlieferung berichtet von dramatischen Versorgungsengpässen, insbesondere bei Lebensmitteln und Gütern des täglichen Bedarfs, da die hohe Sterblichkeit nicht zuletzt die Landwirtschaft und den Handel betraf[95].

Inwiefern die Pest im frühen Mittelalter größere Effekte im bayerischen Raum hatte, wird konträr diskutiert[96]. Auf Basis archäologischer Untersuchungen lässt sich kein dramatisches Geschehen belegen. Es finden sich in Bayern keine Massengräber für diese Phase[97]. Vielmehr wird davon ausgegangen, dass die ländliche Prägung und agrarische Struktur die Auswirkungen der Seuche relativiert haben könnten[98]. Auch wird darauf verwiesen, dass die zu jener Zeit günstigen Lebensbedingungen eine vergleichsweise geringe Sterblichkeit bedingten[99].

Das Auftreten der Pest ab 1347 hatte hingegen einen starken Bevölkerungsschwund zur Folge, der die wirtschaftlichen, sozialen und kulturellen Strukturen schwer erschütterte, wie etwa in Augsburg und seinem Umland[100]. Im süddeutschen Raum wurden im 14. und 15. Jahrhundert zahlreiche Höfe und Siedlungen aufgelassen[101]. Die Höhe der Opfer in Europa wird kontrovers diskutiert[102]. Die Zahlen schwanken von einem Zehntel bis zu einem Drittel der Bevölkerung; es ist davon auszugehen, dass die Betroffenheit der Gebiete zeitlich und regional unterschiedlich war. Da die Städte regelmäßig von Epidemien heimgesucht wurden, nahm der Tod durch Seuchen einen natürlichen Platz im Lebensalltag ein[103].

95 Leven, »Vandalisches Minimum« (wie Anm. 17), 40.
96 Robert Sallares, Ecology, Evolution, and Epidemiology of Plague, in: Lester K. Little (Hg.), Plague and the end of antiquity. The pandemic of 541–740, Cambridge 2007.
97 Jochen Haberstroh, Transformation oder Neuanfang? Zur Archäologie des 4.-6. Jahrhunderts in Südbayern, in: Ders./Irmtraut Heitmeier (Hg.), Gründerzeit. Siedlung in Bayern zwischen Spätantike und früherem Mittelalter, St. Ottilien 2019, 523–573.
98 Hubert Fehr, Agrartechnologie, Klima und Effektivität frühmittelalterlicher Landwirtschaft, in: Haberstroh, Gründerzeit (wie Anm. 98), 219–247.
99 Michaela Harbeck/Marcel Keller, Die Justinianische Pest in Bayern, in: Bayerische Archäologie 3 (2020) 30–33.
100 Horanin, Die Pest in Augsburg (wie Anm. 15).
101 Abel, Die Wüstungen (wie Anm. 40), 8.
102 Roland Gschössl, Der schwarze Tod, in: Bayerische Archäologie 3 (2020) 34–41; Vasold, Die Pest (wie Anm. 10), 304.
103 Martina Scheffler/Christof Rührmair, Krieg, Hunger, Pest und Königstod. Bayerns Krisen, in: Bayerische Staatszeitung, 6. August 2020.

Die demographischen Verluste im Spätmittelalter waren eng mit ökonomischen Folgen verbunden. So verweisen die Quellen auf einen Rückgang im Agrarsektor, der sich auf eine sinkende Nachfrage an Nahrungsmitteln einstellen musste (Agrardepression)[104]. Nicht bewirtschaftete Flächen wurden nun als Weide genutzt oder entwickelten sich zu Brachland[105]. Als weitere wirtschaftliche Folge sind die wegen des Menschenmangels steigenden Kosten für Löhne und damit einhergehenden höheren Produktionskosten zu sehen, wodurch sich gewerbliche Güter erheblich verteuerten[106]. Auch gibt es Hinweise auf das Phänomen von Wucherpreisen auf Waren und Dienstleistungen, den Verfall der Leitwährung, sowie massive Konflikte bei der Begleichung finanzieller Verbindlichkeiten durch die Erben[107].

Analysen verweisen darauf, dass sich durch die Dezimierung der Bevölkerung und die Verteilung von Erbmassen auf weniger Akteure das Vermögen einzelner Familien konzentrierte. Die damit gesteigerte Kaufkraft, der Mangel an Handwerkern und Bauern wie gleichzeitige Missernten führten insbesondere in den Städten zu höheren Preisen[108]. Klare Verweise auf eine negative wirtschaftliche Entwicklung fehlen allerdings[109].

Frühe Neuzeit (Anfang des 16. bis zum Ende des 18. Jahrhunderts)

Zu den schwerwiegenden Seuchen, die in der Frühen Neuzeit auftraten, gehörten neben der Pest auch die Pocken, Typhus, der »Englische Schweiß« sowie die Syphilis[110].

Das Auftreten der Syphilis gegen Ende des 15. Jahrhunderts traf ganz Europa schwer. Die im deutschen Sprachraum »Franzosenkrankheit« genannte Erkrankung beeinflusste beinahe jede Sphäre des kulturellen Lebens und war wegen ihrer hohen Kontagiosität gefürchteter als Lepra und Pest. Es wird davon ausgegangen,

---

[104] ABEL, Die Wüstungen (wie Anm. 40), 43, 81, 108; SCHEFFLER/RÜHRMAIR, Krieg (wie Anm. 103).
[105] Paul HERRMANN (Hg.), Zimmerische Chronik urkundlich berichtet von Graf Froben Christof von Zimmern und seinem Schreiber Johannes Müller, Meersburg 1932, 442.
[106] MARTIN, Die Pest (wie Anm. 11), 52 f.
[107] LEVEN, »Vandalisches Minimum« (wie Anm. 17), 40; MEIER, Pest (wie Anm. 11).
[108] ABEL, Die Wüstungen (wie Anm. 40), 41 ff.; Chroniken der deutschen Städte, Bd. 5 (wie Anm. 40), 26.
[109] Ingrid WÜRTH, Urkatastrophe 1348/49? Klimawandel, Pandemie und Verschwörungstheorien, in: LOIBL, Krisen in Bayern (wie Anm. 40), 10–16, hier 15.
[110] HORANIN, Die Pest in Augsburg (wie Anm. 15), 29.

dass die südamerikanische Variante der Seuche sich von der Iberischen Halbinsel bis 1495 nach Mitteleuropa ausgebreitet hatte[111]. Wahrscheinlich trat die Syphilis um 1495 erstmals im deutschen Raum auf[112]. Augsburger und Memminger Chroniken berichten über die massiven Auswirkungen der Syphilis, die sich rapide im europäischen Raum verbreitete[113].

Im Sommer 1529 brach im deutschen Gebiet eine epidemische Krankheit aus, die »Englischer Schweiß« genannt wurde. Die bis heute unbekannte, sehr ansteckende Erkrankung mit meist tödlichem Ausgang hatte eine sehr kurze Krankheitsdauer. Die Symptome, deren markantestes starke Schweißausbrüche waren, führten zumeist rasch zum Tod[114]. Die ursprünglich in England aufgetretene Seuche breitete sich blitzartig aus. In Augsburg fielen ihr in wenigen Wochen rund 800 Personen zum Opfer[115]; auch in Amberg, Kempten, Landshut, Memmingen[116], Nürnberg[117] und Würzburg[118] wird das Auftreten der Seuche berichtet. Das Erscheinen dieser Krankheit blieb im süddeutschen Raum ein einmaliges Phänomen und wird in späteren Zeiten nicht mehr erwähnt[119].

Das frühe 17. Jahrhundert war geprägt von religiös-politischen Auseinandersetzungen, die im Dreißigjährigen Krieg (1618–48) eskalierten. Die damit einhergehenden Bevölkerungsbewegungen (Soldaten, Flüchtlinge), Plünderungen und Mangelversorgung verwüsteten ganze Regionen und begünstigten die Bedingun-

---

111 Birgit ADAM, Die Strafe der Venus. Eine Kulturgeschichte der Geschlechtskrankheiten, München 2001, 34; Annerose MENNINGER, Genuss im kulturellen Wandel, Stuttgart 2004, 130; Stefan WINKLE, Geißeln der Menschheit. Kulturgeschichte der Seuchen, Düsseldorf 2005, 541.
112 Michael PESCHKE, Ulrich von Hutten (1488–1523) als Kranker und als medizinischer Schriftsteller, Köln 1985, 37.
113 Walter UHLIG, Ein Beitrag zur Geschichte der Holzkur in der zweiten Hälfte des 16. Jahrhunderts, Dissertation Leipzig 1913, 5; Conrad Heinrich FUCHS, Die ältesten Schriftsteller über die Lustseuche in Deutschland, von 1495 bis 1510, Göttingen 1843, 318.
114 John L. FLOOD, Englischer Schweiß und deutscher Fleiß. Ein Beitrag zur Buchhandelsgeschichte des 16. Jahrhunderts, in: William A. KELLY/Jürgen BEYER (Hg.), The German book in Wolfenbüttel and abroad. Studies presented to Ulrich Kopp in his retirement, Tartu 2014, 119–178.
115 STETTEN, Geschichte (wie Anm. 14), 312.
116 VASOLD, Pest, Not und schwere Plagen (wie Anm. 22), 116–122.
117 Rudolf SCHMITZ, Mörser, Kolben und Phiolen. Aus der Welt der Pharmazie, Graz 1978, 100.
118 Carl HEFFNER, Würzburg und seine Umgebungen. Ein historisch-topographisches Handbuch, Würzburg 1852, 27.
119 HORANIN, Die Pest in Augsburg (wie Anm. 15), 29.

gen für Epidemien[120]. Die Quellen verweisen auf Ausbrüche von Pest, Pocken und Typhus unter mobilen Heeren sowie in der mangelernährten Bevölkerung[121].

Die schriftliche Dokumentation von Seuchenereignissen in bayerischen Städten der Frühen Neuzeit ist lückenhaft und unscharf, doch verweist die Literatur für den Zeitraum zwischen 1525 und 1725 auf einige Pestereignisse. Anmerkungen und Ergänzungshinweise an die Autorin zu diesen Angaben sind ausdrücklich erwünscht.

Aichach[122]	1635
Augsburg[123]	1535, 1547, 1608, 1627/28, 1634/35
Bamberg[124]	1543, 1562/63, 1610, 1630, 1666
Eichstätt[125]	1546, 1627
Hof[126]	1554, 1575, 1591, 1599, 1633/34, 1637, 1649
Ingolstadt[127]	1529, 1539, 1599, 1632, 1634/35
Kempten[128]	1628/29, 1636
Landshut[129]	1556, 1634, 1649, 1673
Lindau / Memmingen[130]	1627–29
München[131]	1534, 1548, 1628, 1634/35

120 Anja SPICKEREIT, Todesursachen in Leichenpredigten vom 16. bis 18. Jahrhundert in ausgewählten oberdeutschen Reichsstädten sowie in den Memminger Verzeichnissen der Verstorbenen von 1740–1809, Dissertation Ulm 2011.
121 Alfred PERRENOUD, Epidemien, in: Historisches Lexikon der Schweiz, Version vom 18. April 2012, URL: https://hls-dhs-dss.ch/de/articles/013726/2012-04-18 (letzter Zugriff: 25. November 2020); Adolf LAYER, Aus der Geschichte der Stadt und Herrschaft Wertingen, in: Jahrbuch des Historischen Vereins Dillingen an der Donau 78 (1976) 28–65, hier 52.
122 BRAUNWART, Beitrag (wie Anm. 42), 8.
123 Karl FRIES, Pest zu Augsburg im dreißigjährigen Krieg. Ein Beitrag zur Geschichte der Pest, Dissertation Augsburg 1887, 8; HORANIN, Die Pest in Augsburg (wie Anm. 15), 156, 166.
124 DOMKAPITEL BAMBERG, Gegen-Bericht (wie Anm. 41); Mark HÄBERLEIN, Soziale Strukturen und wirtschaftliche Konjunkturen im frühneuzeitlichen Bamberg, Bamberg 2012, 244.
125 BRAUNWART, Beitrag (wie Anm. 42), 35.
126 Ebd., 35 ff.
127 Ebd., 6, 35.
128 Ebd., 35 ff.
129 Ebd., 9, 36; Alois STAUDENRAUS, Chronik der Stadt Landshut in Bayern, Landshut 1832, 79, 104, 161, 171.
130 FRIES, Pest (wie Anm. 123), 23.
131 BECKER, Geschichte München's (wie Anm. 47), 262; BURGMAIR/LOCHER, Medizinhistorischer Stadtführer (wie Anm. 47), 135; FELDMANN, Der Feind (wie Anm. 48), 19; Manfred HEIMERS, Krieg, Hunger, Pest und Glaubenszwist. München im Dreißigjährigen Krieg, München 1998, 41.

Nürnberg[132]	1533/34, 1543/44, 1561–63, 1585, 1599/1600, 1611–13, 1632
Oberammergau[133]	1633/34
Regensburg[134]	1562/63, 1590–92, 1599, 1612, 1627–29, 1634, 1649/50
Schweinfurt[135]	1542, 1554, 1607, 1630, 1633
Würzburg[136]	1531, 1542, 1563/64, 1577/78, 1597/98, 1607/08, 1611/12

Ab dem späten 17. Jahrhundert verlieren sich die Berichte über die Pest und andere schwere Seuchen in Mittel- und Westeuropa, was auf deren allgemeine Rückläufigkeit hindeutet[137]. Während des Spanischen Erbfolgekrieges (1701–14) war der bayerische Raum erneut von kriegerischen Auseinandersetzungen wie auch weiteren Pestausbrüchen betroffen[138]. Süddeutsche Städte wie Augsburg, Kempten, Memmingen und Ulm waren von Truppen besetzt[139]. Erneut werden Ausbrüche von Seuchen berichtet, wie die Verbreitung einer fieberhaften Erkrankung durch bayerisch-französische Soldaten in Memmingen, an der sowohl zivile wie militärische Personen verstarben[140].

---

[132] ABEL, Die Wüstungen (wie Anm. 40), 80 ff.; BÜHL, Die Pestepidemien (wie Anm. 11), 122; Horst-Dieter BEYERSTEDT, Das Nürnberger Gesundheitswesen in reichsstädtischer Zeit, in: Norica. Berichte und Themen aus dem Stadtarchiv Nürnberg 11 (2015) 50–60; DROSS, Seuchen (wie Anm. 18), 315 ff.; FELDMANN, Der Feind (wie Anm. 48), 37 f.; Walter GEBHARDT, [...] zum Fall dieser regirenden krankheit. Frühe Pest-Schriften in Nürnberg, in: Norica. Berichte und Themen aus dem Stadtarchiv Nürnberg 11 (2015) 61–67.
[133] Joseph Alois DAISENBERGER, Geschichte des Dorfes Oberammergau, München 1858, 112.
[134] BRAUNWART, Beitrag (wie Anm. 42), 21; SCHÖPPLER, Die Geschichte der Pest (wie Anm. 11), 24 ff.
[135] BRAUNWART, Beitrag (wie Anm. 42), 35.
[136] LECHNER, Die Pest (wie Anm. 51), 5, 9 ff.
[137] PERRENOUD, Epidemien (wie Anm. 121); Jörg VÖGELE/Wolfgang WOELK (Hg.), Stadt, Krankheit und Tod. Geschichte der städtischen Gesundheitsverhältnisse während der epidemiologischen Transition, Berlin 2000; VÖGELE, Epidemien und Pandemien in historischer Perspektive (wie Anm. 17), 6.
[138] Hartmut ZÜCKERT, Memmingens Bedeutung im 18. Jahrhundert, in: Joachim JAHN u.a. (Hg.), Die Geschichte der Stadt Memmingen. Von den Anfängen bis zum Ende der Reichsstadt, Bd. 1, Memmingen 1997, 794.
[139] Nils NISSEN, Die Entwicklung des Medizinalwesens der Reichsstadt Kempten im Allgäu vom ausgehenden Mittelalter bis zum Ende der reichsstädtischen Zeit, Dissertation Ulm 1997, 5; Thomas WOLF, Memmingen im 17. Jahrhundert, in: JAHN, Die Geschichte der Stadt Memmingen (wie Anm. 138), 549.
[140] Rita HUBER-SPERL, Reichsstädtisches Wirtschaftsleben zwischen Tradition und Wandel, in: JAHN, Die Geschichte der Stadt Memmingen (wie Anm. 138), 679–782, hier 682.

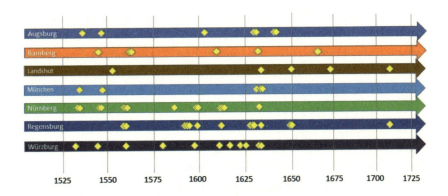

Abb. 2: Dokumentierte Pestausbrüche in bayerischen Städten (1525–1725).

Als letzter Ausbruch der Epidemie gilt deren Erscheinen im Jahr 1713/14 im Südosten Bayerns, v.a. in Regensburg[141] und im Berchtesgadener Land[142]. Die Pest trat nun eher sporadisch in einzelnen Gebieten auf, als letzter größerer Ausbruch der Pest in Mitteleuropa wird die Große Pest von Marseille (1720) eingeordnet.

Die von der Obrigkeit angeordneten Maßnahmen und gesellschaftspolitischen Bewältigungsstrategien schlossen an die bisherigen Ansätze an, gegenüber der in Europa erstmals auftretenden venerischen Krankheit Syphilis wurde auf bewährte Vorgehensweisen und Handlungslogiken zurückgegriffen. So ergriffen beinahe alle größeren Städte Europas seuchenpolizeiliche Maßnahmen. Badehäuser und Bordelle wurden stark reglementiert (z.B. Nürnberg[143], Würzburg[144]) oder komplett geschlossen (z.B. Augsburg, Regensburg, Nürnberg[145]); Badern, Barbieren und Chirurgen wurde es verboten, die Erkrankten zu behandeln[146]. Um diese zu

---

141 Busse, Geschichte (wie Anm. 84).
142 Scheffler/Rührmair, Krieg (wie Anm. 103).
143 Jan Marr, Kriege und Seuchen. Spätmittelalterliche Katastrophen und ihre Reflexion in den deutschen Einblattdrucken von 1460 bis 1520, Dissertation Trier 2010, 193.
144 Martin, Die Pest (wie Anm. 11), 54.
145 Dagmar Hemmie, Ungeordnete Unzucht. Prostitution im Hanseraum, Böhlau 2007, 317 ff.
146 2. Nürnberger Medicinalgesetz 1496, in: Fuchs, Die ältesten Schriftsteller (wie Anm. 113), 137; Robert Hoffmann, Die Augsburger Bäder und das Handwerk der Bader, in: Zeitschrift des Historischen Vereins für Schwaben und Neuburg 12 (1885) 1–33.

isolieren und in eigenen Hospitälern zu versorgen, wurden v.a. in Süddeutschland (z.B. Augsburg[147], Bamberg, Ingolstadt, Nürnberg, Ulm) um 1500 zahlreiche städtische sogenannte »Franzosenhäuser« eingerichtet[148]. Die von den Städten gegründeten Bürgerspitäler und auf ansteckende Krankheiten spezialisierte Spitäler etablierten sich zu wichtigen Institutionen[149]. Zahlreiche Belege finden sich für den Einsatz eines sogenannten »Franzosenarztes« in Ingolstadt zwischen 1529 und 1564[150]. Die therapeutischen Ansätze waren unklar und von empirischem Pragmatismus geprägt. Es erfolgten Behandlungsversuche mit Quecksilber und unterschiedlichen Heilpflanzen, wie etwa Guajakholz.

In Bezug auf die »politischen Implikationen der Wahrnehmung der Pest« stellte Martin Dinges folgende Vorgehensweisen fest[151]: Territoriale und konfessionelle Abgrenzungsstrategien durch Fremdzuschreibung, innergesellschaftliche Zuschreibungen und Selbstzuschreibung von politischer Lösungskompetenz (durch Kirche, Obrigkeit und Experten). Diese spiegeln sich auch im Modus der umgesetzten Maßnahmen.

So berichten die Quellen von Handelsbeschränkungen und vom Ausfall von Märkten, Vergnügungen (Tanz, Schlittenfahrt), starker Beschränkung bei Feierlichkeiten (Hochzeiten, Taufen, z.B. 1607 Augsburg[152], 1599, 1631 Regensburg[153]), von der Isolierung von Orten wegen der dort herrschenden Seuche (Füssen, Regensburg) sowie von der Berufung zusätzlicher Totengräber und Ärzte[154]. Entsprechend den Pestordnungen sollten Pestopfer rasch beerdigt werden, wurden die üblichen Bestattungsriten und -feierlichkeiten unterbunden (z.B. 1547/48, 1607 Augsburg[155], 1599, 1613, 1634 Regensburg[156]) und die Häuser der Verstorbenen aus-

---

147 Fries, Pest (wie Anm. 123), 14a.
148 Matthias Brand, Augsburger Hospitalwesen in der Frühen Neuzeit, in: Augsburger Volkskundliche Nachrichten 46 (2018) 6–35, hier 16; Isabel Grimm-Stadelmann, Volksseuche Syphilis. Eine unbekannte Krankheit mit verheerenden Auswirkungen, in: Loibl, Krisen in Bayern (wie Anm. 40), 46–51, hier 49; Jörg Vollmar, Historische Aspekte aus Ulm, in: Scultetus-Gesellschaft (Hg.), Geschlechtskrankheiten im Wandel der Zeiten, Ulm 1979, 10; Peter Lengle, Spitäler, Stiftungen und Bruderschaften, in: Gunther Gottlieb u.a. (Hg.), Geschichte der Stadt Augsburg von der Römerzeit bis in die Gegenwart, Stuttgart 1985, 202–208.
149 Brand, Augsburger Hospitalwesen (wie Anm. 148), 19.
150 Grimm-Stadelmann, Volksseuche (wie Anm. 148), 49.
151 Martin Dinges, Pest und Politik in der europäischen Neuzeit, in: Meier, Pest (wie Anm. 11), 282–313, hier 284–298.
152 Fries, Pest (wie Anm. 123), 18.
153 Schöppler, Die Geschichte der Pest (wie Anm. 11), 27, 53.
154 Spickereit, Todesursachen (wie Anm. 120).
155 Fries, Pest (wie Anm. 123), 19; Horanin, Die Pest in Augsburg (wie Anm. 15), 166 f.
156 Schöppler, Die Geschichte der Pest (wie Anm. 11), 29, 39.

geräuchert oder gesperrt (z.B. 1599 Regensburg[157]); mancherorts sollte die Sterbeglocke lediglich summarisch geläutet werden, um das Ausmaß des Sterbens zu verschleiern[158]. Zur Isolation der zahlreichen Toten wurden eigene Pestfriedhöfe außerhalb der Stadtmauern angelegt (z.B. 1562 Regensburg[159], Landshut[160]). Die Pestopfer sollten binnen weniger Stunden bestattet, ihre letzten Habseligkeiten unverzüglich aus der Stadt geschafft werden[161].

Betroffene Haushalte wurden unter Quarantäne gestellt, Häuser von Pesttoten wurden versperrt und versiegelt (z.B. 1607 Augsburg[162], Nürnberg[163]). Gleichzeitig wurden außerhalb der Stadtmauern Pesthäuser eingerichtet bzw. die Zuständigkeiten von Leprosenhäusern und Armenhäusern geregelt (z.B. 1542 Würzburg[164]). Das Nürnberger Sebastiansspital, ältestes Beispiel eines Pestspitals nördlich der Alpen, wurde spätestens 1533 eingerichtet[165]. Es wurden Straßen gesperrt (z.B. 1556 Landshut[166]), das Bettelwesen reglementiert (z.B. 1520, 1547 Augsburg[167]) und an den Stadttoren Ankommende und deren Waren kontrolliert (z.B. 1635 Augsburg[168], 1634 Landshut[169], 1623 München[170], 1535 Nürnberg[171], 1599, 1620, 1691 Regensburg[172], 1597 Würzburg[173]). Berufe, die mit Pesterkrankten in Kontakt kamen, wie Bader oder Totengräber, wurden isoliert (z.B. 1634, 1649 Landshut[174]). Weiter wurde die Aufnahme und Beherbergung Fremder von Privatleuten untersagt und eine Registrierung der Gäste durch die Gasthäuser verlangt (z.B. 1592 Nürnberg[175], 1552 Regensburg[176], 1582 Würzburg[177]). Es wurden Anordnungen erlassen zur Reinhal-

---

157 SCHÖPPLER, Die Geschichte der Pest (wie Anm. 11), 27.
158 FELDMANN, Der Feind (wie Anm. 48), 11 ff.
159 SCHÖPPLER, Die Geschichte der Pest (wie Anm. 11), 25.
160 STAUDENRAUS, Chronik (wie Anm. 129), 91, 172.
161 DROSS, Seuchen (wie Anm. 18).
162 FRIES, Pest (wie Anm. 123), 19.
163 PFOTENHAUER, Seuchen (wie Anm. 40), 39.
164 MARTIN, Die Pest (wie Anm. 11), 54.
165 FELDMANN, Der Feind (wie Anm. 48), 55; PFOTENHAUER, Seuchen (wie Anm. 40), 39.
166 STAUDENRAUS, Chronik (wie Anm. 129), 104.
167 HORANIN, Die Pest in Augsburg (wie Anm. 15), 169.
168 FRIES, Pest (wie Anm. 123), 26.
169 STAUDENRAUS, Chronik (wie Anm. 129), 91.
170 HEIMERS, Krieg (wie Anm. 131), 22.
171 DROSS, Seuchen (wie Anm. 18), 313.
172 BUSSE, Geschichte (wie Anm. 84), 77 f.
173 LECHNER, Die Pest (wie Anm. 51), 27; DROSS, Seuchen (wie Anm. 18).
174 STAUDENRAUS, Chronik (wie Anm. 129), 91, 162; MITTERWIESER, Die Pest (wie Anm. 47).
175 DROSS, Seuchen (wie Anm. 18), 313.
176 SCHÖPPLER, Die Geschichte der Pest (wie Anm. 11), 37.
177 LECHNER, Die Pest (wie Anm. 51), 30.

tung der Straßen (z.B. 1547 Augsburg[178]) und der Wäsche (z.B. 1607 Augsburg[179]), zu Handel und Haltung von Nutztieren (insbes. Schweinen) (z.B. 1533 Nürnberg[180], 1535 Augsburg[181], 1713 Regensburg[182]) und zur Entfernung von Tierkadavern und Exkrementen aus der Stadt (z.B. 1541, 1544 Augsburg[183]).

Analog zum Verständnis von Krankheit als göttlicher Strafe wurden religiöse Maßnahmen empfohlen wie individuelle Frömmigkeit, Buße und Wallfahrten (z.B. 1599 Regensburg[184]). Eine wesentliche Rolle spielten Gebete zu Heiligen, die um Beistand und Fürsprache angerufen wurden, wie beispielsweise die Pestheiligen Sebastian, Fiacrius und Rochus oder der Nothelfer Dionysius[185]. Es kristallisierten sich einzelne Orte heraus, an denen die Schutzpatrone besonders verehrt wurden: So etwa in Regensburg, Vierzehnheiligen bei Staffelstein und Kaufbeuren (St. Dionysius) oder in Landshut, Marktoberdorf und Wessobrunn (St. Rochus)[186].

Städte wie Territorialfürsten versuchten ordnend und reglementierend über ein öffentliches Gesundheitswesen zu reagieren. Dies wurde im ausgehenden 16. und 17. Jahrhundert durch Medizinalordnungen geregelt, die die medizinischen Berufsgruppen wie Ärzte, Apotheker, Chirurgen, Bruchschneider, Starstecher und Hebammen kontrollierte (z.B. 1502 Würzburg[187], 1567 Augsburg[188], Kempten, Memmingen[189]). Einberufene Stadtärzte koordinierten und überwachten die heilkundlichen Tätigkeiten im Ort, in Traktaten wurden die therapeutischen Konzepte empfohlen (z.B. 1680 Bamberg[190]). Städtebaulich reagierten die Obrigkeiten mit der Errichtung von Krankenhäusern und dem Ausbau des Badewesens[191].

---

178 HORANIN, Die Pest in Augsburg (wie Anm. 15), 168.
179 FRIES, Pest (wie Anm. 123), 19.
180 BÜHL, Die Pestepidemien (wie Anm. 11), 135.
181 HORANIN, Die Pest in Augsburg (wie Anm. 15), 161.
182 SCHÖPPLER, Die Geschichte der Pest (wie Anm. 11), 57.
183 HORANIN, Die Pest in Augsburg (wie Anm. 15), 161.
184 SCHÖPPLER, Die Geschichte der Pest (wie Anm. 11), 27.
185 Marie-Isabelle SCHWARZBURGER/Friedrich MOLL/Felicitas SÖHNER, »Für jede Krankheit den richtigen Heiligen«. Heilige und die Urologie, in: Der Urologe 60 (2021) 361–367.
186 SCHWARZBURGER, Für jede Krankheit (wie Anm. 185), 362.
187 LECHNER, Die Pest (wie Anm. 51), 3.
188 FRIES, Pest (wie Anm. 123), 13 ff.
189 SPICKEREIT, Todesursachen (wie Anm. 120); Lothar NETZEL, Der Ulmer Stadtarzt Dr. Johann Franc (1649–1725). Herkunft, Werdegang, sein Verhältnis zu den Ulmer Ärztekollegen und seine Behandlungsmethoden am Beispiel der Tuberkulose, Dissertation Ulm 2012.
190 OFFICIO SANITATIS (Hg.), Hochnützliches von der abscheulichen Pest und hitzigen Kranckheit, Pestilentzischen und gemeinen Ruhr, deren mit unterlauffenden Zufällen handelndes Tractätlein, Bamberg 1680.
191 FELDMANN, Der Feind (wie Anm. 48).

1592 erließ das Kurfürstentum Bayern eines der frühesten ausführlichen Seuchenmandate, das Anordnungen zur Räucherung und Säuberung von Gebäuden, Kleidung und Straßen enthielt und dem weitere folgten (1599, 1606, 1613, 1625, 1634, 1649, 1666, 1679, 1713, 1721)[192]. Gleichzeitig wies Bayern im Jahr 1618 seine Diplomaten an, mögliche Epidemien aus dem Ausland zu melden; die Berichte wurden von einem Kontagionsrat (ab 1649), später vom »Officio sanitatis« (ab 1770) geprüft[193]. Als die Pest erneut ausbrach, wurde Regensburg komplett abgeriegelt und der Immerwährende Reichstag wurde 1713 und 1714 vorübergehend in Augsburg gehalten[194].

Die Auswirkungen der Seuchenereignisse erscheinen vergleichbar mit den wirtschaftlichen und gesellschaftlichen Folgen von Epidemien im Mittelalter, gleichzeitig fallen diese in eine Phase, die von einschneidenden politischen Ereignissen geprägt war. Insbesondere der Dreißigjährige Krieg hatte eklatante Auswirkungen auf die Wirtschaft – und damit die Landwirtschaft als Leitsektor[195], Bevölkerungszahl und -zusammensetzung[196].

Der süddeutsche Raum war aufgrund von unmittelbaren Kriegsfolgen, Hungersnöten und Seuchenzügen von einer hohen Sterblichkeit getroffen. Ehemals wohlhabende Städte wie Memmingen oder Isny brachen sozial und wirtschaftlich zusammen[197]. Unterschiedliche Quellen berichten von einem massiven Rückgang

---

192 Karl-Ludwig AY, Land und Fürst im alten Bayern 16.–18. Jahrhundert, Regensburg 1997; Alexander von HOFFMEISTER, Das Medizinalwesen im Kurfürstentum Bayern. Wirken und Einfluß der Leib- und Hofärzte auf Gesetzgebung und Organisation, München 1975, 97–102; Mario TAMME, Apotheken in Bayern. Die Arzneimittelversorgung im Rentamt Landshut bis 1808, Regensburg 2009, 206–218; Sigmund RIEZLER, Geschichte der Hexenprozesse in Bayern. Im Lichte der allgemeinen Entwicklung, Stuttgart 1896, 269.
193 HOFFMEISTER, Das Medizinalwesen (wie Anm. 192), 97, 114–116.
194 Johannes BURKHARDT/Christine WERKSTETTER (Hg.), Kommunikation und Medien in der Frühen Neuzeit, München 2005; BUSSE, Geschichte (wie Anm. 84), 138.
195 Anke SCZESNY, Handwerk in Schwaben (Spätmittelalter/Frühe Neuzeit), publiziert am 29. November 2011, in: Historisches Lexikon Bayerns, URL: http://www.historisches-lexikon-bayerns.de/Lexikon/Handwerk in Schwaben (Spätmittelalter/Frühe Neuzeit) (letzter Zugriff: 29. April 2022).
196 Gerhard HANKE, Die Sozialstruktur der ländlichen Siedlungen Altbayerns im 17. und 18. Jahrhundert, in: Richard van DÜLMEN (Hg.), Gesellschaft und Herrschaft. Forschungen zu sozial- und landesgeschichtlichen Problemen vornehmlich in Bayern, München 1969, 219–269; Walter HARTINGER, Bevölkerungs- und Sozialstruktur von Oberpfalz und Niederbayern in vorindustrieller Zeit, in: Zeitschrift für Bayerische Landesgeschichte 39 (1976) 785–822; KIESSLING, Der schwarze Tod (wie Anm. 10).
197 Christina B. MÜLLER, Das Medizinalwesen der Reichsstadt Isny im Allgäu vom ausgehenden Mittelalter bis zum Ende der reichsstädtischen Zeit, Dissertation Ulm 1994; Konrad MÜLLER, Das »Große Sterben« im Allgäu. Pest und andere Seuchen in Mittelalter und Frühe Neuzeit, Memmingen 2006.

der Einwohnerzahlen in bayerischen Städten auf ein Drittel während des Dreißigjährigen Krieges[198], beispielsweise fiel etwa jeder dritte Münchner der Pest zum Opfer[199].

In Füssen reduzierte sich die Einwohnerzahl von 2500 auf 900, in Kempten starben in der Pestepidemie von 1628 1700 und 1635 weitere 1800 Personen, so dass sich die Bevölkerung von ehemals 4000 auf 900 Bürger reduzierte[200]. Auch im ländlichen Raum sank zwischen 1632 und 1635 die Einwohnerzahl erheblich (z.B. in Fristingen von 400 auf 100, in Kicklingen von 300 auf 112)[201]. Chronisten berichten von verwaisten Siedlungen und leerstehenden Bauernhöfen in Bayerisch-Schwaben[202], in diesem Gebiet betrug der Bevölkerungsverlust bis zu 65 Prozent[203]. Im Heiligen Römischen Reich deutscher Nation starben 20 bis 45 Prozent der Einwohner[204]. Es kam immer wieder zu Wanderungsbewegungen in die entleerten Gebiete und Öden, Westmittelfranken wurde v.a. von Böhmen, Schwaben von Tirol aus wieder besiedelt. Durch die damit einhergehende abnehmende Nachfrage nach landwirtschaftlichen Produkten sanken die Getreidepreise, gleichzeitig stiegen die Dienstbotenlöhne, was zu einem Ausbau der extensiven Viehwirtschaft führte[205]. Auch ging das Phänomen der Landarmut zunächst zurück; insbesondere Tagelöhner und Kleinbauern profitierten von gestiegenen Löhnen und Zuerwerbsmöglichkeiten[206]. Der durch Seuchen und Krieg verursachte Bevölkerungsrückgang nahm Druck von der landwirtschaftlichen Produktion, was sich erst wieder mit der wachsenden Bevölkerung im ausgehenden 18. Jahrhundert änderte.

Inwiefern sich seuchenpolitische Maßnahmen und unmittelbare Folgen von Epidemien ab Beginn des sogenannten »langen 19. Jahrhunderts« wandelten, wäre

---

198 FRIES, Pest (wie Anm. 123), 27; Michael DIEFENBACHER, Nürnberg, Reichsstadt: Handel, publiziert am 15. März 2010, in: Historisches Lexikon Bayerns, URL: http://www.historisches-lexikon-bayerns.de/Lexikon/Nürnberg,_Reichsstadt:_Handel (letzter Zugriff: 29. April 2022).
199 STAHLEDER, Chronik (wie Anm. 47).
200 NISSEN, Die Entwicklung (wie Anm. 139), 8.
201 HUBER-SPERL, Reichsstädtisches Wirtschaftsleben (wie Anm. 140), 685.
202 LAYER, Aus der Geschichte (wie Anm. 121), 52.
203 HUBER-SPERL, Reichsstädtisches Wirtschaftsleben (wie Anm. 140), 685.
204 NISSEN, Die Entwicklung (wie Anm. 139), 8.
205 Johann KIRCHINGER, Landwirtschaft (Spätmittelalter/Frühe Neuzeit), publiziert am 1. Dezember 2015, in: Historisches Lexikon Bayerns, URL: https://www.historisches-lexikon-bayerns.de/Lexikon/Landwirtschaft_(Spätmittelalter/Frühe_Neuzeit) (letzter Zugriff: 2. Mai 2022).
206 Martin HILLE, Ländliche Sozialstruktur in Altbayern (Spätmittelalter/Frühe Neuzeit), publiziert am 10. Dezember 2019, in: Historisches Lexikon Bayerns, URL: http://www.historisches-lexikon-bayerns.de/Lexikon/Ländliche_Sozialstruktur_in_Altbayern_(Spätmittelalter/Frühe_Neuzeit) (letzter Zugriff: 29. April 2022).

in weitergehenden medizin- und sozialhistorischen Untersuchungen zu prüfen. Am Beispiel des Wissens um die hier betrachteten epidemischen Ereignisse wird deutlich, dass sich deren Geschichte meist nur indirekt fassen lässt. Die Geschichtsschreibung nähert sich den historischen Ereignissen, Prozessen und Strukturen über unterschiedliche Zugänge, die sich im Lauf der Zeit wandelten.

Zu frühen medizinhistorischen Arbeiten mit Bezug auf den bayerischen Raum gehören die Beiträge zur Pest im Spätmittelalter von Karl Sudhoff[207]. Die historische Erforschung der Pest lässt sich als klassisches Feld der Medizingeschichte verstehen. Als Zugang zum historischen Verständnis von Seuchengeschehen bedienten sich Forscher lange Zeit angesichts geringer naturwissenschaftlicher Daten des Hilfsmittels der retrospektiven Diagnostik. Über diesen in den 1990er Jahren stark kritisierten[208] Zugang werden Aufzeichnungen von Augenzeugen und weitere historische Schilderungen von Epidemien im Hinblick auf Epidemiologie, Symptomatik und Klinik analysiert. Da in Antike, Mittelalter und Früher Neuzeit historisches und aktuelles Wortverständnis oft nicht deckungsgleich sind und über die retrospektive Diagnostik methodisch relevante Aspekte, wie der Wandel von Krankheitsbildern und des Verständnisses von Krankheitsursachen zumeist vernachlässigt werden, gilt dieses Konzept in der gegenwärtigen Geschichtsschreibung als unseriös[209].

Einen alternativen Zugangsweg bietet die Methodik der textquellenbasierten Interpretation; dazu werden erhaltene Zeugnisse quellenkritisch betrachtet. Vor dem Hintergrund zeitgenössischen Wissens werden diese entlang der gestellten Fragen nach Form, Zweck und Inhalt der Darstellung behandelt. Im Fokus der Forschung stehen u.a. gesellschaftliche, politische und kulturelle Folgen von Epidemien[210]. Der Mittelalterhistoriker Neithart Bulst forderte in diesem Zusam-

---

207 Karl SUDHOFF, Deutsche medizinische Inkunabeln. Bibliographisch-literarische Untersuchungen, Leipzig 1908; Karl SUDHOFF, Ein neues deutsches Pestblatt, gedruckt zu Augsburg ca. 1483 bei Hermann Kästlin, in: Archiv für Geschichte der Medizin 3 (1910) 63–66.
208 Christian PROBST, Reine Spekulation [Leserbrief], Deutsches Ärzteblatt. Ausgabe A 91 (1994) 843 f.; Karl-Heinz LEVEN, Krankheiten. Historische Deutung versus retrospektive Diagnose, in: Norbert PAUL/Thomas SCHLICH (Hg.), Medizingeschichte. Aufgaben, Probleme, Perspektiven, Frankfurt 1998, 153–185; Axel KARENBERG/Ferdinand Peter MOOG, Next Emperor, Please! No End to Retrospective Diagnostics, in: Journal of the History of Neurosciences 13 (2004) 143–149.
209 LEVEN, »Vandalisches Minimum« (wie Anm. 17), 45.
210 Peregrine HORDEN, Mediterranean Plague in the Age of Justinian, in: Michael MAAS (Hg.), The Cambridge Companion to the Age of Justinian, Cambridge 2005, 134–158; LEVEN, »Vandalisches Minimum« (wie Anm. 17); DERS., Seuchen. Eine Geschichte von der Antike bis zur Gegenwart, Göttingen 2022; Mischa MEIER, Das andere Zeitalter Justinians. Kontingenzerfahrung und Kontingenzbewältigung im 6. Jahrhundert n. Chr., Göttingen 2003.

menhang eine interdisziplinäre Perspektive[211]; den Diskurs zur vielseitigen Herangehensweise bestimmt haben dabei Ulbricht und Dinges[212]. Gleichzeitig weiteten Forscher wie der Mittelalterhistoriker Heinrich Dormeier und der Medizinhistoriker Karl-Heinz Leven die Perspektive auf Seuchenpolitik und Gesundheitssysteme aus. Dross plädiert für ein kulturgeschichtlichen Zugang im Bewusstsein, dass die Quellen weniger als Krankheitsbeleg, sondern als Wahrnehmung von damit einhergehenden Phänomenen einzuordnen sind, also als Berichte über exzeptionelle Geschehnisse[213].

Die Seuchengeschichtsschreibung zur Vormoderne hat in den 1990er Jahren quantitativ und qualitativ erkennbar zugenommen und ist durch eine Vielzahl an regionalen Studien und Überblicksdarstellungen gut erfasst[214]. Insbesondere mit Seuchenereignissen im bayerischen Raum befassen sich folgende Untersuchungen: Fritz Dross (Seuchen in der frühneuzeitlichen Stadt)[215], Mariusz Horanin (Pest in Augsburg um 1500)[216], Konrad Müller (Das »Große Sterben« im Allgäu)[217], Carolin Porzelt (Pest in Nürnberg 1562–1713)[218] und Claudia Stein (Syphilis in Augsburg)[219]. Bernd Roeck[220], Christine Keim[221] sowie Erwin Schimitzschek und Günther Werner[222] untersuchen die sozialen und demographischen Folgen von Pestepidemien in Bayern.

Weitere Perspektiven bietet der Zugang zur Seuchengeschichte über die Archäologie, wenn schriftliche Quellen kaum vorhanden sind oder gänzlich fehlen. Über makroskopische Befunde können beispielsweise Fragen zu regionalen Sied-

---

211 Neithard BULST, Krankheit und Gesellschaft in der Vormoderne. Das Beispiel Pest, in: DERS./Robert DELORT (Hg.), Maladies et société (XII-XVIIIe siecles), Paris 1989, 17–47.
212 DINGES, Pest und Staat (wie Anm. 9); Otto ULBRICHT, Die Allgegenwärtigkeit in der Frühen Neuzeit und deren Vernachlässigung in der Geschichtswissenschaft, in: DERS. (Hg.), Die leidige Seuche. Pest-Fälle in der Frühen Neuzeit, Köln 2004, 1–63.
213 Fritz DROSS, Stigma–Gnade–Skandal. Der Nürnberger »portzel«, in: VÖGELE, Epidemien und Pandemien in historischer Perspektive (wie Anm. 17), 51–58, hier 56.
214 LEVEN, Die Geschichte (wie Anm. 17), DERS., Krankheiten (wie Anm. 208); LITTLE, Plague and the End of Antiquity (wie Anm. 96); MEIER, Pest (wie Anm. 11).
215 DROSS, Seuchen (wie Anm. 18).
216 HORANIN, Die Pest in Augsburg (wie Anm. 15).
217 MÜLLER, Das »Große Sterben« im Allgäu (wie Anm. 197).
218 PORZELT, Die Pest (wie Anm. 19).
219 STEIN, Die Behandlung der Franzosenkrankheit (wie Anm. 20).
220 Bernd ROECK, Eine Stadt in Krieg und Frieden. Studien zur Geschichte der Reichsstadt Augsburg zwischen Kalenderstreit und Parität, Göttingen 1989.
221 Christine KEIM (Hg.), Eine Zeit großer Traurigkeit. Die Pest und ihre Auswirkungen, Marburg 1987.
222 Erwin SCHIMITSCHEK/Günther T. WERNER, Malaria, Fleckfieber, Pest. Auswirkungen auf Kultur und Geschichte, Stuttgart 1985.

lungsformen und Lebensgewohnheiten sowie Bestattungsriten gestellt werden, die wiederum Aussagen zu sozialen, wirtschaftlichen und demographischen Entwicklungen liefern können[223].

In jüngerer Zeit werden auf diesem Wege beschrittene Zugänge durch naturwissenschaftliche Befunde ergänzt, wie aus der historischen Klimakunde oder der Paläopathologie[224]. Als jüngste naturwissenschaftliche Methode analysiert die Paläogenetik organische Überreste (zumeist Knochen). Deren Befunde können molekularmedizinische Nachweise für Erreger liefern. Dieser Zugang hilft, die Entwicklung von Pathogenen zu verstehen und eröffnet der historischen Forschung neue Wege.

Unabhängig vom methodischen Zugang wird deutlich, dass eine Sozialgeschichte der Epidemien tiefe Einblicke in die Struktur, die sozialen Grundlagen und das Wertesystem von Gesellschaften ermöglicht. Anhand einer regionalen Seuchengeschichte, hier einer bayerischen bis zum Ende der Frühen Neuzeit, lassen sich beispielsweise gesellschaftliche Ordnungen, Selbst- und Fremdbilder und Verhältnisse wie auch das Gleichgewicht der Mächte herausarbeiten. Auch wenn sich eine Übertragung historischer Denkmodelle oder gar ein direkter Vergleich historischer Prozesse auf aktuelle Situationen verbietet, treten in der historischen Einordnung von Seuchengeschehen durchaus Aspekte zutage, die nach wie vor als relevant gelten können. Die historiographische Betrachtung ermöglicht einen Zugang zu Stereotypen und Argumentationsmustern wie zum Einfluss fachlicher Disziplinen auf politische Prozesse; auch zeigt sich, welche Rolle die Klärung von Krankheitsursachen und Übertragungswegen spielt, um sinnvolle Regelungen und Maßnahmen zur Eindämmung von Seuchengeschehen zu treffen.

Nicht zuletzt deswegen bietet die historische Auseinandersetzung mit Seuchenereignissen und den damit einhergehenden gesellschaftlichen Ausnahmezuständen einen lohnenden Zugang zu verdeckten Spannungen politischer und sozialer Systeme und damit nicht nur historisch Interessierten einen eindrucksvollen Blick auf epidemische Ereignisse, einem Prüfstein für die Stabilität einer Gesellschaft.

---

223 LEVEN, »Vandalisches Minimum« (wie Anm. 17), 42.
224 Ebd., 48.

Diepold IV. von Katzenstein im Dienste Ludwigs V. von Brandenburg

Von Matjaž Bizjak

Sehr selten bietet sich einem Mediävisten die Gelegenheit, das Schicksal einer Einzelperson aus dem Peripherbereich, die aktiv in ein weiteres europäisches Geschichtsgeschehen verwoben war, neu zu entdecken, umso mehr, wenn diese sich außerhalb heimischer Milieus und gängiger Gesellschaftsrahmen bewegte. Dies gilt exemplarisch für Diepold von Katzenstein, einen Angehörigen des Cillier Ministerialengeschlechts aus dem Sanntal (Savinjska dolina), der in der Mitte des 14. Jahrhunderts das wahrscheinlich bewegteste Jahrzehnt seines Lebens im Gefolge – dem Militär- und Amtsdienst des bayerischen Fürsten Ludwigs V. von Bayern, des Markgrafen von Brandenburg und Grafen von Tirol – verbrachte. Zu jener Zeit versuchte dieser in seinem Kampf gegen die Luxemburger der wittelsbachischen Herzogsfamilie verlorene Positionen im römisch-deutschen Reich zurückzugewinnen, ihre Machtstellung in Bayern zu vereinheitlichen und zu sichern, vor allem aber die Lage in den neuerworbenen Wittelsbacher Gebieten in der Mark Brandenburg und in Tirol zu festigen.

Herkunft und Beginn der Katzensteiner bleiben vorerst im Dunkel. Die ersten verlässlichen Erwähnungen, die wir mit Burg Katzenstein im Schalltal (Šaleška dolina) in Verbindung bringen können, stammen aus der Mitte des 13. Jahrhunderts. Nach Meinung von Tone Ravnikar ließen sie sich dort spätestens bis zum Beginn der dreißiger Jahre nieder. Die Burg stand mindestens schon im Jahr 1173, als sich *Eberhardus de Chazenstein* nach ihr benannte, der höchstwahrscheinlich einem anderen, früheren Geschlecht der Katzensteiner angehörte. Als die neuen Besitzer 1243 zum ersten Mal in schriftlichen Quellen aufscheinen, wurde die Burg bereits von der zweiten Generation – den Brüdern Hermann I., Diepold II. und Wolulin – verwaltet. Diepold I. wurde damals – zusammen mit einem seiner Söhne – höchstwahrscheinlich in der Familiengruft im Oberburger Kloster beigesetzt[1].

---

* Aus dem Slowenischen übersetzt von Niko Hudelja.
1 Joseph Zahn, Urkundenbuch des Herzogthums Steiermark, Bd. II, Graz 1879, Nr. 427, 541; vgl. Dušan Kos, In Burg und Stadt. Spätmittelalterlicher Adel in Krain und Untersteiermark (Veröffentlichungen des Instituts für Österreichische Geschichtsforschung 45), Wien/München 2006, 345 f.

Die Familie gehörte dem Kreis der Pettauer Ministerialen an; Burg Katzenstein war nämlich ein Pettauer Allod. In den Quellen der zweiten Hälfte des 13. Jahrhunderts kommen die Katzensteiner nur äußerst selten vor. Mit dem Antritt der darauffolgenden Generation im Jahr 1311 kam es zu weitgehenden Veränderungen. Diepold III., der am Krieg gegen Böhmen teilgenommen hatte, verbündete sich mit Hermann von Heunburg, einem der führenden Machthaber der Region und einem ernsten Konkurrenten der Herren von Pettau im Sanntal. Im Jahr 1320 scheint er ganz oben in der Zeugenreihe in den Heunburger Urkunden auf[2]. Nach dem Tode des Heunburgers wechselte er bald über in das Lager seines Nachfolgers auf den Sanntaler Besitzungen, Friedrichs von Sanegg, zugleich hielt er – zusammen mit seinem Bruder Rudolf I. – weiterhin Vasallenbeziehungen mit den Herren von Pettau aufrecht. Das opportune Dienstverhältnis zu zwei Herren erwies sich mit der Zeit als hinderlich, insbesondere wegen der Rivalität zwischen den Herren von Pettau und denen von Sanegg im behandelten Gebiet. Die Katzensteiner waren gezwungen, Partei zu ergreifen, wobei sich die Familie spaltete. Wulfing, auch Polan genannt, samt seinen Söhnen Wulfing, Hermann und Diepold V., blieb den Herren von Pettau treu, die Brüder Diepold III. und Rudolf I. traten dagegen endgültig in das Lager der Herren von Sanegg über. Im Jahr 1334 verzichtete Diepold auf seinen Anteil an Burg Katzenstein zugunsten der Herren von Pettau, vier Jahre später versprach er, zusammen mit seinen Söhnen Diepold IV., genannt Kezel, und Friedrich, den Herren von Sannegg treue Dienste[3]. Diepold III. trat fortan regelmäßig im Gefolge Friedrichs von Sanegg auf, in den Urkunden als Zeuge auf dem angesehenen Platz unmittelbar hinter Wilhelm von Schärfenberg und Ortolf von Horneck, und zwar bis zum Jahr 1341, praktisch bis zur Erhebung der Herren von Sanegg in den Stand der Grafen von Cili. Danach fehlt in den Quellen von ihm jede Spur. Er dürfte bald darauf gestorben sein, scheint doch in den Cillier Urkunden fortan nur noch sein Bruder Rudolf auf, der jedoch nie Diepolds Ansehen erlangte. Die darauffolgenden Jahre standen im Zeichen seiner Söhne bzw. Neffen, Diepolds IV. und Rudolfs II. Diepold wurde eine glänzende Militär- und Amtskarriere im Dienste Herzog Ludwigs V. von Bayern zuteil, einer der Schlüsselfiguren der europäischen Geschichte seiner Zeit.

---

2 Archiv der Republik Slowenien (künftig: ARS), SI AS 1063, Nr. 6741 (1320–VII–27); Regest in: Annelies REDIK, Regesten des Herzogtums Steiermark, Bd. 2, Graz 2008, 39, Nr. 1223 (1320–XI–13).
3 Joh[ann] LOSERTH, Das Archiv des Hauses Stubenberg (Veröffentlichungen der Historischen Landes-Kommission für Steiermark 22), Graz 1906, 80, Nr. 52; Dušan Kos, Celjska knjiga listin I. Listine svobodnih gospodov Žovneških do leta 1341, Ljubljana/Celje 1996, 199–200, Nr. 179.

Den weiteren Kontext, dem man die Geschichte des Diepold von Katzenstein zuordnen kann, bildeten die politischen Verhältnisse im römisch-deutschen Reich am Ende der ersten Hälfte des 14. Jahrhunderts. Herrscher im Reich war Kaiser Ludwig IV. (1314–46), auch Ludwig der Bayer genannt. Die Macht erlangte er durch eine problematische Doppelwahl, die mehr oder weniger simultan an zwei Orten vor der Frankfurter Stadtmauer stattfanden. Für Ludwig stimmten die Erzbischöfe von Mainz und Trier, der König von Böhmen (der minderjährige Johann aus der Luxemburger Dynastie), der Herzog von Sachsen-Lauenburg und der Markgraf von Brandenburg. Am Vortag wurde der Habsburger Friedrich der Schöne zum König gewählt, und zwar vom Erzbischof von Köln, vom Pfalzgrafen bei Rhein, vom oppositionellen böhmischen König Heinrich von Kärnten (Tirol-Görz) und vom Herzog von Sachsen und Wittenberg[4]. In den darauffolgenden Jahren bezwang Ludwig zunächst Friedrich in der Schlacht bei Mühldorf im Jahr 1322 und hielt ihn einige Jahre in Haft. Darauf begab er sich nach Rom, wo er sich mit Unterstützung des römischen Volks zum Kaiser krönen ließ und dort einen Gegenpapst aufstellte. Nach dem Ausscheiden der Habsburger aus dem Kampf um den Königsthron begann die Rivalität zwischen den Wittelsbachern und den Luxemburgern allmählich zuzunehmen, wobei es sich nicht nur um den Primat im römisch-deutschen Reich handelte, sondern der Thronstreit war mit dynastischterritorialen Kämpfen verflochten. Die Interessen der beiden Dynastien konzentrierten sich auf nahezu dieselben Brennpunkte. Das war keineswegs ein Zufall, nutzten doch die Herrscherfamilien auf dem Thron oder im Thronkampf die politischen Verhältnisse auf Reichsebene dazu, ihren Hausbesitz zu erweitern, auf der anderen Seite milderten sie durch Heiratspolitik Reibungen im Reich. Um nicht auf Details in Einzelfällen eingehen zu müssen, wird an dieser Stelle lediglich eine Übersicht über die erwähnten Schauplätze gegeben[5].

Die Markgrafschaft Brandenburg blieb durch den Tod des letzten Vertreters der Askanier Waldemar im Jahr 1319 ohne legitimen Herrscher. Nach einigen Jahren Herrschaftslosigkeit und territorrialer Aneignungen durch benachbarte Fürsten gab Ludwig IV. im Jahr 1323 die Markgrafschaft seinem damals noch minderjährigen Sohn Ludwig V., fortan von Brandenburg, zu Lehen. Diese Verleihung

---

[4] Alois NIEDERSTÄTTER, Die Herrschaft Österreich. Fürst und Land im Spätmittelalter (Österreichische Geschichte), Wien 2001, 118.
[5] Dazu ausführlich: Michael MENZEL, Die Wittelsbacher Hausmachterweiterungen in Brandenburg, Tirol und Holland, in: Deutsches Archiv für Erforschung des Mittelalters 61 (2005) 107 ff.

war in erster Linie gegen die Luxemburger gerichtet, die mit einer Verankerung in der Mark ihre Lage im Kampf um die Krone hätten entscheidend stärken können.

Das politische Hauptziel Ludwigs IV. auf heimischem Boden war die Wiedervereinigung Bayerns, das schon seit 1255 unter zwei Linien der Wittelsbacher aufgeteilt war. Auch hier standen ihm die Luxemburger im Wege, der niederbayerische Herzog Heinrich XIV. war nämlich mit der Tochter des böhmischen Königs Johann verheiratet, auf den er sich beinahe bis zu seinem Tod im Jahr 1339 politisch stützte. Erst wenige Monate zuvor hatte er sich unter der Drohung einer hoffnungslosen militärischen Auseinandersetzung mit dem Kaiser versöhnt und seinen minderjährigen Sohn Johann mit Ludwigs Tochter Anna verlobt. Das bedeutete, dass mit Heinrichs Tod Ludwig automatisch Johanns Vormund wurde und die Verwaltung von Niederbayern übernahm. Als auch Letzterer nach gut einem Jahr verstarb, war das ganze Land unter der oberbayerischen Linie der Wittelsbacher wiedervereinigt[6].

Der Kaiser war bestrebt, der Erwerbspolitik der Luxemburger in Tirol und Kärnten Einhalt zu gebieten, wo Heinrich VI. von Tirol-Görz bereits die Genehmigung zur Erbfolge in der weiblichen Linie erlangt, jedoch die Bestimmung über des Kaisers Einwilligung umgangen hatte, indem er seine Tochter Margarete mit dem dreizehnjährigen Luxemburger Johann Heinrich verheiratete. Nach Heinrich von Kärntens Tod im Jahr 1335 versuchte auch Ludwig, die Flügel der Luxemburger zu beschneiden, zunächst lediglich durch die Verleihung des heimgefallenen Reichslehens – des Herzogtums Kärnten – an die Habsburger. Später (1341) nahm er jedoch das Angebot der Tiroler Erbin Margarete und ihrer Landsleute an, löste ihre Ehe mit dem Luxemburger auf, verheiratete sie mit seinem Sohn Ludwig V. von Brandenburg und belehnte die beiden mit Tirol[7].

Mit diesen Handlungen erreichte die Hauspolitik Ludwigs IV. ihren Höhepunkt. Alle Zielsetzungen im Bereich der Familienpolitik und des Gebietserwerbs wurden in die Tat umgesetzt und die Aussichten, dass die Wittelsbacher mindestens noch eine Generation auf dem deutschen Thron bleiben könnten, waren günstig. Die Macht der Luxemburger Opposition erreichte einen Tiefstand[8]. Offensichtlich bedeutete der letzte Schachzug Ludwigs im Jahr 1341 in Tirol, dass das

---

6 Max SPINDLER u.a. (Hg.), Handbuch der bayerischen Geschichte, Bd. 2: Das alte Bayern. Der Territorialstaat vom Ausgang des 12. Jahrhunderts bis zum Ausgang des 18. Jahrhunderts, München ²1988, 185–187.
7 Ellen WIDDER, Itinerar und Politik. Studien zur Reiseherrschaft Karls IV. südlich der Alpen (Forschungen zur Kaiser- und Papstgeschichte des Mittelalters 10), Köln/Weimar/Wien 1993, 91.
8 SPINDLER, Handbuch der bayerischen Geschichte (wie Anm. 6), 186.

Maß voll war, denn er schuf ein den Wittelbachern äußerst abgeneigtes Klima und bewirkte, dass es noch zu seinen Lebzeiten im Jahr 1346 zu der Wahl eines Gegenkönigs kam, bei der die Entscheidung auf den Luxemburger Karl IV. fiel. Kaiser Ludwig IV. starb im Oktober 1347, mitten im Krieg gegen die Luxemburger. Die Geschicke der bayerischen Fürstenfamilie lagen fortan in den Händen seiner Söhne, in erster Linie des ältesten Sohnes, Ludwigs V. von Brandenburg.

Ludwig V. trat zu einem äußerst ungünstigen Zeitpunkt an die Spitze der Wittelsbacher Dynastie. Während die römisch-deutsche Krone für die Familie bereits verloren war, befanden sich die kriegerischen Auseinandersetzungen mit König Karl von Luxemburg um Tirol in vollem Gange. Auch in der Mark Brandenburg spitzte sich mit dem Auftritt des sogenannten falschen Woldemars im Sommer 1348 die Lage wesentlich zu. Der Opportunist, der seine Unzufriedenheit über die fremden (bayerischen) Machthaber zum Ausdruck brachte und von der gesamten Opposition gegen die Wittelsbacher mit politischen Aspirationen im Gebiet der Mark unterstützt wurde, schürte seit Beginn des Jahres 1350 Aufstände und machte somit Ludwig und seinem Heer schwer zu schaffen. Der Markgraf war die ganze Zeit gezwungen, wechselweise im Norden und Süden des Reichs zu kämpfen. Nach der endgültigen Konsolidierung seiner Macht und dem Friedensschluss mit Karl IV. (Februar 1350) sowie seiner Belehnung mit der Mark Brandenburg als Reichslehen überließ Ludwig diese mit dem zu Weihnachten 1351 in Luckau geschlossenen Erbvertrag seinen jüngeren Halbbrüdern Ludwig VI., dem Römer, und Otto V. Er behielt das Herzogtum Oberbayern und Tirol als dessen ideale Ergänzung, sowohl in territorialer als auch in politischer und wirtschaftlicher Hinsicht. In den darauffolgenden Jahren verlagerte er das Schwergewicht seiner Tätigkeit in den Süden. Er widmete sich der Festigung seiner Macht in Tirol und der Abrechnung mit den letzten Widersachern (1350–52), schloss sich den Grafen von Görz im Krieg gegen den Patriarchen von Aquileia im Friaul an, nahm auf Seiten von Florenz und Venedig an den kriegerischen Auseinandersetzungen mit den Visconti (1353–54) teil, knüpfte Kontakte mit dem König von Ungarn (1352, 1356), vor allem aber näherte er sich politisch allmählich den Habsburgern an, was den Letzteren in der Endphase (nach der Heirat von Ludwigs Sohn Meinhard mit Margarete von Österreich) die Herrschaft über Tirol einbrachte[9]. Diepold IV. von

---

9 Zusammengefasst nach: SPINDLER, Handbuch der bayerischen Geschichte (wie Anm. 6), 205–211; Flamin H. HAUG, Ludwigs V. des Brandenburgers Regierung in Tirol (1342–1361), in: Forschungen und Mitteilungen zur Geschichte Tirols und Vorarlbergs 3 (1906) 257–308; 4 (1907) 1–53; Sigmund RIEZLER, Geschichte Baierns, Bd. 3: 1347-1508, Aalen ²1964, 3–56.

Katzenstein war aktiver Zeuge des beschriebenen Geschehens und drückte diesem als nicht unbedeutendes Glied von Ludwigs Militär- und Verwaltungsapparat in mancherlei Hinsicht sein Siegel auf. Seiner Geschichte bzw. deren Endphase sind die folgenden Zeilen gewidmet.

Eintritt Diepolds von Katzenstein in den Dienst Ludwigs V.

Die erste Quelle, die Diepold von Katzenstein mit Ludwig V. in Verbindung bringt, ist auf den 9. Mai 1347 datiert. An diesem Tag erhielt Engelmar von Villanders 50 Mark für ein Rüstpferd, das er für Diepold besorgte[10]. Die Notiz bezieht sich höchstwahrscheinlich auf die Schlacht am Gemärkpass/Cimabanche zwischen Toblach und Cortina d'Ampezzo am 7. Mai, wo Ludwigs Aufgebot von fünfhundert Reitern eine vernichtende Niederlage durch Karls Hinterhalt erlitt, an dem auch die Einheiten des Patriarchen Bernhard von Aquileia beteiligt waren[11]. Diepold dürfte in der Schlacht, an der er auf Ludwigs Seite teilnahm, sein Pferd verloren haben, das ihm zwei Tage später von Engelmar Villanders, dem damaligen Tiroler Landeshauptmann, auf Kosten des Markgrafen ersetzt wurde[12].

Es stellt sich nun die Frage, wieso sich Diepold in den Kriegswirren, einige hundert Kilometer entfernt vom heimischen Katzenstein, einfand. Das Auftreten von Söldnern aus dem slowenischen Raum an Kriegsschauplätzen in Norditalien und im benachbarten Tirol ist keineswegs etwas Ungewöhnliches. In den Quellen kommen sie seit den zwanziger Jahren des 14. Jahrhunderts vor, allerdings nicht als selbstständige Söldner, die Befehlshabern ihre Dienste freiwillig anboten[13]. Meistens trifft man sie in vereinigten Abteilungen heimischer Dynasten an, die an den Kriegszügen als Befehlshaber ihrer Abteilungen teilnahmen. In der oben erwähnten Schlacht erkannte der Berichterstatter von Aquileia, der Kanzler des Patriarchen, in Ludwigs Reihen u.a. die Standarten des Bischofs von Freising und des

---

10 Tiroler Landesarchiv (künftig: TLA), HS 129, pag. 116.
11 WIDDER, Itinerar und Politik (wie Anm. 7), 113.
12 Gustav PFEIFER, Miles potens in comitatu. Engelmar von Vilanders und der Tiroler Adel in der ersten Hälfte des 14. Jahrhunderts. Ein Kapitel aus der Vorgeschichte des Hauses Wolkenstein, in: Die Wolkensteiner. Facetten des Tiroler Adels in Spätmittelalter und Neuzeit (Veröffentlichungen des Südtiroler Landesarchivs 30), hg. v. DERS./Kurt ANDERMANN, Innsbruck 2009, 29-52, hier 49.
13 Tomaž LAZAR, Vitezi, najemniki in smodnik. Vojskovanje na Slovenskem v poznem srednjem veku, Ljubljana 2012, 50; Dušan Kos, Skica o vojskovanju, vojaškem uku, turnirjih in viteških igrah slovenskega plemstva na tujem v zadnjih treh stoletjih srednjega veka, in: Vojaki iz slovenskega prostora na tujih tleh v preteklosti, hg. v. Darja MIHELIČ/Matjaž BIZJAK, Ljubljana 2011, 114.

Grafen von Görz[14]. Es ist nicht ganz auszuschließen, obwohl wenig wahrscheinlich, dass sich Diepold von Katzenstein in einer der beiden Abteilungen befand. Es kommt eher die zweite Möglichkeit in Frage, und zwar im Kontext von Ludwigs Kämpfen um Tirol. Aus narrativen Quellen weiß man nämlich, dass auch Ulrich I. von Cilli, ein Sohn von Diepolds Senior, daran teilnahm. Ulrich soll sich nach der vorherrschenden Meinung im Frühjahr 1347 in Tirol aufgehalten und an der Schlacht in der Nähe von Bozen mitgewirkt haben[15]. Diese fand Ende April statt und dabei besiegte Ludwig V. Karls Truppen, die auf ihrer Rückkehr Richtung Trient nach erfolgloser Belagerung des Schlosses Tirol das Land plünderten[16]. Aller Wahrscheinlichkeit nach kam Diepold von Katzenstein in Ulrichs Gefolge nach Tirol. Letzterer war im Hinblick auf sein jugendliches Alter – er war 15 oder 16 Jahre alt – zweifellos von verlässlichen und kampferprobten Männern umgeben. Zu ihnen wird Diepold, damals zwischen 30 und 40 Jahren alt, gehört haben. Wenn man seine weitere Laufbahn in Betracht zieht, können ihm die Eigenschaften eines kampferprobten Kriegers mit Sicherheit zugeschrieben werden. Es ist nicht auszuschließen, dass Diepold Ulrich bereits bei der Eroberung Zadars (Zara), etwa ein Jahr zuvor begleitet hatte[17], aber es liegen diesbezüglich keine Quellenbelege vor. Es steht jedoch fest, dass Diepold im Jahr 1347 unter vorerst ungeklärten Umständen in den Dienst Ludwigs des Brandenburgers eintrat und ihm bis zu seinem Tod im Jahr 1358 treu blieb.

Die Besitzungen Diepolds und Rudolfs in Tirol

Zu Beginn seiner Tätigkeit in Tirol leistete Diepold zweifelsohne Kriegsdienst. Aus dem Jahr 1347 sind noch zwei Schuldbriefe auf seinen Namen erhalten geblieben; einer davon für den wiederholten Ankauf eines Rüstpferdes[18]. Bald begann er für seine treuen und allem Anschein nach erfolgreichen Dienste Besitz und Amtsfunktionen zu erlangen. Ludwig der Brandenburger stützte sich bei der Festigung seiner Macht in Tirol auf treue Parteigänger aus den Reihen sowohl des einheimi-

---

14 WIDDER, Itinerar und Politik (wie Anm. 7), 113.
15 LAZAR, Vitezi, najemniki in smodnik (wie Anm. 13), 126; Janez MLINAR, Podoba Celjskih grofov v narativnih virih (Historia 11), Ljubljana 2005, 41, 199.
16 HAUG, Ludwigs V. des Brandenburgers Regierung, Teil 1 (wie Anm. 9), 302; WIDDER, Itinerar und Politik (wie Anm. 7), 110–111.
17 LAZAR, Vitezi, najemniki in smodnik (wie Anm. 13), 125; KOS, Skica o vojskovanju (wie Anm. 13), 117; MLINAR, Podoba Celjskih grofov (wie Anm. 15), 41.
18 TLA, HS 129, pag. 176.

schen als auch des fremden (vor allem bayerischen) Adels. Als Belohnung für die treuen Kriegsdienste verlieh und verpfändete er ihnen den Besitz, den er von seinen Gegnern, die an der Seite der Luxemburger kämpften, beschlagnahmt hatte[19]. Mit dem verliehenen Besitz verknüpft waren Amtsfunktionen (Verwaltungs- und Richterämter), mit denen der neue Graf seine Macht auf den eroberten Territorien konsolidierte. In dieses System wurde bald auch Diepold eingeschlossen: vor Herbst 1348 wurde er Pfleger der Herrschaft Kaldif, südlich von Bozen, am 6. September auch des Guts »Antrew«[20]. Kaldif blieb in Katzensteiner Hand, zunächst Diepolds und später auch Rudolfs (seit Beginn des Jahres 1349 traten beide Brüder in praktisch allen Immobiliengeschäften zusammen auf), und zwar bis Ende 1360. Ludwig verlängerte den Brüdern das Pfand zur Bezahlung der Schulden für die treuen Dienste im Jahr 1353 und erneut im Jahr 1359, beidesmal in der Höhe von 1500 Mark Perner bis zur Bezahlung der gesamten Summe[21]. Das Pfandverhältnis wurde am 1. Januar 1361 unterbrochen und die Herrschaft einem gewissen Schranchpawmer in Besitz übergeben, der Rudolf die Pfandsumme offensichtlich beglich[22].

Im Oktober 1348 erhielt Diepold von Ludwig das Amt Steinach als Pfand[23]. Die Herrschaft mit ihrer strategischen Lage am Brennerpass gehörte ursprünglich dem Tiroler Zweig der Aufensteiner, ging nach dessen Aussterben jedoch in den Besitz des Kärntner Marschalls Konrad III. von Aufenstein über, der sie aber bereits im darauffolgenden Jahr wieder verlor. Der neue Graf Johann Heinrich von Luxemburg beschlagnahmte infolge eines Verrats – der Übergabe Kärntens an die Habsburger – seinen gesamten Tiroler Besitz und bildete diesen in ein Landgericht um[24]. Nach seinem Herrschaftsantritt (1342) hatte Ludwig der Brandenburger Steinach an seinen damals treuen Parteigänger Engelmar von Villanders verpfändet, fünf Jahre später nahm er es wegen dessen Verrat zurück[25] und verpfände-

19 Haug, Ludwigs V. des Brandenburgers Regierung, Teil 2 (wie Anm. 9), 14.
20 Österreichisches Staatsarchiv, Haus-, Hof- und Staatsarchiv (künftig: HHStA), HS B 129, fol. 26'.
21 HHStA, HS W 209, fol. 100'; fol. 124'.
22 Ebd., fol. 124'.
23 HHStA, HS B 129, fol. 26'.
24 Eduard G. Pettenegg, Die Herren von Aufenstein. Ein Beitrag zur österreichischen Geschichte im 14. Jahrhundert, Sonderdruck aus: Jahrbuch des Heraldisch-genealogischen Vereines Adler in Wien 2 (1875) 1–56 mit veränderter Paginierung und im Jahrbuch fehlender Beilage Urkunden-Buch, 65–67.
25 Pettenegg, Die Herren von Aufenstein (wie Anm. 24), 65–67; Pfeifer, Engelmar von Vilanders (wie Anm. 12), 43. Im Juni 1347 verlieh Ludwig die gesamte Herrschaft an Friedrich und Konrad von Aufenstein im Gegenzug für die versprochene militärische Hilfe, dennoch traten die beiden bereits

te es im Herbst 1348, wie bereits erwähnt, an Diepold von Katzenstein. Bereits im März des darauffolgenden Jahres erhielt dieser, zusammen mit seinem Bruder Rudolf, als Gegenleistung für eine neue, im Zusammenhang mit den militärischen Diensten entstandene Schuld in Höhe von 1410 Mark und 7 Pfund Perner das dortige Landgericht samt zugehörigen Besitzungen der Aufensteiner. Das Pfand sollte bis zur völligen Abzahlung der Schuld (voraussichtlich zehn Jahre) aufrechterhalten bleiben[26]. Ludwig verlängerte nach Ablauf dieser Frist Rudolf und den beiden Söhnen des damals schon verstorbenen Diepolds das Pfand, und zwar auf Rechnung einer neuen Schuld von 1500 Mark[27]. Das Pfand wurde im Jahr 1364 auch vom neuen österreichischen Herzog Rudolf IV. bestätigt[28] und noch im Jahr 1367 von dessen Brüdern Albrecht und Leopold[29], die in der Zwischenzeit die Regierung in Tirol übernommen hatten. Die Herrschaft Steinach blieb im Besitz der Familie bis zum März 1371, als Bischof Johann von Brixen die Pfandsumme an die Söhne Diepolds auszahlte[30]. Bereits zwei Jahre zuvor hatten ihm Albrecht und Leopold den Besitzkomplex für 2000 Mark verpfändet[31], allerdings nur auf dem Papier. Die Katzensteiner konnten den Besitz bis zur tatsächlichen Abzahlung der Schuld nutznießen.

Die Herrschaft Haselburg bei Bozen gab Ludwig V. Ende März 1350 Rudolf von Katzenstein zu Lehen[32] und zwar samt allen dortigen Besitzungen der Greifensteiner. Das war eines der Tiroler Adelsgeschlechter, die sich verbissen aber vergeblich gegen die Macht der Wittelsbacher wehrten, bis im Frühjahr 1350 Ludwigs Hauptmann Konrad Teck den hartnäckigen Widerstand brach. Er entzog den Greifensteinern ihre Besitzungen und verwies sie des Landes[33]. Mit ihrer

---

nach knapp zwei Monaten auf Karls Seite, HAUG, Ludwigs V. des Brandenburgers Regierung, Teil 1 (wie Anm. 9), 304–305; Alfons HUBER, Geschichte der Vereinigung Tirols mit Österreich und die vorbereitenden Ereignisse, Innsbruck 1864, 163, Nr. 107.
26 HHStA, HS B 129, fol. 26'–28.
27 HHStA, HS W 209, fol. 124'.
28 Diözesanarchiv Brixen (künftig: DAB), O. A. 426.
29 Bayerisches Hauptstaatsarchiv München (künftig: BayHStA), HU Brixen 57.
30 Harald TONIATTI/Armida ZACCARIA, Die Urkunden des bischöflichen Archivs Brixen in Staatsarchiv Bozen 1337–1396, Typoskript in Staatsarchiv Bozen, 140, Nr. 136.
31 BayHStA, HU Brixen 58.
32 Joseph RÖGGEL, Das Schloß Greifenstein und dessen Besitzer, in: Beiträge zur Geschichte, Statistik, Naturkunde und Kunst von Tirol und Vorarlberg 4 (1828) 250–251.
33 HAUG, Ludwigs V. des Brandenburgers Regierung, Teil 2 (wie Anm. 9), 19–20. Die Abschrift der Urkunde vom 1. April 1350, mit der die Brüder Johann und Friedrich sowie Friedrich von Grafenstein auf die Herrschaften Haselburg und Grafenstein verzichten und versprechen, das Land zu verlassen, in: HHStA, HS B 128, fol. 30.

Herrschaft dürfte Rudolf I. als der älteste von den Katzensteinern, ein Onkel der erwähnten Brüder, belehnt worden sein[34]. Die Katzensteiner hatten sie gut acht Jahre in Besitz, dann verkaufte sie Rudolf II. nach einjährigen Verhandlungen an Friedrich von Greifenstein, der sich inzwischen offensichtlich mit Herzog Ludwig versöhnt hatte. Dieser verlieh ihm die Herrschaft im Juni 1357, nachdem Friedrich schon im März einen Vergleich mit den Katzensteinern über die Ablösung des Pfandes (!) für 600 Pfund Meranier erreicht hatte[35]. Der endgültige Ankauf des gesamten Greifensteiner Besitzes, der unter anderem auch zwei Häuser in Bozen und »St. Andre« einschloss, erfolgte im Mai 1358[36].

Das Landgericht Gries, das Diepold und Rudolf im April 1354 pfandweise für 640 Mark und 4 Pfund erhielten[37], gehörte im 14. Jahrhundert zu den vier ertragsreichsten Tiroler Ämtern[38]. Es umfasste das weitere Gebiet von Bozen. Bis zum Jahr 1347 hatte der bereits erwähnte Engelmar von Villanders das Gericht in Pfand gehabt[39], während uns die Umstände in der Zwischenzeit nicht bekannt sind. Allem Anschein nach hatten die beiden Katzensteiner auch das Amt des Stadtrichters von Bozen inne (*mit auserem und inneren gericht ze Bozen*), im Jahr 1355 begegnet man in dieser Rolle einem gewissen Englein, während Rudolf und Diepold nur noch als Richter in Gries erwähnt werden. Dieses ertragreiche Amt behielten sie bis Jahresende 1357[40].

Unter den Ämtern, die Diepold für die an Ludwig den Brandenburger geleisteten Dienste als Pfand erhielt, befand sich sogar das sogenannte Bräuamt von Mün-

---

34 Die Vermutung beruht auf der gängigen Praxis, dass der Lehensträger immer der Senior der Familie war. Auf Haselburg sind sonst alle drei Katzensteiner überliefert: im Oktober 1350 schloss Diepold dort ein Rechtsgeschäft (TLA, Urk. II 348) ab, im Januar 1351 wandte sich Ludwig V. an den Lehensträger Rudolf I. (er starb im Februar 1352), als er aus der Herrschaftsmasse 100 Mark Rente für das Morgengut der Greifensteiner Witwe ausschied (HHStA, HS B 129, fol. 63'), im März 1357 verhandelten Diepold und Rudolf II. zusammen mit Friedrich von Greifenstein über die Bedingungen der Rückgabe der Herrschaft an den Letzteren (HHStA, AUR 1357–III–27).
35 HHStA, AUR 1357–II–27; BayHStA, KBAA 1155, fol. 422'.
36 TLA, P. 684.
37 HHStA, HS W 209, fol. 103–103' = BayHStA, KBAA 1155, fol. 300'–301.
38 Pfeifer, Engelmar von Vilanders (wie Anm. 12), 41; vgl. auch Gustav Pfeifer, »Neuer« Adel im Bozen des 14. Jahrhunderts. Botsch von Flotrenz und Niklaus Vintler, in: Pro civitate Austriae, N.F. 6 (2001) 4–5.
39 Pfeifer, Engelmar von Vilanders (wie Anm. 12), 41.
40 Hannes Obermair, Bozen Süd–Bozen Nord. Schriftlichkeit und urkundliche Überlieferung der Stadt Bozen bis 1500/Scritturalità e documentazione archivistica della città di Bozen fino al 1500, Bd. 1: Regesten der kommunalen Bestände/Regesti dei fondi comunali 1210–1400, Bozen 2005, 335, Nr. 677 = Mathias Koch, Urkunden Ludwig des Brandenburgers, in: Oberbayerisches Archiv für vaterländische Geschichte 8 (1846–1847) 136; BayHStA, KBAA 1155, fol. 134.

chen[41]. Außer den erwähnten Ämtern verwaltete er als Vormund auch den Besitz der minderjährigen Oswald und Cyprien von Villanders. Ihr Vater Tägen war vor Februar 1346 verstorben[42] und es ist nicht ganz klar, auf welche Art und Weise Diepold Vormund seiner Kinder wurde, was gut ein Jahr vor dessen erster Erwähnung in Tirol geschah[43]. Im Zusammenhang mit dieser Vormundschaft kam es auch zum Heiratsvertrag, in welchem Cyprien Diepolds Tochter Elisabeth zugeteilt wurde. Zu Villanders' Besitzkomplex gehörte auch das Amt Enn/Egna (heute Neumarkt) in unmittelbarer Nähe von Kaldiff, das man Berthold von Gufidaun zur Verwaltung überlassen hatte; erhalten geblieben ist die Bestätigung über die Verrechnung von urbarialen Einnahmen und Ausgaben für das Jahr 1355, die Diepold mit Berthold vornahm[44]. Im Jahr 1356 verhalf Diepold mit Elisabeths Widerlage den beiden Villanders das landesfürstliche Amt Runkelstein vor der Verpfändung zu retten, das Elisabeth später als Heiratsgut zur Nutznießung erhielt[45]. In den Dokumenten wird auch ein gewisses Gut in Klausen bei Säben (Sabiona) erwähnt, das Diepold im Namen Oswalds und Cypriens verkaufte[46].

Diepolds Ämter am Hofe und seine diplomatischen Gesandtschaften

Militärische Erfolge und Verdienste ebneten Diepold von Katzenstein schon bald die Wege zu wichtigeren Ämtern in Ludwigs Verwaltung in Tirol. Das erste Indiz für die hohe Stellung und das hohe Ansehen im Gefolge des Markgrafen von Brandenburg datiert in die Weihnachtszeit 1351. Damals schloss sich Diepold nach mehreren Monaten dauerndem Sommer- und Herbstaufenthalt im heimatlichen Schalltal, wo er Familienangelegenheiten regelte, Ludwig dem Brandenburger an.

---

41 Miha PREINFALK/Matjaž BIZJAK, Turjaška knjiga listin I. Listine zasebnih arhivov kranjske grofovske in kneže linije Turjaških (Auerspergov), Bd. 1: 1218–1400 (Thesaurus memoriae. Fontes 6), Ljubljana 2008, 169, Nr. 109.
42 HAUG, Ludwigs V. des Brandenburgers Regierung, Teil 1 (wie Anm. 9), 290; HHStA, HS B 127, fol 52–53', 93'–95.
43 In einem der Register Ludwigs blieb ein etwas verkürzter Text der Bestätigung von Oswalds Urkunde erhalten, mit der er (mit Zustimmung der als Zeugen angeführten Verwandten) Diepold als seinen Vormund einsetzte. Aus diesem eher regestförmigen Eintrag ist nicht ersichtlich, wann diese Urkunde Oswalds ausgestellt wurde, TLA, HS 59, fol. 76 und noch kürzer in: HHStA, HS W 209, fol. 114 (1356–XI–7). Zu Beginn (1346) werden ihre Verwandten Engelmar und Eckhard, genannt Troesperg von Vilanders, sowie Berthold Rubeiner als Oswalds und Cypriens Vormünder erwähnt, HHStA, HS B 127, fol 52–53', 93'–95.
44 TLA, Urk. II, 210 (1356–X–7).
45 TLA, HS 59, fol. 57; PREINFALK/ BIZJAK, Turjaška knjiga listin I (wie Anm. 41), 184–185, Nr. 124.
46 TLA Urk. II, 397 (1355–IX–12); TLA Urk. II, 905/1 (1356–IV–7); TLA Urk. II, 905/2 (1358–VII–22).

Nachdem die Mitglieder der Wittelsbacher Dynastie eine Abmachung über die Erbteilung getroffen hatten, wohnte Diepold als Zeuge der Unterzeichnung des Erbvertrags zwischen dem Markgrafen Ludwig und seinen Brüdern bei. Bei dem in Luckau geschlossenen Vertrag, der eine in der Reihe von Erbvereinbarungen der bayerischen Dynastie nach dem Tod Kaiser Ludwigs IV. darstellte (und auf den Vertrag von Landsberg von 1349 mit der wiederholten Teilung Bayerns in Ober- und Niederbayern folgte), handelte es sich um die Teilung der Territorien der oberbayerischen Linie. Ludwig V. verzichtete zugunsten seiner Brüder Ludwig des Römers und Ottos auf die Herrschaft in der Markgrafschaft Brandenburg, im Gegenzug erlangte er die Alleinherrschaft im oberbayerischen Herzogtum, das er später mit Tirol vereinigte[47]. Die Zeugenschaft Diepolds von Katzenstein in dieser bedeutenden Urkunde beweist die hohe Stellung, die er im Gefolge Ludwigs V. einnahm. Tatsächlich handelt es sich um eine Urkundenserie mit einzelnen Bestimmungen der Vereinbarung, die sich die beiden Ludwigs wechselweise ausstellten, wobei in fünf davon Diepold ausdrücklich als Zeuge angeführt wird[48].

Diepolds Rolle und Bedeutung am Hofe Ludwigs werden auf eine besondere Art und Weise durch diplomatische Gesandtschaften beleuchtet, an denen er in der ersten Hälfte der fünfziger Jahre teilnahm. Zum Jahresende 1351, gerade im Laufe der erwähnten oberbayerischen Erbfolgeverhandlungen, wandte sich die Republik Florenz an Ludwig V. mit der Bitte um militärische Hilfe im Krieg gegen die Mailänder Visconti. Die Gesandtschaft nach Tirol wurde von keinem anderen als dem berühmten Literaten Giovanni Boccaccio angeführt, zu einer Zusammenkunft mit Ludwig kam es wegen dessen Abwesenheit nicht. Der Markgraf antwortete auf die Bitte von Florenz erst Anfang März, indem er Diepold von Katzenstein nach Florenz absandte, der mit allen Vollmachten für die Verhandlungen um die Schließung eines Bündnisses ausgestattet war. Der Beglaubigungsbrief, den Diepold nach Florenz mitbrachte, zeugt deutlich von dem Vertrauen, das er bei seinem Herrn genoss. In diesem bezeichnet er ihn als seinen Vertrauten und Sekretär, dem er *plenum mandatum ac libera potestatem* gebe für die Schließung ei-

---

47 SPINDLER, Handbuch der bayerischen Geschichte (wie Anm. 6), 200–201.
48 BayHStA, KB Urk. 26279, 26278, 26277; BayHStA, Geheimes Archiv, Hausurkunden 280, 1961; Franz M. WITTMANN, Monumenta Wittelsbacensia. Urkundenbuch zur Geschichte des Hauses Wittelsbach, Bd. 2: 1293–1397 (Quellen und Erörterungen zur bayerischen und deutschen Geschichte 6), München 1861, 416–420, Nr. 328, 329; Adolph Friedrich RIEDEL, Codex diplomaticus Brandenburgensis. Sammlung der Urkunden, Chroniken und sonstigen Quellenschriften für die Geschichte der Mark Brandenburg und ihrer Regenten, Bd. II/2, Berlin 1845, 338–342, Nr. DCCCCLXI, DCCCCLXII, DCCCCLXIII.

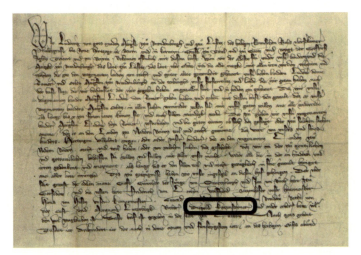

Abb. 1: Urkunde des Erbvertrags des Hauses Bayern, ausgestellt von Ludwig dem Brandenburger, in der Diepold von Katzenstein als Zeuge angeführt ist (BayHStA, Geheimes Hausarchiv, Hausurkunden 1961 [1351–XII–24]).

nes Bündnisses mit Florenz *tam de numero hominorum cum galeis et barbutis armatorum, quam pro summa pecunie pro hiis exponenda*[49]. Diepold kehrte nach Tirol zurück, ohne eine Abmachung erzielt zu haben, die von Katzenstein gestellten Bedingungen seien für die Florentiner, wie aus ihrem Brief vom 27. März an Ludwig hervorgeht, nicht annehmbar gewesen[50]. Der tatsächliche Grund waren zu hohe Geldforderungen Ludwigs. Florenz stand nämlich zu gleicher Zeit in Verhandlungen mit Karl IV.[51]. Ende Mai stand vor Diepold schon eine neue diplomatische Mission, diesmal nach Ungarn. Einzelheiten im Zusammenhang mit seiner ersten Gesandtschaft nach Ungarn sind nicht bekannt[52]. Ludwig entsandte ihn im Jahr 1356 noch einmal zum ungarischen König Ludwig von Anjou, diesmal mit den

---

49 Joseph von HORMAYR, Urkundenbuch (Sämmtliche Werke 2), Stuttgart/Tübingen 1821, Nr. LXX/2, CXXXIII; vgl. Wilhelm BAUM, Margarete Maultasch. Erbin zwischen den Mächten, Graz/Wien/Köln 1994, 144.
50 Attilio HORTIS, Giovanni Boccacci ambasciatore in Avignone e Pileo da Prata proposto da' fiorentini a patriarca di Aquileia, in: Archeografo triestino, N.F. 3 (1872–1875) 279–280.
51 WIDDER, Itinerar und Politik (wie Anm. 7), 147.
52 Bekannt ist nur, dass Diepold am 22. Mai 1352 dafür 100 Dukaten erhielt (BayHStA, KBAA 1155, fol. 14ʳ); vgl. Max FREYBERG, Beurkundete Geschichte Herzog Ludwigs des Brandenburgers, München 1837, 161.

Vollmachten ausgestattet, ein Bündnis zwischen ihnen und Albert von Österreich zu schließen, das gegen Karl IV. gerichtet war[53]. Währenddessen hielt sich Diepold im Jahr 1354 in Ludwigs Dienst noch in Venedig und in der Lombardei auf, zweifellos im Kontext der Kampfhandlungen und der Schließung von Bündnissen in Norditalien[54].

Diepold gehörte zu Ludwigs Hofräten. Als solcher wird er mindestens dreimal ausdrücklich erwähnt[55]. Seine Beteiligung an der Hofverwaltung wird durch zahlreiche Einträge in Registraturbüchern bezeugt, wo er als Bevollmächtigter (*commissor*) oder Mitbevollmächtigter genannt wird. Unter diesen Vermerken firmieren in Registern jene Urkunden, die im Namen des Landesfürsten in dessen Abwesenheit vom Landeshauptmann bzw. auch von anderen Hofräten (im letzten Fall gewöhnlich je zwei oder drei zusammen) ausgestellt wurden[56]. In den erhaltenen Registern Ludwigs erscheint Diepold in den Jahren 1348 bis 1356 etwa dreißig Mal als *commissor*[57], noch ein Beweis für seine nicht unwichtige Rolle in der Verwaltung von Ludwigs Tirol.

In der Zeit seiner intensiven Diensttätigkeit in Tirol gelang es Diepold und Rudolf, zeitweise Kontakte mit ihrer Heimat zu pflegen; offensichtlich in dem Maße, wie es zur Aufrechterhaltung der Hoheit über die Stammburg und der guten Beziehungen zu den Herren von Cilli nötig war. Im Jahrzehnt von 1347 bis 1358 hielten sie sich nachweislich vier Mal in der Untersteiermark auf. Im Jahr 1351 erforderte eine Zwangslage ihre Anwesenheit im Schalltal. Die Rivalität zwischen den Herren von Cilli und denen von Pettau in diesem Raum erreichte ihren Höhepunkt. Im Mittelpunkt der Auseinandersetzungen stand die Burg Katzenstein, wo sich die Interessen der beiden Familien kreuzten. Dieser Umstand betraf natürlich in erster Linie die zerstrittenen Mitglieder der Katzensteiner. Allem Anschein nach dominierte in dieser Zeit auf der Burg ein Zweig der Pettauer Vasallen Wulfing Polans. Diepold III., der Vater Diepolds IV. und Rudolfs II., musste nämlich im Jahr 1334 auf seinen Anteil an der Burg zugunsten der Herren von Pettau ver-

---

53 TLA, Cod. 59, fol. 66; Samuel STEINHERZ, Die Beziehungen Ludwigs I. von Ungarn zu Karl IV., in: Mitteilungen des Instituts für Österreichische Geschichtsforschung 8 (1887) 245, Beilage, 256–257.
54 BayHStA, KBAA 1155, fol. 315'; HAUG, Ludwigs V. des Brandenburgers Regierung, Teil 2 (wie Anm. 9), 39.
55 HHStA, HS W 209, fol. 101'; TLA, HS 109, fol. 6–7; BayHStA, KBAA 1155, fol. 165'–166.
56 Julia HÖRMANN, Das Registerwesen unter Markgraf Ludwig von Brandenburg in Tirol und Bayern in den Jahren 1342 bis 1352, Innsbruck 1998, 44, Anm. 208, 286–293.
57 Mehrmals in Codices: BayHStA, KBAA 1180; BayHStA, KBAA 1155; TLA, HS 109; TLA, HS 59; HHStA, HS W 209.

zichten[58], bald darauf wurde sein Bruder Rudolf I. Sanegger Kastellan auf Burg Tüffer (Laško)[59]. Ihr Familienzweig wurde offensichtlich von der Burg fortgedrängt und darin ist vielleicht auch der Grund dafür zu suchen, dass die folgende Generation ihre Lebenschancen in der Fremde suchte. Es scheint, dass im Frühjahr oder bereits am Winterende 1351 die Cillier die Gegensätze zwischen den beiden Familienzweigen dazu nutzten, um eine Fehde um Katzenstein mit den Pettauern auszutragen. Nach Meinung von Tone Ravnikar sei das einer der entscheidenden Schritte der Cillier bei der Arrondierung ihrer Besitzungen im Schalltal gewesen; ein Jahrzehnt zuvor hatten sie die »Übernahme« der Gurker Lehen abgeschlossen, gegen Ende der fünfziger Jahre aber einen mindestens ebenso wichtigen Streit mit den Herren von Turn beigelegt[60]. Über den Verlauf der Auseinandersetzung selbst weiß man nichts, es kann jedenfalls vermutet werden, dass die kriegserfahrenen Tiroler Kämpfer Diepold und Rudolf aktiv daran beteiligt waren. Jedenfalls hielten sie sich in dieser Zeit nachweislich in der Steiermark auf. Zwischen dem 20. März und dem 15. Mai fungierten sie als Kreditnehmer, Bürgen oder Zeugen bei mehreren finanziellen Geschäften im Kreise der Cillier Klientel[61]. Am 30. Mai wohnten sie zweifelsohne dem Gerichtsvergleich zwischen Friedrich von Cilli und Herdegen von Pettau in Sachen der erwähnten Fehde bei. Der Schiedsspruch fiel (dem Ausgang der Fehde entsprechend) zugunsten der Cillier Partei aus. Die Pettauer verloren mit Ausnahme des Turms Geyer alle Katzensteiner Besitzungen, womit Diepold und Rudolf in den Besitz der Stammburg gelangten, auf die ihr Vater vor beinahe zwei Jahrzehnten hatte verzichten müs-

---

58 LOSERTH, Archiv Stubenberg (wie Anm. 3), 80, Nr. 52; Kos, In Burg und Stadt (wie Anm. 1), 346; Tone RAVNIKAR, Žovneško-ptujski odnosi v Saleški dolini, in: Celjski grofje, stara tema – nova spoznanja, Zbornik znanstvenega simpozija, Celje, 27.–29. maj 1998, hg. v. Rolanda FUGGER GERMADNIK, Zilli 1999, 71-85, hier 80.
59 Kos, In Burg und Stadt (wie Anm. 1), 346.
60 Tone RAVNIKAR, V primežu medplemiških prerivanj, Digitalna knjižnica (Dissertationes 13), Ljubljana 2010 (URL: https://www.pei.si/ISBN/978-961-270-040-9/files/basic-html/ [letzter Zugriff. 10. Juli 2022]), 247–249, 406.
61 ARS, SI AS 1063, Nr. 4112 (1351–III–20); SI AS 1063, Nr. 6258 (1351–V–12); SI AS 1063, Nr. 4113 (1351–V–12); SI AS 1063, Nr. 4114 (1351–V–15) (Regesten in: Christiane THOMAS, Cillier Urkunden. Archivbehelf zu den durch das österreichisch-jugoslawische Archivabkommen betroffenen Beständen der allgemeinen Urkundenreihe III, in: Mitteilungen des Österreichischen Staatsarchivs 38 [1985] 356–369, hier 362–363, Nr. 130-133). Am 19. Januar ist Rudolf noch auf Schloss Tirol dokumentiert, HHStA, HS W 209, fol. 109.

sen[62]. Rudolf weilte zwischen April und Juli 1353 wieder auf der Burg[63], in der Zeit von Oktober 1355 bis Februar 1356 kehrten beide Brüder auf die Burg zurück[64].

In dieser Zeit begannen sich die Brüder auch mit den Habsburgern zu verbinden. Im April 1357 hielten sie sich in Wien auf, bei dieser Gelegenheit verpfändete ihnen Herzog Albert II. für 8000 Dukaten Schloss Strechau in der Obersteiermark[65], das sie dann gegen Abzahlung Friedrich von Cilli überließen[66]. Rudolf trat zu Beginn der sechziger Jahre wahrscheinlich für einige Zeit in Habsburger Dienste ein. Vielleicht bezieht sich auf ihn die Nachricht über die Gesandtschaft Erzherzog Rudolfs IV. im September 1363 nach Friaul[67]. Damals besaß Rudolf auch ein eigenes Haus in Wien[68].

Gut ein Jahrzehnt nach seiner Ankunft in Tirol war Diepolds Lebensweg zu Ende. Das letzte Mal wird er am 11. Januar 1358 als lebend erwähnt, als er seinen Anteil an einem Haus samt Weingarten in Neumarkt verkaufte[69]. In einem Vergleich mit den Greifensteinern vom 17. April wird er als tot genannt[70]. Die Todesursache ist unbekannt, er starb im Alter von 40 bis 50 Jahren. Nach Diepolds Tod beschränkte sich Rudolfs Tätigkeit in Tirol auf Geschäfte im Zusammenhang mit dem dortigen Besitz und dessen Verwaltung. Eigentlich war seine Aktivität auf einen allmählichen Rückzug aus dem Land ausgerichtet. Seit Sommer 1358 verlagerte sich der Schwerpunkt seiner Tätigkeit deutlich auf die heimatliche Steier-

---

62 Dazu ausführlich Ravnikar, Žovneško-ptujski odnosi (wie Anm. 58), 80.
63 ARS, SI AS 1063, Nr. 6776 (1353–IV–17); StLA, Urk. 2473^{b,c} (1353–V–4); ARS, SI AS 1063, Nr. 4136 (1353–VII–4) (Regest in: Thomas, Cillier Urkunden III [wie Anm. 61], 369, Nr. 160).
64 ARS, SI AS 1063, Nr. 4591 (1355–X–18); SI AS 1063, Nr. 4146 (1355–XI–19); SI AS 1063, Nr. 4147 (1355–XI–21) (Regesten in: Christiane Thomas, Cillier Urkunden. Archivbehelf zu den durch das österreichisch-jugoslawische Archivabkommen betroffenen Beständen der allgemeinen Urkundenreihe IV, in: Mitteilungen des Österreichischen Staatsarchivs 39 [1986] 293–294, Nr. 173–175); SI AS 1063, Nr. 6292 (1356–II–1).
65 HHStA, HS B 6, pag. 114.
66 ARS, SI AS 1063, Nr. 4596 (1359–I–2) (Regest in: Thomas, Cillier Urkunden III [wie Anm. 61], 300, Nr. 202).
67 Unter Rudolfs Abgesandten wird *Volricus Cacistayner* erwähnt (Joseph Zahn, Austro-Friulana. Sammlung von Actenstücken zur Geschichte des Conflictes Herzog Rudolfs IV. von Österreich mit dem Patriarchen von Aquileja 1358–1365 [Fontes rerum Austriacarum 2/40], Wien 1877, 208, Nr. 165). Die Vermutung, dass hinter diesem Namen Rudolf II. steckt, beruht auf der Tatsache, dass es in der Familie der Katzenstein keinen Ulrich gibt und dass im Dokument auf seiner Seite Hans Stetenberg erwähnt wird (*Jancili Steybercbz*), dem man neben Rudolf II. noch in zwei ungefähr um ein Jahr jüngeren Urkunden begegnet (Preinfalk/Bizjak, Turjaška knjiga listin I [wie Anm. 41], 148, Nr. 147).
68 Preinfalk/Bizjak, Turjaška knjiga listin I (wie Anm. 41), 197-199, Nr. 136, 137. Zum Verhältnis zu den Habsburgern vgl. auch Ravnikar, Žovneško-Ptujski odnosi (wie Anm. 58), 81.
69 HHStA, HS W 209, fol. 6.
70 Preinfalk/Bizjak, Turjaška knjiga listin I (wie Anm. 41), Nr. 114.

mark. Im Dezember des darauffolgenden Jahres verrechnete er mit Ludwig dem Brandenburger noch alle offen gebliebenen Forderungen, die insgesamt 3000 Mark Perner der Meraner Währung betrugen, die der Markgraf ihm auf die bereits bestehenden verpfändeten Ämter Kaldif und Steinach überwies[71]. Am 1. Januar 1361 wurde die Schuld für Kaldif abgezahlt[72], die Angelegenheiten um das Landgericht Steinach wurden erst im Jahr 1371 endgültig gelöst, als der Bischof von Brixen es Rudolf abkaufte[73]. In der Zwischenzeit schloss Rudolf, der die Geschäfte auch im Namen seiner Neffen Diepold VI. und Rudolf III. führte, einen Vergleich im Besitzstreit mit den vertriebenen und inzwischen rehabilitierten Greifensteinern, verkaufte an diese die Herrschaft Haselberg mit den zugehörigen, ihnen seinerzeit entzogenen Besitzungen[74]. Damit war die Tiroler Episode der Katzensteiner beendet. Diepolds Söhne sahen im gebirgigen, nunmehr Habsburger Land keine Lebenschancen mehr. Der einzige Grund, der einen völligen Abbruch von Verwandtschaftsbeziehungen mit Tirol für einige Zeit noch hätte verhindern können, endete mit dem Tod von Diepolds Tochter Elisabeth (vor 1374)[75], der Gattin des Cyprien von Villanders; Kinder aus dieser Ehe sind urkundlich nicht belegt[76].

Die Brüder Katzenstein und die Historiographie

Diepold und Rudolf von Katzenstein blieben im Zusammenhang mit der Tätigkeit Ludwigs in Tirol keineswegs unbemerkt. Sie werden sowohl von bayerischen als auch von Tiroler Autoren angeführt, die sich mit diesem Thema seit der ersten Hälfte des 19. Jahrhunderts befassten. Wenn die bisherige Historiographie relativ erfolgreich war bei der Feststellung der außerordentlichen Bedeutung, welche die Brüder, insbesondere Diepold, im Kreise von Ludwigs Klientel innehatten, schei-

---

71 HHStA, HS W 209, fol. 124ʻ, Nr. 798.
72 Ebd., fol. 124ʻ, Nr. 799.
73 DAB, OA, listina Nr. 426 (1364-IV-9); BayHStA, HU Brixen 57 (1367-VII-18), HU 58 (1369-VI-16); Toniatti/Zaccaria, Die Urkunden des bischöflichen Archivs (wie Anm. 30), Nr. 136 (1371-III-12), Nr. 140 (1371-V-31).
74 TLA, P 684 (1358-V-16); BayHStA, Grafschaft Tirol Urkunden 178 (1363-I-11).
75 Armin Torggler, Neues zur Besitzergeschichte der Burg Runkelstein um 1363, in: Anno 1336, Tatort Tirol. Es geschah in Bozen (Runkelsteiner Schriften zur Kulturgeschichte 5), Bozen 2013, 199-234, hier 221 f. Torggler schlussfolgert, dass Cyprien bereits im Jahr 1346 zum zweiten Mal mit Katharina Tobhan verheiratet gewesen sei, die erhaltenen Originalquellen widersprechen entschieden dieser Auffassung, vgl. oben, Anm. 45.
76 Cypriens Urkunde über den Vergleich mit Berthold von Gufidaun vom 7. Februar 1367, in der Elisabeth zum letzten Mal in den Quellen erwähnt wird, spricht sehr ungenau über *alle ihre Erben*, TLA, Urk. II. 980-2.

terte sie dagegen hinsichtlich ihrer Identifizierung. Sie fasste sie als Angehörige eines Adelsgeschlechts auf, das entweder aus Bayern oder aus Tirol stammte, ohne überzeugende Beweise dafür erbringen zu können. Die Ursache für diesen Irrtum rührt aus der Tatsache her, dass Katzenstein im deutschen Sprachgebiet ein ziemlich verbreiteter Burgname war, darum nimmt es nicht wunder, dass es zwei Burgen mit diesem Namen sowohl in Tirol als auch in Bayern gab.

Die Burg Katzenstein in Südtirol, mit der Diepold und Rudolf von einigen Tiroler Historikern in Zusammenhang gebracht wurden, steht oberhalb von Sinnich in unmittelbarer Nähe von Meran. An dieser Stelle befand sich bereits im 13. Jahrhundert ein Turm, Sitz des Görz-Tiroler Ministerialengeschlechts der Katzenstein. Lediglich als Zeugen werden in den Görz-Tiroler Urkunden aus der Mitte des 13. Jahrhunderts Concius und Konrad, in den neunziger Jahren noch Concelinus erwähnt[77]. In der ersten Hälfte des 14. Jahrhunderts fehlt von dieser Familie jede Spur, die Burg konnte auf Basis von bekannten Quellen nicht mit Rudolf und Diepold in Zusammenhang gebracht werden. Die Literatur, die für diese Verbindung plädiert, stützt sich lediglich auf den identischen Familiennamen[78]. Hingegen existiert der Beweis, dass in der Zeit, wo Rudolf und Diepold in Tirol tätig waren, eine andere Familie gleichen Namens auf Burg Katzenstein residierte (vielleicht identisch mit der oben genannten); im Jahr 1353 verlieh Ludwig der Brandenburger nämlich die genannte Burg Otto, dem Sohn des verstorbenen Christian *von Kaczenstein*[79].

Andererseits werden die erwähnten Brüder von einigen Autoren zum bayerischen Adel gezählt. So etwa bereits von Freyberg in der ersten Hälfte des 19. Jahrhunderts[80], zu dieser Meinung neigt auch Haug, obwohl nicht explizit ausgeführt, in seiner noch heute als grundlegend geltenden Abhandlung über die Herrschaft

---

[77] Hermann WIESFLECKER, Die Regesten der Grafen von Görz und Tirol, Pfalzgrafen von Kärnten, Bd. 1 (Publikationen des Institutes für österreichische Geschichtsforschung 4,1), Innsbruck 1949, 172–175, 229, Nr. 654, 659, 664, 830¹; Bd. 2, Innsbruck 1952, 219, Nr. 854; Martin BITSCHNAU, Burg und Adel in Tirol zwischen 1050 und 1300. Grundlagen zu ihrer Erforschung (Sitzungsberichte. Österreichische Akademie der Wissenschaften. Philosophisch-Historische Klasse 403), Wien 1983, 290.
[78] Beispielsweise RÖGGEL, Das Schloß Greifenstein (wie Anm. 32), 192. Diese Erklärung geben auch einige populärwissenschaftliche Werke wieder, etwa Beda WEBER, Das Land Tirol mit einem Anhang. Vorarlberg. Ein Handbuch für Reisende, Bd. 2: Südtirol (Etsch-, Drau-, Brenta-, Sarkaregion), Innsbruck 1838, 406; Marcello CAMINITI, Führer zur Besichtigung der Burgen Südtirols, Rovereto/Bozen 1961, 187.
[79] HHStA, HS W 209, fol. 6ʳ.
[80] FREYBERG, Beurkundete Geschichte (wie Anm. 52), 154.

Ludwigs des Brandenburgers in Tirol[81]. Keiner von ihnen nimmt eine detaillierte Herleitung des Geschlechts oder von dessen Stammburg vor, diese Vermutungen könnten sich auf Burg Katzenstein bei Dischingen beziehen, heute im Bundesland Baden-Württemberg – dicht an der Grenze zu Bayern – gelegen, im 14. Jahrhundert aber Teil des oberbayerischen Herzogtums. Damals war die Burg in Besitz eines Nebenzweigs der Familie Hürnheim, die sich nach Katzenstein benannte, dennoch lassen sich Diepold und Rudolf nicht in ihre Genealogie einordnen[82].

In der slowenischen Historiographie wurden die ersten Indizien, die auf eine Verbindung der Schalltaler Katzenstein mit Tirol hindeuteten, von France Komatar in seinen Regesten aus dem Auersperger Schlossarchiv im Jahr 1906 veröffentlicht[83]. Angaben, die auf verwandtschaftliche und geschäftliche Beziehungen mit den Südtiroler Adelsfamilien der Villanders und Grafenstein sowie auf die Verbundenheit mit dem Markgrafen Ludwig dem Brandenburger hinweisen, schenkte man lange Zeit keine große Aufmerksamkeit. Eigentlich wurde in der Literatur nur eines von den Dokumenten berücksichtigt, nämlich jenes, das offenbart, dass Cyprien Villanders Schwiegersohn Diepolds von Katzenstein war. Es wurde als Beweis für die Bedeutung und Einflussnahme interpretiert, die das Geschlecht mit seiner grenzüberscheidenden Heiratspolitik an den Tag legte[84].

Erst die Neubearbeitung des Auersperger Quellenarchivs – die Katzensteiner waren nämlich verwandtschaftlich mit den Auerspergern verbunden, weshalb heute ein Teil ihres Archivs Bestandteil des Auerspergers ist – förderte im Kontext der Vorbereitung einer neuen Edition weitere Erkenntnisse zutage[85]. Eine vertiefte Studie des erwähnten Quellenmaterials zusammen mit einer weiter gefassten Archivforschung, die das häufige Auftreten Diepolds von Katzenstein in den Registraturvermerken der Register Ludwigs des Brandenburgers offenbarte[86], wies darauf hin, dass die Beziehungen zwischen den Katzensteinern und Tirol viel enger

---

81 So z.B. über Diepold und Rudolf im Kontext von Ludwigs Zuziehung des bayerischen Adels zur Verwaltung in Tirol: HAUG, Ludwigs V. des Brandenburgers Regierung (wie Anm. 9), 14; oder bezüglich der Teilnahme des bayerischen Adels an Ludwigs Feldzug ins Friaul 1353 (ebd., 37).
82 Hermann BAUER, Versuch einer urkundlichen Geschichte der Edelherrn von Hürnheim, Jahres-Bericht des historischen Kreis-Vereins im Regierungsbezierke von Schwaben und Neuburg 29–30 (1863–1864) 155.
83 Franz KOMATAR, Das Schloßarchiv in Auersperg, in: Mitteilungen des Musealvereines für Krain 19 (1906) 182, Nr. 115; 186, Nr. 124.
84 Vgl. RAVNIKAR, V primežu (wie Anm. 60), 436.
85 PREINFALK/BIZJAK, Turjaška knjiga listin I (wie Anm. 41).
86 Ludwigs Register werden heute in folgenden Archiven aufbewahrt: HHStA (HS R 55, B 126, B 127, B 128, B 129, W 210), BayHStA (KAA Cod. 1155/2, KAA Cod. 1155/3, KAA Cod. 1180, KAA Cod. 4841), TLA (Cod. 20, Cod. 129).

Abb. 2 und 3: Lage der ehemaligen Burg Katzenstein mit der Kirche St. Florian (Aufnahme: Tone Ravnikar, Fotothek Muzej Velenje).

waren, als es zunächst schien. Mit der Einbeziehung aller Urkundenquellen in den relevanten Archiven wurde die Identität Rudolfs und Diepolds endgültig bestätigt, die in den Jahren 1347 bis 1358 in Tirol bzw. im Dienst oder Gefolge der Tiroler Landesfürsten auftauchten. Wappenbilder auf Urkundensiegeln, die die Brüder in Tirol ausstellten, lassen keine Zweifel darüber, dass sie dem Geschlecht von der Burg Katzenstein im Schalltal angehörten. Die Katzensteiner verwendeten das sogenannte »redende« Wappenbild. Im Wappen war eine auf den Hinterbeinen stehende und sich aufrichtende Katze dargestellt, deren Vorderbeine nach vorwärts gestreckt waren. Das ganze Wappenbild schloss noch einen Helm samt Helmdecke und Helmzier in Form von zwei oder drei Steinstufen ein, auf denen die Katze saß oder emporstieg. Das gesamte Wappen ist auf der Grabplatte Rudolfs I. abge-

Abb. 4 und 5: Siegel der Wappen der Brüder Diepold IV. (links) und Rudolf II. von Katzenstein, Aufschriften: S · D]IEPOLLDI · D · CHATZCENSTAIN; S · RVDOLFI · DE · CHATZNSTAIN (ARS 1063, Nr. 4146 [1355–XI–19] und Nr. 4174 [1359–IV–24]; identische Abdrücke: TLA, Urk. II 910 [1356–X–7] und Urk. P 684 [1358–V–16]).

bildet[87], während verschiedene Familienmitglieder Einzelteile in ihre Siegel übernahmen: Diepold das Wappen mit Katze[88], Rudolf den Helm mit Helmzier (sitzende Katze auf Steinstufen)[89].

In Zusammenhang mit den Katzensteinern in Tirol bleibt noch ein Problem ungelöst. Obwohl die Identifikation Diepolds IV. und Rudolfs II. aufgrund der Urkunden und Siegel unumstritten und die Chronologie ihrer Tätigkeit unter Ludwig V. in den Jahren 1347 bis 1358 mehr oder weniger bekannt ist, gibt es noch eine Quelle, die in diesen Kontext nur schwer einzuordnen ist. An der Südseite des Brixener Doms ist heute die Grabplatte Rudolfs von Katzenstein eingemauert. In der alten Kirche bedeckte sie sein Grab, das in der Seitenkapelle St. Christophorus lag, ebenso an der Südseite[90]. Resch bezeichnete es in seiner Beschreibung des alten Brixener Doms folgenderweise: *epitaphium authenticum Rudolphi de Kazenstain, in cuius insignibus catus super selam, scala super galeam clausam, in summitate*

---

87 Heute eingemauert an der Nordseite der Bischofskirche in Brixen.
88 ARS, SI AS 1063, Nr. 4146 (1355–XI–19); SI AS 1063, Nr. 4147 (1355–XI–21) (Regesten in: Thomas, Cillier Urkunden III [wie Anm. 61], 294, Nr. 174–175); TLA, Urk. II 910, 1356; BayHStA, KB Urk. 29656, 1356.
89 ARS, SI AS 1063, Nr. 4595 (1358–VII–28); SI AS 1063, Nr. 4174 (1359–IV–24) (Regesten in: Thomas, Cillier Urkunden IV [wie Anm. 64], Nr. 196, 208, 299–301); SI AS 1063, Nr. 6336 (1359–VI–28); SI AS 1063, Nr. 4190 (1361–VII–13/20); TLA, Urk. P 684 (1358–V–16).
90 Joseph Resch, Monumenta veteris ecclesiae Brixinensis, Brixen 1765, 4.

tamen paululum apertam, inferius est scutum, in quo iterum catus cernitur. Wie aus dieser eindeutigen Beschreibung und dem Grabstein selbst ersichtlich ist, handelt es sich zweifellos um das Wappen der Schalltaler Katzenstein. Das Problem steckt in der Grabinschrift, die besagt, dass der erwähnte Rudolf im Jahr 1352 gestorben sei! Dies kann sich keineswegs auf Rudolf II. beziehen, da dieser wenigstens bis zum Jahr 1369 lebte (als tot wird er am 12. März 1371 erwähnt)[91] und in dieser Zeit regelmäßig in den Urkunden aufscheint. Der Grabstein kann somit nur seinem Onkel Rudolf I. gehören. Vorerst sind uns keine überzeugenden Indizien bekannt, die ihn mit Tirol in Zusammenhang bringen würden, gewisse Umstände können dennoch in diesem Kontext interpretiert werden. Bereits Dušan Kos stellte auf der Grundlage des niedersteirischen Quellenmaterials eine Zusammenarbeit Rudolfs I. und seiner Neffen auf geschäftlichem und militärischem Gebiet etwa seit dem Jahr 1351 fest[92]. So ist es nicht unmöglich, dass alle drei zusammen im Gefolge Ulrichs von Cilli nach Tirol kamen. Für diese Interpretation spricht noch eine Tatsache: im März 1350 gab Ludwig V. Rudolf von Katzenstein für seine bisherigen und künftigen treuen Dienste Burg Haselburg zu Lehen. Das feudale Recht schrieb die Verleihung eines Lehens immer an das älteste Mitglied der Familie bzw. des Familienzweiges vor. Dementsprechend scheint die Möglichkeit, dass das Lehen Diepolds Onkel erhielt und nicht etwa sein jüngerer Bruder, wahrscheinlicher[93]. Rudolf I. verbrachte die letzten Jahre seines Lebens offensichtlich in Südtirol und fand dort seine letzte Ruhestätte.

---

91 Staatsarchiv Bozen, Urkunden Brixen 1783, Edition in: Toniatti/Zaccaria, Die Urkunden des bischöflichen Archivs (wie Anm. 30), Nr. 136.
92 Kos, In Burg und Stadt (wie Anm. 1), 347.
93 Später kommen die beiden Brüder in allen Verleihungen zusammen vor. HHStA, HS W 209, fol. 4.

Abb. 6: Grabstein Rudolfs I. von Katzenstein, eingemauert an der Südwand des Doms von Brixen, Grabinschrift: DNS · RVDOLFUS · DE · CHATZENSTAIN · OBIIT · ANNO · D(OMI)NI · M · CCC · LII · P(RO)XIMA · DIE · LVNE · ANTE · CARNIS · BREVIVM · IX · KA-LENDE · MARCII (Aufnahme: Matjaž Bizjak).

Anhang: Itinerar Diepolds von Katzenstein 1347–1458

1347	Mai, 9.	—	Burg Tirol (TLA, HS 129, pag. 116)
	Oktober, 15.	—	Sterzing (TLA, HS 129, pag. 176)
1348	Juli, 20. (ca.)	—	Innsbruck (BayHStA, KBAA 1180, fol. 53)
	August, 22.	—	Rattenberg (BayHStA, KBAA 1180, fol. 85')
	September, 6.	—	Nürnberg (HHStA, HS B 129, fol. 26')
	Oktober, 3.	—	Bozen (TLA, Urk. I, 3418; HHStA, HS B 129, fol. 24)
	Oktober, 28.	—	Bozen (HHStA, HS B 129, fol. 26')
1349	März, 3.	—	Bozen (HHStA, HS B 129, fol. 26'–28)
1350	?	—	Bozen (HHStA, HS W 210, fol. 4)
	Oktober, 31.	—	Bozen (TLA, Urk. II, 348)
1351	März, 20.	—	(Celje) (ARS, SI AS 1063, Nr. 4112; Reg. in Thomas, Cillier Urkunden III [wie Anm. 61], Nr. 130)
	Mai, 12.	—	(Celje) (ARS, SI AS 1063, Nr. 4113; Reg. in Thomas, Cillier Urkunden III [wie Anm. 61], Nr. 131; SI AS 1063, Nr. 6258)
	Mai, 15.	—	(Celje) (ARS, SI AS 1063, Nr. 4114; Reg. in Thomas, Cillier Urkunden III [wie Anm. 61], Nr. 132)
	Mai, 30.	—	Maribor (ARS, SI AS 1063, Nr. 4583; Reg. in Thomas, Cillier Urkunden III [wie Anm. 61], Nr. 135)
	Dezember, 24.	—	Luckau (BayHStA, Kurb. Urkunden 26279, 26278, 26277; BayHStA, Geheimes Archiv, Hausurkunden 280, 1961; Monumenta Wittelsbacensia [wie Anm. 48], Nr. 328, 329; Codex diplomaticus Brandenburgensis II/2 [wie Anm. 48], Nr. DCCCCLXI, DCCCCLXII, DCCCCLXIII)
1352	Februar, 24.	—	Brixen (HHStA, HS B 129, fol. 77)
	März, 5.	—	Bozen (TLA, HS 20, fol. 54b; Edition in: Hormayr, Werke II [wie Anm. 49], CXXXIII; Reg. in: Hörmann [wie Anm. 56], 356, Nr. 7)
	März, 10. (ca.)	—	Florenz (Baum, Margarete [wie Anm. 49], 144)
	Nov., 29.	—	Bozen (Haug, Teil 2 [wie Anm. 9], 37)
	Nov., 29.–30.	—	Klausen (Haug, Teil 2 [wie Anm. 9], 37)
	Dezember, 5.	—	Lienz (Haug, Teil 2 [wie Anm. 9], 37)
	Dezember, 9.	—	Bled (Haug, Teil 2 [wie Anm. 9], 37)
	Dez., 19.–20.	—	Gorizia (Haug, Teil 2 [wie Anm. 9], 37)

1353	Januar, 4.	—	Bruneck (Haug, Teil 2 [wie Anm. 9], 37)
	Januar, 6.	—	Arnoldstein (Haug, Teil 2 [wie Anm. 9], 37)
	Januar, 9.	—	Greiffenburg (Haug, Teil 2 [wie Anm. 9], 37)
	Januar, 11.	—	Bruneck (Haug, Teil 2 [wie Anm. 9], 37)
	Januar, 12.	—	Brixen (Haug, Teil 2 [wie Anm. 9], 37)
	Januar, 28.	—	Bozen (Haug, Teil 2 [wie Anm. 9], 37)
	März, 17.	—	Wien (HHStA, HS W 209 fol. 99'–100 = BayHStA, KBAA 1180, fol. 233–233')
	März, 16.	—	Wien (BayHStA, KBAA 1155, fol. 233)
	April, 15.	—	Bozen (BayHStA, KBAA 1155, fol. 242)
1354	Januar, 14.	—	Bozen (BayHStA, KBAA 1155, fol. 165'–166)
	Februar, 27.	—	Bozen (HHStA, HS W 209 fol. 101')
	März, 10.	—	Bozen (BayHStA, KBAA 1155, fol. 314)
	April, 23.	—	Sterzing (HHStA, HS W 209 fol. 103–103' = BayHStA, KBAA 1155, fol. 300'–301)
	April, 25.	—	Meran (HHStA, HS W 209 fol. 103', 104 = BayHStA, KBAA 1155, fol. 315–315')
	Juni, 7.	—	München (BayHStA, KBAA, 1155, fol. 297–297')
	Oktober, 29.	—	Trient (TLA, HS 59, fol. 70)
	Nov., 21.	—	Innsbruck (TLA, HS 109, fol. 83')
	Nov., 25.	—	(Tirol) (TLA, Urk. I, 4195)
	Dezember, 5.	—	Innsbruck (TLA, HS 59, fol. 100)
1355	Januar, 20.	—	Burg Tirol (TLA, HS 109, fol. 61)
	Februar, 2.	—	Burg Tirol (Obermair, Bozen Süd [wie Anm. 40], Nr. 665, 330)
	Februar, 23.	—	Burg Tirol (TLA, HS 59, fol. 97)
	März, 1.	—	Burg Tirol (TLA, HS 109, fol. 31a–31a')
	April, 11.	—	Burg Tirol (HHStA, HS W 209 fol. 106' = TLA, HS 59, fol. 90)
	Mai, 9.	—	Burg Tirol (TLA, HS 109, fol. 14)
	Sept., 12.	—	Klausen (TLA, Urk. II, 397)
	Sept./Okt.	—	Hall (TLA, HS 59, fol. 102'–103)
	Oktober, 18.	—	Ptuj (ARS, SI AS 1063, Nr. 4591; Reg. in: Thomas, Cillier Urkunden IV [wie Anm. 64], Nr. 173)
	Nov., 19.	—	(Untersteiermark) (ARS, SI AS 1063, Nr. 4146; Reg. in: Thomas, Cillier Urkunden IV [wie Anm. 64], Nr. 174)
	Nov., 21.	—	(Untersteiermark) (ARS, SI AS 1063, Nr. 4147; Reg. in: Thomas, Cillier Urkunden IV [wie Anm. 64], Nr. 175)

1356	Februar, 1.	—	(Untersteiermark) (ARS, SI AS 1063, Nr. 6292)
	Februar, 14.	—	Bozen (TLA, HS 59, fol. 55)
	Februar, 20.	—	Burg Tirol (TLA, HS 59, fol. 57)
	April, 3.	—	Wien (TLA, HS 59, fol. 66)
	April, 4.	—	Wien (TLA, HS 59, fol. 66; Edition in: Steinherz, Beziehungen [wie Anm. 53], 256–257)
	April, 6.	—	Wien (BayHStA, Kurb. Urkunden 29656)
	September, 7.	—	(Tirol) (TLA, HS 109, fol. 8)
	Oktober, 7.	—	(Tirol) (TLA, Urk. II, 910)
	Oktober, 13.	—	Hall (HHStA, HS W 209 fol. 114)
	Oktober, 29.	—	Burg Tirol (HHStA, HS W 209 fol. 114)
	November, 7.	—	Burg Tirol (TLA, HS 59, fol. 76)
	Nov., 10.	—	Burg Tirol (TLA, HS 59, fol. 76')
	Nov., 30.	—	(Burg Tirol) (HHStA, HS W 209 fol. 70'–71)
1357	März, 1.	—	Bozen (Koch, Urkunden [wie Anm. 40], 136–137; Obermair, Bozen Süd [wie Anm. 40], Nr. 677, 335)
	März, 27.	—	(Tirol) (HHStA, AUR, sub dato)
	April, 19.	—	Wien (HHStA, HS B 6, pag. 114)
	April, 22.	—	Wien (ARS, SI AS 1063, Nr. 6303)
	Oktober, 14.	—	Bozen (HHStA, HS W 209 fol. 4)
1358	Januar, 11.	—	Bozen (HHStA, HS W 209 fol. 6)

Zwischen München und Rom
Das Repertorium Germanicum und das Repertorium Poenitentiariae Germanicum als Quellen zur bayerischen Geschichte

Von Philipp T. Wollmann

Bekanntermaßen bietet das Spätmittelalter eine deutlich größere Menge an Quellenmaterial als das frühe oder hohe Mittelalter. Allerdings macht es genau diese Masse an Überlieferung so schwer, sie zu übersehen und zu strukturieren. Gerade für die größeren Institutionen des mittelalterlichen Europas haben nur wenige Urkundenbücher oder Regestenwerke bisher die Schwelle des 15. Jahrhunderts erreicht[1]. Mit der Öffnung der Vatikanischen Archive unter Papst Leo XIII. 1881 kam mit den kilometerlangen Reihen mittelalterlichen Materials eine besondere Herausforderung auf die Mediävistik zu, deren Erschließung im Repertorium Germanicum ohne Frage als ein wegweisendes und vorbildliches Projekt für den Umgang mit seriellen Quellen angesehen werden kann. Beim Repertorium Germanicum (künftig: RG) handelt es sich um ein Projekt, das im Jahr 1893 am damaligen Preußischen Historischen Institut in Rom begonnen und mit wenigen Un-

---

* Die Idee zu diesem Aufsatz entstand durch eine zusammen mit Dr. Markus Müller, Institut für Bayerische Geschichte, abgehaltene Lehrveranstaltung im Wintersemester 2021 an der LMU München. Für die zahlreichen Diskussionen und bedeutenden Hinweise möchte ich mich bei ihm herzlich bedanken!

1 Als Beispiel sei hier mit Papst und Kaiser des Heiligen Römischen Reiches nur auf die beiden Zentralgewalten des Mittelalters verwiesen. Für ersteren werden mit dem Unternehmen der Piusstiftung bis 1198 und daran anschließend dem Censimento Bartoloni, bis 1417 reichend, die Originale der Urkunden in partibus erschlossen. Allerdings liegen für den Censimento bisher nur wenige Bände vor, vgl. den Überblick zu den Bänden bei Brigide SCHWARZ, Die Erforschung der mittelalterlichen römischen Kurie von Ludwig Quidde bis heute, in: Michael MATHEUS (Hg.), Friedensnobelpreis und historische Grundlagenforschung. Ludwig Quidde und die Erschließung der kurialen Registerüberlieferung (Bibliothek des Deutschen Historischen Instituts in Rom 124), Berlin 2012, 415–439, hier 423 mit Anm. 28. Für das Kaisertum versuchen vor allem die Regesta Imperii (RI), die Zeit der spätmittelalterlichen Kaiser durch Überarbeitung der bereits vorhandenen Werke neu und flächendeckend zu erschließen, wobei für das Spätmittelalter von einer auf den Herrscher oder die Dynastie bezogenen Sammlung zu einer provenienzbedingten Publikation gewechselt werden musste, vgl. dazu Simone WÜRZ/Moritz LENGLACHNER, Blick in die Historikerwerkstatt. Die Arbeitswelt der Regesta Imperii. Historische Grundlagenforschung im Wandel, in: Skriptum 1/2 (2011) 9–18 und Petr ELBEL, The Charters of Emporer Sigismund in the Digital Age. Regesta Imperii XI Neubearbeitung and RI-online. Current state and possibilities for further development, in: Studia Historica Brunensia 62/2 (2015) 19–44.

terbrechungen bis heute am Deutschen Historischen Institut fortgeführt wird. Es hat sich zum Ziel gesetzt, aus den umfassenden spätmittelalterlichen päpstlichen Registerserien vom Beginn des großen abendländischen Schismas 1378 bis zum Beginn der Reformation 1521 alle Personen und Orte im deutschsprachigen Raum zu erfassen und diese – gewissermaßen als Findbuch – wiederzugeben. Seit 1933 geschieht dies in Form von lateinischen Regesten, die mithilfe der in den mittelalterlichen Urkunden üblichen Kürzungen eine prägnante und präzise Beschreibung des Inhalts vermitteln. Gegliedert ist das RG alphabetisch nach den Vornamen der Personen oder den Orten, die seit dem fünften Band zusätzlich eine durchgehende Nummerierung besitzen[2].

Für lange Zeit wurde der Wert des RG in der mediävistischen Forschung nur von wenigen erkannt. So schrieb etwa Walter Deeters im Jahr 1969: »Wenn im Proseminar zur mittelalterlichen Geschichte an einer deutschen Universität die allgemeinen Quellensammlungen besprochen werden, so fehlt in dieser Aufzählung nicht das Repertorium Germanicum. Damit ist für die meisten deutschen Historiker die Bekanntschaft schon beendet. Immerhin ist ihnen das Repertorium Germanicum vorgestellt worden.«[3] Auch in dem von Hubert Jedin herausgegebenen Handbuch der Kirchengeschichte, dessen zweiter Teil des dritten Bandes zum Spätmittelalter 1968 erschien, fehlt unter der Aufzählung der Quellen zur Geschichte der Westkirche das RG[4]. Und das, obwohl zu diesem Zeitpunkt neben den Probestücken von Emil Göller und Gerd Tellenbach bereits die Bände von

---

2 Vgl. Hermann DIENER, Das Repertorium Germanicum. Eine Editions- und Forschungsaufgabe des Deutschen Historischen Instituts in Rom, in: Jahrbuch der historischen Forschung in der Bundesrepublik Deutschland 2 (1975) 37–42; Dieter BROSIUS, Das Repertorium Germanicum, in: Reinhard ELZE/Arnold ESCH (Hg.), Das Deutsche Historische Institut in Rom 1888–1988 (Bibliothek des Deutschen Historischen Instituts in Rom 70), Tübingen 1990, 123–165; Brigide SCHWARZ, Das Repertorium Germanicum. Eine Einführung, in: Vierteljahrschrift für Sozial- und Wirtschaftsgeschichte 90 (2003) 429–440, besonders 429–436 und neuerdings Andreas REHBERG/Jörg HÖRNSCHEMEYER, Germania Sacra im europäischen Forschungsverbund II. Das Repertorium Germanicum am Deutschen Historischen Institut in Rom, in: Hedwig RÖCKELEIN (Hg.), 100 Jahre Germania Sacra. Kirchengeschichte schreiben vom 16. bis zum 21. Jahrhundert (Studien zur Germania Sacra N.F. 8), Berlin 2018, 165–183, hier besonders 165–177.
3 Walter DEETERS, Über das Repertorium Germanicum als Geschichtsquelle. Versuch einer methodischen Anleitung, in: Blätter für deutsche Landesgeschichte N.F. 105 (1969) 27–43, hier 27.
4 Vgl. Hubert JEDIN (Hg.), Handbuch der Kirchengeschichte, Bd. III: Die mittelalterliche Kirche, Erster Halbband: Vom kirchlichen Frühmittelalter zur gregorianischen Reform, Freiburg/Basel/Wien 1966, XVII–XXIX. Allerdings wird es im Abkürzungsverzeichnis angeführt und dürfte somit zumindest verwendet worden sein, vgl. DERS. (Hg.), Handbuch der Kirchengeschichte, Bd. III: Die mittelalterliche Kirche, Zweiter Halbband: Vom kirchlichen Hochmittelalter bis zum Vorabend der Reformation, Freiburg/Basel/Wien 1968, XIX.

Ulrich Kühne zu den beiden Päpsten der Pisaner Obödienz und von Karl August Fink zu Martin V. erschienen waren und das RG somit bereits den Zeitraum vom großen abendländischen Schisma 1378 bis zum Beginn des Konzils von Basel 1431 umfasste[5].

Ein halbes Jahrhundert später scheint sich auf den ersten Blick einiges geändert zu haben. Zu Recht werden das RG und das 1982 begonnene und 2018 abgeschlossene Repertorium Poenitentiariae Germanicum (künftig: RPG) in den einschlägigen Grundlagenwerken zur Einführung in das Studium unter den bedeutenden Quellenwerken angeführt[6]. Auch die Anzahl an Studien, die aus beiden Repertoria schöpfen oder diese rezipieren, ist ungemein gestiegen und beweist deren praktischen Nutzen für die mediävistische Geschichtswissenschaft[7]. Dazu dürfte auch

---

5 Bis 1969 erschienen in chronologischer Reihenfolge: Repertorium Germanicum, Bd. I: Verzeichnis der in den Registern und Kameralakten Clemens' VII. vorkommenden Personen, Kirchen und Orte des Deutschen Reiches, seiner Diözesen und Territorien 1378–1394, bearb. von Emil GÖLLER, Berlin 1916; Repertorium Germanicum, Bd. II: Verzeichnis der in den Registern und Kameralakten Urbans VI., Bonifaz' IX., Innocenz' VII. und Gregors XII. vorkommenden Personen, Kirchen und Orte des Deutschen Reiches, seiner Diözesen und Territorien 1378–1415, bearb. von Gerd TELLENBACH, Berlin 1933; Bd. III: Verzeichnis der in den Registern und Kameralakten Alexanders V., Johanns XXIII. und der Konstanzer Konzils vorkommenden Personen, Kirchen und Orte des Deutschen Reiches, seiner Diözesen und Territorien 1409–1417, bearb. von Ulrich KÜHNE, Berlin 1935 und Repertorium Germanicum, Bd. IV: Verzeichnis der in den Registern und Kameralakten Martins V. vorkommenden Personen, Kirchen und Orte des Deutschen Reiches, seiner Diözesen und Territorien 1417–1431, bearb. von Karl August FINK, 3 Bde., Berlin 1943–1958. Die Lücke für Papst Benedikt XIII. aus der Avignoneser Obödienz besteht bis heute.
6 So etwa bei Hans-Werner GOETZ, Proseminar Geschichte. Mittelalter (UTB 1719), Stuttgart ⁴2014, 50, interessanterweise den Personenverzeichnissen zugeordnet, anstatt im späteren Kapitel zu den Quellensammlungen. Bei Martina HARTMANN, Mittelalterliche Geschichte studieren (UTB 2575), Konstanz/München ⁴2017, fehlt es vollständig. Zum Repertorium Poenitentiariae Germanicum vgl. auch Christiane SCHUCHARD, Ein neues Regestenwerk aus dem Vatikanischen Archiv. Das Repertorium Poenitentiariae Germanicum, in: Blätter für deutsche Landesgeschichte 133 (1997) 23–36 und Thomas M. IZBICKI, The Germans and the Papal Penitentiary. Repertorium Poenitentiariae Germanicum, in: The Catholic Historical Review 94 (2008) 108–114.
7 Bereits ein Blick in den Opac der Regesta Imperii zeigt die häufige Verwendung des Begriffs Repertorium Germanicum im Titel verschiedener Aufsätze. So sind etwa zuletzt Oliver AUGE, Der Beitrag des Repertorium Germanicum zur Kloster- und Stiftskirchenforschung in der Region. Schleswig-Holsteinische Beispiele, in: Irmgard FEES/Claudia MÄRTL/Andreas REHBERG/Jörg VOIGT (Hg.), Curial Sources and Digital Humanities. Long term projects in international comparison (Reti Medievali Rivista 20/1), Florenz 2019, 91–101 oder Christiane SCHUCHARD, Ein Blick auf die Diversa Cameralia im Vatikanischen Archiv – mit einem Seitenblick auf das Repertorium Germanicum, in: Incorrupta monumenta ecclesiam defendunt. Studi offerti a Mons. Sergio Pagano, Prefetto dell'Archivio Segreto Vaticano 2 (Collectanea Archivi Vaticani 107), Città del Vaticano 2018, 821–842, erschienen. Für das RPG sei an dieser Stelle auf deren Initiator, Ludwig Schmugge, verwiesen, der in unzähligen Aufsätzen die dort gesammelten Ergebnisse auswertete und präsentierte, so zuletzt Ludwig SCHMUGGE, Die Prokuratoren der Pönitentiarie. Scharniere der Gnadenvermittlung (ca. 1450–1523), in: Christian LACKNER/Daniel LUGER (Hg.), Modus supplicandi. Zwischen herr-

die bessere Zugänglichkeit durch eine Online-Datenbank beigetragen haben, die seit 2012 ohne Beschränkung aufrufbar ist[8]. Obwohl es an Beispielen für die Nutzbarmachung der Repertoria für die jeweiligen Landesgeschichten – besonders aus Mitteldeutschland – nicht mangelt[9], scheint das Potenzial des RG und des RPG für die landesgeschichtliche Forschung noch nicht vollständig ausgeschöpft zu sein[10]. So untersuchte etwa Oliver Auge die Nutzung des RG im Rahmen des Klosterbuchs für Schleswig-Holstein und Hamburg durch die beteiligten Verfasserinnen und Verfasser. Sein ernüchterndes Ergebnis: »Von den mehr als 60 Autorinnen und Autoren haben zehn das RG als Hilfsmittel herangezogen, wovon wiederum vier nur pauschal in ihrem Quellen- und Literaturverzeichnis darauf verweisen.«[11] Im Nachfolgenden konnte Auge zwar durch seinen Hinweis auf die Besonderheit des Themas sowie fehlende Kontakte und schwierige Namensformen die geringe Nutzung relativieren, dennoch bleibt der Eindruck bestehen, dass das RG und das RPG viel zu selten für die landesgeschichtliche Forschung verwendet werden[12]. Aus diesem Grund lohnt es sich, den Wert des RG und des RPG für die bayerische Landesgeschichte aufzuzeigen, um dadurch neue Fragestellungen anzuregen oder ältere im Licht dieser Quellen erneut zu betrachten.

---

schaftlicher Gnade und importunitas petentium (Veröffentlichungen des Instituts für Österreichische Geschichtsforschung 72), Wien 2019, 13–34.
8 Das RG-Online ist über die Website http://www.romana-repertoria.net/993.html (letzter Zugriff: 8. November 2022) abrufbar. Vgl. dazu Kerstin RAHN/Jörg HÖRNSCHEMEYER, [...] dass die Benutzung des Repertoriums Jedermann freistehen wird [...]. Perspektiven des Grundlagenprojekts »Repertorium Germanicum«, in: Michael MATHEUS/Hubert WOLF (Hg.), Bleibt im Vatikanischen Geheimarchiv vieles zu geheim? Historische Grundlagenforschung in Mittelalter und Neuzeit, Rom 2009, 19–27; Jörg HÖRNSCHEMEYER, Repertorium Germanicum online, in: MATHEUS, Friedensnobelpreis (wie Anm. 1), 605–618 und REHBERG/HÖRNSCHEMEYER, Repertorium (wie Anm. 2), 177–183.
9 So wäre beispielhaft und vorbildlich anzuführen Karl BORCHARDT, Die römische Kurie und die Pfründenbesetzung in den Diözesen Würzburg, Bamberg und Eichstätt im späteren Mittelalter, in: Jahrbuch für fränkische Landesforschung 57 (1997) 71–96; Enno BÜNZ, Thüringen und Rom. Die systematische Erschließung der vatikanischen Quellen des Mittelalters und ihre Bedeutung für die mitteldeutsche Landesgeschichte, in: Zeitschrift des Vereins für Thüringische Geschichte 51 (1997) 187–211 und Brigide SCHWARZ, Vom Nutzen des vatikanischen Archivmaterials für die Landesgeschichte, dargestellt an sächsischen Beispielen, in: Tom GRABER (Hg.), Diplomatische Forschungen in Mitteldeutschland (Schriften zur sächsischen Geschichte und Volkskunde 12), Leipzig 2005, 197–235.
10 Dies wurde bereits durch Andreas REHBERG, Der Ordensklerus im Repertorium Germanicum. Erste Beobachtungen, in: MATHEUS, Friedensnobelpreis (wie Anm. 1), 323–362, hier 323, angemerkt.
11 AUGE, Beitrag (wie Anm. 7), 92 f.
12 Vgl. ebd., 94 f.

Allerdings ist es kaum möglich, eine vollständige Übersicht über das im RG und im RPG enthaltene Material zu geben. Daher werden im Nachfolgenden, nach einer allgemeinen Einführung in die Verwendung der Datenbank, die Möglichkeiten für die Landesgeschichte an jeweils einem Erwartungs- und Anwendungsbeispiel aufgezeigt. Als Exempel für die zu erwartenden landesgeschichtlichen Quellen werden die Nennungen der verschiedenen bayerischen Klöster und die quantitative Aufteilung auf die verschiedenen monastischen Orden untersucht. Dies soll vor allem ein Impuls für die reiche landesgeschichtliche Klosterforschung sein, den kurialen Quellenfundus zukünftig mit einzubeziehen. Stellvertretend für zahlreiche mögliche kirchliche Karrieren wird dann als eine mögliche Auswertungsweise der Aufstieg des Heinrich Schlick bis zum Bischof von Freising unter Nutzung des kurialen Pfründenmarktes nachgezeichnet. Dies verdeutlicht nicht nur die Bedeutung und Attraktivität der römischen Kurie für bayerische Kleriker, sondern ist auch ein Beispiel für den Wert des RG und des RPG bei der Erarbeitung von Biographien, Prosopographien und Personennetzwerken.

Einführung in die Benutzung

Während die einzelnen Bände des RG und des RPG in der gedruckten Fassung durch die teilweise beigegebenen Register und/oder Indices erschlossen werden, bietet die online zugängliche Fassung keine digitalisierte Version dieser Hilfsmittel. Stattdessen wurden die aktuell über 95.000 Personenviten aus den beiden Repertoria in eine Datenbank überführt und durch eine Suchfunktion zugänglich gemacht[13]. Für deren sinnvolle Nutzung sind einige wichtige Faktoren zu beachten (Abb. 1)[14]:
- Die Suchfunktion orientiert sich an der Schreibweise der Regesten und folgt dementsprechend dem 1933 eingeführten Kürzungswesen. Da dieses sehr speziell ist, wurde dem Benutzer als Hilfe eine 800 Einträge umfassende Liste möglicher Abkürzungen beigegeben[15]. Dieses Kürzungslexikon ist dreispaltig aufgebaut, wobei die linke Spalte die für das RG typischen Kürzungen, die mittige die ausgeschriebene Form sowie die rechte die deutsche Übersetzung bietet. In den Zeilen folgen nun alphabetisch zuerst die im RG

---

13 Vgl. REHBERG/HÖRNSCHEMEYER, Repertorium (wie Anm. 2), 178.
14 Ausführlich dazu auch das Lemma »Recherche-Hilfe« auf der Seite der Datenbank http://rg-online.dhi-roma.it/denqRG/index.htm (letzter Zugriff: 8. November 2022).
15 Vgl. HÖRNSCHEMEYER, Repertorium (wie Anm. 8), 613.

und im RPG vorkommenden Diözesen, danach die übrigen Suchbegriffe. Dabei gibt es aber auch Wortkombinationen (z. B. *can. sub expect. preb.* = *canonicatus sub expectatione prebende*), die jeweils unter dem ersten Wort zu suchen sind.
- Die Suchwörter können in der abgekürzten Form entweder in eines der drei angebotenen Textfelder eingegeben oder durch eine Auswahl im unteren Bereich gesucht werden. Wichtig ist hier der Hinweis, dass bei den unteren Abkürzungen nur ein Begriff oder eine Diözese ausgewählt werden kann[16]. Um etwa sowohl nach einer Diözese und einem Begriff bzw. zwei Diözesen oder zwei Begriffen gleichzeitig zu suchen, muss eines der beiden Stichworte händisch in die oberen Suchfelder eingetragen werden.
- Einzelne Suchbegriffe können durch eine »und«- bzw. »oder«-Funktion miteinander verbunden sowie durch eine Datumseingabe präzisiert werden. Genauso lässt sich die Suche durch eine Einschränkung in Volltext, Kopfzeile und Sublemma weiter verfeinern.
- Die Seite selbst bietet eigene Erklärungen zu erweiterten Suchfunktionen, wie etwa der trunkierten Suche mithilfe von * am Ende eines Wortes für beliebige Endungen, der Phrasensuche durch Anführungszeichen für spezifische Wortkombinationen, der kombinierten und ausschließenden Suche durch + und - vor einem Wort sowie der Schreibvarianten durch ~ und einem Wert zwischen 0.5 und 0.9 nach einem Wort. Je kleiner der Wert ist, umso mehr Varianten des ursprünglichen Suchbegriffs werden erfasst[17].
- Am linken Rand bietet eine weitere Spalte zudem die Möglichkeit, manuell die Personen und Ortsindices der RG-Bände 5 bis 9 zu durchsuchen. Diese besitzen keine Vereinheitlichung von Namen, wodurch beispielsweise der Name *Truchsess* auch in der Form *Truchses* vorkommen kann und eigens aufgeführt ist. Zur leichteren Handhabung wird von der Person oder dem Ort direkt auf die entsprechende Vita verlinkt. Genauso bietet der Recherchebaum eine chronologische Reihenfolge aller Einträge nach RG-Bänden und eine Sortierung nach den benutzten Quellen[18].

Unter Beachtung dieser Möglichkeiten lassen sich sehr genaue Suchen in der Datenbank durchführen. Allerdings ist es nötig, Suchwörter gerade bei Eigennamen

---

[16] Der angekündigte Hinweis der Verbesserung dieser Funktionen in einer nächsten Fassung würde deutlich zur Benutzerfreundlichkeit beitragen.
[17] Vgl. dazu auch HÖRNSCHEMEYER, Repertorium (wie Anm. 8), 610–612.
[18] Vgl. dazu ebd., 613.

Abb. 1: Suchmaske der Datenbank RG-Online, http://rg-online.dhi-roma.it/denqRG/index.htm.

stark zu variieren oder mit der Schreibvariantenfunktion zu arbeiten, um eine möglichst vollständige Trefferliste zu erhalten[19].

---

19 Nachfolgend werden die lateinischen Regesten wörtlich aus dem RG und RPG übernommen und nicht normiert, um so einen Eindruck von den zahlreichen Kürzungsvarianten vermitteln zu können.

Klöster und Stifte

Bereits im 19. Jahrhundert betonte der Historiker Johann Friedrich Böhmer die Bedeutung von Klöstern und Stiften wie folgt: »Wer die Geschichte Deutschlands schreiben will, muß die Geschichte seiner Klöster schreiben.«[20] Diese durchaus zu diskutierende Formulierung hat doch für Bayern und Österreich eine gewisse Berechtigung, worauf bereits Wilhelm Liebhart und zahlreiche andere verwiesen haben[21]. Denn um 1250 existierten im Gebiet des heutigen Freistaats Bayern bereits mehr als 200 Klöster mit einer teils langen Geschichte[22]. Die bis zum Ende des Mittelalters noch weiter ansteigende Anzahl machte somit einen guten Teil der um 1500 existierenden 2.550 Männer- und Frauenklöster des Heiligen Römischen Reichs aus[23]. Diese Klosterlandschaft hinterließ nach der Säkularisation zu Beginn des 19. Jahrhunderts mit den prachtvollen Kirchen- und Konventsgebäuden nicht nur architektonische und künstlerische Hinterlassenschaften, sondern mit den Büchern, Akten und Urkunden auch ein historisches Erbe. Letzteres wurde versucht, in zahlreichen Editions- und Regestenwerken aufzuarbeiten, von welchen vor allem die Quellen und Erörterungen zur bayerischen Geschichte eine umfangreiche Auswahl bieten[24]. Genauso fand es Eingang in eine fast unerschöpfliche Masse

---

20 Zu Böhmer vgl. Michael MAASER, Art. Böhmer, Johann Friedrich (1795–1863), in: Handwörterbuch zur deutschen Rechtsgeschichte, Bd. 1, Berlin ²2005, Sp. 639 f. und Gottfried OPITZ, Art. Böhmer, Johann Friedrich, in: Neue deutsche Biographie, Bd. 2, Berlin 1955, 393 f.
21 Vgl. zu diesem Zitat zuletzt Wilhelm LIEBHART, Altbayerisches Klosterleben. Das Birgittenkloster Altomünster 1496–1841, St. Ottilien 1987, 1.
22 Zu den verschiedenen Gründungsphasen und deren teilweiser Abhängigkeit überblickshaft Harm KLUETING, Klosterlandschaften in Oberdeutschland, in: Wolfgang WÜST (Hg.), Die süddeutsche Klosterlandschaft. Kultur, Religion, Politik und Umwelt, Berlin 2019, 33–77. Eine umfangreiche Übersicht zu den zahlreichen Klöstern in Bayern von ihren Anfängen bis heute liefert das online zugängliche Klosterportal, angesiedelt beim Haus der Bayerischen Geschichte (https://www.hdbg.eu/kloster/ [letzter Zugriff: 8. November 2022]). Dieses kann durchaus als ein Äquivalent zu den gedruckten Klosterbüchern für Schleswig-Holstein oder Mecklenburg gesehen werden.
23 Vgl. zu dieser Gesamtzahl der Klöster um 1500 Friedhelm JÜRGENSMEIER/Regina SCHWERDTFEGER, Vorwort, in: DIES. (Hg.), Orden und Klöster im Zeitalter von Reformation und katholischer Reform 1500–1700, Bd. 3 (Katholisches Leben und Kirchenreform im Zeitalter der Glaubensspaltung 67), Münster 2007, 7–10, hier 8.
24 Bisher wurden die Traditionen, Urkunden oder Urbare von 29 Stiften oder Klöstern bearbeitet, in chronologischer Reihenfolge des Erscheinungsjahres: Tegernsee (1952), Schäftlarn (1953/1957), Weltenburg (1958), Raitenhaslach (1959/1960), St. Veit an der Rott (1960), Heiliggeistspital in München (1960/1966), Neustift bei Freising (1961), Münchsmünster (1961), Stift Rohr (1966), Dießen (1967), Asbach (1969), Weihenstephan (1972/1993), St. Johann in Regensburg (1975/1994/1996), Oberaltaich (1979), Gars (1983), Wessobrunn (1984/2005), Osterhofen (1985), St. Paul in Regensburg (1986), St. Ulrich und Afra in Augsburg (1986), Scheyern (1986/1988/2000), Reichenbach am Regen (1991), Prüfening (1991), Polling (1993), St. Kastulus in Moosburg (1994), Niederaltaich (2003/2010/2015), Baum-

von Publikationen der Kloster- und Stiftsforschung, besonders der zahlreichen Klostermonographien. Dabei werden jedoch neben der Überlieferung in den lokalen Archiven häufig weitere Überlieferungsorte wie etwa die römische Kurie übersehen. Mit dem RG und dem RPG stehen dem Landeshistoriker einfache Mittel zur Hand, um in der kurialen Überlieferung nach Quellen für sein Thema zu suchen. Dabei stellt sich die grundsätzliche Frage nach Aufwand und Nutzen, die durch einen Überblick über die bayerischen Klöster und Stifte im RG und im RPG eine erste Antwort erhält[25].

Es wäre eigentlich davon auszugehen, dass unter den 20.928 Betreffen des RG und 5.993 des RPG für die mittelalterlichen Diözesen Augsburg, Bamberg, Eichstätt, Freising, Passau, Regensburg und Würzburg, die im heutigen Freistaat Bayern liegen, die Klöster und Stifte angesichts ihrer Zahl und Bedeutung einen großen Anteil einnehmen würden[26]. Um dieser Vermutung nachzugehen, kann eine Recherche mit verschiedenen Suchwörtern durchgeführt werden. So lassen sich etwa für die einschlägigen Begriffe Kloster (*monasterium = mon.*) und Konvent (*conventus = conv.*) insgesamt 3.274 Belege im RG und 490 für das RPG finden[27]. Das wären also fast 15 bzw. 8 Prozent des gesamten Materials der bayerischen Diö-

---

burg an der Alz (2004), Biburg (2004), Aldersbach (2009) und Herrenchiemsee (2011). Erst kürzlich ist Katharina GUTERMUTH, Die Traditionen des Kanonissenstifts Obermünster in Regensburg (Quellen und Erörterungen zur bayerischen Geschichte N.F. 51/1), München 2022, erschienen. Vgl. Dieter J. WEISS, »Quellen und Erörterungen«. Ein Editionsprojekt der Kommission für bayerische Landesgeschichte an der Bayerischen Akademie der Wissenschaften, in: Helmut FLACHENECKER/ Krzysztof KOPIŃSKI (Hg.), Editionswissenschaftliches Kolloquium 2021. Fortführung alter Editionsvorhaben im neuen Gewande (Publikationen des deutsch-polnischen Gesprächskreises für Quellenedition 11), Thorn/Toruń 2022, 59–75.
25 Der maßgebliche Aufsatz auf Reichsebene stammt von REHBERG, Ordensklerus (wie Anm. 10). Die folgenden Ausführungen orientieren sich daran, beziehen allerdings die Eigenheiten der bayerischen Landesgeschichte mit ein. Den Dominikanerorden in Dänemark untersuchte Kirsi Salonen, vgl. Kirsi SALONEN, Dacia at the Well of Grace. Petitions from Scandinavian Dominicans to the Apostolic Penitentiary, c. 1450–1530, in: Cornelia LINDE (Hg.), Making and Breaking the Rules. Discussion, Implementation, and Consequences of Dominican Legislation (Studies of the German Historical Institute London), New York 2018, 385–400.
26 Nicht in den Untersuchungsraum miteinbezogen werden die herzoglich-bayerischen Gebiete, die im mittelalterlichen Erzbistum Salzburg lagen, da hierfür eine detaillierte Auswertung aller betreffenden Belege stattfinden müsste, die an dieser Stelle aus arbeitsökonomischen Gründen nicht erbracht werden kann.
27 Gerade der Begriff *conventus* kommt nur selten in den Repertoria vor, während sich *monasterium* wie folgt auf die Diözesen verteilt: Augsburg (508/87), Bamberg (274/28), Eichstätt (293/54), Freising (209/45), Passau (808/96), Regensburg (411/48) und Würzburg (732/70). Im Vergleich zur bereinigten Zahl von 14.023 Einträgen aus dem gesamten RG für den Begriff *monasterium* oder *conventus* bei REHBERG, Ordensklerus (wie Anm. 10), 325, würde das bayerische Material über 20 Prozent ausmachen.

zesen. Bereits die Suche nach den deutlich spezifischeren Begriffen Mönch (*monachus = monach.*) mit 341 Ergebnissen im RG und 136 im RPG[28], Nonne (*monialis = monial.*) mit 174 im RG und 62 im RPG[29] sowie Ordensmann/-frau (*professus/ professa monasterii = prof. mon.*) mit 42 im RG und 228 im RPG[30] zeigt eine deutlich geringere Trefferzahl.

Während die gesuchten Begriffe bisher relativ allgemein gehalten waren, kann natürlich auch das Auftreten der Orden im Einzelnen eruiert werden. Eine einschlägige Suche zu den Kürzungen der großen Orden (Dominikaner OP, Franziskaner OFM, Augustinereremiten OESA, regulierte Augustiner-Chorherren und -frauen Can. Reg., Prämonstratenser OPraem, Zisterzienser OCist sowie Benediktiner OSB)[31] in der Datenbank ergab folgendes Ergebnis (Abb. 2):

In der ersten Spalte sind die jeweiligen Suchwörter aufgeführt, die dann mit der Diözese kombiniert wurden. Die unterschiedliche Schreibweise ist vor allem deshalb wichtig, weil das RG und das RPG hier abweichende Systeme besitzen. Während das RG den Ordensnamen mit Leerzeichen aufgenommen hat, verzichtet das RPG darauf und schreibt den Ausdruck entsprechend zusammen. Die Suchwörter bieten allerdings keine vollständige Wiedergabe aller möglichen Treffer. Aufgrund der jahrzehntelangen Arbeit und sich verändernder Kriterien wäre mit einem ganzen Konvolut an Begriffen zu suchen, um eine absolute Zahl aller zu einem Orden gehörigen Treffer für eine Diözese herauszufiltern[32]. Gerade bei der Suche nach den Ordenskürzeln muss beachtet werden, dass für einige Klöster ihre Ordenszugehörigkeit nicht mit angegeben wurde[33]. Genauso ist bei den obigen Zahlen auch eine gewisse Anzahl an Doppelungen und Überschneidungen zu erwarten. So

---

28 Zu den einzelnen Zahlen: Augsburg (54/27), Bamberg (55/5), Eichstätt (31/15), Freising (19/16), Passau (61/29), Regensburg (42/18) und Würzburg (79/26).
29 Zu den einzelnen Zahlen: Augsburg (23/16), Bamberg (24/4), Eichstätt (23/6), Freising (3/2), Passau (28/2), Regensburg (20/9) und Würzburg (53/23).
30 Zu den einzelnen Zahlen: Augsburg (8/48), Bamberg (4/9), Eichstätt (2/25), Freising (2/27), Passau (9/58), Regensburg (12/27) und Würzburg (5/34).
31 Da bei Stiften, deren Kanoniker nicht reguliert waren, seitens der Kurie keine Ordenskürzung angegeben wird, können diese nur durch eine gezielte Namenssuche identifiziert werden, die im Rahmen dieser Studie nicht vorgenommen werden kann. Allerdings scheinen gerade diese Stifte eine reichere Überlieferung zu besitzen, wie etwa Neumünster in Würzburg, das mit 266 Belegen vorkommt. Hier wären noch genauere Untersuchungen anzustellen.
32 Eine umfassende Auflistung möglicher Suchbegriffe am Beispiel der Kartäuser und Karmeliter bietet REHBERG, Ordensklerus (wie Anm. 10), 361 f.
33 Auf diesen Umstand wies bereits REHBERG, Ordensklerus (wie Anm. 10), 325 f., hin. Seinen Forschungen nach entstand dieser Umstand dadurch, dass nötige Identifizierungen sowohl im Zuge der Bearbeitung durch die Mitarbeiter des RG vergessen wurden, als auch in den Registern selbst gar nicht vorhanden waren und daher keinen Eingang in das Repertorium fanden.

	Augsburg	Bamberg	Eichstätt	Freising	Passau	Regensburg	Würzburg
o. Pred. / o.Pred	5/10	7/4	1/4	0/0	7/2	3/6	9/9
o. fr. Min. / o.fr.Min	0/2	10/1	1/2	4/1	3/2	3/1	2/2
o. fr. herem. A. / o.fr.herem.A.	5/0	43/0	7/0	1/0	7/0	5/0	17/0
o. s. Aug. / o.s.Aug.	61/30	25/7	40/8	48/13	222/25	27/12	38/13
o. Prem. / o.Prem.	29/11	4/0	2/0	5/7	42/14	12/1	5/8
o. Cist. / o.Cist.	83/6	50/2	66/11	18/1	67/12	47/5	73/13
o. s. Ben. / o.s.Ben.	239/53	117/13	140/31	112/25	394/41	227/33	423/44

Abb. 2: Suchergebnisse verteilt nach Orden in RG-Online.

etwa bei RG VI 1438, wobei es sich um die Vita des Georg Schechinger, Mönch des Benediktinerklosters Auhausen in der Diözese Eichstätt, handelt, der eine Quittung durch Ulrich Henseburg, Kleriker der Diözese Freising, erhielt. Durch das Vorkommen beider Diözesen findet sich dieses Regest sowohl im Fall der Suche nach »o. s. Ben.« und »Eistet.« als auch bei »o. s. Ben.« und »Frising.« Daher sind diese Zahlen grundsätzlich mit großer Vorsicht zu behandeln.

Dennoch lassen sich mehrere Tendenzen klar erkennen:
– Die bayerischen Mendikantenklöster treten in den päpstlichen Registerserien kaum in Erscheinung.
– Am häufigsten werden Benediktiner und Augustiner-Chorherren und -frauen erwähnt.
– Unter den bayerischen Diözesen besitzt Freising die geringste und Passau die höchste Anzahl an Nennungen von Religiosengemeinschaften in den beiden Repertoria.

Erstere Beobachtung kann wohl mit der geringen Anzahl an Niederlassungen der Mendikanten im Vergleich zu den Benediktinerklöstern und Chorherrenstiften erklärt werden, die im bayerischen Raum gegründet wurden[34]. Von der Struktur her dominierten dort die Benediktiner und die Augustiner-Chorherren. Entscheidender dürfte allerdings vor allem die Ordensverfassung der Bettelorden gewesen sein, wie bereits von Andreas Rehberg bemerkt wurde. Dadurch, dass die Mendikanten als exemte zentralistische Orden entsprechend ihrer Struktur auf ihre jeweilige Ordensleitung ausgerichtet waren, erhielten die lokalen Autoritäten keinen Zugriff auf die einzelnen Konvente. Konflikte und Streitigkeiten wurden nicht nach außen getragen, sondern innerhalb des Ordens geregelt[35]. Zusätzlich erhielten die Bettelorden im Lauf des 13. Jahrhunderts zahlreiche Privilegien, die ihnen ersparten, sich später an die Pönitentiarie oder die Kanzlei wenden zu müssen[36]. Im Gegensatz dazu standen die Benediktiner und Augustiner-Chorherren, deren Klöster und Stifte in keine größere Ordensstruktur eingebunden waren. Dementsprechend wandten sich die Klöster bei Streitigkeiten vornehmlich an auswärtige

---

[34] So gründeten die Dominikaner in Bayern sieben Klöster in Augsburg (1225), Würzburg (1228), Regensburg (1229), Landshut (1271), Eichstätt (1272), Nürnberg (um 1275), Weißenburg (1288) und Bamberg (1310). Für die Franziskaner wären Augsburg (1221), Würzburg (1221), Regensburg (1221/36), Bamberg (1223), Nürnberg (1224), Lindau (vor 1239), Nördlingen (vor 1243), Coburg (um 1250), München (um 1257), Ingolstadt (1257/75), Landshut (1280), Rothenburg (1281) und Hof (1292) zu nennen. Vgl. zu den Angaben Angelus WALZ, Dominikaner und Dominikanerinnen in Süddeutschland (1225–1966), Freising 1967, 12 f. und Isnard W. FRANK, Mendikantenorden, in: Walter BRANDMÜLLER (Hg.), Handbuch der Bayerischen Kirchengeschichte I: Von den Anfängen bis zur Schwelle der Neuzeit, 2: Das kirchliche Leben, St. Ottilien 1999, 557–597, besonders 558–566. Zu den bayerischen franziskanischen Konventen besonders Bavaria Franciscana Antiqua. Ehemalige Franziskanerklöster im heutigen Bayern. Kurze historische Beschreibung mit Bildern, 5 Bde., hg. v. der BAYERISCHEN FRANZISKANER-PROVINZ, München 1955–1961.
[35] Vgl. REHBERG, Ordensklerus (wie Anm. 10), 330 f. Eine Übersicht über die Ordensstruktur bietet beispielhaft für die Dominikaner Dietmar von HUEBNER, Art. Dominikaner, Dominikanerinnen, A. Allgemeine Struktur des Ordens und seine Geschichte in Frankreich und Italien, in: Lexikon des Mittelalters, Bd. 3, München/Zürich 1986, Sp. 1192–1200 und Gert MELVILLE, The Fixed and the Fluid. Observations on the Rational Bases of Dominican Constitution and Organization in the Middle Ages, in: Cornelia LINDE (Hg.), Making and Breaking the Rules. Discussion, Implementation, and Consequences of Dominican Legislation (Studies of the German Historical Institute London), New York 2018, 19–35.
[36] Vgl. etwa das Recht für die Dominikaner, trotz Interdikt in Stille Gottesdienst halten zu dürfen (Innozenz IV.), in Bullarium ordinis FF. Prædicatorum sub auspiciis SS. D. N. D. Benedicti XIII. pontificis maximi, ejusdem ordinis, opera reverendissimi patris F. Thomæ Ripoll, magistri generalis editum ... Bd. 1, Rom 1729, 131, Nr. 44 und 133 Nr. 50, oder das freie Begräbnisrecht der Dominikaner (Innozenz IV.), ebd., 133, Nr. 49. Vereinfachend wirkte vermutlich auch das Privileg Innozenz IV., wonach in den Orden eingetretene Personen nach geleisteter Wiedergutmachung von Suspension, Exkommunikation und Interdikt absolviert werden durften, ebd., 136, Nr. 55.

Instanzen zur Konfliktlösung, so etwa an den Hl. Stuhl[37]. Daneben versuchten die einzelnen Klöster und Stifte, Privilegien bei Papst und Kaiser zu erlangen. Diese Umstände führten dazu, dass Benediktiner und Augustiner-Chorherren öfters die römische Kurie adressierten und entsprechend häufiger auch in den beiden Repertoria erscheinen.

Dass gerade die Diözese Passau im Vergleich zu den übrigen mehr Ergebnisse für die Orden liefert, liegt an der großen räumlichen Ausdehnung des Bistums nach Österreich hinein und der dort zahlreichen Klöster und Stifte[38]. Insgesamt kann somit festgehalten werden, dass das RG und das RPG gerade für die Augustiner-Chorherren und die Benediktiner einen wichtigen Beitrag zur bayerischen Kloster- und Stiftsgeschichte leisten können. Allerdings dürfen auch die wenigen Beiträge zu den anderen Orden nicht übersehen und sollten in zukünftigen Arbeiten beachtet werden.

Pfründenmarkt und Klerikerkarrieren

Der Papst konnte kraft seiner *plenitudo potestatis* an jeden Bittsteller einen Rechtsanspruch auf eine kirchliche Pfründe in der gesamten *christianitas* vergeben[39]. Dies

---

37 Überblicksartig zu den Benediktinern Raoul MANSELLI/Josef SEMMLER/Thelma JEXLEV, Art. Benediktiner, -innen, A. Das benediktinische Mönchtum. Entwicklung, Grundzüge, Krisen, in: Lexikon des Mittelalters, Bd. 1, München/Zürich 1980, Sp. 1869–1880; speziell zu den Benediktinern in Bayern Josef HEMMERLE, Die Benediktinerklöster in Bayern (Germania Benedictina 2), Augsburg 1970. Zur Geschichte der Augustiner-Chorherren Bernhard BRENNER, Normen und Reformen in ostschwäbischen Augustiner-Chorherrenstiften. Ihre Bedeutung für Ordensverfassung und Selbstverständnis (Studien zur Geschichte des bayerischen Schwaben 40), Augsburg 2011, 13–24, mit einer Karte zu den Augustiner-Chorherrenstiften im süddeutschen Raum auf Seite 25 und speziell dazu in Bayern Alois SCHMID, Die Augustiner-Chorherren in Bayern. Verbreitung und Bedeutung, in: Beiträge zur altbayerischen Kirchengeschichte 56 (2015) 5–24.
38 Vgl. exemplarisch Anton LANDERSDORFER, Bistum Passau, in: Erwin GATZ (Hg.), Die Bistümer des Heiligen Römischen Reiches von ihren Anfängen bis zur Säkularisation. Ein historisches Lexikon, unter Mitwirkung von Clemens BRODKORB/Helmut FLACHENECKER, Freiburg im Breisgau 2003, 547–563.
39 Vgl. Andreas MEYER, Der deutsche Pfründenmarkt im Spätmittelalter, in: Quellen und Forschungen aus italienischen Archiven und Bibliotheken 71 (1991) 266–279, hier 268, und Brigide SCHWARZ, Klerikerkarrieren und Pfründenmarkt. Perspektiven einer sozialgeschichtlichen Auswertung des Repertorium Germanicums, in: ebd., 71 (1991) 243–265, hier 251. Zu den vier maßgeblichen Rechtsnormen – das *ius reservationis*, das *ius praeventionis*, das *ius concursus* und das *ius devolutionis* – vgl. MEYER, Pfründenmarkt (wie Anm. 39), 270; DERS., Zürich und Rom. Ordentliche Kollatur und päpstliche Provisionen am Frau- und Großmünster 1316–1523 (Bibliothek des Deutschen Historischen Instituts in Rom 64), Tübingen 1986, 26; Karl BORCHARDT, Pfründenbesetzung, Gottesdienst und Seelsorge. Kirchenrechtliche Probleme vor Ort im späteren Mittelalter, besonders in Franken, in: Martin BERTRAM (Hg.), Stagnation oder Fortbildung? Aspekte des allgemeinen Kirchenrechts im

ist bereits ab dem frühen 13. Jahrhundert festzustellen, entwickelte sich aber vor allem im 15. Jahrhundert zu einem stark genutzten Mechanismus, der zahlreiche Kleriker aus dem christlichen Europa anzog. Denn die durch den Papst begünstigten Petenten genossen Vorrang vor den übrigen Bewerbern[40]. Allerdings musste der päpstlich gewährte Anspruch *in partibus* erst durchgesetzt werden, wobei lokale Quellen die teilweise lückenhaften Informationen aus den kurialen Registerserien ergänzen können[41]. Wie groß die Nachfrage nach einem derartigen Rechtsanspruch war, kann anhand der Relation von Pfründenangelegenheiten zu anderen Themenbereichen in den Registerserien nachvollzogen werden: Etwa zwei Drittel des gesamten Materials des RG betreffen den spätmittelalterlichen Pfründenmarkt[42]. Diese Menge und der Umstand, dass »der gesamte Pfründenbesitz bei

---

14. und 15. Jahrhundert (Bibliothek des Deutschen Historischen Instituts in Rom 108), Tübingen 2005, 321–336, hier 325 f. Vgl. dazu auch Andreas MEYER, Spätmittelalterliches Benefizialrecht im Spannungsfeld zwischen päpstlicher Kurie und ordentlicher Kollatur. Forschungsansätze und offene Fragen, in: Proceedings of the 8th International Congress of Medieval Canon Law, San Diego 21–27 August 1988, Città del Vaticano 1991, 247–262. Zu Reservationen und Expektativen vgl. Karl BORCHARDT, Pfründenvergabe über die römische Kurie in der Diözese Breslau 1447–1471, in: Würzburger medizinhistorische Mitteilungen 22 (2003) 372–404, hier 373 f.

40 Vgl. MEYER, Pfründenmarkt (wie Anm. 39), 270. Nach einer Einschätzung Hermann Dieners nehmen die Betreffe aus dem Reich zur Zeit Pius' II. (1458–1464) etwa 16 Prozent der Gesamtmenge ein. Diese sinken im Lauf des 15. Jahrhunderts dann stark und liegen unter Julius II. (1503–1513) und Leo X. (1513–1521) nur noch bei etwa 5 Prozent, vgl. Hermann DIENER, Materialien aus dem Vatikanischen Archiv. Die Registerserien des Spätmittelalters als Quelle, in: Bericht über den 16. Österreichischen Historikertag in Krems/Donau 1984, Wien 1985, 387–397, hier 394. Eine Einordnung dieser Zahlen und der mit ihnen verbundenen Unsicherheiten bei Erich MEUTHEN, Auskünfte des Repertorium Germanicum zur Struktur des Deutschen Klerus im 15. Jahrhundert, in: Quellen und Forschungen aus italienischen Archiven und Bibliotheken 71 (1991) 280–309, hier 293.

41 Vgl. MEYER, Pfründenmarkt (wie Anm. 39), 271. Eine Auswertung erfolgte beispielsweise durch Enno BÜNZ, Die Lausitzen und Rom. Geistliche, Pfründen und Kirchen in der päpstlichen Registerüberlieferung des 15. Jahrhunderts, in: Heinz-Dieter HEIMANN/Klaus NEITMANN/Uwe TRESP (Hg.), Die Nieder- und Oberlausitz. Konturen einer Integrationslandschaft, Bd. 1: Mittelalter (Studien zur brandenburgischen und vergleichenden Landesgeschichte 11), Berlin 2013, 63–78 oder DERS., Die Römische Kurie und Sachsen im späten Mittelalter. Mit einer Zusammenstellung der Benefizien des Bistums Meißen in den päpstlichen Registern 1417–1471, in: DERS./Wolfgang HUSCHNER/Christian LÜBKE (Hg.), Italien, Mitteldeutschland, Polen. Geschichte und Kultur im europäischen Kontext vom 10. bis zum 18. Jahrhundert (Schriften zur sächsischen Geschichte und Volkskunde 42), Leipzig 2013, 403–530.

42 Vgl. SCHWARZ, Klerikerkarrieren (wie Anm. 39), 249 und DIES., Römische Kurie und Pfründenmarkt im Spätmittelalter, in: Zeitschrift für historische Forschung 20 (1993) 129–152, hier 149. Darunter sind auch spezielle Anfragen ärmerer Kleriker, die sich den teuren kurialen Geschäftsgang nicht leisten konnten, vgl. dazu Andreas MEYER, Arme Kleriker auf Pfründensuche. Eine Studie über das In-forma-Pauperum-Register Gregors XII. von 1407 und über päpstliche Anwartschaften im Spätmittelalter (Forschungen zur kirchlichen Rechtsgeschichte und zum Kirchenrecht 20), Köln 1990.

jedem, auch nur weitläufig einschlägigen Gesuch an den Papst im vollem Umfang deklariert werden mußte«, ermöglicht es, für gewisse Regionen die Pfründenhäufung von Klerikern und ihren allmählichen Aufstieg nachzuvollziehen[43]. Pars pro toto für zahlreiche andere bayerische Klerikerkarrieren wird nachfolgend die geistliche Laufbahn des nur kurzfristig amtierenden Freisinger Bischofs Heinrich II. Schlick (um 1400–1448) beschrieben. Aufgrund der bisher in diesem Zusammenhang oft unbekannten Ämter und Tätigkeiten Schlicks kann so der Nutzen der Repertoria für die Biographien spätmittelalterlicher Personen aufgezeigt werden.

Heinrich Schlick stammte aus einer Kaufmannsfamilie in Eger[44] und war der jüngere Bruder des wesentlich bekannteren Kaspar Schlick. Letzterer trat 1415 in den Dienst König Sigismunds und war seit 1416 in dessen Kanzlei tätig. Dort stieg Kaspar in der Hierarchie schnell auf und übernahm 1429 als Vizekanzler die Leitung der Kanzlei. Seit 1433 war er Kanzler und blieb dies auch unter den Nachfolgern Sigismunds, Albrecht II. und Friedrich III.[45]. Über Heinrich Schlicks Jugend ist deutlich weniger bekannt als über die seines erfolgreichen Bruders, der sich maßgeblich um die Förderung seiner jüngeren Geschwister bemühte. So verwundert es wenig, dass Heinrichs erste Nennung im RG unter Papst Martin V. im Jahr 1429 mit der gleichzeitig erlangten höheren Stellung Kaspars in der kaiserlichen Kanzlei korreliert. Heinrich muss zu diesem Zeitpunkt noch relativ jung gewesen sein, denn um seinen weiteren Aufstieg in diesem Alter überhaupt zu ermöglichen, supplizierte er, zu diesem Zeitpunkt als Kleriker aus der Regensburger Diözese

---

43 Solche Karrieren zeichnete etwa Enno BÜNZ, Geistliche Karrieren im Hause Schönberg vor der Reformation. Eine Fallstudie zur Aussagekraft der kurialen Quellen des Vatikanischen Archivs, in: Birgit RICHTER (Hg.), Die Adelsfamilie von Schönberg in Sachsen, Dresden 2011, 22–35, nach.
44 Zu Heinrich Schlick vgl. Kurt MALISCH, Art. Schlick, Heinrich von, Bischof von Freising, 15. Jh., in: Karl BOSL (Hg.), Bosls Bayerische Biographie. 8000 Persönlichkeiten aus 15 Jahrhunderten, Regensburg 1983, 678 f.; Erich MEUTHEN, Antonio Rosellis Gutachten für Heinrich Schlick im Freisinger Bistumsstreit, in: Hubert MORDEK (Hg.), Aus Kirche und Reich. Studien zu Theologie, Politik und Recht im Mittelalter. Festschrift für Friedrich Kempf zu seinem fünfundsiebzigsten Geburtstag und fünfzigjährigen Doktorjubiläum, Sigmaringen 1983, 461–472; Josef MASS, Das Bistum Freising im Mittelalter (Geschichte des Erzbistums München und Freising 1), München 1986, 310–312 und Manfred HEIM, Art. Heinrich Schlick († frühestens 1448). 1443–1448 Ernannter Bischof von Freising, in: Erwin GATZ (Hg.), Die Bischöfe des Heiligen Römischen Reiches 1198 bis 1448. Ein biographisches Lexikon, Berlin 2001, 204 f.
45 Zu Kaspar Schlick vgl. Otto HUFNAGEL, Caspar Schlick als Kanzler Friedrichs III., in: Mitteilungen des Instituts für Österreichische Geschichtsforschung Erg.-Bd. 8 (1911) 253–460; Artur ZECHEL, Studien über Kaspar Schlick. Anfänge, Erstes Kanzleramt, Fälschungsfrage. Ein Beitrag zur Geschichte und Diplomatik des 15. Jahrhunderts (Quellen und Forschungen aus dem Gebiet der Geschichte 15), Prag 1939; Paul-Joachim HEINIG, Art. Schlick, Kaspar, in: Lexikon des Mittelalters, Bd. 7, München/Zürich 1995, Sp. 1489 f.; Franz FUCHS, Art. Schlick, Kaspar, in: Neue Deutsche Biographie, Bd. 23, Berlin 2007, 77 f.

bezeichnet, am 2. Juni 1429 zuerst um eine Dispens vom *defectus etatis*, der ihm auch gewährt wurde[46]. Diese Dispens ermöglichte es dem Petenten, bereits vor dem rechtmäßigen kanonischen Alter zu höheren Weihegraden zugelassen zu werden, was im Fall Schlicks für sein bereits erhaltenes Kanonikat mit Präbende im Kollegiatstift St. Peter in Brünn/Brno notwendig war[47]. Der starke Einfluss seines Bruders am Königshof wird bereits im nächsten Eintrag spürbar, denn nach Fürsprache König Sigismunds, wobei die Petition des Königs am 26. August 1430 nochmals eine Nachbesserung erhielt, wurde Heinrich die Propstei des reichsunmittelbaren Kanonikerstifts Nordhausen übertragen[48].

Erst drei Jahre später, nachdem Eugen IV. (1431–1447) zum Papst gewählt worden war, findet sich der nächste Beleg für Heinrich. Er erhielt am 12. August 1433 eine Expektanz auf die Pfarrkirche in Tulln an der Donau im heutigen Niederösterreich, die ein jährliches Einkommen von 29 Mark Silber einbrachte und durch den Tod des Simon Amman aus Asparn an der Zaya an der römischen Kurie vakant geworden war, zusammen mit einer Dispens, die genannte Pfarrkirche und die Propstei von Nordhausen gleichzeitig besitzen zu dürfen. Letztere brachte nämlich zusammen mit seinem Kanonikat in Brünn gerade einmal 14 Mark Silber ein[49]. Zudem beantragte er, dass er für die nächsten drei Jahre – obwohl er eine Pfarrkirche innehatte – nicht die entsprechenden Weihen erhalten müsse. Heinrich, zu diesem Zeitpunkt erst Subdiakon, wurde diese Bitte durch den Papst am 21. August 1433 auf unbestimmte Zeit gewährt, allerdings nur solange er studierte[50].

---

[46] Vgl. RG IV 05106, URL: http://rg-online.dhi-roma.it/RG/4/5106 (letzter Zugriff: 8. November 2022): *Henricus Slick cler. Ratisbon. ref. disp. sup. def. et. (17) c. mentione can. et preb. eccl. s. Petri in Bruna Olomuc. dioc. 2 iun. 1429 S 236 27*.

[47] Vgl. zum *defectus etatis* zuletzt Philipp T. WOLLMANN, Litterae der Apostolischen Pönitentiarie in partibus (1400–1500). Ein Beitrag zur kurialen Diplomatik (MGH Studien und Texte 68), Wiesbaden 2021, 83 f.

[48] Vgl. RG IV 05106, URL: http://rg-online.dhi-roma.it/RG/4/5106 (letzter Zugriff: 8. November 2022): *ref. sup. prepos. eccl. Northusen. Magunt. dioc. ad supplic. Sigismundi regis 26 aug. 1430 S 256 88*.

[49] Vgl. RG V 2785, URL: http://rg-online.dhi-roma.it/RG/5/2785 (letzter Zugriff: 8. November 2022): *de par. eccl. in Tuln Tulen Patav. dioc. 29 m. arg. vac. p.o. in R. cur. Symonis Amman Anman de Asparen et de disp. ut d. par. eccl. unac. prepos. eccl. Northusen. Magunt. dioc. retin. val.; n.o. can. et preb. colleg. eccl. in Brunna Peun Olomuc. dioc. et d. prepos. eccl. N. de iure patron. R.R. insimul 14 m. arg. 11. iul. 33 S 287 67rs, exec.: prep. mon. in Closternewnburg Patav. dioc. exped. 28. iul. 33 L 320 255vss, o.s.a. p. Henricum Wiling procur. in R. cur. 12. aug. 1433 A 6 250v*.

[50] Vgl. RG V 2785, URL: http://rg-online.dhi-roma.it/RG/5/2785 (letzter Zugriff: 8. November 2022): *de n. prom. ad 3 an. ratione d. par. eccl. in Tuln conc. in stud. 21. aug. 1433 S 288 105v*.

Dieses bereits überdurchschnittliche Einkommen aus Pfründen vermehrte Heinrich noch weiter:
- Vor dem September 1433 erlangte Heinrich die Kaplanei in der sogenannten Ottenhaimkirche in Wien[51].
- Am 12. September 1433 wurde ihm eine Expektanz auf ein Kanonikat und eine Präbende im Domkapitel von Passau gewährt, welches durch die Resignation von Heinrichs Bruder Matthäus Schlick frei geworden war[52].
- Zwischen 1433 und 1435 vertauschte er vermutlich die Pfarrkirche von Tulln an der Donau mit der Pfarrkirche St. Ruprecht in Bruck an der Mur in der Diözese Salzburg, mit der das Archidiakonat der Oberen Mark verbunden war[53].
- Im selben Zeitraum erhielt Heinrich die Propstei über das königliche Kollegiatstift von Altbunzlau/Stará Boleslav, über welches Kaiser Sigismund die Rechte besaß und worin erneut der Einfluss seines Bruders Kaspar zu spüren sein dürfte[54].
- Am 25. Juli 1435 wurde Heinrich noch die Expektanz auf ein Kanonikat mit Präbende in der Domkirche von Augsburg im Wert von 10 Mark Silber gewährt[55].

---

[51] Vgl. RG V 2785, URL: http://rg-online.dhi-roma.it/RG/5/2785 (letzter Zugriff: 8. November 2022). Zur Ottenhaimkirche, die eigentlich die Rathauskirche war und zur späteren Salvatorkirche wurde, vgl. Richard PERGER/Walther BRAUNEIS (Hg.), Die mittelalterlichen Kirchen und Klöster Wiens (Wiener Geschichtsbücher 19/20), Wien 1977, 275.

[52] Vgl. RG V 2785, URL: http://rg-online.dhi-roma.it/RG/5/2785 (letzter Zugriff: 8. November 2022): *de can. et preb. eccl. Patav. vac. p. resign. Mathei Sligk; n.o. can. et preb. eccl. in Brunna Olomuc. dioc., prepos. colleg. eccl. Northusen. Magunt. dioc. de iure patron. R.R. insimul 14 m. arg., par. eccl. in Tuln et capn. b. Marie in Ottenheim in op. Wyennen. Patav. dioc. 12. sept. 1433 S 289 68vs*. Diese *provisio* wurde am selben Tag noch erweitert, und zwar in dem Sinne, dass sie denselben Wert haben wie die Pfarrkirche von Tulln und gelten solle, als ob durch *motu proprio* des Papstes eine Anwartschaft auf Kanonikate und Präbende in zwei Kathedralkirchen gewährt wurden: *cler. Ratisbon. dioc.: de perinde valere suprad. prov. de par. eccl. in Tuln Patav. dioc. c. express. gr. expect. motu pr. ad can. et preb. etc. in 2 cathedr. eccl. 12. sept. 1433 S 289 68r*. Zu Matthäus Schlick vgl. Alfred PENNRICH, Die Urkundenfälschungen des Reichskanzlers Kaspar Schlick nebst Beiträgen zu seinem Leben, Bresslau 1901, 36 f.; Constantin von WURZBACH, Art. Schlik, Matthäus, in: Biographisches Lexikon des Kaiserthums Oesterreich 30, Wien 1875, 113 f.

[53] Vgl. RG V 2785, URL: http://rg-online.dhi-roma.it/RG/5/2785 (letzter Zugriff: 8. November 2022). Vgl. zur Archidiakonatseinteilung Karl HÜBNER, Die Archidiakonats-Einteilung in der ehemaligen Diözese Salzburg, in: Mitteilungen der Gesellschaft für Salzburger Landeskunde 45 (1905) 41–79.

[54] Vgl. RG V 2785, URL: http://rg-online.dhi-roma.it/RG/5/2785 (letzter Zugriff: 8. November 2022): *... n.o. prepos. eccl. Boleslavien. Prag. dioc. de iure patron. R.I. ut regis Bohemie ...* . Vgl. dazu auch MALISCH, Schlick (wie Anm. 44), 679.

[55] Vgl. RG V 2785, URL: http://rg-online.dhi-roma.it/RG/5/2785 (letzter Zugriff: 8. November

Damit bezog Heinrich Schlick im Jahr 1435 das stattliche Einkommen von im Prinzip – wenn denn tatsächlich gezahlt wurde – 120 Mark Silber aus seinen Pfründen. Dies war allerdings nur möglich, indem ihm neben einer Anwartschaft für ein Kanonikat mit Präbende in Augsburg auch eine Dispens zum Besitz von zwei inkompatiblen Pfründen auf Lebenszeit gewährt wurde[56]. Um seine über zahlreiche Diözesen verstreuten Ämter adäquat ausüben zu können, ersuchte Heinrich beim Papst zudem um eine Lizenz auf Lebenszeit, dass er in der Olmützer Diözese Gottesdienste feiern dürfe, was vor allem für sein Kanonikat in Brünn von Bedeutung war[57].

Doch diese Pfründenhäufung blieb nicht ohne Konflikt: Im Streit um die Pfarrkirche und das Archidiakonat von Bruck an der Mur bat Heinrich am 28. Februar 1436 erneut darum, für fünf Jahre die für eine Pfarrkirche notwendigen höheren Weihen nicht erhalten zu müssen, da er noch das kanonische Recht studiere. Dies wurde ihm erneut gewährt[58]. Vermutlich entledigte er sich dadurch der Argumentation von möglichen Widersachern, die bei einem Gerichtsverfahren auf seine fehlenden Weihen abgezielt hätten. Nach etwas mehr als fünf Jahren, am 2. September 1441, wurde diese Dispens erneuert. Zudem griff der Papst in die Salzburger Metropole zugunsten Heinrichs Schlicks ein, indem er nach dem Tod des Salzburger Erzbischofs Johanns II. von Reisberg (1429–1441) am 27. März 1442 kraft apostolischer Autorität das erzbischöfliche Statut aufhob, wonach in Bruck

---

2022): *de nova prov. de can. et preb. eccl. August. 10 m. arg. vac. p.o. Berengerii Hel; n.o. prepos. eccl. Boleslavien. Prag. dioc. de iure patron. R.I. ut regis Bohemie, par. eccl. in Pruck Salzeburg. dioc., can. et preb. in Brunna Olomuc. dioc., capn. b. Marie in Ottenheim in op. Wyennen. Patav. dioc. insimul 120 m. arg. et disp. ad incompat. ad vitam 25. iul. 1435 S 312 157vs.*

56 Vgl. RG V 2785, URL: http://rg-online.dhi-roma.it/RG/5/2785 (letzter Zugriff: 8. November 2022): *... disp. ad incompat. ad vitam ...* . Diese Dispens wurde am 8. Juli 1439 sogar auf drei Pfründen ausgeweitet, vgl. RG V 2785, URL: http://rg-online.dhi-roma.it/RG/5/2785 (letzter Zugriff: 17. Juni 2022): *prothonot. pape, c. quo disp. est ut suprad. prepos. unac. d. par. eccl. in Pruck retin. val. Alberto R.R. supplic. : de disp. ad 3 incompat. ad vitam 8. iul. 1439 S 359 203rs.*

57 Vgl. RG V 2785, URL: http://rg-online.dhi-roma.it/RG/5/2785 (letzter Zugriff: 8. November 2022): *rect. par. eccl. in Pruck Brugk, Pragk, Prugk Salzeburg. dioc. et can. eccl. Brunnen. Olomuc. dioc.: de lic. div. off. ad usum Olomuc. dioc. celebr. ad vitam 30. iun. 1435 S 308 106r.*

58 Vgl. RG V 2785, URL: http://rg-online.dhi-roma.it/RG/5/2785 (letzter Zugriff: 8. November 2022): *litig. sup. par. eccl. in Pruck Salzeburg. dioc. quam possidet: disp. de n. prom. ad 5 an. in stud. iur. can. 28. febr. 1436 L 364 176rs.* Dass Papst Eugen IV. am 30. Mai 1436, also kurze Zeit nach der Bekanntmachung des Streits um Heinrich Schlick an der römischen Kurie, die Archidiakonate der Oberen und Unteren Mark mit St. Ruprecht in Bruck an der Mur und St. Ruprecht in Gratwein verband, könnte durchaus damit zusammenhängen, vgl. dazu HÜBNER, Archidiakonats-Einteilung (wie Anm. 53), 56 mit Anm. 3.

nur graduierte und persönlich anwesende Priester Rektoren werden durften[59]. Für die kurze Zeit, in der Heinrich die Dispens überschritt, wurde er am 1. Dezember 1442 rehabilitiert[60]. Dieser zeitintensive Konflikt behinderte allerdings nicht seinen weiteren Aufstieg. So wurde Heinrich Schlick am 28. Februar 1437 zum päpstlichen Protonotar ernannt und der päpstliche Legat Johannes Andreae Militis de Aris, Bischof von Segni, der im Frühjahr 1437 in das Reich reiste, angewiesen, den Diensteid Schlicks zu empfangen[61]. Eine Anwartschaft für eine Provision auf ein Kanonikat mit Präbende im Domkapitel von Breslau im Wert von 10 Mark Silber wurde am 24. März 1441 gewährt, die darüber auszustellende päpstliche *littera* allerdings mehrmals über ein Jahr hinweg verschleppt[62].

Den Höhepunkt von Heinrich Schlicks Karriere bildete schließlich die Ernennung zum Bischof von Freising. An die Spitze dieses Bistums wurde er nach den päpstlichen Registern am 12. September 1443 gestellt, nachdem Giovanni Berardi de Tagliacozzo, Kardinalbischof von Palestrina und Großpönitentiar, vom Ableben des vorherigen Bischofs Nikodemus della Scala berichtet hatte[63]. Wie groß der

---

59 Vgl. RG V 2785, URL: http://rg-online.dhi-roma.it/RG/5/2785 (letzter Zugriff: 8. November 2022): *subdiac., cuius disp. de n. prom. ad 5 an. caduca est: de nova prov. de suprad. par. eccl. in Pruck 80 m. arg. 2. sept. 41 S 376 12rs, de ref. c. derog. statut. quond. Johannis [de Reisberg] aep. Salzeburg. auct. ap. conf. quib. cavetur quod d. par. eccl. solum p. graduatos et personaliter residentes teneri val. 27. sept. 41 S 376 242rss, de prorog. exped. litt. 27. mart. 1442 S 381 187rs.*
60 Vgl. RG V 2785, URL: http://rg-online.dhi-roma.it/RG/5/2785 (letzter Zugriff: 8. November 2022): *qui par. eccl. in Pruck 80 m. arg. ultra spatium disp. 5 an. detin., aliquamdiu fruct. ex ea percipiens: de rehab. et nova prov. c. derog. cuiusdam perp. constitutionis eccl. Salzeburg. ad petitionem quond. Johannis [de Reisberg] aep. Salzeburg. <quod 4 archidiaconi, 2 in ducatu Stirie in superiori ducatu apud par. eccl. in Pruck, in inferiori ducatu apud par. eccl. in Gredwem et 2 in ducatu Carinthie in superiori ducatu apud par. eccl. in Gurden, in inferiori ducatu apud par. eccl. in Capell p. aep. Salzeburg. instituendi pro iurisdictione spirit. inibi exercenda debeant esse graduati et personaliter residentes> 1. decb. 1442 S 387 238vs, rehab. V 361 50rs, nova prov. exec.: ep. Patav., abb. mon. Scottorum Wien. et dec. eccl. s. Stephani Wien. Patav. dioc. V 361 50v–52r.*
61 Vgl. RG V 2785, URL: http://rg-online.dhi-roma.it/RG/5/2785 (letzter Zugriff: 8. November 2022): *prep. eccl. Boleslavien. Prag. dioc.: recip. in prothonot. pape et committ. Johanni [Andreae Militis de Aris] ep. Signen. iuram. ipsius H. recip. 28. febr. 1437 V 382 29v–31r.*
62 Vgl. RG V 2785, URL: http://rg-online.dhi-roma.it/RG/5/2785 (letzter Zugriff: 8. November 2022): *frater germanus nob. viri Casparis Slick, prothonot. pape: motu pr. de can. et preb. eccl. Wratislav. 10 m. arg. vac. p.o. Johannis Niclosdorff cubic. et fam. pape 24. mart. 41 S 372 131v, de ref. omisso quod ipse H. prothonot. pape sit s.p.d. [24. mart. 41] S 373 238rs, de prorog. exped. litt. 6. sept. 41 S 375 278r, 22. sept. 41 S 377 16v, 19. oct. 41 S 377 80v, 12. ian. 42 S 379 165r, 9. febr. 1442 S 380 255vs.*
63 Vgl. RG V 2785, URL: http://rg-online.dhi-roma.it/RG/5/2785 (letzter Zugriff: 8. November 2022): *prothonot., <prep. eccl. Boleslavien. Prag. dioc., subdiac., Frederico R.R. persona grata>: preficitur eccl. Frising. <sed. ap. reserv., cuius castra et temporalia bona sub ditione ducum Austrie pro maiori parte consistunt> vac. p.o. Nichodemi [della Scala] ep. Frising. referente [Johanne de Tagliacotio] card. Tarentin. 11. sept. 43 OS 66 89r, 12. sept. 1443 V 363 203vs, solite litt. L 398 270rss.* Gedruckt bei Martin von DEUTINGER, Päpstliche Urkunden zur Geschichte des Bisthums Freysing, in: Beiträge zur Geschichte,

Einfluss seines Bruders Kaspar auf diese Ernennung war, zeigt ein weiterer Eintrag des Registers. Nach diesem informierte Papst Eugen IV. Kaspar Schlick am 4. Oktober 1443 in einem Breve, dass die von ihm erbetene Ernennung seines Bruders geschehen sei und er nun auf Frieden zwischen dem König und der römischen Kirche hoffe[64]. Entsprechend seiner Stellung als Elekt verpflichtete sich Heinrich Schlick zur Zahlung der größeren und kleineren Servitien, die für Freising 4.000 Florenen betrugen. Diese Zahlung wurde allerdings sowohl am 20. als auch nochmals am 27. November 1443 annulliert[65], vermutlich aufgrund des sich anbahnenden Bistumsstreits mit Johannes Grünwalder (1392–1452), dem illegitimen Sohn Herzog Johanns II. von Bayern-München (1341–1397). Dieser wurde durch das Freisinger Domkapitel gewählt und als Gegenkandidat durch das Basler Konzil bevorzugt. Im Gegensatz zu Schlick konnte Grünwalder bereits früh die Bestätigung des Metropoliten, des Erzbischofs Friedrich IV. von Salzburg (1441–1452), erlangen und in die Stadt Freising einziehen[66]. Es kann an dieser Stelle keine Neubewertung des Streits um den Freisinger Bischofsstuhl anhand der kurialen Quellen erfolgen; vielmehr soll das Augenmerk weiterhin auf Heinrich Schlick gerichtet sein. Denn in den Registerserien lässt sich keine der insgesamt neun Bullen

Topographie und Statistik des Erzbistums München und Freising 2 (1851) 1–294, hier 101–104, Nr. 37. Vgl. dazu auch MASS, Bistum (wie Anm. 44), 311, der eine nicht ganz ungerechtfertigte Rückdatierung annimmt, sowie HEIM, Schlick (wie Anm. 44), 204. Zu Giovanni Berardi vgl. WOLLMANN, Litterae (wie Anm. 47), 27 f.

64 Vgl. RG V 00954, URL: http://rg-online.dhi-roma.it/RG/5/954 (letzter Zugriff: 8. November 2022): *cancellarius Frederici imper.! qui nuper a papa petivit, ut fratrem suum Henricum prothonot. promoveat in ep. Frising.: ei intimat p. breve id iam fact. esse et hortatur, ut pacem inter d. regem el. et R. E. foveat 4. oct. 1443 V 367 157v, continuatur 159r.* In Reg. Vat. 367 fol. 159r folgt ebenfalls noch ein Breve an König Friedrich III. in dieser Sache, vgl. DEUTINGER, Päpstliche Urkunden (wie Anm. 63), 104 f., Nr. 38 und 39.

65 Vgl. RG V 00954, URL: http://rg-online.dhi-roma.it/RG/5/954 (letzter Zugriff: 8. November 2022): *el. Frising.: oblig. sup. 4000 fl. commun. serv. et 5 min. serv. p. Johannem Tolner procur. causarum [in R. cur.] cass. 20. nov. 43 OC 6 89v, cass. 27. nov. 1443 OS 71 30v.*

66 Vgl. MEUTHEN, Gutachten (wie Anm. 44), 461 f. und HEIM, Schlick (wie Anm. 44), 204 f. Zu Johannes Grünwalder vgl. die immer noch maßgebliche Monographie von August KÖNIGER, Johann III. Grünwalder. Bischof von Freising, München 1914; MASS, Bistum (wie Anm. 44), 312–315; Erich MEUTHEN, Der Freisinger Bischof und Kardinal Johannes Grünwalder († 1452), in: Georg SCHWAIGER (Hg.), Christenleben im Wandel der Zeit. Lebensbilder aus der Geschichte des Erzbistums München und Freising, Bd. 1, München 1987, 92–102; Egon Johannes GREIPL, Art. Grünwalder, Johann († 1452). 1424–1440 Generalvikar des Bischofs von Freising. 1448–1452 Bischof von Freising, in: Erwin GATZ (Hg.), Die Bischöfe des Heiligen Römischen Reiches 1448 bis 1648. Ein biographisches Lexikon, bearb. von Clemens BRODKORB, Berlin 1996, 246 f.; Werner MÜLLER, Herzog Wilhelm III. von Bayern-München und Johann Grünwalder am Konzil von Basel (1431–1449), in: Oberbayerisches Archiv 129 (2005) 153–188. Außerdem die Vita Grünwalders in RG IV 07172, URL: http://rg-online.dhi-roma.it/RG/4/7172 (letzter Zugriff: 8. November 2022).

Eugens IV. zugunsten Heinrich Schlicks bis zum 11. Januar 1444 finden⁶⁷. Stattdessen wird erst das Mandat an die Bischöfe von Augsburg, Passau und Gurk vom 1. Januar 1445 erwähnt, in dem Eugen IV. die Empfänger anweist, Schlick in den Besitz der Kirche und Stadt von Freising einzuführen, in die Grünwalder noch im Herbst 1443 feierlich eingezogen war⁶⁸. Heinrich Schlick, der sich in der Folge vornehmlich auf den österreichischen Gütern des Hochstifts aufhielt, erhielt am 13. März 1445 die Erlaubnis, den Ertrag von Pfründen im Wert der verhinderten Besitzungen der Freisinger Kirche beziehen zu dürfen⁶⁹. Anschließend prozessierten die Parteien in Rom vor dem Kardinalbischof Giovanni Berardi de Tagliacozzo, der am 7. Mai 1445 den Erzbischof von Florenz [!], den Bischof von Gurk und den Dompropst von Olmütz mit der Einführung Schlicks in den Besitz des Bistums beauftragte⁷⁰. Im Januar 1446 erhielt Heinrich Schlick zudem die Lizenz, die Anhänger Grünwalders zu verwarnen, zu exkommunizieren oder abzusetzen⁷¹. Zuletzt ist im Pontifikat Eugens IV. die Nachricht erhalten, dass für Schlick eine *littera declaratoria* ausgestellt wurde, wonach die Anerkennung gewisser Basler Dekrete keine Auswirkung auf die bereits durch Schlick erworbenen Rechte auf das Bistum Freising haben sollte⁷².

67 Vgl. dazu KÖNIGER, Grünwalder (wie Anm. 56), 59–68; MEUTHEN, Gutachten (wie Anm. 44), 462.
68 Vgl. RG V 00954, URL: http://rg-online.dhi-roma.it/RG/5/954 (letzter Zugriff: 8. November 2022): *m. ep. August., ep. Patav. et ep. Gurc. cass. ep. Gurc. et prep. eccl. Olomuc. et Henrico Roraw can. eccl. Olomuc. introducendi in possessionem eccl. Frising., quam Johannes Grunenwalder cler. Frising. dioc. tamquam el. Frising. a concil. Basil. et Felici V. conf. et anticardinalis d. Felicis sicut et civit. Frising. et nonnulla castra d. eccl. detin. 1. ian. 1445 V 376 146v–150v.*
69 Vgl. RG V 00954, URL: http://rg-online.dhi-roma.it/RG/5/954 (letzter Zugriff: 8. November 2022): *conc. ei, quod fruct. beneff. illorum percip. val. qui impediunt eum in possessione eccl. Frising. 13. mart. 1445 V 363 214vss.* Vgl. dazu auch MALISCH, Schlick (wie Anm. 44), 679.
70 Vgl. RG V 00954, URL: http://rg-online.dhi-roma.it/RG/5/954 (letzter Zugriff: 8. November 2022): *litig. in R. cur. coram Johanne [de Tagliacotio] card. Praenestin. sup. eccl. Frising. contra Johannem Grunenwalder cler. Frising. dioc. detentorem: m. introducendi in possessionem eccl. Frising. 7. mai. 1445 m. ad aep. Florentin., ep. Gorczen. [Gurc.] et prep. eccl. Olomuc. V 363 265v–267v.* Gedruckt bei DEUTINGER, Päpstliche Urkunden (wie Anm. 63), 106–109, Nr. 40. Vgl. MASS, Bistum (wie Anm. 44), 311.
71 Vgl. RG V 00954, URL: http://rg-online.dhi-roma.it/RG/5/954 (letzter Zugriff: 8. November 2022): *lic. monendi, excom. et priv. fautores Johannis Grunenwalder intrusi Frising. 18. ian. 1446 V 379 167r–168v.* Gedruckt bei DEUTINGER, Päpstliche Urkunden (wie Anm. 63), 109–113, Nr. 41. Vgl. dazu auch MASS, Bistum (wie Anm. 44), 311; HEIM, Schlick (wie Anm. 44), 205.
72 Vgl. RG V 00954, URL: http://rg-online.dhi-roma.it/RG/5/954 (letzter Zugriff: 8. November 2022): *conc. ei quod litt. decl., quas Eugenius IV. s.d. 5. febr. 47 ad instantiam Frederici R.R. ac Theoderici [de Erpach] aep. Magunt. et Frederici [II.] marchionis Brandenburg. sup. nonnullis decretis Basilee editis et p. quond. Albertum R.R. acceptatis edidit, n. preiudicent prov. ipsius H. de eccl. Frising. gratis de mandato 5. febr. 1447 V 379 203r.* Gedruckt bei DEUTINGER, Päpstliche Urkunden (wie Anm. 63), 113 f., Nr. 42. Vgl. MASS, Bistum (wie Anm. 44), 311. Weniger Heinrich Schlick und mehr seinen jüngsten Bruder

Auch im Pontifikat Nikolaus' V. zog sich der Streit um das Bistum zwischen Grünwalder und Schlick weiter hin. Heinrich Schlick bemühte sich bei dem neugewählten Papst um die Anerkennung als Bischof von Freising, deren Bestätigung am 30. August 1447 geschah[73]. Außerdem wurde ihm wenige Tage zuvor erneut die Erlaubnis erteilt, Einkünfte von der Freisinger Kirche zu erheben[74]. Danach schweigen die römischen Registerserien über den weiteren Verlauf. Von dem Verzicht Schlicks am 15. Januar 1448 gegen eine gewisse Entschädigungssumme wird nicht berichtet[75], sehr wohl aber von der steirischen Herrschaft Rothenfels und der Stadt Oberwölz, die er für seinen Verzicht auf Lebenszeit erhielt. Die päpstliche Bestätigung dieser Zuweisung wird an der Kurie am 16. Januar 1449 vermerkt[76] und am 2. Januar 1451 nochmals bestätigt[77]. Vermutlich starb Heinrich Schlick wenig später, denn weitere Provisionen oder anderweitige Nachrichten sind in den kurialen Registerserien nicht vorhanden[78].

Schlussbetrachtung

Anhand der beiden Beispiele wird deutlich, wieviel Potenzial das RG und das RPG für die landeshistorische Forschung besitzen. Ohne weiteres kann das An-

---

Franz Schlick betrifft die Verleihung der Pfarrkirche Bruck an der Mur zusammen mit dem Archidiakonat der Oberen Mark an Franz am 19. Juli 1446, vgl. DEUTINGER, Päpstliche Urkunden (wie Anm. 63), 114–118, Nr. 43. Zu Franz Schlick vgl. PENNRICH, Urkundenfälschungen (wie Anm. 52), 37.
73 Vgl. RG VI 02039, URL: http://rg-online.dhi-roma.it/RG/6/2039 (letzter Zugriff: 8. November 2022): *conf. prov. Eugenii IV. de eccl. Frising., sup. qua litig. contra Johannem Grunewalder 30. aug. 1447 V 388 90vs*. Gedruckt bei DEUTINGER, Päpstliche Urkunden (wie Anm. 63), 118–120, Nr. 44. Vgl. auch MASS, Bistum (wie Anm. 44), 311; HEIM, Schlick (wie Anm. 44), 205.
74 Vgl. RG VI 02039, URL: http://rg-online.dhi-roma.it/RG/6/2039 (letzter Zugriff: 8. November 2022): *Henricus (Slick) el. Frising. conc. fac. levandi fruct. eccl. Frising. contra intrusum, qui se gerit pro ep. Frising. 21. aug. 1447 L 445 212vss*.
75 Vgl. MASS, Bistum (wie Anm. 44), 312 und HEIM, Schlick (wie Anm. 44), 205. Interessanterweise bietet DEUTINGER, Päpstliche Urkunden (wie Anm. 63), 120–122, Nr. 45 die Genehmigung Nikolaus' V. für den Verzicht Schlicks auf das Bistum. Ein entsprechender Eintrag im RG war nicht zu finden gewesen.
76 Vgl. RG VI 02039, URL: http://rg-online.dhi-roma.it/RG/6/2039 (letzter Zugriff: 8. November 2022): *not. pape: assign. castri Rotenfels et op. Oberwelcz Salzeburg. dioc., quia res. de eccl. Frising. p. Henricum Masheim litt. ap. abbrev. 16. ian. 1449 V 380 81vs*. Gedruckt bei DEUTINGER, Päpstliche Urkunden (wie Anm. 63), 120–122, Nr. 45. Vgl. MASS, Bistum (wie Anm. 44), 312.
77 Vgl. RG VI 02039, URL: http://rg-online.dhi-roma.it/RG/6/2039 (letzter Zugriff: 8. November 2022): *de approb. assign. castri Rotenfels et op. Obernwelcz Salzeburg. dioc. ad usumfructum 2. ian. 1451 S 447 105vs*.
78 Das genaue Todesdatum ist unbekannt. HEIM, Schlick (wie Anm. 44), 205, gibt »frühestens 1448« an, während MASS, Bistum (wie Anm. 44) und MALISCH, Schlick (wie Anm. 44), kein Datum nennen. Mit der Nennung im RG dürfte aber der Terminus post quem auf 1451 zu verschieben sein.

wendungsbeispiel Heinrich Schlick als Spitze eines Eisberges bezeichnet werden. Denn seine Person lässt sich durch eine beliebige Zahl anderer geistlicher Personen aus allen heute bayerischen Diözesen ersetzen[79]. Doch nicht nur geistliche Personen sind darin zu finden: Auch die Herzöge der verschiedenen bayerischen Teilherzogtümer des 15. Jahrhunderts werden mehrfach genannt[80]. Dabei lassen sich Netzwerke ausmachen, etwa die jeweiligen Sekretäre und Kapläne der Herzöge von Bayern, die durch Fürsprache ihres Landesherrn an der Kurie Gunsterweise und Expektanzen erhielten und über lokale Quellen kaum zu fassen sind[81]. Oder illegitime Söhne, die für ihre geistliche Karriere durch die Kontakte oder den einflussreichen Namen ihres Vaters an der Kurie zu reüssieren versuchten[82]. Neben Adeligen, höheren Klerikern oder deren Familia lassen sich vor allem im RPG auch einfache Pfarrer, Scholaren, Bürger und Ehepaare wiederfinden, die ihre Bitte an der Pönitentiarie, der päpstlichen Bußbehörde, vorbrachten und uns damit einen Blick in ihre Alltagswelt geben[83].

Die Repertoria bieten also eine große Fülle an Material, das ausgewertet werden kann und zahlreiche Einblicke in die mittelalterliche Welt ermöglicht. Doch darf nicht vergessen werden, dass die darin wiedergegebenen Quellen nicht vollständig sind und daraus abgeleitete statistische Rückschlüsse deshalb mit großer Vorsicht behandelt werden müssen[84]. Dies liegt nicht nur am Überlieferungszufall, etwa dem Verlust bestimmter Registerbände, oder der Überlieferungschance – so wurden beispielsweise die Register der Expektanzen aufgrund von Ungültigkeit

---

[79] So lassen sich auch wertvolle Informationen zu den Weihbischöfen finden, vgl. beispielsweise Philipp T. WOLLMANN, Die Augsburger Weihbischöfe um die Mitte des 15. Jahrhunderts. Ergänzungen zu Alfred Schröders Studie aus den kurialen Registerserien, in: Jahrbuch des Vereins für Augsburger Bistumsgeschichte 56 (2022) 79–108.
[80] Um nur zwei Beispiele zu nennen, sei etwa auf die Vitae Herzog Heinrichs XVI. von Bayern-Landshut im RG III 00056, URL: http://rg-online.dhi-roma.it/RG/3/56; RG IV 04159, URL: http://rg-online.dhi-roma.it/RG/4/4159 und RG V 02609, URL: http://rg-online.dhi-roma.it/RG/5/2609 (letzte Zugriffe: 8. November 2022) hingewiesen.
[81] So lässt sich beispielsweise der Arzt Ruprechts I. von der Pfalz, Johann von Ramesberg von Nordheim, darin wiederfinden, vgl. RG I 02334, URL: http://rg-online.dhi-roma.it/RG/1/2334 (letzter Zugriff: 8. November 2022).
[82] So etwa Stephan von Heidelberg, unehelicher Sohn Pfalzgraf Ludwigs III. von der Pfalz, RG IV 13468, URL: http://rg-online.dhi-roma.it/RG/4/13468 (letzter Zugriff: 8. November 2022).
[83] Vgl. zu solchen Geschichten die Beispiele bei Arnold ESCH, Wahre Geschichten aus dem Mittelalter. Kleine Schicksale selbst erzählt in Schreiben an den Papst (Beck'sche Reihe 6040), München 2012 und DERS., Die Lebenswelt des europäischen Spätmittelalters. Kleine Schicksale selbst erzählt in Schreiben an den Papst, München 2014.
[84] Diese Mahnung bereits bei ESCH, Lebenswelt (wie Anm. 83), 24 f., und bei WOLLMANN, Litterae (wie Anm. 47), 114.

nach dem Tod eines jeden Papstes zumeist makuliert[85] –, sondern schlicht daran, dass sich nur ein Bruchteil aller möglichen Petenten tatsächlich an die römische Kurie wandte und dass die eingereichten Suppliken eine stark subjektive und durch den *stilus curie* normierte Version der Realität wiedergeben[86]. Nur unter Berücksichtigung und in Kenntnis dieser Eigenheiten der kurialen Registerserien können historische Fragestellungen an die Repertoria herangetragen werden. Wird diese Problematik allerdings beachtet, so sind das Repertorium Germanicum und das Repertorium Poenitentiariae Germanicum ein Quellenschatz von nahezu unerschöpflichem Potential und eine Fundgrube für den Historiker. Denn *quaerite, et invenietis*[87]!

85 Vgl. BORCHARDT, Pfründenvergabe (wie Anm. 39), 373.
86 MEUTHEN, Auskünfte (wie Anm. 40), 287 f. legt anhand des Beispiels der Diözese Konstanz dar, dass sich vermutlich nur 5 Prozent der Kleriker des Bistums im RG wiederfinden, dieser Prozentschnitt dürfte für manche Bistümer unter Umständen noch geringer sein.
87 Mt 7,7.

»Nun bin ich Diktator im Reich der Trümmer und der Toten«

Wahlkampagne der Bayerischen Volkspartei gegen Hitler aus dem Jahr 1930 mit Druckgraphiken des Münchner Künstlers Rudolf Wirth

Von Stephanie Ruhwinkel

Die Reichstagswahl am 14. September 1930 – ein Wendepunkt der deutschen Geschichte

Die deutsche Geschichte kann mit einer Reihe von Schicksalstagen aufwarten; der sicherlich prominenteste ist der 9. November, der mit dem Hitlerputsch im Jahre 1923, der Reichspogromnacht 1938 und dem Fall der Berliner Mauer 1989 drei Ereignisse unterschiedlichster Prägung an einem Tag vereint. Schicksalhaft war zweifelsohne auch der 30. Januar 1933, der Tag der sogenannten »Machtergreifung«, an dem Hitler der Weg in die Alleinherrschaft geebnet werden sollte. In diesem Zusammenhang ist auch ein weniger bekanntes, aber nicht minder bedeutsames Ereignis für die Weichenstellung der deutschen Geschichte von Belang: Bei näherer Betrachtung nahm nämlich bereits am 14. September 1930, dem Tag der Reichstagswahlen, der unaufhaltsame Lauf in die Katastrophe seinen Anfang[1].

Kurz zur Vorgeschichte: Im März 1930 war das Parlament nach diversen Streitigkeiten über die Sanierung des Finanzhaushaltes von Reichspräsident Hindenburg aufgelöst worden. Der nun folgende Kanzler Brüning musste jedoch bereits im Juli 1930 Hindenburg ebenfalls um die Auflösung des Parlamentes ersuchen. In den für den 14. September 1930 angesetzten Neuwahlen sah Brüning die letzte Möglichkeit, für sein Vorhaben, durch Steuererhöhungen und Kürzung der Staats-

---

* Mein Dank gilt Dr. Franz Wirth (München), Prof. Stefan Kummer (Würzburg), Prof. Winfried Becker (Passau), Herrn Dennis Grinat (Lüdenscheid) sowie allen Mitarbeitern folgender Institutionen: Bayerisches Hauptstaatsarchiv München, Institut für Zeitgeschichte München, Stadtmuseum München, Stadtarchiv München, Konrad-Adenauer-Stiftung Sankt Augustin, Friedrich-Ebert-Stiftung Bonn, Bundesarchiv Koblenz und Berlin-Lichterfelde, Staatsbibliothek Berlin.
1 Zur Thematik der »Schicksalsdaten der deutschen Geschichte« vgl. Eberhard KOLB, Die Weimarer Republik, München 2002, 120.

ausgaben eine Finanzkrise abzuwenden, eine Mehrheit zu erringen[2]. Sein Plan scheiterte jedoch und brachte der bis dahin eher unbedeutenden NSDAP einen erdrutschartigen Zuwachs[3]. Dies war der Auftakt des schrittweisen Verfalls der Demokratie in Deutschland und bildete den Beginn eines unaufhörlichen Abdriftens in die Diktatur, aus der es bis zum vollkommenen Zusammenbruch 1945 kein Entrinnen mehr geben sollte[4].

Bis dahin hatte der Reichstag allerdings ein durchaus demokratisches Bild abgegeben und das Parlament wurde vorwiegend durch republikanische Kräfte repräsentiert[5]. So hatte sich Brüning wohl aufgrund dieser Situation durch sein Drängen nach Neuwahlen auch eine parlamentarische Mehrheit für seine Ideen erhofft.

Es begann ein intensiver und gnadenloser Wahlkampf, da den 25 aufgestellten Parteien nur zwei Monate (von Mitte Juli bis Mitte September) zur Verfügung standen, um die insgesamt 42.982.912 Wahlberechtigten zu mobilisieren[6]. Wie bereits erwähnt, sollte Brünings Rechnung am Ende nicht aufgehen; denn während die parlamentarisch-demokratischen Parteien große Verluste erleiden mussten[7], waren die totalitären Parteien, allen voran die NSDAP, die großen Gewinner. So wurde der 14. September 1930 – um es mit den Worten Joachim Fests auszudrücken – »einer der Wendepunkte in der Geschichte der Weimarer Republik: Er bedeutete das Ende des demokratischen Parteienregimes und kündigte die beginnende Agonie des Staates im Ganzen an. Als morgens gegen drei Uhr die Ergebnisse vorlagen, war alles anders. Die NSDAP befand sich mit einem Schlage im Vorraum der Macht, und ihr Führer, der trommelnde, bewunderte, belächelte Adolf Hitler, war eine der Schlüsselfiguren der politischen Szene.«[8]

Besonders fatal war, dass Brüning auch nach dieser Wahl die Gefahr von rechts weiterhin unterschätzte und in der nationalsozialistischen Bewegung lediglich eine

---

2 Vgl. Florian STADEL, Die letzten freien Reichstagswahlen 1930/1932 im Spiegel der deutschen Presse, Aachen 1997, 18–21.
3 Bei einer Wahlbeteiligung von 82 Prozent wurde die NSDAP mit einem Mal zur zweitstärksten Partei im Reichstag. Vgl. STADEL, Reichstagswahlen (wie Anm. 2), 72 und Tabelle, 324; zu den einzelnen Wahlergebnissen der NSDAP Jürgen W. FALTER, Hitlers Wähler. Die Anhänger der NSDAP 1924–1933, Frankfurt/New York 2020, 71.
4 Vgl. STADEL, Reichstagswahlen (wie Anm. 2), 91.
5 Zur Sitzverteilung der verschiedenen Parteien ebd., 20.
6 Laut Statistischem Jahrbuch 1931, 546, zitiert ebd. 21.
7 Ebd., 72.
8 Joachim FEST, Hitler. Eine Biographie, Berlin 2013, 420.

bald wieder abflauende »Fieberkurvenerscheinung des deutschen Volkes« sah[9]. Diese Einschätzung wurde von einem größeren Teil der damaligen Presse geteilt. Allerdings gab es auch Kreise, die die von der NSDAP ausgehende Gefahr schon zu diesem Zeitpunkt erkannten, sie nicht unterschätzten und auch mutig genug waren, dagegen anzukämpfen.

Zu diesen frühen warnenden Stimmen gehörte in Bayern die Bayerische Volkspartei, die bereits 1930 die vom Nationalsozialismus ausgehende Gefahr erkannte, diese scharfsinnig analysierte und aktiv der erstarkenden Gewalt und zunehmenden Verrohung entgegentrat[10]. So initiierte sie zur besagten Reichstagswahl am 14. September 1930 eine Wahlkampfkampagne, die sich beachtlicherweise bereits zu diesem frühen Zeitpunkt explizit gegen den seit seinem Putschversuch von 1923 in der breiten Öffentlichkeit zurückhaltender agierenden Anführer der kleinen Splitterpartei wandte und nicht nur gegen die NSDAP in ihrer Gesamtheit.

Für die Gestaltung der Plakate und Flugblätter wurden zwei Künstler, der bereits etablierte Maler Hermann Keimel (1899–1948), der schon für die Bayerische Volkspartei gearbeitet hatte, und der unbekanntere Graphiker und Holzschnittkünstler Rudolf Wirth (1900–1980) beauftragt[11]. Letzterem gelangen dabei jedoch einige hellsichtige Illustrationen, darunter die Zeichnungen »Nun bin ich Diktator im Reich der Trümmer und der Toten« (Abb. 1) und »Fahrschule Hugenberg – Hinein in die Katastrophe« (Abb. 2), die ihm im Rahmen dieser Publikation nun erstmals zugeschrieben und veröffentlicht werden.

Nach einer kurzen biographischen Vorstellung des Künstlers sollen diese Graphiken in einem Vergleich mit anderen Flugblättern und Plakaten aus der Weima-

---

9 Zitiert bei Erwin BARTH, Joseph Goebbels und die Formierung des Führer-Mythos 1917 bis 1934, Erlangen/Jena 1999, 90.
10 Zur Geschichte der Bayerischen Volkspartei (BVP): Klaus SCHÖNHOVEN, Die Bayerische Volkspartei 1924–1932, Düsseldorf 1972; DERS., Der politische Katholizismus in Bayern unter der NS-Herrschaft 1933–1945, in: Bayern in der NS-Zeit, Bd. 5: Die Parteien KPD, SPD, BVP in Verfolgung und Widerstand, hg. v. Martin BROSZAT/Hartmut MEHRINGER, München 1983, 541–646 (zur Geschichte der Partei bis 1933 ebd. 542–545). Knapper, guter Überblick zur Münchner BVP und zur damaligen Parteienlandschaft bei: Mathias RÖSCH, Die Münchner NSDAP 1925–1933. Eine Untersuchung zur inneren Struktur der NSDAP in der Weimarer Republik, München 2002 (insbesondere im Kapitel »Die Parteienlandschaft«, 43–45). Ferner der hörenswerte Überblick über die Geschichte der BVP im BR-Podcast: »Die Bayerische Volkspartei, BVP - Die Extrawurst kommt auf den Grill« vom 2. November 2020, URL: https://www.br.de/mediathek/podcast/radiowissen/bayerische-volkspartei-bvp-die-extrawurst-kommt-auf-den-grill/1806925 (letzter Zugriff 16. Mai 2022).
11 Vgl. ausführlicher zu dieser Wahlkampagne später im Text die Abschnitte »Die Wahlkampagnen der Bayerischen Volkspartei« und »Die Illustrationen Rudolf Wirths zur Wahlkampagne der Bayerischen Volkspartei«.

rer Zeit in den Kontext der damaligen Wahlpropaganda gestellt und deren politisch-ikonographische und historische Bedeutsamkeit analysiert werden.

Der künstlerische Werdegang Rudolf Wirths

Rudolf Wirth erblickte am 21. Juli 1900 – noch unter königlich bayerischer Herrschaft – in München das Licht der Welt[12]. Zwar musste er mit knapp 18 Jahren die letzten Kriegsmonate noch als Soldat miterleben, dabei blieb ihm aber ein Einsatz an der Front erspart. Und so konnte er sofort nach Kriegsende mit einem Architekturstudium an der Technischen Hochschule in München beginnen. Nach Erlangung seines Diploms nutzte er seine Neigung zum Zeichnen und Illustrieren als Graphiker und Buchillustrator[13] bei dem bekannten Verlag »Kösel & Pustet«, für den er auch als Architekt Pläne für die Errichtung weiterer Filialen entwarf[14].

Schnell begannen sich neben seiner Verlagstätigkeit auch eine vielversprechende künstlerische Karriere, vor allem im Bereich der Holzschnittkunst, sowie internationale Erfolge abzuzeichnen. Neben der Erwähnung einiger von ihm entworfener Buchumschläge in der Ausgabe »Book Production«[15] der bekannten und namhaften Londoner Gesellschaft für Buchkunst »The Studio Ltd.« aus dem Jahr

12 Der gesamte künstlerische Nachlass von Rudolf Wirth, der mit über 1000 Exponaten auch Tagebücher und zahlreiche persönliche Dokumente umfasst, wurde der Verfasserin von dessen Sohn, Dr. Franz Wirth, zur kunsthistorischen Bearbeitung zur Verfügung gestellt. Rudolf Wirth wird erstmals 1934 im Lexikon Der Große Herder. Nachschlagewerk für Wissen und Leben, Freiburg im Breisgau 1931, aufgeführt und im Jahr 1962 in das Standardwerk Allgemeines Lexikon der bildenden Künstler des 20. Jahrhunderts, hg. v. Hans VOLLMER, Band 6, Leipzig 1962, 481, aufgenommen. Außerdem werden 1996 neben einem kurzen Lebenslauf zwei seiner Holzschnitte in die Publikation Holzschnitte des deutschen Expressionismus aus den Beständen der Stiftung Museum Schloß Moyland (Sammlung van der Grinten), hg. v. FÖRDERVEREIN MUSEUM SCHLOSS MOYLAND, Bedburg-Hau 1996, erwähnt, die Werke der wichtigsten deutschen Künstler dieser Kunstrichtung beinhaltet: Schiff im Sturm, 358, Abb. 696; Landschaft mit Sonne, 359, Abb. 697.
13 So befinden sich ca. 200 von ihm entworfene Buchumschläge sowie einige Originalentwürfe in der Sammlung des Mannheimer Antiquars Curt Tillmann, die dieser 1964 von Rudolf Wirth für seine Sammlung erbeten hatte. Diese zählt zu einer der größten Buchumschlagsammlungen weltweit und wird heute im Deutschen Literaturarchiv Marbach aufbewahrt. Anlässlich der dort im Jahr 1971 veranstalteten Ausstellung wurden auch Arbeiten von Rudolf Wirth präsentiert und in dem gleichnamigen Katalog aufgeführt: Bernhard ZELLER, Buchumschläge 1900–1960. Aus der Sammlung Curt Tillmann. Katalog zu Sonderausstellung des Schiller-Nationalmuseums, München 1971, 226. Weitere Buchumschläge und Originalentwürfe Rudolf Wirths befinden sich im Gutenberg-Museum in Mainz, die er diesem 1972 auf Anfrage zu Sammlungszwecken zur Verfügung gestellt hatte.
14 Wirth hatte für den Verlag, der weltweit bereits mehrere Filialen (u.a. in Rom, New York und São Paulo) unterhielt, einige Neu- und Umbauten in München (Lentner'sche Buchhandlung), Köln, Wien, Augsburg und Breslau ausgeführt.
15 THE STUDIO LTD. (Hg.), Modern Book Production, London 1928, 132, 134, 141.

1928 wurden auch einige seiner Holzschnitte u.a. in der renommierten Zeitschrift »Jugend« (Abb. 3) veröffentlicht[16].

Neben einer Einzelausstellung am Stuttgarter Gewerbemuseum im Jahre 1928 wurde einer seiner Holzschnitte im Jahr darauf im Art Institute in Chicago zusammen mit Werken u.a. von Henri Matisse und Max Pechstein ausgestellt[17].

So ließ Rudolf Wirths künstlerisches Schaffen am Ende der 1920er Jahre auf weitere Erfolge hoffen. Doch sollten die Umstände der Zeit und vor allem die politischen Ereignisse dies verhindern. Denn nach der Machtergreifung Hitlers 1933 blieben die Einladungen zu internationalen Ausstellungen aus und die Tätigkeit bei dem katholisch geprägten Verlag erzeugte zusätzliche Schwierigkeiten mit den neuen Machthabern. Rudolf Wirth widerstand jedoch diesen Widrigkeiten und erschwerten Arbeitsbedingungen und stellte sein Schaffen nie in den Dienst der Nationalsozialisten. Er hatte ja, wie erwähnt, sogar anfangs noch versucht, etwas gegen deren erstarkende Macht auszurichten, indem er für die Bayerische Volkspartei Flugblätter gegen Hitler illustrierte. Sie waren aber nicht bloße Auftragsarbeit, wie dies zu dieser Zeit bei anderen Künstlern durchaus der Fall war[18], sondern spiegelten auch seine eigene, persönliche politische Überzeugung wider, wie der folgende Umstand nahelegt: So wurden Rudolf Wirths politische Illustrationen erst Jahrzehnte später von seinem Sohn in einem doppelten Boden eines Schrankes der elterlichen Wohnung in Schwabing gefunden. Der Künstler musste sie dort eigenhändig versteckt haben; denn hätte es sich lediglich um eine Auftragsarbeit gehandelt, wären diese Dokumente aufgrund der hitlerkritischen Inhalte sicherlich nicht von ihm aufbewahrt, sondern spätestens 1933 vernichtet worden.

Diese Illustrationen blieben aber die einzigen sozialkritischen Werke aus seiner Hand, denn danach zog er sich politisch zunehmend zurück, was möglicherweise dem Umstand geschuldet war, dass er ab 1932 die Verantwortung für eine fünfköpfige Familie zu tragen hatte. Wie viele seiner Kollegen, die sich während des Drit-

---

16 Rudolf Wirth, Hafengasse, Holzschnitt, in: Jugend - Münchner illustrierte Wochenschrift für Kunst und Leben 36 (1929) 570.
17 Rudolf Wirth, Going to work, in: First international exhibition of lithography and wood engraving. Katalog zur Ausstellung im Art Institute Chicago, 5. Dezember 1929–26. Januar 1930, hg. v. ART INSTITUTE OF CHICAGO, Chicago 1929, Nr. 102.
18 So gab es eine Reihe von Künstlern, die gleichzeitig für mehrere Parteien tätig waren (u.a. Reinhard Schumann, Willibald Krain oder Fritz Gottfried Kirchbach). Vgl. Siegfried WENISCH, Plakate als Spiegel der politischen Parteien in der Weimarer Republik. Katalog zur Ausstellung des Bayerischen Hauptstaatsarchivs, 17. September–8. November 1996, Neustadt a.d. Aisch, 1996, 46, 86 und 97; vgl. zudem Hermann BEHRMANN, Politische Werbearbeit, in: Das Plakat 11 (1920) 42–43.

ten Reiches ebenfalls zunehmend in eine innere Emigration – vielleicht auch Resignation – zurückgezogen hatten, konnte auch Rudolf Wirth nach 1945 nicht mehr an seine Vorkriegserfolge anknüpfen[19]. Denn hatte die während des Dritten Reichs vernichtende Beurteilung der Arbeiten eines Künstlers als »entartet« oftmals die jeweilige Karriere beendet, so erwies sich solche Beurteilung nach 1945 manches Mal als Vorteil und karrierefördernd. Umgekehrt wurden viele Künstler, die während der Diktatur tätig bleiben durften, nach Kriegsende nicht mehr beachtet, obwohl sie nie Nationalsozialisten gewesen sind. Sie gerieten allein deswegen, weil sie weiter tätig bleiben durften, ins Abseits und wurden so Angehörige einer »verschollenen Generation«, mit der man sich erst seit kurzer Zeit kunsthistorisch auseinanderzusetzen beginnt[20]. Dass eine Beschäftigung mit dieser »vergessenen Moderne« der um 1900 geborenen Künstlergeneration jedoch durchaus überraschende und gewinnbringende Erkenntnisse zutage fördert[21], wird auch an dem Beispiel von Rudolf Wirth und seinen Flugblatt-Illustrationen deutlich.

Rudolf Wirths politische Illustrationen – Datierung, Technik und Zuschreibung

Insgesamt sind dreizehn Illustrationen bekannt, von denen sich zwölf in Form von Probedrucken im originären Familienbesitz befinden[22]. Die originalen Vorlagen

---

19 Nach dem Krieg erhielt er auf ein Empfehlungsschreiben des damaligen Kardinals Faulhaber, das ihm seine Integrität während des Nazi-Regimes bestätigte, schnell eine erneute Anstellung und arbeitete ab 1949 bis zu seiner Pensionierung 1965 als Architekt und Ingenieur für die Hochbauabteilung der Bayern A.G., eine Tätigkeit, die ihm jedoch nur noch wenig Zeit für eigenständige künstlerische Arbeiten ließ. Trotzdem nahm er Ende der 1940er Jahre erfolgreich an einem Architekturwettbewerb für den Bau einer Sühnekirche in Dachau teil (die jedoch nie ausgeführt wurde) und war auch wieder als Buchillustrator tätig. So gestaltete er zusammen mit seiner Frau, die die Texte verfasste, Kinderbücher, darunter das Buch »Dr. Bär«, das sich in der Nachkriegszeit großer Beliebtheit erfreute. Vgl. hierzu Axel Hinrich MURKEN, Der Buchkünstler und Kinderbuchillustrator Rudolf Wirth (1900–1980), in: Die Schiefertafel - Zeitschrift für Kinder- und Jugendbuchforschung 2 (1983) 85–94.
20 Dieser Begriff wurde von Rainer Zimmermann geprägt, in: DERS., Expressiver Realismus. Malerei der verschollenen Generation, München 1994.
21 Angelehnt an den gleichlautenden Titel der Ausstellung, die sich mit dieser Generation anhand von einigen ausgewählten Künstlerbiographien beschäftigt. Vgl. Ulrich LUCKHARDT (Hg.), Vergessene Moderne. Kunst in Deutschland zwischen den Weltkriegen. Katalog zur Ausstellung im Kunstforum Ingelheim–Altes Rathaus, 14. April–23. Juni 2019, Ingelheim 2019.
22 Die im Folgenden aufgelisteten und in Familienbesitz befindlichen 13 Illustrationen Rudolf Wirths sind nicht als Originalzeichnungen, aber in Form von Druckfahnen erhalten. Sie wurden mehrfach für insgesamt vier Flugblätter und ein Plakat (vgl. Auflistung in Anm. 26) verwendet und dazu jeweils in verschiedenen Formaten in den unterschiedlichen Kontext eingefügt. Die unten aufgeführten Titel der Illustrationen stammen nicht von Rudolf Wirth selbst, sondern wurden nach-

waren wohl in der Druckerei verblieben und sind mit großer Wahrscheinlichkeit nicht mehr erhalten[23]. Sie waren im Auftrag der Bayerischen Volkspartei anlässlich der Reichstagswahl am 14. September 1930 zur Illustration ihrer Wahlwerbung entstanden. Die Datierung in das Jahr 1930 ist zum einen wegen des auf einer Zeichnung vermerkten Listenplatzes Nr. 8, den die Bayerische Volkspartei nur für die Reichstagswahl 1930 innehatte, möglich[24]; zum anderen durch ihre zusätzliche Veröffentlichung im Parteiblatt der Bayerischen Volkspartei »Treu zur Fahne« im selben Jahr[25].

Im Zuge der Recherche konnten schließlich auch vier Flugblätter und ein Plakat (Abb. 4 und 12) in verschiedenen Institutionen (u.a. im Institut für Zeitgeschichte in München, im Münchner Stadtmuseum und Stadtarchiv sowie im Bundesarchiv in Koblenz) ermittelt sowie 2019 antiquarisch zwei Flugblätter für die eigene Sammlung erworben werden[26].

träglich aufgrund von Überschriften, Begleittexten und Darstellungen auf den Flugblättern gewählt. Die Nummerierung der Illustrationen folgt ihrem Erscheinen im Flugblatt »Deutsches Volk in Not!«, das – mit Ausnahme einer Illustration – alle Zeichnungen Rudolf Wirths beinhaltet:
1: »Brüning und Hindenburg«, Maße der Druckfahne: 9,7 x 5,4 cm.
2: »Nun bin ich Diktator im Reich der Trümmer und der Toten« (Abb. 1), Maße der Druckfahnen: 12 x 6,6 cm; 9,7 x 5,4 cm.
3: »Fleisch und Brot nur gegen Lebensmittelmarken«, Maße der Druckfahnen: 12 x 6,6 cm; 9,7 x 5,4 cm.
4: »Fahrschule Hugenberg – Hinein in die Katastrophe« (Abb. 2), Maße der Druckfahne: 9,7 x 5,4 cm.
5: »Wahlversprechen der SPD vom 20. Mai 1928«, Maße der Druckfahne: 9,7 x 5,4 cm.
6: »Parteien-Karussell«, Maße der Druckfahne: 8,5 x 5,5 cm.
7: »Du willst keine Katastrophenpolitiker – Der ›gegrillte Reichsadler‹«, Maße der Druckfahne: 9,7 x 5,4 cm.
8: »Maibaum«, Maße der Druckfahne: 10,5 x 5,5 cm.
9: »Im starken Reich, ein starkes Bayern« (Abb. 12), Maße der Druckfahne: 9,7 x 5,4 cm.
10: »Christliche Wähler! Die Augen auf!«, Maße der Druckfahnen: 9,7 x 5,4 cm; 12 x 6,6 cm.
11: »Landkarte Bayerns«, Maße der Druckfahne: 9,7 x 5,4 cm.
12: »Wählerschaft BVP – Wir alle wählen BVP«, Maße der Druckfahne: 9,7 x 5,4 cm.
13: »Bayern ist mir wurscht« (diese Zeichnung ist als einzige nicht im Familienbesitz erhalten).
23 Die Flugblätter und das Plakat wurden in verschiedenen Druckereien in München gedruckt, die heute nicht mehr existieren: Buchdruckerei und Verlag Albert Lebenegg, Verlagsanstalt vorm. G.J. Manz, Valentin Höfling und Carl Aug. Seyfried & Comp. (Carl Schnell u. Söhne).
24 Illustration »Wählerschaft BVP – Wir alle wählen BVP« (Abb. auf Flugblatt »Deutsches Volk in Not!«; Abb. 4d).
25 Das Parteiblatt mit dem Zusatztitel »Blätter für Vertrauensleute und Mitglieder der Bayerischen Volkspartei in München« erschien von 1924 bis 1931.
26 1: Plakat »Revolution und Bürgerkrieg«, Lithografie, 1930, 60 x 42 cm; Aufbewahrungsorte: Koblenz, Bundesarchiv (künftig: BArch), Plakatsammlung, Inv. Plak 002-024-027; München, Stadtmuseum, Plakatsammlung, Inv. A 14 / 215 (P 72/157) (Abb. 11).
2: Flugblatt »Revolution und Bürgerkrieg«, 1930, 30,4 x 23 cm, 2 Seiten; Aufbewahrungsorte: Privatbesitz (Franz Wirth); BArch, ZSg1-8/2 (7), Nr. 15.

Als Hauptargument für eine Zuschreibung der unsignierten Illustrationen darf allem voran das Auffinden der Probedrucke in der Wohnung von Rudolf Wirth angesehen werden, wo diese wohl nach der Kontrolle für die endgültige Drucklegung seitens des Künstlers verwahrt blieben[27]. Anders wäre ihre dortige Entdeckung nur schwer erklärbar; denn im Gegensatz zu gedruckten Flugblättern, in deren Besitz man ohne weiteres hätte kommen können, zeugen die Druckfahnen von einer sehr persönlichen Verbindung und unmittelbaren künstlerischen Urheberschaft seitens Rudolf Wirths.

Aber auch aus stilistischen Gründen ist eine Zuschreibung möglich, wenngleich sie durch die Tatsache erschwert wird, dass die Illustrationen in einem für die damalige Zeit für politische Zeichnungen allgemein beliebten Stil, der später noch eingehender erläutert wird[28], gehalten sind. Die bewusste Anlehnung an diese auf die reine Binnenkontur und linearen Umrisse reduzierte Darstellungsweise verschleiert somit die persönliche Handschrift des Künstlers und ihre Lesbarkeit.

Trotz der teilweise sehr filigranen Strichführung (besonders ersichtlich in den Beschriftungen aber auch in einigen Figuren- und Gebäudedarstellungen) weisen Passagen seiner Illustrationen einen regelrecht holzschnittartigen Charakter auf. Wie bereits erwähnt, war der Holzschnitt Rudolf Wirths »Paradedisziplin«. So erinnern beispielsweise die züngelnd schraffierte Strichgebung und die Darstellungsweise der Flammen in der Illustration »Nun bin ich Diktator im Reich der Trümmer und der Toten« (Abb. 1) an die Lichtstrahlen der Laterne in dem 1929 entstandenen Holzschnitt »Hafengasse« (Abb. 3). Die dort zahlreich parallel nebeneinander gesetzten charakteristischen Linien finden sich auch in weiteren Illustrationen, wie beispielsweise der »Fahrschule Hugenberg – Hinein in die Katastrophe« (Abb. 2) oder auf der Illustration »Christlicher Wähler! Die Augen auf!« (auf dem Flugblatt »Deutsches Volk in Not!«; Abb. 4)[29], in der ein christliches Kreuz in einer von züngelnden Schraffuren umgebenen Aureole erscheint.

3: Flugblatt »Deutsches Volk in Not!«, 1930, 25,6 x 34 cm, 4 Seiten; Aufbewahrungsorte: Privatbesitz (Franz Wirth); München, Institut für Zeitgeschichte (künftig: IFZ), Sig. II/ZGe 046.045; BArch, ZSg1-8/2 (7), Nr. 7 (Abb. 4).
4: Flugblatt »Christliche Wähler! Die Augen auf!«, 1930, 25 x 34 cm, 2 Seiten; Aufbewahrungsort: IFZ, Sig. II/ZGe 046.043-II.
5: Flugblatt »Bayern ist mir wurscht«, 1930, 25 x 34 cm, 2 Seiten; Aufbewahrungsorte: IFZ, Sig. II/ZGe 046.016-II; BArch, ZSg1-8/2 (7), Nr. 3.
27 In der Wohnung wurden keine gedruckten Flugblattexemplare gefunden. Die heute in Familienbesitz befindlichen Exemplare wurden im Laufe der Forschungsarbeit antiquarisch erworben.
28 Vgl. hierzu später im Text die Ausführungen zum sog. »Simplicissimus-Stil«.
29 Die Illustration (vgl. Anm. 22, Nr. 10) befindet sich im Flugblatt auf Seite 3 oben, rechte Spalte.

In der Technik des Holzschnittes kam Rudolf Wirths Abstraktionsvermögen, das Dargestellte auf wenige lineare Konturen zu reduzieren und Flächen lediglich mittels Hell- und Dunkelkontrasten und Schraffierungen zu modellieren, besonders zum Ausdruck. Es ist daher nicht verwunderlich, dass sich diese stilistischen Merkmale auch in seinen politischen Illustrationen wiederfinden.

Dass Rudolf Wirth bei der zeichnerischen Ausführung dieser Illustrationen wie ein Holzschneider dachte, der die gesamte Komposition auf dem Druckstock gespiegelt anlegen musste, zeigt ein Lapsus, der ihm wohl bei der Darstellung Hitlers in der Illustration »Nun bin ich Diktator im Reich der Trümmer und der Toten« (Abb. 1) unterlaufen war; denn dort ist im Gegensatz zu den anderen auf der Illustration befindlichen Hakenkreuzen (auf der Kappe Hitlers und der Fahne), die auf der Armbinde Hitlers dargestellte Swastika gespiegelt wiedergegeben, also entsprechend einer Ausarbeitung für einen Holzschnitt, um dann im endgültigen Druck in der »korrekten« Form zu erscheinen.

Aufgrund dieses bemerkenswerten Details und der Erinnerung von Rudolf Wirths Sohn, er habe seinen Vater immer nur beim Holzschneiden beobachtet, erscheint es auch möglich, dass die Illustrationen wegen ihres holzschnittartigen Gesamteindrucks möglicherweise eine Kombination aus Holzschnitt und Zeichnung waren und Rudolf Wirth die Komposition zunächst als Holzschnitt konzipiert und ausgeführt hatte, um anschließend die besonders filigranen Stellen (z.B. Text und Beschriftungen) nachträglich mit dem Stift auszuarbeiten. Der Umstand, dass Rudolf Wirth, wie bereits erwähnt, für die Umsetzung der Illustrationen jedoch nur zwei Monate zur Verfügung standen, spricht allerdings dafür, dass er die Kompositionen zwar in dem ihm vertrauten holzschnittartigen Charakter anlegte, sie jedoch aus zeitlichen und praktischen Gründen nicht in Holz ausarbeitete, sondern mit Stift ausführte, bevor sie anschließend in der damals für größere Auflagen üblichen Technik der Lithographie in den Druck gingen.

Für eine Zuschreibung der Illustrationen an Rudolf Wirth können neben diesen stilistischen Merkmalen und Beobachtungen zur angewandten Technik noch weitere Aspekte angeführt werden: So erscheint es durchaus plausibel, dass sich der Kontakt zur Bayerischen Volkspartei über den in Regensburg ansässigen Verlag »Kösel & Pustet«, für dessen Ableger Wirth in München arbeitete, und den dortigen Hauptsitz und Gründungsort der Bayerischen Volkspartei, ergeben hatte[30].

30 So publizierte beispielsweise auch eines der Gründungsmitglieder der Bayerischen Volkspartei, Georg Heim, beim Verlag »Kösel & Pustet«. Möglicherweise hatte Rudolf Wirth selbst den Einband für dessen »Heitere Geschichten« (1924) entworfen.

Zudem war der Verlagschef Friedrich Pustet (1897–1962)[31] auch Stadtrat und Mitglied der Bayerischen Volkspartei und könnte Wirth deshalb für die Illustration der Flugblätter empfohlen haben. Denn Wirth hatte als Graphiker und Illustrator, wie erwähnt, bereits einen gewissen Bekanntheitsgrad erreicht, war möglicherweise darüber hinaus in seiner Funktion als Buchumschlag- und Einbandgestalter (deren Vertreter damals auch als »Meister des Kleinplakats«[32] bezeichnet wurden) und wegen seiner schnellen und effizienten Arbeitsweise[33] als besonders geeignet erschienen, die politischen Texte binnen kürzester Zeit (denn es standen ja nur zwei Monate zur Verfügung) plakativ zu illustrieren. Außerdem stand Wirth – nach Aussagen seines Sohnes – auch den Inhalten der Partei nahe und teilte deren Überzeugungen, sodass er deshalb wohl nicht lange zögerte und den Auftrag trotz der kurzen Ausführungszeit unverzüglich annahm. Weitere Dokumente (Rechnungen, Verträge etc.), die Aufschluss über eine Beauftragung seitens der Partei an Rudolf Wirth geben könnten, sind leider nicht bekannt[34]. Im Nachlass Wirths befindet sich jedoch eine Glückwunschkarte, in der Stadtrat Gerstl vom Kreisverband München im Namen der Bayerischen Volkspartei Wirth zu einem freudigen Ereignis[35] gratulierte. Diese Karte sowie ein in den 1950er Jahren von Wirth selbst verfasster Lebenslauf, in dem er die Illustrierung politischer Flugblätter erwähnt, bestätigen zusätzlich eine Verbindung des Künstlers zu dieser Partei.

So erscheint in der Zusammenschau der eben aufgeführten Argumente eine Autorschaft Rudolf Wirths mehr als wahrscheinlich, auch wenn sich die Originalgraphiken nicht erhalten haben, die Illustrationen keine direkte Signierung tragen und – wie aber damals bei politischen Illustrationen durchaus üblich – auch auf den Flugblättern und dem Plakat keine Hinweise auf Rudolf Wirth als ausführenden Künstler zu finden sind.

---

31 Vgl. den Artikel »Gruppenbild mit Frauen – ein Interview mit Elisabeth Pustet«, URL: https://www.ihk.de/regensburg/ihre-ihk/neuer-inhalt175-jahre-ihk/menschen-ideen-geschichten/gruppenbild-mit-frauen-3910838 (letzter Zugriff 16. Mai 2022).
32 Vgl. Jürgen HOLSTEIN, Buchumschläge in der Weimarer Republik, Köln 2015, 24.
33 Rudolf Wirth hatte beispielsweise allein in den Jahren 1928 und 1929 über 60 verschiedene Buchumschläge entworfen und mehrere Bücher illustriert sowie neben dieser Tätigkeit als freischaffender Künstler mehrere Holzschnittzyklen veröffentlicht.
34 Zudem wurden die verschiedenen Archive der Bayerischen Volkspartei nach Auflösung der Partei 1933 größtenteils vernichtet. Vgl. SCHÖNHOVEN, Die Bayerische Volkspartei (wie Anm. 10), 10.
35 Wahrscheinlich zur Geburt eines der Kinder, entweder Rudolf (1928), Peter (1930) oder Franz (1932).

Die politische Plakat- und Flugblattpropaganda in der Weimarer Republik

Um ein besseres Verständnis und eine angemessene historische Einordnung der politischen Illustrationen Rudolf Wirths zu erzielen, soll vorab ein Blick auf die allgemeine Wahlwerbung während der Weimarer Republik erfolgen, um anschließend anhand von zwei Beispielen die Zeichnungen Wirths in den damaligen historischen Kontext einzuordnen[36].

Dabei wird der Fokus auf das wahlpolitische Vorgehen von zwei Parteien gelegt: Zum einen auf das der NSDAP, da diese Partei eine besondere Rolle in den Illustrationen Wirths einnimmt und in diesen gerade die Person Hitlers in ungewöhnlichem Maße kritisiert wird; zum anderen auf das der Bayerischen Volkspartei, da diese – wie erwähnt – Rudolf Wirth den Auftrag für die Illustration ihres Werbematerials erteilt hatte.

Die Geburtsstunde der politischen Plakatwerbung in Deutschland begann nach dem Ende des Ersten Weltkrieges mit der Novemberrevolution und den damit entstehenden Parteien im November 1918. Zuvor war – aufgrund des absoluten Machtanspruches des Kaisers – eine politische Propaganda nicht notwendig gewesen, hatte in Preußen von 1849 bis 1918 sogar ein Plakatierungsverbot gegolten; und auch die während des Ersten Weltkrieges einsetzende Propaganda galt lediglich als Aufruf z.B. für Kriegsanleihen oder Spenden.

---

36 Allgemeine Literatur zu politischen Plakaten und der Wahlkampfpropaganda in der Weimarer Republik: HESSISCHES LANDESMUSEUM DARMSTADT (Hg.), Politische Plakate der Weimarer Republik 1918–1933, Darmstadt 1980; Hans BOHRMANN, Politische Plakate, Dortmund 1984 (darin besonders: Ruth MALHOTRA, Künstler und politisches Plakat, 11–48); Günter BUCHSTAB, Keine Stimme dem Radikalismus. Christliche, liberale und konservative Parteien in den Wahlen 1930–1933, Berlin 1984 (guter, knapper Überblick über die verschiedenen Ziele der Parteien und ihre Wählerschaft im Kapitel »Christliche, liberale und konservative Parteien im Überblick«, 10–12); Frank KÄMPFER, Propaganda. Politische Bilder im 20. Jahrhundert, Hamburg 1997; Hildegard PLEYER, Politische Werbung in der Weimarer Republik, Münster 1960; Birgit WITAMWAS, Geklebte NS-Propaganda. Verführung und Manipulation durch das Plakat, Berlin 2016; WENISCH, Plakate als Spiegel (wie Anm. 18). Zur Plakatlandschaft in München vgl. Volker DUVIGNEAU, Plakate in München 1840–1940. Eine Dokumentation zu Geschichte und Wesen des Plakats in München aus den Beständen der Plakatsammlung des Münchner Stadtmuseums. Katalog zur Ausstellung im Münchner Stadtmuseum, 16. Oktober 1975–6. Januar 1976, München 1975. Die Wahlwerbung mittels Flugblättern ist im Gegensatz zu Plakaten bisher weniger erforscht und publiziert. Dies findet möglicherweise seinen Grund darin, dass »Flugblätter ... für ein Publikum in komplexen Situationen verfasst [wurden] und ... von keinem einzelnen unserer neuzeitlichen akademischen Fächer allein erschlossen werden [können]«. Vgl. Uwe FLECKNER/Martin WARNKE/Hendrik ZIEGLER (Hg.), Politische Ikonographie. Ein Handbuch, Bd. I, München 2011, 332.

Erst der nach Ende des Ersten Weltkrieges einsetzende Klassenkampf und die Mobilisierung potentieller Wähler für die nun erstmals stattfindenden demokratischen Wahlen ließen politische Werbung wie Plakate, Flugblätter etc. notwendig werden. Neben den traditionellen Propagandamitteln wie Versammlungen und Massenkundgebungen richtete man zunehmend das Augenmerk auf die moderne Fotografie in Broschüren und Illustrierten, auf Flugzeuge, die über den Innenstädten Flugblätter abwarfen sowie auf mobile Lautsprecherwagen, die über Schallplatten Wahlwerbung verbreiteten[37]. Das Radio hingegen wurde erst relativ spät – ab Juni 1932 – für die Verbreitung von Wahlwerbung genutzt, indem man den einzelnen Parteien (mit Ausnahme der KPD) im Radio Sendezeit zur Verfügung stellte[38].

Als Folge dieser neuen Möglichkeiten stellte sich die Politikpropaganda in der Weimarer Republik als recht bunt und inhomogen dar, und schnell begann eine regelrechte Flut an Plakaten und Flugblättern[39], die zunehmend mit den Methoden des freien Marktes und der modernen Produktwerbung über die Menschen hereinbrach und schließlich am Ende der 1920er Jahre immer »bunter, skrupelloser und marktschreierischer« wurde[40].

Zu den maßgeblich Werbung treibenden Parteien gehörten u.a. die Sozialdemokratische Partei Deutschlands (SPD), das Zentrum, die Kommunistische Partei Deutschlands (KPD), die Deutsche Demokratische Partei (DDP), die Deutschnationale Volkspartei (DNVP), die Deutsche Staatspartei (DStP), die Deutsche Volkspartei (DVP) und in Bayern die Bayerische Volkspartei (BVP).

Anfangs konnte man den einzelnen Parteien noch keinen bestimmten Plakatstil zuordnen[41]. Man schien jedoch Darstellungen mit einschlägigen Symbolen und narrativem Charakter zu bevorzugen und orientierte sich dabei an der allge-

---

37 Vgl. Daniela JANUSCH, Die plakative Propaganda der Sozialdemokratischen Partei Deutschlands zu den Reichstagswahlen 1928 bis 1932, Bochum 1989, 31.
38 Gabriele WILPERT, Wahlflugblätter aus der Weimarer Zeit. Untersuchungen zur historischen Ausprägung eines Texttyps, Göppingen 1978, 28.
39 Gerd LANGGUTH, Politik und Plakat. 50 Jahre Plakatgeschichte am Beispiel der CDU, Bonn 1995, 8; Hans FRIEDEBERGER, Das Künstlerplakat in der Revolutionszeit, in: Das Plakat 4 (1919) 260–278.
40 Sabine BEHRENBECK, »Der Führer«. Die Einführung eines politischen Markenartikels, in: Propaganda in Deutschland. Zur Geschichte der politischen Massenbeeinflussung im 20. Jahrhundert, hg. v. Gerald DIESENER/Rainer GRIES, Darmstadt 1996, 51–78, hier 53.
41 Vgl. Rainer SCHOCH, Das politische Plakat der Weimarer Republik. Voraussetzungen und Entwicklungstendenzen, 16–13, in: HESSISCHES LANDESMUSEUM, Politische Plakate (wie Anm. 36), hier 10; Ruth MALHOTRA, Politische Plakate 1914–1945. Museum für Kunst und Gewerbe Hamburg, Hamburg 1988, 15.

meinen Produktwerbung, die verstärkt mit Bildern warb, da sie – wie bereits Christian Hartungen 1926 in seinem Buch über die »Psychologie der Reklame« bemerkte – »viel leichter und richtiger verstanden [würden], als das Wort ... und ... in den meisten Fällen die Aufmerksamkeit intensiver erregten als ein Text«[42]. Letztlich ging es um Anschauung, die auf viele Menschen stärker wirkt als das Wort; und so wurde auch in der politischen Werbung das sogenannte »Bildplakat«, das diese Charakteristika durch ausschließliche Illustrationen am besten vermitteln konnte, bald zum beliebtesten Plakattyp. Daneben gab es aber noch drei weitere: Das »Textplakat« (bei dem der reine Text ohne Illustrationen im Vordergrund steht), das »Text/Bildplakat« (mit Augenmerk auf den Text im Gegensatz zum Bild), sowie das »Bild/Textplakat« (bei dem wiederum das Bild und nicht der Text dominiert)[43].

Möglicherweise wurde das Bildplakat darüber hinaus auch deshalb so gerne eingesetzt, da man mit ihm provokantere und drastischere Inhalte transportieren konnte, als es mit einem reinen Textplakat möglich gewesen wäre. Hätte man beispielsweise den Bildinhalt des Plakates des Völkischen Blocks von 1924 »Wacht auf und wählt: den völkischen Block«, das eine überdimensional große, auf verschiedene Regierungsmitglieder einschlagende Faust zeigt, in Worte gefasst, hätte dies sicherlich zu einem Konflikt mit der Zensur geführt[44].

Bei den Flugblättern[45] überwogen zunächst die auf Illustrationen verzichtenden reinen Textflugblätter. Meistens handelt es sich dabei um längere Texte, was darauf hindeutet, dass man sich an bereits politisch interessiertes Publikum sowie an seine eigenen Parteianhänger wandte, die man nicht mit Schlagworten ködern, sondern deren bereits gefestigte politische Meinung man mit weiteren Inhalten bereichern wollte. Da man aber auch hier schnell die Erfahrung machte, dass sich Bilder längerfristig in das Gedächtnis einprägen und somit eine nachhaltigere

---

42 Christian von HARTUNGEN, Psychologie der Reklame, Stuttgart 1926, 92 und 81, zitiert bei Gerhard PAUL, Aufstand der Bilder. Die NS-Propaganda vor 1933, Bonn 1992, 34.
43 Vgl. WITAMWAS, Geklebte NS-Propaganda (wie Anm. 36), 35.
44 Abbildung des Plakates in: Friedrich ARNOLD, Anschläge. Deutsche Plakate als Dokumente der Zeit 1900–1960, Ebenhausen 1963, II/29. Abbildungen weiterer Plakate dieser Art bei PAUL, Aufstand der Bilder (wie Anm. 42), Abb. 45, 47, 50 und 51.
45 Allgemeine Literatur zu politischen Flugblättern der Weimarer Republik: BUCHSTAB, Keine Stimme (wie Anm. 36, mit zahlreichen Abbildungen bis dahin unveröffentlichter Flugblätter); PLEYER, Politische Werbung (wie Anm. 36); JANUSCH, plakative Propaganda (wie Anm. 37); WILPERT, Wahlflugblätter (wie Anm. 38; diese Publikation untersucht die historische Ausprägung dieses Texttyps allerdings aus linguistischer Sicht).

Wirkung auf den potentiellen Wähler erzielen, ging man zunehmend auch bei den Flugblättern dazu über, diese mit Illustrationen auszustatten[46].

Um dabei einen größtmöglichen Effekt zu erzielen, wurden bald auch vermehrt Künstler für die Gestaltung der Illustrationen der Plakate und auch Flugblätter herangezogen. Die prominentesten und begabtesten waren dabei für die KPD tätig, u.a. Käthe Kollwitz, George Grosz, Max Pechstein und John Heartfield, der ausschließlich für die KPD arbeitete. Oftmals waren es aber auch sogenannte Gebrauchsgraphiker, die ihren Dienst verschiedenen Parteien gleichzeitig zur Verfügung stellten.

Interessant erscheint dabei, dass sich viele gerade in der Gestaltung der Flugblätter an einem bestimmten Illustrationsstil orientierten, der bereits am Ende des 19. Jahrhunderts in Paris und London bei den Vertretern der europäischen Avantgarde seinen Ursprung gefunden hatte[47]. In Deutschland verwendeten erstmals namhafte, vorwiegend für karikaturistische Zeitschriften – wie »Simplicissimus«, »Der Wahre Jacob« oder »Kladderadatsch« – tätige Künstler, darunter Thomas Theodor Heine, Karl Arnold und Olaf Gulbransson, diese lineare, nur auf die Binnenkontur beschränkte Zeichenweise[48], die deswegen auch zuweilen als »Simplicissimus-Stil« bezeichnet wurde (Abb. 5)[49]. Durch die Konzentration auf das Wesentliche war dieser Stil geradezu prädestiniert, prägnante Informationen z.B. für politische Werbung zu transportieren, wie diverse Flugblätter aus der Zeit der frühen Weimarer Republik verdeutlichen[50]. Zudem sollte dieser Stil darüber hinaus auch großen Einfluss auf die damalige deutsche Kunstszene ausüben.

Im Gegensatz zum »Antlitz-Plakat«, welches heute ganz maßgeblich insbesondere die politische Wahlwerbung dominiert[51], konzentrierte sich die damalige

---

46 Vgl. hierzu die Überlegungen zur Werbepsychologie bei Paul, Aufstand der Bilder (wie Anm. 42), 214–216.
47 Duvigneau, Plakate in München (wie Anm. 36), 58.
48 Beispiele dieses Flugblattstils bei Buchstab, Keine Stimme (wie Anm. 36), 28–43.
49 Thomas Theodor Heine, Flugblatt des Simplicissimus, in: Simplicissimus – Illustrierte Wochenschrift 56 (1907, Jg. 11) 1–2; oder: Karl Arnold, Im Ostseebad, in: ebd. 19 (1918, Jg. 23) 223 (Abb. online: Erschließungsdatenbank der Klassik Stiftung Weimar/Projekt der Herzogin-Anna-Amalia-Bibliothek).
50 So beispielsweise ein Flugblatt der DDP zur Wahl der Nationalversammlung, 1919 (Berlin, Deutsches Historisches Museum (künftig: DHM), Inv. D02 89/687.2.; Abb. online: Lemo. Lebendiges Museum Online).
51 So wurden beispielsweise für die Bundestagswahl 2005 zwei Plakate von SPD und CDU als Werbung eingesetzt, auf denen Gerhard Schröder und Angela Merkel jeweils in großformatigen Portraitaufnahmen im Vordergrund stehen und lediglich von den Schlagworten, »Kraftvoll. Mutig. Menschlich« (Plakat der SPD) und »Ein neuer Anfang« (Plakat der CDU) flankiert werden, wäh-

Wahlpropaganda eher auf die Darstellung von Symbolen und narrativen Elementen. Dies findet möglicherweise seinen Grund darin, dass die politischen Personen, abgesehen von wenigen Prominenten wie Paul Hindenburg oder Gustav Stresemann[52], noch keine große Werbewirksamkeit ausstrahlten. Unter den Symbolen und narrativen Elementen sieht man heroisch kämpfende Gestalten als Ritter, Drachentöter sowie Fäuste, Fackeln, Schlangen und Hydren[53].

Auch bildete sich schnell eine einheitliche Typisierung der verschiedenen Parteirepräsentanten heraus, die von der Opposition, aber auch von der eigenen Partei selbst verwendet wurden, um einen bestimmten politischen Anhänger oder Gegner darzustellen[54]. Bei der KPD wurde beispielsweise der »Arbeiter«, der oftmals in heroischer Pose gezeigt wurde, zu einem beliebten Motiv; auch die NSDAP sollte sich später dieser Darstellung bedienen und sie in ihre Formensprache und Werbung mit aufnehmen. Der SPD-Anhänger hingegen wurde oftmals mit dem hohen, roten sogenannten »Bonzenhut«[55] gezeigt. Auch der »Deutsche Michel« mit seinem Attribut der Schlafmütze war ein beliebtes Motiv, um die angeblich verschlafene Opposition bloßzustellen und zu verunglimpfen.

So gaben die damalige Wahlkampflandschaft und ihre Werbung ein recht buntes und inhomogenes Bild ab, und jedes Mittel erschien recht, den politischen Gegner direkt anzusprechen und anzugreifen, um den potentiellen Wähler durch die unmittelbare Konfrontation auf Plakaten und Flugblättern von der eigenen Meinung zu überzeugen.

Die Darstellung Hitlers auf Plakaten, Flugblättern und anderen Medien

Die Wahlkampfpropaganda der 1920 gegründeten Nationalsozialistischen Arbeiterpartei Deutschlands (NSDAP) beschränkte sich in ihrer Anfangszeit – in stär-

---

rend sich ansonsten der Stil der Plakate nicht voneinander unterscheidet. Vgl. zu dieser Thematik auch: Klaus WOLBERT, Agitationsstil und Ikonographie politischer Plakate in der Weimarer Republik. Zur politischen Metaphorik in Plakaten bürgerlicher Parteien, in: HESSISCHES LANDESMUSEUM, Politische Plakate (wie Anm. 36), 14–25, hier 14.
52 Vgl. hierzu die Plakate »Die Zeit ist hart, aber der Sieg ist sicher« (1917) oder »Wählt meine Partei. Die Deutsche Volkspartei« (1930), die jeweils Paul Hindenburg und Gustav Stresemann in großformatigen Portraitansichten zeigen (BArch, Sig. Plak 001-005-071 und Plak 002-025-032; Abb.: ARNOLD, Anschläge [wie Anm. 44], IV/8 und I/13 sowie online: Digitales Bildarchiv des Bundesarchivs).
53 Vgl. HESSISCHES LANDESMUSEUM, Politische Plakate (wie Anm. 36), 18.
54 Eine Übersicht zu den verschiedenen Repräsentanten im Kapitel »Die Darsteller des bekämpften ›Systems‹«, bei PAUL, Aufstand der Bilder (wie Anm. 42), 223.
55 Zum Begriff des »Bonzen« vgl. ebd. 227–230.

kerem Maße als die anderer Parteien – nahezu ausschließlich auf sogenannte Textplakate und -flugblätter und verzichtete vollkommen auf bildliche Darstellungen[56]. Insgesamt hat man sich aber von der politischen Werbung in Form von Versammlungen und Aufmärschen größere Werbewirksamkeit versprochen als von Plakaten und Flugblättern. Dies ging wohl auf die Forderung Hitlers in »Mein Kampf« zurück, nach der das Augenmerk der politischen Propaganda auf dem Wort liegen sollte: »Ich weiß, dass man Menschen weniger durch das geschriebene Wort als vielmehr durch das gesprochene zu gewinnen vermag, dass jede große Bewegung auf dieser Erde ihr Wachsen den großen Rednern und nicht den großen Schreibern verdankt.«[57] Diese Meinung vertrat auch sein Chefpropagandist Joseph Goebbels, dem die herkömmlichen Werbemethoden »im Biedermeierstil«[58] nicht mehr zielführend erschienen. Eine Propaganda mit »modernsten Mitteln« und »modernster Technik«, darunter »Massendemonstrationen, Presse, Bühne, Film, Radio«[59], sollte die Öffentlichkeit in ihren Bann ziehen.

Dabei schienen die Nationalsozialisten gerade auch der Fotografie, deren werbetechnischer Einsatz sich in Deutschland erst nach dem Ende des Ersten Weltkrieges ab Mitte der 1920er Jahre zur vollen Blüte entwickelt hatte[60], mehr Bedeutung beizumessen als dem Einsatz konventionell illustrierter Flugblätter und Pla-

---

56 Schoch, Das politische Plakat (wie Anm. 41), 13.
57 Adolf Hitler, Mein Kampf. Eine kritische Edition, München/Berlin, 2016, Vorwort, Band I, 89.
58 Goebbels in seiner Schrift »Kampf um Berlin«, 43, zitiert bei: Paul, Aufstand der Bilder (wie Anm. 42), 48. Weiter sollte nach Meinung Goebbels die moderne Propaganda »im Wesentlichen auf der Wirkung des gesprochenen Wortes« beruhen, in: »Kampf um Berlin«, 18, zitiert ebd., 49. Weiter ist Goebbels in seiner Schrift »Propaganda und Erkenntnis«, zitiert ebd., 49, der Meinung: »Nichts anderes hat den Faschismus und Bolschewismus geformt als der große Redner, der große Gestalter des Wortes«. Das Flugblatt erschien den Nationalsozialisten als Werbemittel nicht mehr geeignet, da die Menschen – wie Goebbels bemerkte – in den Städten (allen voran in Berlin) vollkommen übersättigt davon gewesen seien. »Die Plakat- und Versammlungspropaganda versprach da zweifellos bessere Wirkungen. Aber auch sie, im selben Stil angewandt, wie ihn die anderen Parteien pflegten, hätten uns kaum in nennenswerten Umfang Erfolge zugetragen.« Goebbels in »Kampf um Berlin«, 44, zitiert ebd., 49.
59 Zitiert ebd., 48.
60 Zur Geschichte der illustrierten Presse vgl. Karl Knöferle, Die Fotoreportage in Deutschland von 1925 bis 1935. Eine empirische Studie zur Geschichte der illustrierten Presse in der Periode der Durchsetzung des Fotojournalismus, 2014 (Dissertation abrufbar auf der Homepage der Universität Eichstätt-Ingolstadt, URL: https://opus4.kobv.de/opus4-ku-eichstaett/frontdoor/index/index/docId/155 [letzter Zugriff 16. Mai 2022]). Vgl. zudem Wilhelm Markwardt, Die Illustrierten der Weimarer Zeit. Publizistische Funktion, ökonomische Entwicklung und inhaltliche Tendenzen, München 1982.

kate[61], da man sich mit den Fotokampagnen vor allem bei jüngeren Wählern größeren Erfolg versprach. So betonten die Nationalsozialisten später auch stets, dass das Foto Ausdruck einer »neuzeitlichen Propaganda« sei und stellten seine Verwendung als nationalsozialistische Innovationsleistung dar[62]. Parallel dazu führte die neu gegründete Propagandazentrale unter der Leitung Joseph Goebbels' einen Sensationsjournalismus ein[63], der vor allem zum Ziel hatte, durch reißerische Schlagzeilen oder auch Karikaturen den politischen Gegner zu diffamieren[64]. Die Kombination einfacher Parolen mit Fotos und Illustrationen war angelehnt an Titelseiten von Illustrierten, die sich seit Mitte der 1920er Jahre bei der breiten Masse großer Beliebtheit erfreuten. Dies verdeutlicht auch die Tatsache, dass die NSDAP-Zeitschrift »Illustrierter Beobachter«, die im Oktober 1928 gegründet worden war, bereits mit ihrem ersten Erscheinen die Auflagenzahl des nahezu bildlosen »Völkischen Beobachters« sofort übertraf und somit schnell zu einem der wichtigsten Organe der fotografischen Propaganda der NSDAP wurde[65].

Aber auch im klassischen Wahlplakat, speziell im bereits erwähnten »Antlitz-Plakat«, wurde nun vermehrt die Fotografie eingesetzt. In diesem Zusammenhang erscheint es auch auffällig, dass man anfangs nicht Hitler, sondern andere Repräsentanten der NSDAP, wie beispielsweise Franz Ritter von Epp, zeigte[66].

Lediglich aus der Zeit vor seiner Verurteilung und Inhaftierung nach dem missglückten Putschversuch sind vereinzelte Darstellungen Hitlers auf Plakaten

61 Weitere Literatur zur Thematik der Fotografie im Nationalsozialismus: Katja PROTTE, Hitler als Redner in Fotografie und Film, in: Hitler der Redner, hg. v. Josef KOPPERSCHMIDT/Johannes G. PANKAU, München 2003, 243–256, hier 244, Fußnote 5; Rudolf HERZ, Hoffmann & Hitler. Fotografie als Medium des Führer-Mythos, Münchner Stadtmuseum 1994, 70–89; Klaus HESSE/Philipp SPRINGER, Vor aller Augen. Fotodokumente des nationalsozialistischen Terrors in der Provinz, Essen 2002, 11–33; Brigitte BRUNS, Der inszenierte Führer. Zur politischen Fotografie des Nationalsozialismus, in: Luzifer-Amor 9 (1992) 25–42; Lutz KOEPNICK, Face/Off. Hitler and Weimar political photography, in: Visual culture in twentieth-century Germany. Text as spectacle, hg. v. Gail Finney, Bloomington 2006, 214–234.
62 Vgl. HERZ, Hoffmann & Hitler (wie Anm. 61), 14. Dabei wurde jedoch verschwiegen, dass sich auch die KPD derselben Mittel bedient hatte, die »Arbeiter-Illustrierte Zeitung« noch vor dem »Illustrierten Beobachter« im Jahr 1924 erstmals erschienen war und John Heartfield mit seinen innovativen Collageplakaten von Anfang an die Fotografie miteinbezogen hatte.
63 Vgl. DUVIGNEAU, Plakate in München (wie Anm. 36), 150.
64 Ebd., 149. Auch die KPD griff auf ähnliche Mittel zurück, vgl. Arne von RÖPENACK, KPD und NSDAP im Propagandakampf der Weimarer Republik. Eine inhaltsanalytische Untersuchung in Leitartikeln von »Rote Fahne« und »Der Angriff«, Stuttgart 2002, insbesondere 90.
65 Vgl. HERZ, Hoffmann & Hitler (wie Anm. 61), 72.
66 Plakat der NSDAP von 1928 mit großformatiger Fotografie von Franz Ritter von Epp, »Mein politisches Bekenntnis« (BArch, Sig. Plak 002-042-011; Abb. online: Digitales Bildarchiv des Bundesarchivs).

und Flugblättern bekannt[67], wie beispielsweise auf einem Plakat der KPD sowie einem der Nationalsozialisten für die Kommunalwahl 1924, das später noch in einem anderen Zusammenhang Erwähnung finden wird. Auf beiden kann man sowohl in der Gruppe des sogenannten »Geschmeißes«[68] als auch auf einer Pferdekutsche[69] jeweils eine Person mit einer gewissen Ähnlichkeit zu Hitler ausmachen; explizit auf ihn hingewiesen wird indes aber nicht.

Interessanterweise lassen sich nach der Entlassung Hitlers aus dem Gefängnis Ende 1924 bis zu seinen ersten politischen Erfolgen weder Abbildungen noch Illustrationen seiner Person auf Plakaten und Flugblättern der NSDAP finden und auch in den Wochenschauen oder im »Illustrierten Beobachter«[70] war Hitler als Person bildlich zunächst nicht präsent[71].

---

[67] Ein Flugblatt der Kommunisten aus dem Jahr 1924 zeigt beispielsweise ein Kartenspiel, auf dem der Kopf Hitlers und ein Hakenkreuz auf einer Spielkarte dargestellt sind (Bonn, Archiv der sozialen Demokratie der Friedrich-Ebert-Stiftung [künftig: AdsD], Sig. 6/FLBL005711). Eine weitere Darstellung Hitlers bzw. seines Kopfes erscheint auf einem Plakat für eine Protestveranstaltung am 29. November 1924 von Nationalsozialisten in Münster, die gegen die Inhaftierung Hitlers protestierten (Abb. online im Internet-Portal Westfälische Geschichte, URL: https//westfaelische-geschichte.de/med767 [letzter Zugriff 16. Mai 2022]).

[68] Vgl. Plakat der KPD von 1924 »Hinab mit dem Geschmeiß! Wählt Kommunisten!« (BArch, Sig. Plak 002-017-002; Abb. in: BOHRMANN, Politische Plakate [wie Anm. 36], 236 sowie online: Digitales Bildarchiv des Bundesarchivs). Es zeigt einen in vergrößertem Maßstab wiedergegebenen und rot gefärbten Arbeiter, der auf einem Felsvorsprung stehend eine Gruppe von Oppositionspolitikern mit seinem Fuß in den Abgrund stößt. Unter diesen karikaturartig dargestellten Personen befindet sich auch ein Mann mit Schnauzbart und dunklem Haar, der eine gewisse Ähnlichkeit mit Hitler aufweist.

[69] Plakat der Nationalsozialisten von 1924 »Wohin die Fahrt?« (BArch, Sig. Plak 002-040-023; Abb. online: Digitales Bildarchiv des Bundesarchivs). Es zeigt eine Pferdekutsche, die in rasanter Fahrt über Anhänger der SPD hinwegfährt. Auf der Kutsche selbst steht ein Mann mit Hakenkreuzfahne, der in seiner Physiognomie Hitler ähnelt.

[70] Hitler erschien zwischen den Jahren 1927 und 1930 nur dreimal pro Jahr auf der Titelseite (innerhalb der Illustrierten aber häufiger); vgl. hierzu HERZ, Hoffmann & Hitler (wie Anm. 61), 170. Der Illustrierten ging es wohl nicht darum, Hitler möglichst oft zu zeigen, allenfalls in beeindruckendem und imposantem Rahmen. Bis 1930 wurde er vor allem in Massenszenen als Redner dargestellt; ab 1931 dann vorwiegend als Befehlshaber der Parteiarmee, ebd., 171.

[71] Vgl. Brigitte SCHÜTZ, Hitler - Kult - Visualisierung, in: Kunst und Propaganda im Streit der Nationen 1930–1945, Dresden 2007, 268–283, 273: »Überraschend mag es heute scheinen, dass Untersuchungen über die Präsenz Hitlers in den Wochenschauen in der Zeit bis Anfang 1933 zu dem Ergebnis kommen, dass er darin bis zur Machtübernahme nachrangig vorkommt.« (vgl. ebd. insbesondere Fußnote 16 mit Verweis auf Stephan DOLEZEL/Martin LOIPERDINGER, Adolf Hitler in Parteitagsfilm und Wochenschau, in: Führerbilder. Hitler, Mussolini, Roosevelt, Stalin in Fotografie und Film, hg. v. Martin LOIPERDINGER/Rudolf HERZ/Ulrich POHLMANN, München 1995, 80–82). Siehe zu dieser Thematik ferner: WITAMWAS, Geklebte NS-Propaganda (wie Anm. 36), 105; HERZ, Hoffmann & Hitler (wie Anm. 61), »Bildloser Hitlerkult«, 92–94, sowie BEHRENBECK, Führer (wie Anm. 40), 57.

Aber auch für die Opposition erschien Hitler visuell uninteressant und nicht als Angriffsziel zu taugen, wie ein Blick auf die Wahlplakatlandschaft der 1920er Jahre beweist. Auf Plakaten und Flugblättern steht überwiegend nicht die Person Hitlers bildlich im Vordergrund der Kritik, wird nicht er persönlich angegriffen oder für politische Aussagen zur Verantwortung gezogen, sondern die Partei als Ganzes.

Seitens der restlichen oppositionellen Parteien, wie beispielsweise der KPD, SPD und dem Zentrum, fand die Auseinandersetzung mit der NSDAP hauptsächlich über die Visualisierung der NSDAP-Symbole statt, wie dem Hakenkreuz, einer Schlange mit Hakenkreuzsymbol oder dem Hakenkreuz als Kreuzigungssymbol für die Arbeiterbewegung (SPD)[72]. Dieses Vorgehen war in der politischen Wahlwerbung der Weimarer Republik durchaus üblich und stellt einen entscheidenden Unterschied zur heutigen Werbestrategie dar. Denn während heute das Augenmerk nahezu ausschließlich auf die vorteilhafte Präsentation des eigenen Produkts bzw. die Fokussierung auf die eigene Partei gelegt wird, versuchte man in der frühen Wahlwerbung hingegen vermehrt, durch das Aufzeigen der vermeintlichen Schattenseiten der Konkurrenz die eigene Position zu stärken. Dabei bediente man sich oftmals – wie auch in obig erwähntem Plakat der SPD – sogar der Symbole der Opposition, um diese damit zu kritisieren oder zu entkräften. Wie die gegenwärtige Marktforschung jedoch mittlerweile in vielen Fällen beweisen konnte, war diese Strategie durchaus riskant und sollte im Fall der NSDAP fatalerweise genau das Gegenteil bewirken. So verhalf nämlich die Wahlwerbung der Opposition letztlich durch die wiederholte Verwendung nationalsozialistischer Symbole der zu diesem Zeitpunkt noch eher unbekannten Partei dazu, deren Bekanntheitsgrad zu stärken und die Wiedererkennbarkeit (*corporate identity*[73]) der NSDAP zusätzlich zu erhöhen, indem man den Bürgern diese Symbole geradezu ins Gedächtnis brannte.

Für diesen bemerkenswerten Umstand, dass die visuelle Präsentation der Hauptperson des Nationalsozialismus gerade zu Beginn der Bewegung nahezu keine Rolle spielte, ja sogar möglicherweise von Hitler bewusst dahingehend gesteuert wurde, dass er jegliche Darstellung seiner Person unterbinden ließ, sodass

---

72 So auf dem Plakat der SPD von 1930 »Der Arbeiter im Reich des Hakenkreuzes!« (BArch, Sig. Plak 002-037-028; Abb.: WITAMWAS, Geklebte NS-Propaganda [wie Anm. 36], 205, Abb. 9, sowie online: Digitales Bildarchiv des Bundesarchivs). Es zeigt einen Arbeiter, der in verkrümmter Pose an ein Hakenkreuz gefesselt ist.
73 Vgl. Andreas KOOP, NSCI. Das visuelle Erscheinungsbild der Nationalsozialisten 1920–1945, Mainz 2017.

er auf keinen öffentlichen Anschlägen, Plakaten und Flugblättern bildlich in Erscheinung trat, werden in der einschlägigen Literatur verschiedene Gründe diskutiert, die von zurückhaltender Scheu bis hin zu einer bewusst kalkulierten »Verweigerungshaltung«[74] reichen. Tatsächlich war Hitlers Einstellung zu seiner Führungsrolle innerhalb der NSDAP gerade in den Anfangsjahren von einer gewissen Ambivalenz geprägt. So wurde er beispielsweise bereits 1921, nachdem er den Parteivorsitz übernommen hatte, von seinen Anhängern als »Führer«[75] angesprochen. Obwohl ihn Zeitgenossen oftmals als sehr scheu und geradezu verklemmt charakterisiert haben, ließ er es dennoch zu, dass »Heil Hitler« ab 1926 zum verpflichtenden Parteigruß erhoben wurde[76]. Die etwas linkische und unbeholfene Art, die er gerade zu Beginn seiner politischen Karriere an den Tag legte, sollte er nie ganz ablegen, wie inoffizielle Filmaufnahmen unbeobachteter Momente zeigen. Hitler scheint zudem eine gespaltene Einstellung zur »Masse« und zum Menschen im Allgemeinen gehabt zu haben. »Einmal ist es die Masse für sich, die ihn [Hitler] beunruhigt und von der er sich bedroht fühlt; ein anderes Mal skizziert er die Masse mit naturhaften Eigenschaften, die ihn herausfordert… .«[77] So erstaunt es nicht, dass Hitler noch 1936 während seiner Rede auf dem Reichsparteitag die Aussage machte: »Das ist das Wunder unserer Zeit, daß ihr mich gefunden habt – daß ihr mich gefunden habt … unter so vielen Millionen! Und daß ich Euch gefunden habe, das ist Deutschlands Glück.«[78] Dieser Satz verdeutlicht die gerade erwähnte ambivalente Einstellung und das Oszillieren Hitlers zwischen Verklemmtheit und Größenwahn auf eindrückliche Weise.

Rudolf Herz sah einen möglichen Grund für die anfängliche Zurückhaltung Hitlers, sich im öffentlichen Raum auf Plakaten zur Schau zu stellen, darin, dass dieser seit seinem Putschversuch von 1923 noch immer in Preußen und Teilen Norddeutschlands steckbrieflich gesucht wurde, und Plakate mit seinem Konterfei somit zur Fahndung hätten verwendet werden können[79]. Diese These wird durch Zeitzeugenberichte, die Hitlers vehementes Vorgehen gegen unerlaubte Aufnah-

---

74 Vgl. PROTTE, Hitler als Redner (wie Anm. 61), 243–44, insbesondere Fußnote 3.
75 Die erste Verwendung des Begriffs erfolgte laut Ian Kershaw möglicherweise am 7. November 1921 im »Völkischen Beobachter«, vgl. Ian KERSHAW, Der Hitler-Mythos. Führerkult und Volksmeinung, München 2018, 38.
76 Vgl. Rolf SACHSSE, Die Erziehung zum Wegsehen. Fotografie im NS-Staat, Dresden 2003, 34.
77 PAUL, Aufstand der Bilder (wie Anm. 42), 36.
78 Auszug aus Hitlers Rede am 13. September 1936 auf dem sog. »Reichsparteitag der Ehre« in Nürnberg.
79 Vgl. HERZ, Hoffmann & Hitler (wie Anm. 61), Kapitel »Hitlerportraits 1923–1939 – Bildloser Hitlerkult«, insbesondere 93–95; PROTTE, Hitler als Redner (wie Anm. 61), 243–44.

men seiner Person schildern[80] sowie durch die Beobachtung untermauert, dass ab dem Zeitpunkt, als die Verfolgung und auch das Redeverbot aufgehoben worden waren, dessen Darstellungen in der Öffentlichkeit zunahmen[81].

Während Hitler also zu Beginn der 1920er Jahre Schnappschüsse, die ihn in unbeobachteten Momenten zeigten, abzulehnen schien, ließ er sich jedoch zeitgleich in oftmals stundenlangen Portraitsitzungen professionell ablichten. Die exklusive Erlaubnis für die zahlreichen Aufnahmen, die dabei entstanden, erhielt der Münchner Fotograf und Verleger Heinrich Hoffmann[82], der schon früh zu den engsten Anhängern Hitlers zählte und ihm auch freundschaftlich verbunden war. Möglicherweise wurde Hoffmann auch deshalb diese Ehre zuteil, da sich Hitler auf seine Loyalität verlassen konnte und wusste, dass dieser nur Bilder mit seiner Erlaubnis veröffentlichte. Denn Hitler, der penibel auf seine Außenwirkung achtete, redigierte die Aufnahmen stets selbst, sollte dieses Verhalten nie ablegen und verfügte auch nach seiner Machtergreifung, dass ausschließlich ihm die Auswahl und Veröffentlichung seiner Bilder und Fotos vorbehalten bleibe[83].

Zunächst wurden die von Hoffmann aufgenommen Portraits, wie dies damals (auch bei unbekannteren Politikern) durchaus üblich war[84], als Postkartenserien zum Verkauf angeboten[85]. Da Hitler dieser Werbestrategie jedoch erst nach längerem Zögern und auf das besondere Drängen der Parteispitze hin zustimmte, war es wohl nicht sein hauptsächliches Bestreben, mit diesen Bildern die exklusive Anhängerschaft seiner damals noch unbedeutenden Splitterpartei zu bedienen. Jedoch konnte seine bereits erwähnte Kamerascheu im öffentlichen Raum auch nicht allein aus einem mangelnden Selbstbewusstsein heraus erwachsen sein; denn

---

80 Vgl. hierzu die Erinnerungen verschiedener Weggefährten Hitlers sowie einiger Fotografen, HERZ, Hoffmann & Hitler (wie Anm. 61), 94. Hitler gelang es jedoch nicht immer, den Aushang ihn darstellender Plakate zu verhindern, wie beispielsweise ein schlesisches Plakat vom Mai 1926 verdeutlicht, das für eine Protestversammlung gegen das Redeverbot Hitlers warb und dabei eine Darstellung Hitlers mit überklebtem Mund zeigte (BArch, Sig. Plak 002-041-048; Abb. online: Digitales Bildarchiv des Bundesarchivs).
81 Nach Aufhebung des Redeverbots Hitlers 1926/27 in Preußen und Bayern war sogleich eine Postkartenserie von Heinrich Hoffmann mit sechs Fotos von Hitler erschienen. Vgl. SCHÜTZ, Hitler (wie Anm. 71), 269.
82 Hoffmann nahm von Anfang an eine exklusive Stellung des »Hofberichterstatters« ein und war bis zum Ende des Dritten Reiches der einzige Fotograf, der Hitler nahekommen durfte. Näheres zu seiner Person in: HERZ, Hoffmann & Hitler (wie Anm. 61), 26–47, Kapitel »Heinrich Hoffmann. Eine Fotografenkarriere«.
83 Vgl. SACHSSE, Erziehung (wie Anm. 76), 36.
84 Vgl. HERZ, Hoffmann & Hitler (wie Anm. 61), 92.
85 Vgl. BEHRENBECK, Führer (wie Anm. 40), 57.

Hitler trat zu dieser Zeit bereits auf Parteiversammlungen vor einer großen Anzahl von Menschen auf, was ein deutliches Maß an Selbstbewusstsein und aufgrund der imposanten Inszenierungen (sogar mittels Lichteffekten) auch ein gewisses Maß an Narzissmus voraussetzte. Hitler schien vielmehr – wie besonders die große Anzahl der Fotografien nahelegt[86] – in ihnen eine Möglichkeit erkannt zu haben, an seinem äußeren Erscheinungsbild zu arbeiten und mit diesem in unterschiedlichsten Posen und Umgebungen, die eine Spannweite von herrisch-brutal bis kultiviert-vergeistigt umfassten, zu experimentieren[87].

Interessanterweise entstanden nämlich nahezu alle Portraitaufnahmen Hitlers zwischen den Jahren 1923 und 1932 und waren auch nach seiner Machtergreifung der hauptsächliche Bilderfundus der NSDAP-Propaganda bis weit in die 1940er Jahre hinein[88]. So scheint Hitler gerade in dieser Phase seines Lebens, in der er seine politische Rolle und Position noch nicht gefunden hatte, in der er, wie bereits erwähnt, von Zeitgenossen oftmals als verklemmt und linkisch charakterisiert wurde und die noch nicht von politischem Erfolg geprägt war, in der Fotografie das ideale Medium gefunden zu haben, diese Unsicherheit zu überwinden und seine Wirkung auf den potentiellen Wähler zu erproben. Zudem hatte der »Künstler« Hitler wohl aus einem intuitiven Gespür heraus erkannt, dass sein Erscheinungsbild (das optisch ohnehin in keiner Weise dem heroisch-arischen Ideal seiner Partei entsprach) zu diesem Zeitpunkt noch nicht ausgereift war und er für den Großteil der Gesellschaft nicht vertrauenserweckend und somit als Politiker nicht wählbar erschien[89]. So hielt er sich möglicherweise auch aus diesem Grund zunächst mit Darstellungen seiner Person zurück und ließ selbst auf Plakaten, auf denen er namentlich erwähnt wurde, nicht seine Person, sondern einen nordischen Helden-

---

86 Von keinem anderen Politiker der Weimarer Republik existieren so viele Aufnahmen wie von Hitler. Vgl. HERZ, Hoffmann & Hitler (wie Anm. 61), 95.
87 Siehe hierzu die publizierten Aufnahmen und Postkartenserien von 1927, ebd. 110/111. Weitere Aufnahmen zeigen Hitler beispielsweise als »Naturbursche« in Lederhose an einem Baum lehnend, in SA-Uniform, vor einem Portrait Bismarcks oder als im Profil gezeigten nachdenklichen Politiker, ebd. 99.
88 Vgl. ebd. 95 und PROTTE, Hitler als Redner (wie Anm. 61), 243.
89 Zur anfänglichen visuellen Wirkung Hitlers (insbesondere auf Fotografien) vgl. KOEPNICK, Face/Off (wie Anm. 61) und die darin zitierte Aussage Charlie Chaplins über die oben erwähnte Bilderserie von 1927: »I could not take Hitler seriously. Each postcard showed a different posture of him … The salute with the hand thrown back over the shoulder, the palm upward, made me want to put a tray of dirty dishes on it. ›This is a nut!‹ I thought.« Zitiert bei KOEPNICK, Face/Off (wie Anm. 61), 215.

typ als Identifikationsfigur (Abb. 6)[90] darstellen. Diesen »Prolet-Arier«[91], wie ihn Gerhard Paul treffend umschrieb, setzte dabei kein anderer Künstler so überzeugend um wie Hans Herbert Schweitzer[92], der sich unter dem Pseudonym »Mjölnir« bald zum maßgeblichen Plakatentwerfer für die NSDAP etablierte und dessen Kompositionen von Hitler und vor allem auch von Joseph Goebbels wegen ihrer »mitreißende[n] und aufrührerische[n] Massenwirkung«[93] besonders geschätzt wurden.

Möglicherweise lehnte Hitler die plakative Präsentation seines Konterfeis im öffentlichen Raum zusätzlich auch deswegen ab, weil er sich nicht mit den Parlamentariern des von ihm so verhassten »Systems« und ihrer traditionellen Wahlpropaganda gemeinmachen und sich durch neue Darstellungsmöglichkeiten und Werbestrategien von diesen zunächst abgrenzen wollte.

Mit dem ersten Wahlerfolg 1930 und Hitlers Etablierung auf der politischen Bühne vollzog sich jedoch ein beachtlicher Wandel in seiner Eigen- und auch Außendarstellung, die von einem ungemein gesteigerten Selbstwertgefühl und neuem Machtbewusstsein Hitlers zeugen. Am eindringlichsten verdeutlicht dies das berühmte Schwarz-Weiß-Plakat zur Reichstagswahl 1932, das nur mit dem Kopf Hitlers und seinem Namen warb (Abb. 7)[94], mit dem sich Hitler nun auch im öffentlichen Raum imposant und plakativ präsentierte.

Die Darstellung auf dem Turiner Grabtuch schändlich pervertierend schwebt Hitlers Kopf vor dem wesenlosen Hintergrund und tritt als eine Art »neuer Mes-

---

90 Plakat der NSDAP von 1932 »Schluss jetzt! Wählt Hitler!« (BArch, Sig. Plak 002-016-049; Abb.: WITAMWAS, Geklebte NS-Propaganda [wie Anm. 36], 213, Abb. 27) sowie ein weiteres von 1930 »Haut sie zusammen« (BArch; Abb. in: ebd., 212, Abb. 26). Dieses zeigt ebenfalls einen arischen Heldentyp, der im Begriff ist, auf die in verkleinertem Maßstab in der linken Ecke des Plakates kauernden Vertreter der Opposition mit einem Hammer einzuschlagen.
91 Gerhard PAUL, Bilder einer Diktatur. Zur Visual History des »Dritten Reiches«, Göttingen 2020, 29.
92 Gerade Goebbels schätzte diese Plakate seines Freundes Hans Schweitzer und ihre einzigartige Wirkung, damit »die primitive und gefühlsbeherrschte Masse zu überrumpeln«, PAUL, Aufstand der Bilder (wie Anm. 42), 49. Goebbels schrieb in zwei Aufsätzen von 1927 (»Propaganda in Wort und Bild«; »Das Plakat«) auch über die politische Karikatur, die er ebenfalls als »Variante der Bildagitation« sehr schätzte, da sie »Hass und Zorn visuell auf ein personales Objekt konzentrierte und den politischen Gegner der Lächerlichkeit preisgab«. Goebbels, »Kampf um Berlin«, 201, zitiert bei PAUL, Aufstand der Bilder (wie Anm. 42), 49. Vgl. weiter zu Hans Schweitzer das Kapitel: »Der Plakatgestalter: Hans Schweitzer (»Mjölnir«)«, ebd. 161–164 und PAUL, Bilder einer Diktatur, (wie Anm. 91), 27–35.
93 Goebbels in »Kampf um Berlin«, 46, zitiert bei PAUL, Aufstand der Bilder (wie Anm. 42), 162.
94 Plakat der NSDAP von 1932 »Hitler« (BArch, Sig. Plak 002-016-055; Abb.: WITAMWAS, Geklebte NS-Propaganda [wie Anm. 36], 228, Abb. 60 sowie online: Digitales Bildarchiv des Bundesarchivs).

sias« aus der Tiefe des schwarzen Plakats hervor⁹⁵. Hitler selbst soll angeordnet haben, dieses Plakat erst gegen Ende des Wahlkampfes aufzuhängen, damit es sich so von dem bis dahin bunten Plakatgemenge abhebe und seine volle Wirkung entfalten könne⁹⁶.

Ab diesem Zeitpunkt wurde Hitler massiv als Werbeträger für die NSDAP eingesetzt und avancierte schnell zu einer Art »Marke«⁹⁷, die er im Laufe der Jahre immer mehr optimierte⁹⁸. So veränderte er auch sein Aussehen und zeigte sich nach der Reichstagswahl 1932 stets mit dem für ihn typischen »Markenzeichen« des schrägen Scheitels. Auch gab er sich zunehmend »volksnaher«⁹⁹ und perfektionierte seine Auftritte – nach amerikanischem Vorbild – mittels Flugzeugen, mit denen er als erster deutscher Politiker zu Wahlkampfzwecken deutschlandweit zahlreiche Städte in kürzester Zeit bereiste.

Nach seiner Ernennung zum Reichskanzler wechselte er dann erneut sein Image und gab sich nun als Staatsmann und »Führer« in herrschaftlicher Pose (Abb. 8)¹⁰⁰.

So hatte sich binnen weniger Jahre Hitlers Erscheinungsbild vom öffentlichkeitsscheuen Politikneuling zum alle Medien (vom Plakat bis zum Volksempfänger) beherrschenden Diktator gewandelt und war die nach 1933 in seinen Reden zu Tage gelegte »Bescheidenheit« bloße, einstudierte Hülse und skrupellos kalkulierte Koketterie.

---

95 Zur »Messias«-Thematik siehe Ludolf HERBST, Hitlers Charisma. Die Erfindung eines deutschen Messias. Frankfurt am Main 2010. Insbesondere das Kapitel »Die Umsetzung der Idee in die Wirklichkeit. Die Inszenierung von Hitlers Charisma«, 196.
96 Vgl. WITAMWAS, Geklebte NS-Propaganda (wie Anm. 36), 111.
97 Vgl. BEHRENBECK, Führer (wie Anm. 40), 54.
98 Vgl. ebd. 56 und PAUL, Aufstand der Bilder (wie Anm. 42), 249; Othmar PLÖCKINGER, Reden um die Macht? Wirkung und Strategie der Reden Adolf Hitlers im Wahlkampf zu den Reichstagswahlen am 6. November 1932, Wien 1999. Erwähnt und zitiert bei Armin NOLZEN, Der Durchbruch der NSDAP zur Massenbewegung seit 1929, in: Hitler und die Deutschen. Volksgemeinschaft und Verbrechen. Katalog zur Ausstellung im Historischen Museum Berlin, 15. Oktober 2010–6. Februar 2011, hg. v. Hans Ulrich THAMER/Simone ERPEL, Dresden 2010, 44–49, hier 47.
99 »Vor Hitler gab es keinen Staatsmann und keinen Politiker in Deutschland, der sich so distanzlos und volksnah gab, scheinbar auch seine private Lebenswelt so unverstellt der Öffentlichkeit offenbarte und sich so bereitwillig und häufig fotografieren ließ.« Rudolf HERZ, Vom Medienstar zum propagandistischen Problemfall. Zu den Hitlerbildern Heinrich Hoffmanns, in: LOIPERDINGER/HERZ/POHLMANN, Führerbilder (wie Anm. 71), 51–64, hier 58.
100 Plakat der NSDAP von 1933/34 »Führer wir folgen Dir! Alle sagen ja!« (BArch, Sig. Plak 003-002-041; Abb.: WITAMWAS, Geklebte NS-Propaganda [wie Anm. 36], 233, Abb. 72 sowie online: Digitales Bildarchiv des Bundesarchivs).

Die Wahlkampagnen der Bayerischen Volkspartei

Die Bayerische Volkspartei, die 1918 von führenden Zentrumspolitikern nach dem Ende des Ersten Weltkrieges gegründet worden war, hatte schon seit ihren Anfangsjahren einen (geld-)intensiven und modernen Wahlkampf, gerade auch über die Medien Plakate und Flugblätter, betrieben und von Anfang an dafür auch etablierte Künstler – darunter Emil Kneiß, W. Beyerle, Fritz Gärtner und vor allem Hermann Keimel (ab 1928) – für die Anfertigung von Bildplakaten engagiert. Dabei entstand eine Reihe von Plakaten, die noch heute wegen ihrer innovativen und für die damalige Zeit aufwändigen Gestaltungsweise bestechen und als Musterbeispiele politischer Plakatkunst gelten[101]. Stilistisch aufeinander abgestimmt waren sie zudem oftmals als mehrteilige Kampagne angelegt, die sich explizit gegen den angeblich drohenden Bolschewismus wandten und somit im Gegensatz zu anderen Parteien bereits zu diesem frühen Zeitpunkt charakteristische und auf Wiedererkennbarkeit angelegte Merkmale beinhalteten[102].

Diese Praxis erzielte auch durchaus Erfolge. So war die BVP von Anfang an die meistgewählte Partei in Bayern und stellte seit 1920 durchgehend den Ministerpräsidenten. Auf Reichsebene schloss man bisweilen Bündnisse mit dem Zentrum und führte auch einen gemeinsamen Wahlkampf. Die Kampagnen der BVP waren jedoch ausschließlich auf Bayern zugeschnitten und sollten explizit die bayerischen Wähler ansprechen, allen voran das katholisch geprägte Bürgertum, das auch ihre Hauptwählerschaft war.

Wie bereits erwähnt, gehörte die Bayerische Volkspartei – neben den organisierten sozialistischen Arbeitern – zu den ersten Parteien, die die von Hitler ausgehende Gefahr erkannten und eindrücklich vor ihm warnten[103]. Dabei bediente sich

---

101 SCHOCH, Das politische Plakat (wie Anm. 41), 12.
102 So wurde diese Plakatreihe bereits unmittelbar nach ihrem Erscheinen 1919 in dem aufwändig gestalteten und mit vielen Farbtafeln ausgestatteten Aufsatz aus demselben Jahr von FRIEDEBERGER, Künstlerplakat (wie Anm. 39) mit den Worten erwähnt: »Gut, sehr straff, farbig wie auch zeichnerisch eindrucksvoll sind die beiden Blätter der Bayerischen Volkspartei: Spartacus, die Frauentürme umstürzend, und besonders der rote russische Mann, von blauweißen Wahlzetteln eingeschneit«, 265 (Bild 5 und 6, 262). Plakate der Bayerischen Volkpartei von 1919 »Der Wahlsturm fegt durchs Land!« (BArch, Sig. Plak 002-024-038; Abb.: DUVIGNEAU, Plakate in München [wie Anm. 36], 118, Kat. Nr. 431 sowie online: Digitales Bildarchiv des Bundesarchivs) sowie »Christliches Volk!« (BArch, Sig. Plak 002-024-036; Abb.: DUVIGNEAU, Plakate in München [wie Anm. 36], 118, Kat. Nr. 430 sowie online: Digitales Bildarchiv des Bundesarchivs).
103 KERSHAW, Hitler-Mythos (wie Anm. 75), 52. Zu Hitlers Verhältnis zur Kirche vgl. zudem ebd., 54–56. Zwar stand die BVP anderen nationalistischen, auch rechtspopulistischen Strömungen durchaus offen gegenüber und selbst antisemitische Tendenzen waren innerhalb der Partei erkennbar; dem

die BVP in all ihren Wahlkampagnen jedoch nie eines polemisierenden oder gar aggressiven Tons, der zu dieser Zeit bei anderen Parteien (vor allem bei der NSDAP und KPD) durchaus üblich war, sondern versuchte vielmehr mit sachlichen Argumenten dem Gegner entgegenzutreten und diesen zu kritisieren, um so den Wähler zu überzeugen. Damit war sie im Kampf gegen den Nationalsozialismus auch durchaus erfolgreich; denn Bayern blieb bis zur Machtergreifung Hitlers 1933 fest in der Hand der Bayerischen Volkspartei und hatte bis dahin auch die wenigsten NSDAP-Wähler in ganz Deutschland zu verzeichnen[104].

Die Illustrationen Rudolf Wirths zur Wahlkampagne der Bayerischen Volkspartei

Rudolf Wirth war wohl durch seine Tätigkeit beim Verlag »Kösel & Pustet« und dessen Verbindung zur Bayerischen Volkspartei mit dem Auftrag für die Anfertigung der politischen Illustrationen für die Reichstagswahl 1930 betraut worden, für deren Gestaltung ihm aufgrund der vorgezogenen Wahlen nur knapp zwei Monate zur Verfügung standen. Sie fanden schließlich für die Ausgestaltung von insgesamt vier Flugblättern und einem Plakat – der vergrößerten Version des Flugblattes »Revolution und Bürgerkrieg« (Abb. 4 und 11) – Verwendung.

Zusätzlich gab es in der Wahlkampagne noch eine Reihe reiner Textplakate und Flugblätter[105], in denen die als am wichtigsten erachteten Themen erörtert wurden (z.B. die Wirtschaftskrise, Arbeitslosigkeit, Reparationszahlungen und Sicherung der Demokratie)[106].

Nationalsozialismus und der NSDAP hingegen trat die BVP von Anfang an entschieden entgegen und sollte seit dem Erscheinen Hitlers auf der politischen Bühne stets nachhaltig vor ihm warnen.
104 Vgl. Winfried BECKER, Der Widerstand in Bayern gegen das NS-Regime, in: Res publica semper reformanda. Wissenschaft und politische Bildung im Dienste des Gemeinwohls. Festschrift für Heinrich Oberreuter zum 65. Geburtstag, hg. v. Werner J. PATZELT/Martin SEBALDT/Uwe KRANENPOHL, Wiesbaden 2007, 458.
105 Bayerisches Hauptstaatsarchiv (künftig: BayHStA), Plakatsammlung: »Für Hindenburg oder gegen Hindenburg« (Inv. 8702); »Bayerische Wähler und Wählerinnen – Rettung und Führung« (Inv. 8704); »Appell der Jungwähler« (Inv. 8712). BArch, ZSg 1- 8/2 (7): »Warum wählen wir am 14. September Bayerische Volkspartei«; »Telegramm! Die Oppositionsparteien bei der Regierungsbildung in Bayern«; »Die Straße frei! Vom Fenster weg!«; »Für Reich und Heimat« (Wahlzeitung der BVP); »Bauer, um was geht der Kampf?«; »Wahlaufruf der Bayerischen Volkspartei«; »Warum keine Stimme der Sozialdemokratie?«; »Frauen! Was müsst ihr wissen!«; »Der Reichstag ist aufgelöst!«; »An alle Nichtwähler«; »Das wahre Gesicht der Nationalsozialisten«.
106 Zu den Themen und Inhalten der Reichstagswahl vgl. BUCHSTAB, Keine Stimme (wie Anm. 36), 7; sowie speziell zur Bayerischen Volkspartei: Dirk LAU, Wahlkämpfe der Weimarer Republik. Pro-

Hermann Keimel, der wieder für eine Mitarbeit gewonnen werden konnte, schuf zwei Bildplakate mit den Titeln »Wählt Bayerische Volkspartei – Die Brücke zum Aufbau« (Abb. 9)[107] und »Wir stehen zum deutschen Führer« (Abb. 10)[108], mit dem man die Position Hindenburgs als Reichspräsident unterstützen wollte.

Trotz der nur kurzen Zeitspanne hatte man auch hier wieder versucht – wie für die BVP üblich – eine abgestimmte Kampagne mit durchgängigem Entwurfskonzept zu gestalten. So wird auf beiden Plakaten Keimels das bayerische Wappen in einer charakteristischen Schildform mit weiß-blauen Rauten gezeigt und somit eine motivische Zusammengehörigkeit erzeugt.

Auch Rudolf Wirth nahm dieses Motiv auf und verwendete es ebenfalls in seiner Illustration »Im starken Reich ein starkes Bayern« (Abb. 19)[109]. Diese Zeichnung zeugt zudem davon, dass sich Rudolf Wirth vor der Ausführung seiner Illustrationen mit der Plakatwerbung der BVP vertraut gemacht und diese wohl auch zur eigenen Orientierung und Inspiration studiert hatte – zumal er ja bisher auch nicht als politischer Illustrator tätig gewesen war.

So nimmt die Zeichnung direkten Bezug auf ein früheres Plakat Keimels, das dieser bereits für die Reichstagswahl am 20. Mai 1928 angefertigt hatte und das ebenfalls das schildförmige Wappen mit den weiß-blauen Rauten zeigt (Abb. 12)[110]. Auf beiden Kompositionen ist zudem jeweils ein Mann vor einem Reichsadler dargestellt, der mit erhobenen Armen das Wappen in die Höhe hält. Sie unterscheiden sich nur darin, dass Keimels Figur in Frontalansicht dargestellt ist, während sie sich bei Wirth nach rechts wendet. Beide Darstellungen enthalten zudem den gleichen Wortlaut »Im starken Reich ein starkes Bayern«. Diese bewusste Anlehnung Wirths an das Plakat von Keimel aus dem Jahr 1928 hatte wohl auch die Absicht, durch die Wiederholung des Motivs die Wiedererkennbarkeit der Partei zu steigern.

---

paganda und Programme der politischen Parteien bei den Wahlen zum Deutschen Reichstag von 1924 bis 1930, Baden-Baden 2018, 597–599.
107 Plakat der Bayerischen Volkspartei von 1930 »Die Brücke zum Aufbau« (BayHStA, Plakatsammlung, Inv. 8703).
108 Plakat der Bayerischen Volkspartei von 1930 »Wir stehen zum deutschen Führer« (München, Stadtmuseum, Plakatsammlung, Inv. P-C14/126; BayHStA, Plakatsammlung, Inv. 8705).
109 Die Illustration »Im STARKEN Reich ein starkes Bayern« (vgl. Anm. 22, Nr. 9) befindet sich auf dem Flugblatt »Deutsches Volk in Not!« (Abb. 4) auf Seite 3.
110 Plakat der Bayerischen Volkspartei von 1928 »Im starken Reich ein starkes Bayern« (München, Stadtmuseum, Sig. C 14 /124; BArch, Plak 002-024-010). Nach freundlicher Auskunft von Martina Caspers (BArch) befindet sich auf dem unteren rechten Rand des Plakates ein Stempel: »Reichstagswahl vom 20.5.1928«.

Ansonsten lassen sich jedoch keine weiteren inhaltlichen oder stilistischen Parallelen zwischen den Plakaten Keimels und den Flugblättern Wirths erkennen, was dafür spricht, dass beide Künstler in ihren Ausführungen weitgehend freie Hand hatten[111].

Rudolf Wirth sollten aber mit seinen Illustrationen bereits bemerkenswerte Warnungen vor dem erstarkenden Nationalsozialismus und insbesondere auch vor Hitler gelingen, wie nachfolgend dargestellt werden soll.

»Nun bin ich Diktator im Reich der Trümmer und der Toten« – Politik und Ikonographie

Vor dem Hintergrund, dass Hitler, wie bereits erwähnt, bis 1930 in den Medien so gut wie nicht in Erscheinung trat und sein Wirkungsfeld ausschließlich auf Versammlungen und Aufmärsche konzentrierte, erscheint die Wahlkampagne der Bayerischen Volkspartei und insbesondere die Illustration »Nun bin ich Diktator im Reich der Trümmer und der Toten« (Abb. 1), die nun eingehend behandelt werden soll, beachtlich[112]. Zu einem Zeitpunkt, als der Mythos Hitler noch nicht die breite Bevölkerung, sondern nur seine engsten Anhänger ergriffen hatte und die NSDAP gerade in Bayern als unbedeutende Splitterpartei galt, wurde diese Illustration sowohl auf den Flugblättern »Deutsches Volk in Not!«[113], der Flugblatt- und Plakatversion von »Revolution und Bürgerkrieg«[114] sowie im Parteiblatt »Treu zur Fahne« jeweils prominent an oberster Stelle und somit noch vor der

---

111 In den noch umfänglich erhaltenen Korrespondenzen der Partei (Bayerische Volkspartei-Correspondenz 1921–1932; einsehbar in der Bayerischen Staatsbibliothek in München) lassen sich jedoch keine Hinweise auf die Wahlkampagnen finden.
112 Zu Datierung, Technik und Aufbewahrungsorten der Illustration siehe oben »Datierung, Technik und Zuschreibung«.
113 Die Illustration auf diesem Flugblatt wurde u.a. mit folgendem Begleittext versehen: »Die Gläubigen des Hakenkreuzes, die bewußt die Katastrophe wollen; die offen erklären, dass sie den Reichstag arbeitsunfähig machen wollen; die eine reine persönliche Diktatur Adolf Hitlers erstreben, des Mannes, der schon einen mißglückten Putsch machte am 9. November 1923 und damals für den nächsten Tag ankündigte: ›Sieger oder tot‹; der im Mai 1923 sein ›Ehrenwort‹ gab, keinen Putsch zu machen und der heute wieder davon redet, daß er seine Ziele nur mit ›legalen‹ Mitteln anstrebt. Daß die Nationalsozialisten das 2. Reich, unseren Staat, unsere Heimat und unser Volk zerschlagen wollen, das wissen sie, aber das, was das 3. Reich eigentlich sein soll, das wissen sie nicht.«
114 Die Illustration auf diesem Flugblatt wurde u.a. mit folgendem Begleittext versehen: »Revolution und Bürgerkrieg und damit noch mehr Arbeitslosigkeit, noch schlechterer Geschäftsgang, noch mehr Hunger, Elend und Not in Deutschland, wird das Schicksal des deutschen Volkes sein, wenn die Nationalsozialisten siegen würden. Sie können nur niederreißen, aufbauen können sie nicht! Ihr Ziel ist Revolution und Zerstörung, Zerschlagung alles Bestehenden.«

Warnung vor den Kommunisten, die ebenfalls thematisiert wurde, platziert. Dieser Umstand zeugt davon, dass man sich ihrer eindringlichen Botschaft bewusst war und diese deutlich zum Ausdruck bringen wollte.

Die Zeichnung besticht auf den ersten Blick durch ihre Zweiteilung. Zwei nahezu quadratische Bildfelder sind dicht nebeneinandergesetzt und somit in unmittelbaren Zusammenhang gebracht. Auf dem linken Feld ist eine Horde von SA-Männern – erkenntlich an den typischen Uniformen und Kappen sowie an der Hakenkreuzfahne – dargestellt, die mit Pistolen, Steinen und Fackeln bewaffnet auf ein bayerisches Wirtshaus mit dem Namen »Zur bayerischen Treue« losstürmen. Im Text darunter wird Bezug genommen auf ein Flugblatt der NSDAP (Nr. 3) und daraus zitiert: »... nur das radikalste Mittel hilft: die Revolution«.

Im rechten Bildfeld ist in Relation zu den links befindlichen SA-Männern in deutlich vergrößertem Maßstab und unverkennbarer Physiognomie Hitler selbst dargestellt, der – ebenfalls in SA-Uniform – breitbeinig und in herrschaftlicher Pose auf einem Stab gestützt vor brennenden Ruinen verkündet: »Nun bin ich Diktator im Reich der Trümmer und der Toten.«

Beide Szenen sind nicht mittig in die Bildfelder gesetzt, sondern erscheinen nahtlos aneinandergereiht, jeweils aus einem größeren Zusammenhang herausgeschnitten, um dann durch ihre Umrahmung zu einer gewollten Einheit zu verschmelzen. Die unmittelbare Aneinanderreihung erzeugt in ihrer Leserichtung von links nach rechts eine sowohl chronologische als auch räumliche Bildgeschichte, die durch ihre jeweilige Beschriftung noch verdichtet wird. Dieser stilistische Kunstgriff der Zweiteilung ist von Rudolf Wirth wohl bewusst gewählt worden, um damit eine zeitlich-kausale Verbindung zwischen den beiden Szenen zu erzeugen; denn während das linke Bild als zeitliche Vorstufe den Terror der SA-Horden darstellt, erscheint rechts – als Folge des Terrors – die von Hitler evozierte Apokalypse.

Auch in dem das Plakat und Flugblatt begleitenden Text (Abb. 11) wird diese Kausalität thematisiert und kommentiert. So steht dort neben der linken Illustration Wirths: »Sie können nur niederreißen, aufbauen können sie nicht«, während es neben der rechten Darstellung, die Hitler zeigt, heißt: »Ihr Ziel ist Revolution und Zerstörung, Zerschlagung alles Bestehenden.« So liefert Wirth, indem er Hitler auf einem brennenden Trümmerhaufen darstellt, zugleich seine ernüchternde Analyse und Aussicht auf das, was bei einem etwaigen Wahlsieg der Nationalsozialisten drohen würde: nämlich Tod und Zerstörung.

Eine für das Jahr 1930 erschütternde Charakterisierung und zugleich weitsichtige Entlarvung des Nationalsozialismus bzw. der NSDAP, die zu diesem frühen Zeitpunkt ja noch – wie oben gezeigt – als Splitterpartei galt. Sie zeugt darüber hinaus davon, dass sich Rudolf Wirth intensiv mit den damaligen Machtstrategien der Partei auseinandergesetzt haben muss.

Bei näherer Betrachtung könnte Wirth mit der Zweiteilung der Zeichnung bewusst auf diese Machtstrategie, nämlich die Ambivalenz von »gewaltsamer Revolution« (durch die gewalttätigen SA-Truppen) und »friedlicher Scheinlegalität« (Hitler, der waffenlos und in keiner Kampfhandlung gezeigt wird) und damit auf das doppelte Gesicht der damaligen NSDAP angespielt haben[115].

Das linke Bildfeld mit seiner Aussage: »… nur das radikalste Mittel hilft: die Revolution« nimmt Bezug auf ein Flugblatt der Nationalsozialisten, das sich an Jungarbeiter richtete[116]. Zwar konnten bislang das originale Flugblatt, sein genauer Erscheinungszeitpunkt und der weitere Wortlaut nicht ermittelt werden[117], aber ein Vergleich mit anderen Flugblättern und Plakaten der NSDAP beweist eindeutig, dass man unverhohlen die gewaltsame Zerschlagung der Demokratie forderte[118]. So stand beispielsweise auf einem Plakat aus dem Jahr 1928 »Tod dem wahren Feind«, den man im Marxismus und der internationalen Hochfinanz verkörpert sah[119]. Auch zur Wahl am 14. September 1930 fand man in diversen Plakaten – darunter das mit dem Titel »Haut sie zusammen«[120] – eindeutige Worte, die durch ihren aggressiven Jargon die Bereitschaft zu Gewalt signalisierten und unmissverständlich zu dieser aufriefen: »Volksgenossen! Wir hauen sie zusammen! Helft

---

115 Zu dieser Thematik ausführlich: Barth, Goebbels (wie Anm. 9), 75–79 und 91. Die Thematik des janusköpfigen Charakters des Nationalsozialismus wird auch in einem anderen Flugblatt zur Wahl am 14. September 1930 in der Darstellung eines zweiköpfigen Nationalsozialisten thematisiert, vgl. Abb. bei Buchstab, Keine Stimme (wie Anm. 36), 31.
116 Dies geht aus einem Zeitungsartikel im »Regensburger Anzeiger« vom 7. September 1930 hervor, der auf dieses Flugblatt Nr. 3 der NSDAP Bezug nimmt.
117 Die Recherchen des Bundesarchivs in Koblenz, der Dienststelle Berlin-Lichterfelde sowie die Prüfung der Datenbank »Invenio« lieferten keinen konkreten Hinweis auf das Flugblatt. Lediglich das sog. »Flugblatt Nr. 1«, das einen Auszug aus dem Parteiprogramm der NSDAP enthält, konnte antiquarisch ermittelt werden (Stand Januar 2021, Quelle: ZVAB).
118 Vgl. Witamwas, Geklebte NS-Propaganda (wie Anm. 36), 46–49.
119 Vgl. ebd. 206, Abb. 10.
120 Plakat der NSDAP von 1930 »Haut sie zusammen« (BArch, Sig. Plak 002-042-152; Abb.: Witamwas, Geklebte NS-Propaganda [wie Anm. 36], 212, Abb. 26 sowie online: Digitales Bildarchiv des Bundesarchivs).

zuschlagen! Das Parlament kracht in seinen Fugen! Wir rütteln an ihm bis es zusammenbricht! …. Zerschlagt das System mit uns!«[121]

In einem Artikel des der Bayerischen Volkspartei nahestehenden Regensburger Anzeigers[122] vom 7. September 1930 versuchte man ebenfalls »Das wahre Gesicht der Nationalsozialisten« aufzuzeigen und durch Zitate ihrer Vertreter, u.a. von Goebbels, Gregor Strasser und anderen zu unterstreichen, dass diese die gewaltsame Zerschlagung des Systems anstrebten, indem sie immer wieder betonten: »Wir betreiben Katastrophenpolitik«, »Unsere Forderung bleibt Revolution«.

Gerade nach Meinung von Joseph Goebbels, Hitlers hörigem Propagandisten der ersten Stunde[123], war die NSDAP immer noch eine revolutionäre Bewegung, die auch mit revolutionären und gewaltsamen Mitteln an die Macht gelangen sollte. Goebbels, der seit April 1930 die sogenannte Reichspropagandaleitung innehatte[124], rief nun eine Wahlpropaganda sondergleichen ins Leben[125], mit der sich sicherlich auch Rudolf Wirth beschäftigt hatte, zumal es sich um den ersten Wahlkampf handelte, den die NSDAP-Propagandaleitung zentral von München aus führte[126].

---

121 Abb. bei ARNOLD, Anschläge (wie Anm. 44), IV/5. Bemerkenswert erscheint in diesem Zusammenhang, dass dieses Plakat sowie das bereits erwähnte Plakat »Haut sie zusammen! Wählt Liste 9« zunächst beschlagnahmt worden waren. Die Strafanzeige der Staatsanwaltschaft wurde jedoch vom Amtsgericht München I mit folgender Begründung abgelehnt: »Aus dem Gesamtinhalt der Plakate ergibt sich zweifelsfrei, daß in der Aufforderung: ›Haut sie zusammen‹ dem Sinne nach lediglich eine Aufforderung zur Wahl der Liste 9 (NSDAP) gemeint ist. Der Ausdruck ›Zusammenhauen‹ hat offensichtlich übertragene Bedeutung.« Das Landgericht München I argumentierte weiter: Es handele sich um »eine der in jedem Wahlkampf üblichen Übertreibungen, die von den Lesern auch als solche gewertet werden«, RÖSCH, Münchner NSDAP (wie Anm. 10), 74. Zu weiteren Urteilen zugunsten der NSDAP, ebd.
122 Der »Regensburger Anzeiger« war das Hauptorgan der BVP und wurde auch in München und Berlin gelesen. »Wer in den Weimarer Jahren wissen wollte, welche politischen Absichten der bayerische Regierungschef verfolgte und was von der BVP zu erwarten war, war darüber am besten im Regensburger Anzeiger informiert worden«, SCHÖNHOVEN, Der politische Katholizismus (wie Anm. 10), 609.
123 Diese hörige Untergebenheit kommt beispielsweise in Goebbels Schrift »Die zweite Revolution – Briefe an Zeitgenossen«, Zwickau 1926, in der er auch »Die Führerfrage« behandelt, deutlich zum Ausdruck. Zitiert bei Ernest K. BRAMSTEDT, Goebbels und die Nationalsozialistische Propaganda 1925–1945, Frankfurt am Main 1971, 282 (vgl. hierzu auch das Kapitel »Das Bild Hitlers – wie Goebbels es schuf«, 280–287).
124 Vgl. PAUL, Aufstand der Bilder (wie Anm. 42), 70.
125 Vgl. BARTH, Goebbels (wie Anm. 9), 86.
126 PAUL, Aufstand der Bilder (wie Anm. 42), 90.

Während dieser Flügel der NSDAP weiterhin den aggressiv-revolutionären Ton der Gründungsjahre anschlug[127] und am liebsten das System gewaltsam zerschlagen wollte, verfolgte Hitler spätestens nach den erneuten Parteiverboten, die in Berlin-Brandenburg 1927 begonnen hatten und weitere befürchten ließen[128], jedoch eine neue Strategie. So versuchte er das Image der rüpelhaften Schlägertrupp-Partei aufzupolieren und betonte seitdem auffallend versöhnlich und kompromissbereit, mit legalen Mitteln an die Macht gelangen zu wollen. Weiter suchte er ab diesem Zeitpunkt zunehmend Kontakt zur politischen und gesellschaftlichen Elite, um sich dieser anzunähern. Aber natürlich war weiterhin, wie er seit 1923 in »Mein Kampf« immer wieder unverhohlen zum Ausdruck brachte, sein eigentliches Ziel die »Revolution und Zerschlagung, Zerstörung alles Bestehenden«, wie es das Flugblatt »Revolution und Bürgerkrieg« der Bayerischen Volkspartei treffend auf den Punkt brachte. Deshalb erscheint es durchaus plausibel, dass Rudolf Wirth mit der Zweiteilung seiner Illustration auf das janusköpfige Vorgehen der NSDAP und insbesondere Hitlers hinweisen wollte. Während er auf der linken Seite das revolutionäre »wahre« Gesicht des Nationalsozialismus zeigte, stellte er Hitler auf der rechten Seite waffenlos und somit scheinbar losgelöst von diesen gewalttätigen Handlungen dar und spielte damit auf dessen Bestreben an, sich selbst nicht die »Hände schmutzig« machen zu wollen, sondern die lästige, gewaltsame »Arbeit« lieber anderen zu überlassen. Indem er Hitler aber letztlich als Herrscher über Trümmer und Tote auf dem Scheiterhaufen enden lässt, zeigte er jedoch unmissverständlich, wohin beide Strömungen am Ende hinauslaufen: nämlich auf Zerstörung und Untergang.

Vielleicht konnte gerade ein Künstler, wie es Rudolf Wirth war, die Intentionen Hitlers, der selbst einmal gerne ein solcher geworden wäre und folglich seine Propaganda auffallend nach ästhetischen Gesichtspunkten aufgebaut hatte, deshalb schon zu diesem frühen Zeitpunkt so treffend entlarven[129]? Denn es ist interessant, dass sich – sowohl vor als auch nach der Machtergreifung – Hitler stets als

---

127 So schreibt er beispielsweise am 28. Oktober 1929 in seinem Tagebuch: »Mit parlamentarischen Mitteln ist nichts mehr zu machen. Die Revolution muss marschieren!« Zitiert bei BARTH, Goebbels (wie Anm. 9), 79. Auf seine herausfordernde und kampfbereite Einstellung weist zudem auch der Titel der von ihm gegründeten Parteizeitschrift »Der Angriff« hin.
128 Vgl. Marie-Luise EHLS, Protest und Propaganda. Demonstrationen in Berlin zur Zeit der Weimarer Republik, Berlin 1997, 371.
129 Vgl. PAUL, Aufstand der Bilder (wie Anm. 42), 25: »Auch Propaganda erschien ihm [Hitler] als eine Kunst, über die sich ästhetische Scheinwelten herstellen ließen. Die propagandistische Kunst der politischen Bühnenbildnerei sollte zum Betätigungsfeld des gescheiterten Künstlers und glühenden Opern-Fans werden«.

integrer Staatsmann gab und somit nie in kampfähnlichen Situationen oder etwa in einem Konzentrationslager dargestellt wurde.»Das ungeheure Ausmaß an Gewalt und Vernichtung, das sich unmittelbar mit Hitlers Herrschaft verbindet, lässt sich aus keinem dieser Fotos [Gemeint sind zeitgenössische Darstellungen Hitlers; Anm. d. Verf.] ablesen, nur aus anderen Zeugnissen der Vernichtungspolitik und ihrer Opfer. Sie zeigen fast nie den direkten Zusammenhang mit Hitlers Herrschaft und ihrer Inszenierung, sie waren Produkt einer unheimlichen ›Arbeitsteilung‹.«[130] Diese Arbeitsteilung hatte Rudolf Wirth zu diesem frühen Zeitpunkt erahnt und in bemerkenswerter Weise in der Zweiteilung des Bildes zum Ausdruck gebracht.

Weiter erscheinen einige Überlegungen zu den Begriffen »Führer« und »Diktator« sowie deren visuelle Umsetzung durch Rudolf Wirth angebracht; so hatte er wohl den Wortlaut »Nun bin ich Diktator ...«, den er Hitler in den Mund legte, mit Bedacht ausgewählt.

Wie die allgemeine Wahlpropaganda zur Reichstagswohl 1930 verdeutlicht, gab es sowohl in der Bevölkerung als auch in der Politik ein sehnsüchtiges Bedürfnis nach einer Autorität, einem Führer, der das deutsche Volk aus der Misere der zurückliegenden Jahre herausleiten sollte. Alleine die Bayerische Volkspartei, die in diesem Wahlkampf Reichspräsident Hindenburg unterstützte, stellte sowohl auf ihrem Plakat »Wir stehen zum deutschen Führer« (also Hindenburg; Abb. 10) als auch in ihren Flugblättern diesen Begriff des Führers mehrfach prominent heraus und betonte damit die Notwendigkeit der Auseinandersetzung mit dieser Thematik[131]. So wurde auch im Flugblatt »Deutsches Volk in Not!« der Wähler an oberster Stelle mit der Frage »Wo ist der rettende Führer?«[132] (Abb. 4a) konfrontiert, auf die die Illustration Rudolf Wirths mit der Darstellung Brünings und Hindenburgs als Doppelspitze die Antwort liefern sollte.

Vor dem Hintergrund, dass zu diesem Zeitpunkt die wenigsten Menschen in Hitler diesen vermeintlichen Führer sahen, und die meisten Parteien seine Wirkung, die er bald auf das deutsche Volk ausüben sollte, fatal unterschätzten, erscheint es interessant, dass sich Wirth dazu entschieden hatte, Hitler in seiner Il-

---

130 Hans-Ulrich THAMER, Die Inszenierung von Macht. Hitlers Herrschaft und ihre Präsentation im Museum, in: DERS./ERPEL, Hitler und die Deutschen (wie Anm. 98), 17–22, hier 17.
131 So beispielsweise in dem Plakat »Rettung und Führung« (BayHStA, Plakatsammlung, Inv. 8704) sowie im gleichnamigen Flugblatt von 1930 »Bayerische Wähler und Wählerinnen–Rettung und Führung« (München, Stadtarchiv, Flugblattsammlung [Fiche 24]).
132 Die Illustration »Brüning und Hindenburg« (vgl. Anm. 22, Nr. 1) befindet sich auf dem Flugblatt »Deutsches Volk in Not!« (Abb. 4a) auf Seite 1 als erste Darstellung.

lustration – Brüning und Hindenburg durchaus ebenbürtig – prominent in den Vordergrund zu stellen und darüber hinaus ihn alleine (und nicht die NSDAP) für die politischen Forderungen und Ansichten der Nationalsozialisten verantwortlich zu machen.

Welche Gefühle und Reaktionen diese hellseherische Darstellung Rudolf Wirths beim damaligen Wähler ausgelöst haben mag und wie viele zu diesem Zeitpunkt bereits ahnten, dass nur kurze Zeit später die Mehrheit der Deutschen genau in Hitler den vermeintlichen Retter sehen sollte, dieser dann die Macht an sich reißen und binnen kürzester Zeit eine Diktatur errichten sollte, kann heute natürlich nicht mehr geklärt werden. Die Bayerische Volkspartei und Rudolf Wirth aber hatten diese Gefahr, Hitlers demagogische Fähigkeiten und dessen potentielle Eignung zum »Führer« bereits zu diesem Zeitpunkt erkannt und wollten mit dieser Illustration eindringlich und unmissverständlich vor ihm warnen[133].

So wählte Wirth auch den Begriff »Diktator« sicherlich mit Bedacht, um damit die staats- und demokratiefeindlichen Ansichten und wahren Absichten des damaligen NSDAP-Vorsitzenden zu entlarven[134]. Hitler selbst hatte diese Bezeichnung stets abgelehnt und noch im Jahr 1936 betont: »Ich will nicht der Diktator, sondern der Führer meines Volkes sein.«[135] Dies fand wohl zum einen seinen Grund darin, dass er den deutschen Begriff »Führer« dem aus dem Lateinischen kommenden »Diktator« aus nationalistischen und völkischen Gründen vorzog. Zum anderen suggerierte das Wort »Führer« schon aus etymologischer Sicht im Gegensatz zum »Diktator«, das vom lateinischen dictare (=befehlen) abgeleitet wurde, eine gemäßigtere Wirkung und geschickte Verschleierung des absoluten Machtanspruchs.

Auch die Art und Weise, wie Rudolf Wirth Hitler in seiner Illustration präsentiert, stellte eine weitere bewusste Provokation dar: Denn Wirth zeigt ihn in herrschaftlicher Pose, mit seiner linken Hand auf einen Stab gestützt und lässt ihn breitbeinig und selbstbewusst aus dem Bild in die Ferne blicken. Dabei bezieht er sich offensichtlich ikonographisch auf die klassische Herrscherbildpose, wie sie in

---

[133] So erinnert sich sein Sohn, dass Rudolf Wirth Hitler von Anfang an sehr skeptisch gegenüberstand und dieser im Familienkreis »Hit-leer« (mit Bezug auf das Wort »leer«) ausgesprochen wurde.
[134] Rudolf Wirth betonte den Begriff »Diktator« zusätzlich, indem er ihn mit dem waagrechten T-Strich des darunter befindlichen Wortes »Trümmer« unterstrich.
[135] Berliner Illustrierte Zeitung, 19. März 1936, Nr. 12, 388/389, zitiert bei Herz, Hoffmann & Hitler (wie Anm. 61), 248 (mit Abb.). Zum Begriff des »Führers« vgl. die Ausführungen Hitlers in: Hitler, Mein Kampf (wie Anm. 57), Band I/67, Fußnote 4.

Bildnissen und Standbildern u.a. von Ludwig XIV., Friedrich dem Großen, Napoleon oder auch Wilhelm II. (Abb. 13)[136] dargestellt ist.

Jedoch wird Hitler hier nicht in staatsmännischer Uniform und angemessener Umgebung gezeigt, sondern zwischen Schutt und Asche in charakteristischer Montur der damals als Schlägertrupp agierenden und gefürchteten SA, mit Kappe, diagonal über den Oberkörper verlaufendem Ledergurt und Hakenkreuzbinde am Arm[137].

Die Pose des Alleinherrschers, in der sich Hitler selbst nach seiner Machtergreifung auf Plakaten (Abb. 8) gerne zeigen sollte und mit der er bewusst an die oben genannten prominenten Vorbilder anknüpfen wollte[138], wird bei Wirth zur reinen Attitüde und ins krasse Gegenteil verzerrt: So lässt er Hitler entgegen der üblichen Ikonographie seine linke und nicht rechte Hand auf den Stab stützen und die herrschaftliche Architektur, die beispielsweise auf dem Portrait Wilhelms II. zu sehen ist, ist nun Trümmern und brennenden Ruinen gewichen[139].

Demnach stellte er Hitler nicht als einen Wohl und Heil bringenden Herrscher, sondern als einen in den Untergang und das Verderben führenden Diktator dar, der sich somit entscheidend von der Führerfigur unterschied, die sich die Bayerische Volkspartei und auch die anderen der Demokratie verpflichteten Parteien für Deutschland erhofften.

Auch der bewusste Einsatz der direkten Rede und die Worte »Nun bin ich ...«, die Rudolf Wirth Hitler verkünden lässt, scheinen nicht ohne Hintergedanken

---

136 Max J. B. Koner, Kaiser Wilhelm II., Gemälde, 1890, verschollen (Kriegsverlust).
137 Es gibt nur wenige Darstellungen und Fotografien von Hitler in SA-Uniform und Kappe. Eine davon wurde in den Jahren 1928/29 von Heinrich Hoffmann aufgenommen. Sie wurde von Hitler jedoch nicht zur Publikation freigegeben, da er nach eigener Aussage auf diesem wie ein Briefträger aussähe. Vgl. HERZ, Hoffmann & Hitler (wie Anm. 61), 112 und 113, insbesondere Fußnote 51 (München, Bayerische Staatsbibliothek, Fotoarchiv Hoffmann; BArch, Sig. Bild. 146-2020-0005; Abb. online: Digitales Bildarchiv des Bundesarchivs). Ein weiteres Foto im »Illustrierten Beobachter« vom Februar 1927 zeigt Hitler erstmals mit Hakenkreuzbinde (Illustrierter Beobachter, 28. Februar 1927, Nr. 4), vgl. ebd., 103.
138 Hitler hatte auch ein Portrait des von ihm sehr verehrten Friedrich des Großen im Führerbunker aufhängen lassen. Vgl. BEHRENBECK, Führer (wie Anm. 40), 77, Fußnote 81. Vgl. auch Kapitel »Portraitsitzungen 1933–1939«, in: HERZ, Hoffmann & Hitler (wie Anm. 61), 117–125.
139 Auch das Hakenkreuz auf der Armbinde Hitlers ist antithetisch zur Verwendung bei den Nationalsozialisten in Linksdrehung dargestellt. Dies war zwar wohl nicht von Wirth beabsichtigt, jedoch erscheint es in diesem Zusammenhang erwähnenswert und interessant, dass Hitler selbst die Rechtsdrehung gegen anfängliche Proteste von Parteimitgliedern angeordnet und durchgesetzt hatte. Während das nach links drehende Hakenkreuz im Buddhismus Glück und Heil bedeutet, soll das nach rechts drehende hingegen Unheil und Untergang mit sich bringen, vgl. KOOP, NSCI (wie Anm. 73), 35.

von ihm gewählt worden zu sein. Denn die Hauptwählerschaft der BVP war katholisch und auch Wirth war gläubig, kannte also seinen Katechismus und den Inhalt der Evangelien sowie die »Ich-bin«-Worte Jesu aus dem Johannes-Evangelium, bzw. die alttestamentarische Offenbarungsformel Gottes: »Ich bin«. Mit dieser Anspielung sollte wohl explizit auf die Absicht der Nationalsozialisten hingewiesen werden, mit ihrer Ideologie eine Art »Ersatzreligion« zu etablieren, wie bereits 1930 aus diversen nationalsozialistischen Schriften und Aussagen erkennbar war. So wurde dieses Thema auch in einem weiteren Flugblatt der Bayerischen Volkspartei, für das Rudolf Wirth ebenfalls eine Illustration angefertigt hatte[140], eingehend erörtert und diskutiert[141].

Der Führerkult war zu diesem Zeitpunkt jedoch noch nicht vollkommen ausgeprägt, Hitler selbst hatte noch keine gottgleiche Wirkung auf die Menschen und sollte sich auch erst später pseudoreligiöser Töne bedienen[142]. Jedoch zeugen Ausführungen und Überlegungen Goebbels aus den späten 1920er Jahren (u.a. in der Zeitschrift »Der Angriff«[143]) davon, dass sich dieser schon früh Gedanken über eine »entgötterte Welt« gemacht hatte und den Nationalsozialismus zu einer neuen religiösen Bewegung erhöhen wollte[144]. So hatte er auch, nachdem er bei Hitler mit seinen bereits erwähnten revolutionär-aggressiven Tendenzen zunehmend auf Widerstand stieß, parallel eine neue Taktik verfolgt[145], mit der er versuchte, Hitler zum heilbringenden, gottgleichen Führer zu stilisieren und sah wohl in ihm das »religiöse Genie, das alte überlebte Formeln sprengt und neue bildet,« verkörpert[146].

---

140 Eine Abbildung der Illustration (vgl. Anm. 22, Nr. 10) befindet sich in verkleinertem Maßstab auf dem Flugblatt »Deutsches Volk in Not!« (Abb. 4c) auf Seite 3.
141 Flugblatt von 1930 »Christliche Wähler! Die Augen auf!« (25 x 34 cm, 2 Seiten; Aufbewahrungsort: IFZ, Sig. II/ZGe 046.043-II).
142 In seiner Ansprache von 1936 vor SA-Männern schlug Hitler beispielsweise solche pseudoreligiösen Töne an, mit denen er eindeutig Bezug auf das Johannes-Evangelium nahm: »Alles, was ihr seid, seid ihr durch mich, und alles, was ich bin, bin ich nur durch euch allein.« Vgl. Ian KERSHAW, »Führerstaat«. Charisma und Gewalt«, in: THAMER/ERPEL, Hitler und die Deutschen (wie Anm. 98), 58–67, hier 58.
143 Vgl. BRAMSTEDT, Goebbels (wie Anm. 123), 87.
144 Joseph Goebbels, »Die zweite Revolution«. Briefe an Zeitgenossen, Zwickau 1926, 6–8, zitiert bei BARTH, Goebbels (wie Anm. 9), 47.
145 Goebbels schreibt in einem Tagebucheintrag vom 16. Januar 1929: »Ich sitze in der Zwickmühle. Werden wir in Berlin aktivistisch, dann schlagen unsere Leute alles kurz und klein. Und dann wird [man] ... uns lächelnd verbieten. Wir müssen vorläufig Macht sammeln«. Goebbels zitiert bei EHLS, Protest und Propaganda (wie Anm. 128), 372.
146 »Was ist uns heute das Christentum? Nationalsozialismus ist Religion. Es fehlt nur noch das

Vor diesem Hintergrund erscheint es umso bemerkenswerter, dass Rudolf Wirth und mit ihm die Bayerische Volkspartei diese spätere, von Mythen umwobene und pseudosakrale Wirkung Hitlers bereits zu diesem frühen Zeitpunkt erahnten und Wirth sie im rechten Bildfeld seiner Illustration thematisierte[147]. Aber auch in diesem Kontext tritt Hitler nicht als der erlösende und heilende Worte spendende Retter auf, sondern vielmehr als Antichrist, der mit seinem Ausruf »Nun bin ich Diktator im Reich der Trümmer und der Toten« direkt aus der brennenden Hölle emporzusteigen scheint; eine Hölle, in die Hitler die Deutschen mit seinem »Dritten Reich« erst noch führen sollte und von der 1930 nur die wenigsten etwas ahnten. Rudolf Wirths prophetische Analyse entlarvt somit auf beeindruckende Weise die wahren Absichten des Nationalsozialismus und zusätzlich auch die verblendete Ideologie und maßlose Selbstüberschätzung der Nationalsozialisten. Er charakterisiert sie vortrefflich, indem er Hitler selbst in der Niederlage, auf dem Trümmerberg zwischen Ruinen und Flammen stehend, nicht besiegt und niedergeschlagen präsentiert, sondern heroisch und siegesbewusst. Nicht der Verlierer wird dargestellt, sondern der Held, der sich selbst im Anblick der totalen Katastrophe noch in herrschaftlicher Pose inszeniert. Heroismus und Monumentalität werden selbst im Untergang gewahrt. Welch anschauliche und eindrückliche Charakterisierung des Nationalsozialismus im Jahr 1930, in dem der Führerkult, der uns heute so schauderhaft negativ ins Bewusstsein gebrannt ist, erst seinen Anfang nehmen sollte, so wie er für die wenigsten zu diesem Zeitpunkt schon ersichtlich war!

Wirths Illustration im Kontext der zeitgenössischen Hitler-Darstellung

Nachfolgend soll nun der Fokus auf die Darstellung der Person Hitlers im Kontext der damaligen Medien (vor allem in der politischen Presse und Wahlpropaganda sowie in satirischen Zeitschriften und Karikaturen) gerichtet und dabei die Bedeutung und Besonderheit der Illustration Rudolf Wirths dargestellt werden.

In der damaligen Presse gab es nur wenige Stimmen, die die drohende Gefahr, die von Hitler ausging, offen aussprachen oder gar die Stimme gegen ihn erhoben.

religiöse Genie, das alte überlebte Formeln sprengt und neue bildet ...«, zitiert bei BARTH, Goebbels (wie Anm. 9), 65.
147 Im Text des Flugblattes »Deutsches Volk in Not!« wird auch explizit von den »Gläubigen des Hakenkreuzes« gesprochen. Auch in einem weiteren Flugblatt »Christliche Wähler! Die Augen auf!« wird dieses »neuvölkische Heidentum« thematisiert und mit Zitaten, u.a. von Hitler, unterlegt, wie beispielsweise: »Wir wollen keinen anderen Gott haben, als Deutschland allein«.

Dazu gehörten die von Leopold Schwarzschild gegründete Wochenschrift »Tage-Buch« und die »Weltbühne«, die ab 1927 von Carl von Ossietzky geleitetet wurde. Beide Ausgaben verzichteten jedoch nahezu vollkommen auf Darstellungen und Illustrationen, sodass man sich mit Hitler nur sprachlich und nicht visuell auseinandersetzte. Die restlichen bürgerlichen und konservativen Zeitungen blieben auffällig neutral[148] und beschränkten sich hauptsächlich darauf, den Nationalsozialismus als Ganzes anzuprangern und Hitler allenfalls als »größenwahnsinnigen Hysteriker«[149], »gehorsamen Kapitalistenknecht« oder einen »schlechten Mussolini-Verschnitt«[150] zu verspotten, sodass er in ihrer Kritik auffallend wesenlos blieb.

Zu den frühen politischen Stimmen, die vor Hitler warnten, gehörten allen voran die KPD und die SPD sowie das Zentrum und die Bayerische Volkspartei. Aber auch diese Parteien beschränkten sich hauptsächlich darauf, vor Hitler in Worten zu warnen und beließen es, wie bereits erwähnt, im Wesentlichen bei der Visualisierung von nationalsozialistischen Symbolen. So wurden beispielsweise auf dem Flugblatt »Wir wollen die Katastrophe«[151], das Julius Kupfer-Sachs 1930 für das Zentrum illustriert hatte und das sogar inhaltliche Parallelen[152] zu den Flug-

---

148 Die konservative Presse – darunter die »Vossische Zeitung«, das »Berliner Tageblatt« und die »Frankfurter Zeitung« – bemerkte insbesondere im Jahr 1930 die Gewaltbereitschaft der NSDAP, bewertete aber die Möglichkeit eines bolschewistischen Umsturzes eindeutig höher als die vom Rechtsextremismus ausgehende Gefahr. Hitler selbst wurde beispielsweise als »zu weichlich für die harte Berliner Luft« (Vossische Zeitung, 12. September 1930) eingeschätzt oder als bloßer »Zauberlehrling« (ebd., 5. August 1930) abgetan, der vor allem die Jungen – allen voran die Studenten – beeindrucke, die sich – gerade was die Gewaltbereitschaft anbelangte – schon wieder der alten Werte besinnen und sich die Hörner abstoßen würden. Zitiert bei STADEL, Reichstagswahlen (wie Anm. 2), 53 und 62.
149 Vgl. Wolfram PYTA, Gegen Hitler und für die Republik. Die Auseinandersetzung der deutschen Sozialdemokratie mit der NSDAP in der Weimarer Republik, Düsseldorf 1989, insbesondere das Kapitel »Hitler«, 84–90, besonders 86.
150 Ebd., 90.
151 Flugblatt des Zentrums von 1930 »Wir wollen die Katastrophe« (Berlin/St. Augustin, Archiv für Christlich-Demokratische Politik; Abb.: BUCHSTAB, Keine Stimme [wie Anm. 36], 28–31). Ebenfalls für die Reichstagswahl am 14. September 1930.
152 Im Flugblatt der BVP »Deutsches Volk in Not!« heißt es ebenfalls: »Die Gläubigen des Hakenkreuzes, die bewusst die Katastrophe wollen…«; und der Titel des BVP-Flugblattes »Revolution und Bürgerkrieg« wird auch im Text des Zentrum-Flugblattes wortwörtlich wiedergegeben: »Wer Hitler wählt, wählt Revolution und Bürgerkrieg.« Einen guten Überblick zu weiteren Hitler-kritischen Flugblättern in: BUCHSTAB, Keine Stimme (wie Anm. 36). Vgl. weiter auch das Plakat »Brücke zum Aufbau« der BVP (Abb. 9 sowie Anm. 107) und ein Plakat des Zentrums. Abb. bei BUCHSTAB, Keine Stimme (wie Anm. 36), 117. Beide entstanden ebenfalls für die Reichstagwahl 1930 und weisen motivische Parallelen in der Darstellung einer Brücke sowie eines darunter verlaufenden Stromes von Nationalsozialisten auf.

blättern Rudolf Wirths aufweist, lediglich Hitlers Anhänger und das Hakenkreuz dargestellt, nicht aber er selbst[153].

Allerdings gab es ein spezielles Medium, das sich nach dem Putschversuch und dem damit zusammenhängenden Betreten der politischen Bühne an die visuelle Konfrontation mit Hitler wagte und sich intensiv mit ihm beschäftigte: die Karikatur.

Vor allem die KPD hatte sich dieses Stilmittels bedient, um damit politische Gegner im Allgemeinen anzugreifen und zu bekämpfen und damit zugleich Hitler[154]. Auch im Fall der SPD lassen sich neben Karikaturen im »Vorwärts« einige wenige Flugblätter finden[155], die Karikaturen enthalten, wie beispielsweise die ebenfalls für den Wahlkampf zum 14. September 1930 entstandene Illustration mit dem Titel »Adolf, der Hitler« (Abb. 14)[156], in der dieser auf persiflierende und nahezu comicartige Weise ins Lächerliche gezogen wurde.

---

[153] Darauf wird beispielsweise ein Skelett mit Hakenkreuz dargestellt, Abb. bei BUCHSTAB, Keine Stimme (wie Anm. 36), 28; sowie weitere Flugblätter mit Darstellungen von Anhängern der NSDAP und Hakenkreuzsymbolen, Abb. ebd. 31 und 42.

[154] Gerade die KPD hatte sich als eine der ersten Parteien die Karikatur für die politische Propaganda zunutze gemacht. Vgl. PLEYER, Politische Werbung (wie Anm. 36), 96. So wurde beispielsweise der Hitlerputsch in der Ausgabe der »Arbeiter-Illustrierten-Zeitung« (5 [1924]) auf dem Titelblatt mittels einer Karikatur Hitlers mit dem Titel »Nibelungentreue« thematisiert, die diesen als Siegfried im Kreis anderer Putschisten mit erhobenem Schwert und Flügelkappe zeigt (Hinweis auf die Ausgabe bei: Heinz WILLMANN, Geschichte der Arbeiter-Illustrierten Zeitung 1921–1938, Berlin 1974, 20). In der satirischen Beilage der »Roten Fahne«, den sog. »Ludendorffer Blättern« aus dem Jahr 1924, ist Hitler ebenfalls dargestellt und wird in Sträflingskleidung mit Strick um den Hals und Fußfessel während seines Prozesses gezeigt (AdsD, Inv. 6/FLBL00918601).

[155] Eine kolorierte Karikatur (AdsD, Inv. 6/FLBL00918801), die aufgrund einer nachträglichen Aufschrift mit Bleistift »1925« aus diesem Jahr stammen könnte, trägt den Titel »Sein Siegeszug« und zeigt Hindenburg, der auf den Schultern Thälmanns sitzend von Ludendorff und Hitler begleitet wird. Diese Karikatur wurde dann anlässlich der Reichstagswahl 1928 im »Vorwärts« (28. April 1928, Nr. 198) veröffentlicht und ebenfalls zur Illustration eines Flugblattes für diese Wahl verwendet (AdsD, Inv. 6/FLBL00918702). Ob es noch weitere Beispiele dieser Art gibt, konnte bislang nicht zuverlässig festgestellt werden, was nicht verwundern darf, da eine abschließende, umfassende Archivierung oder Publikation der Wahl- und sonstigen Propagandaunterlagen für die Zeit um 1930 nicht existiert.

[156] Flugblatt »Volk hab' acht! Dein Wille bestimmt.« (AdsD, Sig. 6/FLBL005281) mit folgendem Begleittext: »Adolf Hitler entdeckt 1919 in München am Stammtisch ›Deutsche Arbeiterpartei‹. Als 7. Mann schließt er sich an, um wenigstens als Stammtischredner eine Rolle spielen zu können. / Adolf Hitler macht Fortschritte. Er knüppelt bei Demonstrationen seiner inzwischen gewachsenen Partei Andersdenkende nieder. / Adolf Hitler macht weitere Fortschritte. Er prügelt nicht mehr selbst, das besorgt jetzt seine SA (Sturmabteilung). / Adolf Hitler hat's geschafft. Nicht mehr Debattierklub, nicht mehr Prügler und Prügelführer, Hitler spricht jetzt vor ›Auserwählten‹, vor Großindustriellen, Bankiers usw. Er ist arriviert.«

Allerdings sind nur sehr wenige dieser frühen Karikaturen Hitlers innerhalb der politischen Wahlpropaganda bekannt und zeugen darüber hinaus davon, dass Hitler selbst für die oppositionellen Parteien de facto zu diesem Zeitpunkt noch nicht als ernstzunehmende politische Person zu taugen schien[157], sondern allenfalls als Karikatur seiner selbst[158].

In einer der führenden Satirezeitschriften Deutschlands, dem satirisch-politischen Wochenblatt »Simplicissimus«, war Hitler hingegen schnell zu einem äußerst beliebten Motiv avanciert und erschien bis zu seiner Machtergreifung über dreißig Mal alleine auf der Titelseite und zudem in zahlreichen Karikaturen innerhalb der Zeitschrift, die ihn und seine politischen Ideen aufs Schärfste und äußerst scharfzüngig ins Lächerliche zogen[159]. Hier wurde er – im Gegensatz zu den Tageszeitungen und politischen Schriften – schnell zu einem prominenten und bevorzugten Motiv, was in gewissem Maß seine zunehmende Bekanntheit widerspiegelte, wenngleich auch hier zum Ausdruck kam, dass er als politische Person letztlich jedoch nicht ernst genommen wurde[160]. Allerdings hatte sich bereits 1923 der Mitbegründer des »Simplicissimus«, Theodor Thomas Heine, Gedanken zu Hitler gemacht und dabei die hellsichtige Frage gestellt: »Wie sieht Hitler aus?«[161] In einer Reihe von insgesamt zwölf nebeneinandergesetzten Porträts, in denen er die »Wesenlosigkeit« Hitlers aufs Treffendste charakterisierte, kam er zu dem Schluss, dass diese Frage letztlich unbeantwortet bleiben müsse, da Hitler kein Individuum, sondern ein Zustand sei. So sei nur der Futurist in der Lage, ihn ad-

[157] Andere politische Vertreter wie beispielsweise Hugenberg, Papen oder Schleicher wurden jedoch oftmals nicht karikaturartig auf Flugblättern dargestellt, wie beispielsweise auf denjenigen der Deutschen Volkspartei: »So sieht der Aufmarsch zur Reichstagswahl aus.« (IFZ, Sig. II/ ZGe 070.186- II) oder des Zentrums: »Deutsches Volk wähle. Volksstaat oder Diktatur?« (ebd., Sig. II/ ZGe 045.041-I).
[158] Interessanterweise machte sich die NSDAP-Propaganda später sogar Hitler-Karikaturen zunutze und publizierte viele (auch internationale) Illustrationen in einem eigenen Band mit dem Titel »Hitler in der Karikatur / Tat gegen Tinte« (herausgegeben von Ernst Hanfstaengl in der Reihe »Braune Bücher«), anhand derer man die zeichnerischen Angriffe des Gegners durch Anmerkungen und Interpretationen entschärfen und somit die eigene Ideologie verteidigen und stärken wollte.
[159] Neben ein paar Hitler-Karikaturen im »Wahren Jacob« und einigen allgemeinen Karikaturen zu den Nationalsozialisten im »Kladderadatsch« wurde Hitler jedoch mit weitem Abstand am öftesten im »Simplicissimus« thematisiert. Vgl. den Artikel des ehemaligen »Simplicissimus«-Redakteurs Franz SCHOENBERNER, Im Kampf gegen Hitler. Der Simplicissimus zu Beginn der dreißiger Jahre, in: Literatur in Bayern – Sonderheft Simplicissimus, hg. v. INSTITUT FÜR BAYERISCHE LITERATURGESCHICHTE DER UNIVERSITÄT MÜNCHEN, München 1996, 16–28, hier 18.
[160] Vgl. Thomas KAFFKA, Hitler-Karikaturen im Simplicissimus. Historischer Kontext und Motive, Norderstedt 2010.
[161] Thomas Theodor Heine, Wie sieht Hitler aus?, in: Simplicissimus – Illustrierte Wochenschrift 9 (1923, Jg. 28) 107 (Abb.: WITAMWAS, Geklebte NS-Propaganda [wie Anm. 36], 227, Abb. 58).

äquat darzustellen, wie die letzte der zwölf Darstellungen verdeutlicht, in der in der Manier der italienischen Kunstbewegung ein unheilvolles Konglomerat aus unterschiedlichen Symbolen (darunter ein Hakenkreuz, ein Bierkrug mit Rutenbündel[162] sowie ein Revolver vor der Silhouette der Münchner Frauenkirche) dargestellt ist.

Rudolf Wirth, der nach Aussagen seines Sohnes ein begeisterter »Simplicissimus«-Leser war und dessen Ausgaben sammelte, kannte diese sowie die weiteren Hitler-Karikaturen mit Sicherheit. Dies legen zudem einige inhaltliche und motivische Parallelen in seiner Illustration nahe. Denn so wird auch auf der Titelseite des »Simplicissimus« vom 22. April 1929 Hitler als »Diktator«[163] bezeichnet, wenngleich nur als ein »verhinderter«.

Auch eine andere Titelseite vom 25. November 1929 zeigt eine Parallele zur Darstellung Hitlers bei Wirth. Hier wird dieser ebenfalls in Herrscherpose als »S.M. Adolf I.« gezeigt und als Nachfolger Kaiser Wilhelms bezeichnet[164]. Zudem erinnert das Motiv Hitlers auf dem Trümmerberg in der Zeichnung Wirths an die Darstellung von Thomas Theodor Heine »Die Gesundung kommt aus Bayern« (Abb. 15) aus dem Jahr 1923, die Hitler dort – allerdings wenig prominent – in einem brennenden Trümmerhaufen zeigt[165].

Weiter scheint sich Rudolf Wirth neben diesen motivischen Parallelen auch die visuelle Wiederkennbarkeit des populären Karikaturenstils des »Simplicissimus« (»Simplicissimus-Stil«) zunutze gemacht zu haben, indem er diesen explizit in seinen Illustrationen verwendete. Ebenfalls erinnern der strukturelle Aufbau und die Gliederung seines Flugblattes in mehrere Spalten (Abb. 4), die durch den Wechsel von Text und kleinen rechteckigen Vignetten aufgelockert wurden, an die von Thomas Theodor Heine verfassten und gezeichneten »Flugblätter des Simplicissimus«[166] (Abb. 5). Diese waren zwischen den Jahren 1903 und 1924 in unregelmäßigen Ab-

162 Das Rutenbündel, der römische *fascis*, der dem italienischen »Faschismus« seinen Namen gab.
163 Erich Schilling, Adolf, ein verhinderter Diktator, in: Simplicissimus – Illustrierte Wochenschrift 4 (1929, Jg. 34), Titelseite vom 22. April (Abb. online: Erschließungsdatenbank der Klassik Stiftung Weimar/Projekt der Herzogin-Anna-Amalia-Bibliothek). Die Karikatur zeigt Hitler in der Körperhaltung eines Hakenkreuzes.
164 Karl Arnold, S.M. Adolf I., in: Simplicissimus – Illustrierte Wochenschrift 35 (1929, Jg. 34), Titelseite vom 25. November (Abb. online: Erschließungsdatenbank der Klassik Stiftung Weimar/Projekt der Herzogin-Anna-Amalia-Bibliothek). Die Karikatur zeigt u.a. Hitler mit Hakenkreuzkrone in Herrscherpose auf ein Schwert gestützt.
165 Thomas Theodor Heine, Die Gesundung kommt aus Bayern, in: Simplicissimus – Illustrierte Wochenschrift 36 (1923, Jg. 28) 444 (3. Dezember 1923).
166 Thomas Theodor Heine, Flugblatt des Simplicissimus, in: Simplicissimus – Illustrierte Wochenschrift 56 (1907, Jg. 11) 1.

ständen erschienen und beschäftigten sich in der für den »Simplicissimus« bekannt kritischen und zugleich ironischen Weise mit aktuellen politischen aber auch gesellschaftlichen Themen.

Inwieweit Rudolf Wirth Einfluss auf das Layout der Flugblätter hatte, ist nicht bekannt. In den motivischen sowie auch stilistischen Parallelen zu den Illustrationen des »Simplicissimus« ist jedoch bereits die Absicht erkennbar, sich der dort erprobten und (gerade in München) populären Darstellungsmittel dieser Zeitschrift zu bedienen, um hierüber eine visuelle Wiedererkennbarkeit zu erzielen und die Werbekraft der parteipolitischen Aussagen zu unterstreichen. Durch die augenfällige Parallele zwischen den Flugblättern des »Simplicissimus« und denen der BVP sollte darüber hinaus ein breiteres, über die traditionelle Wählerschaft der Partei hinausgehendes Publikum angesprochen werden[167].

»Prophezeiung des Schreckens« – Bedeutung und Rezeption der Illustration

Auch wenn sich Rudolf Wirth in seiner Illustration der motivischen Mittel der »Simplicissimus«-Karikaturen bediente, musste er sich letztlich in der stilistischen Umsetzung dem Thema anders nähern. Es sollte ja nicht der intellektuell höherstehende »Simplicissimus«-Leser, sondern die breite Wählerschicht angesprochen werden. Da es sich also um politische Werbung handelte, die auch im öffentlichen Raum zum Einsatz kam, war ihm sicherlich daran gelegen, eine plakativere Wirkung zu erzielen und beschränkte er sich deshalb mehr auf die essentiellen Inhalte, ohne diese mit zu großen Details zu überfrachten. Zudem sollte der politische Inhalt der Texte im Vordergrund stehen und die Zeichnungen diesen lediglich illustrieren und nicht dominieren. Der entscheidende Unterschied zu den Darstellungen im »Simplicissimus« sowie zu den Karikaturflugblättern von KPD und SPD war jedoch ein anderer, der nachfolgend dargelegt werden soll: Denn während die Darstellungen dort, wie z.B. von »Adolf, der Hitler« (Abb. 14), »S.M. Adolf I« und vom »verhinderten Diktator« im »Trümmerhaufen« (Abb. 15) für die Karikatur typische Verfremdungen, Charakterkomik und auch Parodie ausdrücken[168], beinhaltet die Illustration Wirths nichts karikaturhaft Überzeichnetes,

---

[167] Die Wahlkampagne hatte durchaus Erfolg, denn, wie bereits erwähnt, blieb die Bayerische Volkspartei bei der Wahl vom 14. September 1930 zumindest in Bayern die stärkste Kraft und die NSDAP weiterhin eine Splitterpartei.
[168] Vgl. KAFFKA, Hitler-Karikaturen (wie Anm. 160), 25. Er kommt in seinen Ausführungen zum Schluss, dass die Zeichner des »Simplicissimus« es insgesamt dabei beließen, Hitler lediglich als »Blender und Verführer der Massen bloßzustellen, dessen politisches Wirken sich eben auf Reden

Witziges, sondern zeigt sich als ungeschminkter Vorbote des Schreckens. Diese vehemente Ernsthaftigkeit, mit der sich Rudolf Wirth Hitler widmete, hebt sich somit von der damaligen bildlichen Auseinandersetzung mit dessen Person eindeutig ab und kann als die visionäre Leistung des Künstlers angesehen werden, mit der er die Ansichten der Bayerischen Volkspartei eindrücklich untermauerte. Denn mit seiner Zeichnung war ihm eine bis dahin noch nicht beobachtete Visualisierung und Charakterisierung Hitlers gelungen. So markiert diese seherische Illustration möglicherweise sogar den Beginn einer neuen Ikonographie, die man angelehnt an den von Claudia Schmölders geprägten Terminus der »Bilder des Entsetzens«[169] mit »Prophezeiung des Schreckens« umschreiben könnte.

Denn während Schmölders die Darstellungen Hitlers ab 1945 (bzw. des sich abzeichnenden Kriegsendes) als »Bilder des Entsetzens« bezeichnete – wie beispielsweise das Gemälde »Kain oder Hitler in der Hölle« von George Grosz, das dieser 1944 im Exil vollendet hatte[170] –, in denen das Entsetzen über Hitler und dessen zerstörerische Politik zum Ausdruck gebracht wurden, könnte man in der Illustration Rudolf Wirths zeitlich den Anfangspunkt dieser visuell-kritischen Auseinandersetzung mit dessen Person sehen. Denn nie zuvor wurde in solch bildlicher Drastik der Horror sichtbar gemacht und zu solch einem frühen Zeitpunkt, an dem das schaudernde Erstarken Hitlers und der von ihm eingeleitete Untergang Deutschlands noch für die wenigstens präsent war, auf diese eindrückliche Weise veranschaulicht.

Zwar ist zu bedenken, dass die düstere Voraussage Wirths den heutigen Betrachter wegen seines Wissensvorsprungs um die katastrophalen Folgen des Nationalsozialismus ohne Zweifel mehr erschaudern lässt als den Wähler von 1930; jedoch hatte der überraschende Wahlerfolg der Nationalsozialisten am 14. September 1930 bei der Opposition tatsächlich für Entsetzen gesorgt und einen Wandel in der Wahrnehmung und Auseinandersetzung mit Hitler zur Folge. Das Bedürfnis nach einer differenzierten Auseinandersetzung mit seiner Person, die nun auch bildlich stattfand, war sprunghaft gestiegen und die Zahl der Flugblätter und Plakate, die sich nun auch visuell mit Hitler beschäftigten, nahm bei den darauffol-

---

und Straßenterror beschränkte, von dem jedoch keine wirklichen politischen Veränderungen zu erwarten sind – schon gar nicht eine ›Machtergreifung‹ oder die Errichtung eines totalitären Regimes«.
169 Claudia SCHMÖLDERS, Hitlers Gesicht. Eine physiognomische Biographie, München 2000, 215.
170 George Grosz, Kain oder Hitler in der Hölle, Gemälde, 1944 (DHM; Abb.: SCHMÖLDERS, Hitlers Gesicht [wie Anm. 169], 227). Das Gemälde zeigt Hitler niedergeschlagen auf einem Berg von Skeletten sitzend, umgeben von Flammen und Rauch, während er sich verzweifelt ein Tuch an die Stirn hält.

genden Wahlen schlagartig zu. Auf diesen wurde er jedoch zumeist – in Anlehnung an die satirischen Zeitschriften – in persiflierender Weise dargestellt. So beispielsweise auf einem Plakat der KPD aus dem Jahr 1932 mit dem Titel »Schluß jetzt mit Hitler!«, das in comicartigen Szenen u.a. auch Hitler mit dümmlichem Blick karikiert[171].

Zwar waren diese Karikaturen auf den Plakaten und Flugblättern durchaus als »Waffe«[172] gedacht, und richteten sich gezielt gegen Hitler; in ihrer übertriebenen und überladenen Darstellung[173], die hauptsächlich darauf abzielte, Hitler zu verspotten, sind sie jedoch nicht mit der Ernsthaftigkeit der »Prophezeiung des Schreckens«, wie sie in der Illustration Rudolf Wirths zum Ausdruck kommt, vergleichbar.

Es entstanden zeitgleich aber auch Darstellungen, die diesen Anspruch erfüllten und den Betrachter ernsthaft erschüttern und entsetzen wollten und dabei zugleich die unheilbringende Wirkung Hitlers voraussahen; darunter die Darstellung Hitlers von A. Paul Weber aus dem Jahr 1932[174], die Hitler teils als Skelett in SA-Uniform und somit als Personifikation des Todes darstellt und ihn in solch einer Drastik zeigt, dass aufgrund des zu großen Wahrheitsgehaltes nicht mehr von einer reinen Überspitzung und damit von einer Karikatur gesprochen werden kann[175]. Die Illustration wurde u.a. auf dem Titelblatt der Zeitung »Der gerade Weg. Deutsche Zeitung für Wahrheit und Recht« veröffentlicht[176]. Die Zeitung, die 1931 zunächst unter dem Namen »Illustrierter Sonntag« von Fritz Gerlich als

---

171 Plakat der KPD von 1932 »Schluß jetzt mit Hitler!« (BArch, Sig. Plak 002-017-037; Abb. online: Digitales Bildarchiv des Bundesarchivs). Auch auf zwei Plakaten der SPD wird Hitler auf diese Art dargestellt: So zeigt ihn das Plakat »An diesem System stirbt das Volk« von 1932 mit Krone, auf deren Spitze der politische Gegner aufgespießt ist (Abb.: DUVIGNEAU, Plakate in München [wie Anm. 36], 149, Nr. 164). Auf dem Plakat »Und das ist Adolf Hitler« ist lediglich die charakteristische Mund- und Schnurrbartpartie Hitlers im Großformat gezeigt (Abb.: ebd., 150, Nr. 166).
172 Vgl. den Titel des Ausstellungskataloges »Bild als Waffe«. Gerd LANGEMEYER/Gerd UNVERFEHRT/Herwig GURATZSCH u.a. (Hg.), Bild als Waffe. Mittel und Motive der Karikatur in fünf Jahrhunderten, München 1984.
173 Zum Ursprung des Wortes »Karikatur« aus dem Italienischen »caricare«, das »ursprünglich und unabhängig von künstlerischen Phänomenen beladen und übertreiben« bedeutet, vgl. ebd., 345 (sowie ferner das Kapitel »Karikatur – Zur Geschichte eines Begriffes«, 345–354).
174 Die Illustration von A. P. Weber wurde erstmals als Titelseite der Publikation von Ernst NIEKISCH, Hitler. Ein deutsches Verhängnis, Berlin 1932, veröffentlicht.
175 Weitere Darstellungen, die diese Kriterien ebenfalls erfüllen, finden sich beispielsweise im »Neuen Vorwärts«: Dort wird Hitler als Skelett mit Hakenkreuz in der Hand gezeigt (Neuer Vorwärts, 15. Oktober 1933, Nr. 18) oder in einer Illustration in der Zeitschrift »Der Wahre Jacob« auf der Hitler mit einer Maske gezeigt wird, hinter der sich ein Totenkopf verbirgt (Der Wahre Jakob 24 [1931, Jg. 48] 14).
176 A. P. Weber, Hitler der Bankrotteur, in: Der gerade Weg, 24. April 1932, Nr. 17 (Abb. online:

Reaktion auf den erstarkenden Nationalsozialismus gegründet worden war, war eine wichtige Stimme im Widerstand gegen Hitler[177]. Der bekannte Publizist, der auch der Bayerischen Volkspartei nahestand und darüber hinaus im Verlag »Kösel & Pustet« veröffentlicht hatte[178], kämpfte bis zu seiner Ermordung 1934 im KZ Dachau unermüdlich gegen die Nationalsozialisten und gehört, indem er die Zeichnung Webers als Titelillustration ausgewählt hatte, ebenfalls zu denjenigen, die zu diesem frühen Zeitpunkt nicht nur publizistisch, sondern auch visuell – im Sinne der »Prophezeiungen des Schreckens« Wirths – vor Hitler warnten.

Ein weiteres Beispiel ist ein anlässlich der Reichstagswahl von 1932 entstandenes Flugblatt eines anonymen Zeichners mit dem Titel »Der zertrümmert Alles« (Abb. 17)[179], das zudem durch einige auffällige Parallelen zu Rudolf Wirths Illustration darauf hindeutet, dass dessen Darstellung eine direkte Rezeption erfahren hatte.

Denn auch hier wird Hitler ebenfalls im vergrößerten Bedeutungsmaßstab in SA-Uniform dargestellt, während er im Begriff ist, mit erhobenem Arm und Stab unter sich befindliche brennende Häuser zu zertrampeln. Neben der Darstellung Hitlers, seiner Attribute (SA-Uniform und Stab) und der brennenden Ruinen lässt sich auch in der Wahl des Wortes »zertrümmert« eine Parallele zur Darstellung Wirths feststellen. Diese Art von Darstellung erlebte jedoch nur eine kurze Blüte, da ihr bereits 1933 – zumindest in Deutschland – durch die Machtergreifung Hitlers ein jähes Ende gesetzt werden sollte. So sind nur einige Exemplare dieses Typus bekannt, da sicherlich nicht wenige von ihnen während des Dritten Reichs vernichtet worden waren. Allenfalls im Ausland lebende oder dorthin emigrierte Künstler führten in gewissem Maße diese »Tradition« fort und ließen schließlich die »Bilder des Entsetzens« entstehen, wie das eben erwähnte Gemälde von George Grosz »Kain oder Hitler in der Hölle«.

München, Sankt Michaelsbund – Diözesanverband München und Freising e.V., URL: http://www.gerlich.com).
177 Weitere Informationen (sowie sämtliche Online-Ausgaben der Zeitschrift) und Literatur zu Fritz Gerlich unter: URL: https://www.gerlich.com. (letzter Zugriff 15. Juni 2021); KERSHAW, Hitler-Mythos (wie Anm. 75), 53.
178 Fritz GERLICH, Die stigmatisierte Therese Neumann von Konnersreuth, 2 Bde., Regensburg 1929.
179 Flugblatt gegen Hitler von 1932 (parteilos) »Der zertrümmert alles! Stimmt ihn nieder!!!« (DHM, Inv. Do 59/355; Abb. online: Deutsche Digitale Bibliothek). Verleger: Helmut Klotz; Druckerei: Volksfunkverlag GmbH. Entstanden laut Deutschem Historischen Museum zwischen März und April 1932.

Während diese Darstellungen jedoch als Reaktion auf das plötzliche Erstarken Hitlers und später dann auf seine Diktatur entstanden waren, hatte Rudolf Wirths Illustration bereits antizipierend versucht, gerade dies zu verhindern. So muss die Illustration »Nun bin ich Diktator im Reich der Trümmer und der Toten« letztlich losgelöst von diesen eben genannten Darstellungen betrachtet und aufgrund ihrer Eindringlichkeit (die zudem jegliche zynische oder karikierende Konnotation vermeidet) an den Anfang einer neuen, ernsthaften visuellen und konfrontativen Auseinandersetzung mit Hitler gestellt werden, die es bis dahin in dieser Form noch nicht gegeben hatte.

»Fahrschule Hugenberg – Hinein in die Katastrophe« – Politik, Ikonographie und Rezeption

Die Zeichnung »Fahrschule Hugenberg – Hinein in die Katastrophe« (Abb. 2), die nun eingehender analysiert werden soll, wurde ebenfalls sowohl auf dem Plakat (Abb. 11) als auch auf den Flugblättern »Revolution und Bürgerkrieg« und »Deutsches Volk in Not!« (Abb. 4) abgebildet[180].

Die Darstellung wird von einem dunklen Cabriolet dominiert, das in schneller Fahrt durch dunkle Gewitterwolken über Fabrikschlote hinwegrast und diese dabei mit sich reißt. Im Fahrzeug selbst sitzen vier Personen, die aufgrund ihrer eindeutigen Symbole verschiedenen politischen Parteien zugeordnet werden können: im Fond des Wagens sitzen ein durch den sogenannten »Bonzenhut« charakterisierter SPD-Mann sowie ein Mitglied der KPD mit Sowjetstern an Jacke und Kappe, während ein in Schwarz gekleideter Mann mit Schnurrbart und Zylinder das Fahrzeug steuert und aufgrund seiner Aufmachung und der Aufschrift des Autos, »Fahrschule Hugenberg«, als Mitglied der DNVP, möglicherweise sogar als deren Vorsitzender, Alfred Hugenberg, identifiziert werden kann. Neben ihm sitzt ein Nationalsozialist in SA-Uniform und mit Hakenkreuzbinde am Arm, was wegen des angedeuteten Schnauzbartes eine Anspielung auf Adolf Hitler sein könnte.

Mit der Aufschrift »Fahrschule Hugenberg« wird Bezug genommen auf den Unternehmer und Politiker Alfred Hugenberg (1865–1951)[181], der zu den schil-

---

180 Zu Datierung, Technik und Aufbewahrungsorten der Illustration siehe »Datierung, Technik und Zuschreibung« sowie im Anhang »Die politischen Flugblatt-Illustrationen Rudolf Wirths«.
181 Einführende Literatur zu Alfred Hugenberg: Heidrun HOLZBACH, Das »System Hugenberg«. Die Organisation bürgerlicher Sammlungspolitik vor dem Aufstieg der NSDAP, Stuttgart 1981. Die-

lerndsten Persönlichkeiten auf der politischen Bühne der Weimarer Republik zählte und heute als ein maßgeblicher Wegbereiter des Nationalsozialismus gilt. Der Jurist, der u.a. zunächst Vorsitzender verschiedener Firmen (u.a. Krupp von 1909–18) und ab 1918 Sprecher der DNVP war, gründete den sogenannten »Hugenbergkonzern«, der unterschiedliche, nationalkonservative Medien (Zeitungen, Werbeagenturen, Filmgesellschaften, u.a. die UFA etc.) umfasste[182]. Als Vorsitzender der DNVP versuchte Hugenberg für sein republikfeindliches Bestreben, die alten Vorkriegszustände wiederherzustellen, Kontakt zu allen Parteien, Gruppierungen und Strömungen zu knüpfen, die ihm dabei hilfreich sein konnten. Hierzu bediente er sich auch seiner diversen Zeitungen als Sprachrohr, die durch ihre höchst nationalistisch gefärbte Berichterstattung entscheidend zur Stärkung republikfeindlicher Tendenzen in Deutschland beitragen sollten.

Aufgrund seiner verschiedenen Tätigkeiten und der enormen Medienpräsenz wurde Hugenberg schnell zu einem beliebten Motiv und gerade in der satirischen Presse gerne in seinem Auto dargestellt, wie Illustrationen aus dem »Simplicissimus«[183] und dem »Wahren Jacob« (Abb. 16)[184] verdeutlichen.

Auch Rudolf Wirth griff in seiner Illustration das Motiv des Autos auf, mit dem er wohl – wie auch schon zuvor in der Illustration »Nun bin ich Diktator im Reich der Trümmer und der Toten« – eine bewusste Parallele zu diesen Karikaturen der genannten Zeitschriften herstellen wollte.

Der Titel »Fahrschule Hugenberg« und die Positionierung der Fahrzeuginsassen erlaubt verschiedene Interpretationsmöglichkeiten dieser Darstellung. Aufgrund der flankierenden Texte in den Flugblättern »Deutsches Volk in Not!« und »Revolution und Bürgerkrieg« machte die Bayerische Volkspartei Hugenberg für

---

se Arbeit widmet sich dem »frühen« Hugenberg und analysiert die Rolle seines Konzerns und dessen Einfluss auf die Politik. Dort Auflistung weiterer Literatur, 13; Klaus WERNECKE/Peter HELLER, Der vergessene Führer. Alfred Hugenberg. Pressemacht und Nationalsozialismus, Hamburg 1982. Sowie die Ausführungen zu seiner Person und dem Verhältnis zu Hitler in: FEST, Hitler (wie Anm. 8), 387–392.
182 Die weitreichenden und vielverzweigten Ausmaße des Hugenberg-Konzerns verdeutlicht das beeindruckende Schaubild bei: HOLZBACH, System Hugenberg (wie Anm. 181), ausklappbare Doppelseite am Ende des Buches.
183 Eduard Thöny, Aschermittwoch, in: Simplicissimus – Illustrierte Wochenschrift 43 (1928, Jg. 32) 592 (Abb. online: Erschließungsdatenbank der Klassik Stiftung Weimar/Projekt der Herzogin-Anna-Amalia-Bibliothek). In dieser Karikatur ist Hugenberg in einem Cabriolet zusammen mit einer Faschingsgesellschaft, die aus Staffagefiguren besteht, dargestellt.
184 Karl Holtz, Start, in: Der Wahre Jacob 22 (1929, Jg. 46), Titelseite vom 26. Oktober.

eine »Katastrophenpolitik«[185] verantwortlich, die sowohl ihn als auch seine Anhänger zusammen mit »Sozialisten aller Schattierungen in den Abgrund«[186] führen sollte. Demnach könnte die Darstellung Rudolf Wirths als pauschale Kritik an allen Fahrzeuginsassen gedeutet werden, die allesamt – »Fahrschüler« wie »Fahrlehrer« Hugenberg – nicht in der Lage waren, die Geschicke Deutschlands zu lenken und stattdessen das gesamte Volk in einer chaotischen Irrfahrt ins Verderben führen würden. Aufgrund der hellsichtigen Charakterisierung Hitlers in der Illustration »Nun bin ich Diktator im Reich der Trümmer und der Toten« könnte jedoch auch in Betracht gezogen werden, dass Rudolf Wirth seine persönliche Abneigung und Kritik an Hitler dadurch verdeutlichen wollte, dass er diesen neben Hugenberg auf den Beifahrersitz platzierte und ihm somit eine besondere Rolle unter den »Sozialisten« zukommen ließ. Denn in der Tat suchte Hugenberg – obwohl er zu dieser Zeit mit allen republikfeindlichen Strömungen sympathisierte und sich beispielsweise für das 1929 initiierte »Volksbegehren gegen den Young-Plan« u.a. mit Gruppierungen wie dem Stahlhelm, den Alldeutschen, dem Landbund und auch den Nationalsozialisten zusammengetan hatte[187] – besonders die Nähe zu Hitler, da er dessen mediale Wirkung auf die Menschen erkannt hatte und sich diese für seine eigenen Vorhaben zunutze machen wollte. So ließ er beispielsweise sämtliche Reden Hitlers in seinen Zeitungen in vollem Umfang drucken, obwohl die Nationalsozialisten und auch Hitler immer wieder offen ihre Antipathie gegenüber dem »bourgeoisen Reaktionär Hugenberg und all die ›grauen, vermotteten Adler‹ wie Goebbels abfällig meinte«[188], zum Ausdruck brachten. Auf dieses eigenartig einseitige Verhältnis zwischen Hugenberg und Hitler war auch die konservative Presse aufmerksam geworden und setzte sich in verschie-

---

185 »Glaubt ihnen daher nicht mehr, sie haben Euch schon so viel versprochen und doch nichts gehalten. Weder sozialistische Experimente noch die ›nationale‹ Revolution, noch eine Katastrophenpolitik, wie sie Hugenberg will, kann uns retten. Schaut Euch diese Vier richtig an. Alle vier können wohl niederreißen, aber nicht aufbauen«. Auch hier lässt sich wiederum eine inhaltliche Parallele zu einem anderen Flugblatt des Zentrums in Kooperation mit der BVP feststellen. So ist auch in dem Flugblatt »Volk in Not« die Rede davon, dass Hugenberg »die Katastrophe bewusst herbeiführen will« (Abb.: Buchstab, Keine Stimme [wie Anm. 36], 24–25).
186 »Die Gläubigen Hugenbergs, die nur in ihrem Herrn den wahren Bekämpfer des Marxismus sehen dürfen, die mit den Marxisten gegen ein nationales, sozialistenreines Kabinett, gegen den Reichspräsidenten und gegen ihre eigenen Forderungen auf Ost- und Agrarhilfe Sturm laufen, weil sie es nicht begreifen können, dass ein ›Schwarzer‹ Zentrumsmann den entscheidenden Kampf gegen sozialistische Irrlehrer führen soll. So fahren sie lieber mit den Sozialisten aller Schattierungen in den Abgrund. Als dass die mit den ›Schwarzen‹ das deutsche Volk retten.«
187 Vgl. Fest, Hitler (wie Anm. 8), 387.
188 Ebd., 388.

nen Artikeln damit auseinander. Besonders der »Vossischen« und der »Frankfurter Zeitung« gelangen dabei treffende Charakterisierungen, indem sie beide als »Katastrophen- und Gewaltpolitiker«[189] bezeichneten und in Hugenberg lediglich einen »Schrittmacher«[190] der NSDAP sahen, der es riskiere, durch »die gerissene und rücksichtslose Konkurrenz der Hitler-Partei ... völlig an die Wand«[191] gedrückt zu werden.

Ob Wirth diese Einschätzung aufgegriffen hatte und Hitler bewusst als beisitzenden Copilot darstellte, der nach abgeschlossener Lektion in der »Fahrschule Hugenberg« selbst das Steuer übernehmen würde oder ob er sogar so weit ging, in Hugenberg persönlich den eigentlichen »Fahrschüler« zu sehen, der letztlich vom Fahrlehrer, den Hitler am Beifahrersitz verkörperte, gesteuert wurde, ist nicht mit Sicherheit zu beantworten. Die Texte des Flugblattes legen nahe, dass die Bayerische Volkspartei die Illustration vor allem dazu nützte, Hugenberg zu kritisieren und ihn für die »Katastrophenpolitik« und die damit verbundene Fahrt in den Abgrund verantwortlich machen wollte. Jedoch ist es nicht auszuschließen, dass Wirth auch hier eine Doppeldeutigkeit und zusätzliche Kritik an Hitler zum Ausdruck brachte; und so lieferte er bewusst oder unbewusst auf die Frage, die auf einem oben bereits erwähnten Plakat der Nationalsozialisten zur Kommunalwahl 1924 in München gestellt worden war: »Wohin die Fahrt?«[192] mit dem Titel seiner Illustration die Antwort: »Hinein in die Katastrophe«.

Tatsächlich sollte Hugenberg entscheidend dazu beitragen, Hitler den Weg zu ebnen, ihn vom »Ludergeruch des Revoluzzers und Putschisten« zu befreien und damit den Lauf der Geschichte maßgeblich zu beschleunigen[193]. Denn mit der Protektion Hugenbergs gelang es Hitler über die zahlreichen Artikel in der »Hugenberg-Presse«, seine Bekanntheit bei der breiten Bevölkerung zu steigern und zugleich in Industriekreisen, in die ihn dieser eingeführt hatte, salonfähig zu werden. So nahm Hitler zunehmend an Fahrt auf und sollte nur drei Jahre später selbst das Steuer übernehmen.

Diesen Moment stellt eine Karikatur eines unbekannten Illustrators dar, die anlässlich der »Machtergreifung Hitlers« am 30. Januar 1933 und der zeitgleichen

---

189 Vossische Zeitung, 22. Juli 1930 und 11. September 1930, zitiert bei STADEL, Reichstagswahlen (wie Anm. 2), 61.
190 Frankfurter Zeitung, 7. September 1930, zitiert ebd.
191 Vossische Zeitung, 14. August 1930 und ähnlich am 11. September 1930, zitiert ebd.
192 Plakat der Nationalsozialisten von 1924 »Wohin die Fahrt?« (BArch, Sig. Plak 002-040-023; Abb. online: Digitales Bildarchiv des Bundesarchivs; vgl. hierzu oben Anm. 69).
193 FEST, Hitler (wie Anm. 8), 389.

Ernennung Hugenbergs zum Minister für Wirtschaft, Ernährung und Landwirtschaft durch Reichspräsident Hindenburg einen Tag darauf im »Vorwärts« veröffentlicht worden war (Abb. 18). Hier sitzt nun Hitler in brausender Fahrt und mit wehenden Haaren in einem Cabriolet selbst am Steuer, während hinten der neue Vizekanzler von Papen und Hugenberg sitzen. Durch die Aneignung des Titels »Fahrschule Hugenberg«[194] nimmt die Darstellung explizit Bezug auf Rudolf Wirths Illustration.

Allerdings verkannte der Zeichner den Ernst der Lage, indem er im darunter befindlichen Text von Papen und Hugenberg als die eigentlichen Lenker darstellte und ihnen ein eigenes Lenkrad zur Hand gab.

Dieser groben Fehleinschätzung, dass Hitler weiterhin von den »alten« Mächten gesteuert werden könne, unterlagen nicht nur weite Teile der Presse, sondern auch die gesamte politische Führungsriege und damit Hugenberg selbst. Obwohl Hitler nie ein Geheimnis aus seiner Abneigung gegen diese Kreise gemacht hatte, hielt Hugenberg an Hitler fest und sah in ihm weiterhin ein angemessenes Vehikel zur Durchsetzung seiner eigenen opportunistischen Bestrebungen und ging fest davon aus, zusammen mit von Papen selbst die Fäden in der Hand zu halten. Spätestens im Juni 1933 sollten ihm jedoch die Augen geöffnet werden, als er durch ein äußerst geschicktes und abgekartetes Spiel der NSDAP-Spitze bereits vier Monate nach seiner Ernennung zum Minister bereits wieder zum Rücktritt gezwungen wurde[195]. Wie so viele ehemalige Wegbereiter Hitlers (die den Weg an seiner Seite überlebt hatten) ging auch er daraufhin nicht auf Konfrontationskurs, sondern gab resigniert seine aktiven und politischen Funktionen auf und beendete seine Karriere schließlich als Alterspräsident ohne jeglichen politischen Einfluss.

---

194 Unbekannter Künstler, Fahrschule Hugenberg (Vorwärts, 1. Februar 1933, Nr. 53; Abb. online: Vorwärts-Digitalisierungsprojekt der Friedrich-Ebert-Stiftung). Der Urheber der Karikatur, der zahlreiche Illustrationen für den »Vorwärts« geschaffen hatte, konnte trotz der auffälligen Signatur (der durch einen Strich geteilten zwei Halbkreise) und Recherche in verschiedenen Nachschlagewerken (u.a. Klaus WITTE, Monogramm-Lexikon europäischer Exlibris-Künstler, Frederikshavn 1981; Franz GOLDSTEIN/Ruth KÄHLER/Paul E. PFISTERER [Hg.], Monogrammlexikon. Dictionary of monograms, Berlin 1999) sowie im Archiv des »Vorwärts« der Friedrich-Ebert-Stiftung in Bonn nicht ermittelt werden (für die freundliche Auskunft danke ich Herrn Olaf Guercke). Vgl. für weitere Informationen zu dieser Karikatur sowie zur Rolle Alfred Hugenbergs im damaligen politischen Geschehen den Vortrag »Der ›Tag von Potsdam‹ – 21. März 1933« von Dennis Grinat, gehalten am 22. März 2018 auf der Veranstaltung »Garnisonkirche der Nation – Gesegnete Kriege vor 1933« im Alten Rathaus in Potsdam. Das Skript wurde mir dankenswerterweise vom Autor zur Verfügung gestellt.
195 So sollte er auf der Weltwirtschaftskonferenz in London die Interessen Deutschlands vortragen und die ehemaligen deutschen Kolonien zurückfordern. Als dieser Vorstoß Hugenbergs auf vehe-

Der ehemalige »Fahrschüler« Hitler aber hatte nun, nachdem er sich ein Jahr später im Zuge des Röhm-Putsches der letzten Vertreter der alten Zeit entledigt hatte, vollends Fahrt aufgenommen und sollte ungebremst und mit voller Geschwindigkeit »hinein in die Katastrophe« steuern.

Epilog

Nach dem Zusammenbruch des Dritten Reiches und den verheerenden Folgen des Zweiten Weltkrieges war in Deutschland »nach 1945 das gesellschaftliche Bedürfnis nach verehrungswürdigen Kunstheroen, in denen sich die Sehnsucht nach einer heilsamen nationalen Identität spiegelt«[196], groß. Schillerndstes Beispiel für den Typ dieses Nachkriegshelden war zweifelsohne der während des Naziregimes als »entartet« geltende Emil Nolde, der lange Zeit als Paradebeispiel für den »aufrechten verfolgten modernen Künstler«[197] galt und dessen eigentlicher Rolle im Nationalsozialismus man erst seit kurzem gerecht wird. Ihm und einigen geschickt argumentierenden Kunsthistorikern war es gelungen, einen Mythos zu erschaffen, der den überzeugten Nationalsozialisten und Antisemiten nach dem Krieg zu einem Helden stilisierte. Natürlich war es vor allem das Genie Noldes und die daraus entstandenen einzigartigen Werke, die lange seine persönliche und politische Einstellung überstrahlten und die man weiterhin auch getrennt davon beurteilen muss. Hinzu kommt, dass gerade die Künstler des »Expressionismus«[198] im Nachkriegsdeutschland allein durch die Tatsache, dass sie Hitler so verhasst gewesen waren, dadurch einen zusätzlichen Ritterschlag[199] erhalten hatten. Andere wieder-

---

mente Kritik stieß, stellte die NSDAP die Forderungen als persönliche Meinung Hugenbergs dar und distanzierte sich von ihm, sodass er daraufhin von all seinen Ämtern zurücktrat, um seiner Entlassung zuvorzukommen. Vgl. WERNECKE/HELLER, Hugenberg (wie Anm. 181), 189.
196 Bernd FULDA, Emil Nolde. Eine deutsche Legende. Der Künstler im Nationalsozialismus, München 2019, 6.
197 Ebd., 6.
198 Interessanterweise war zu Beginn des Dritten Reiches noch nicht definiert, was als staatskonforme Kunst zu gelten hatte. So stand sogar kurz zur Debatte, den Expressionismus (den beispielsweise Goebbels im Gegensatz zu Hitler selbst sehr schätzte) zur »Staatskunst« zu erheben. Vgl. Olaf PETERS, Nationalsozialistische Kunst oder: Die Verneinung des Außerordentlichen, in: Unbewältigt? Ästhetische Moderne und Nationalsozialismus. Kunst, Kunsthandel, Ausstellungspraxis, hg. v. Meike HOFFMANN/Dieter SCHOLZ, Berlin 2020, 38–51, hier 41, mit weiterführender Literatur in Fußnote 16.
199 Vgl. Peter-Klaus SCHUSTER, Die doppelte »Rettung« der modernen Kunst durch die Nationalsozialisten, in: Überbrückt. Ästhetische Moderne und Nationalsozialismus. Kunsthistoriker und Künstler 1925-1937, hg. v. Eugen BLUME/Dieter SCHOLZ, Köln 1999, 40-47, hier 45; Gregor LANG-

um sahen nach den katastrophalen Geschehnissen des Krieges den Weg in die Abstraktion als einzige künstlerische Konsequenz und davon abweichende gegenständliche Darstellungsformen wurden – bis auf einige wenige Ausnahmen[200] – zunächst nur bedingt akzeptiert und salonfähig.

Vor diesem Hintergrund erscheint es deshalb mehr als angebracht, sich endlich verstärkt mit den »leisen« und oft überhörten Zeitzeugen, denen auch Rudolf Wirth angehörte, zu beschäftigen. Denn sie waren oftmals nur aufgrund der Tatsache, dass sie während des Dritten Reichs künstlerisch tätig bleiben durften und nicht das Prädikat »entartet«[201] erhalten hatten, nach dem Krieg völlig ins Abseits geraten. So sollte man die künstlerischen Leistungen dieser zu Unrecht »verschollenen«[202] Künstlergeneration, die aus verschiedensten Gründen nach 1945 nicht mehr an ihre künstlerischen Leistungen der Vorkriegszeit anknüpfen konnte, losgelöst von ihrem weiteren Werdegang beurteilen, und den Fokus auf ihr Schaffen in der Zeit zwischen den beiden Kriegen legen und diese danach neu bewerten und würdigen.

Denn sie waren letztlich im doppelten Sinne verloren, künstlerisch wie menschlich, wenn man die Charakterisierung der um 1900 geborenen Generation in Erich Maria Remarques Werk »Im Westen nichts Neues« hinzuzieht[203]. Dort umschreibt er diese als eine Generation, »die vom Kriege zerstört wurde – auch wenn sie seinen Granaten entkam«[204]. Obwohl sich Remarque damit auf den Ersten Weltkrieg bezog, sollte er fatalerweise mit seiner Einschätzung zugleich auch die Auswirkun-

---

FELD, Der Blick von »außen«. Konstruktionen der »deutschen« Moderne nach 1945, in: HOFFMANN/SCHOLZ, Unbewältigt? (wie Anm. 198), 242–255.
200 So gelang es nur wenigen – wie beispielsweise Gerhard Richter – im Nachkriegsdeutschland mit gegenständlicher Kunst bekannt und berühmt zu werden. Dies kritisierte beispielsweise Hans Jürgen Kallmann (1908–1991), der als jüngster Künstler bei der Ausstellung »Entartete Kunst« gezeigt worden war, und nach dem Krieg weiterhin ausschließlich gegenständlich arbeitete, zutiefst und er konnte, bis er sich als herausragender Porträtist einen Namen machen konnte, zunächst keinen Anschluss an die Nachkriegskunstszene finden. Vgl. hierzu dessen Erinnerungen in seiner Autobiographie Der verwundbare Stier. Die Kunst – mein Leben, München 1986.
201 Zu der spannenden Frage, welche Kunst während des Nationalsozialismus als »entartet« galt, vgl. Andreas HÜNEKE, Was ist »entartete« Kunst, woran erkennt man sie? in: HOFFMANN/SCHOLZ, Unbewältigt? (wie Anm. 198), 52–61.
202 Begriff von Zimmermann, Expressiver Realismus (wie Anm. 20).
203 Der Begriff der verlorenen Generation (*lost generation*) wurde von Gertrude Stein geprägt, die damit die Generation beschrieb, die – wie Erich Maria Remarque und auch Rudolf Wirth – während und nach dem Ersten Weltkrieg aufwuchs. Vgl. Wilhelm von STERNBURG, Als wäre alles das letzte Mal. Erich Maria Remarque. Eine Biographie, Köln 2009, 92.
204 Erich Maria REMARQUE, Im Westen Nichts Neues, Köln 2012, Zitat aus dem Epigraph zu Beginn des Buches.

gen des Zweiten Weltkrieges auf diese Menschen voraussehen, als eben diese Generation nur ein Jahrzehnt später durch die Wegbereitung des Dritten Reichs und dessen Folgen ein weiteres Mal nun sich selbst zerstören und von den erlebten Grausamkeiten und der späteren oftmals inneren Auseinandersetzung mit dieser Schuldfrage ein Leben lang gezeichnet sein sollte. Ganz so, wie Sebastian Haffner es ausspracht: »Alle … historischen Ereignisse [vor der Machtergreifung Hitlers; Anm. d. Verf.] haben selbstverständlich ihre Spuren hinterlassen … Aber es ist ein wichtiger Unterschied zwischen allem, was vor 1933 geschah, und dem, was dann kam: Alles frühere zog an uns vorbei und über uns hin, es beschäftigte und es regte uns auf, und den einen oder anderen tötete es oder ließ ihn verarmen; aber keinen stellte es vor letzte Gewissensentscheidungen. Ein innerster Lebensbezirk blieb unberührt. Man machte Erfahrungen, man bildete Überzeugungen: Aber man blieb, was man war. Keiner, der, willig oder widerstrebend, in die Maschinerie des Dritten Reichs geraten ist, kann das ehrlich von sich sagen.«[205]

Bedenkt man, wie viele Schicksale nicht »verloren« hätten gehen müssen, wäre den vor Hitler warnenden Stimmen – zu denen auch die Flugblätter der Bayerischen Volkspartei mit den Illustrationen Rudolf Wirths zählen – mehr Gehör geschenkt worden, dann erscheint es nahezu als gesellschaftliche Pflicht, durch eine intensivere Beschäftigung mit diesen Biographien weitere Erkenntnisse zu Tage zu fördern, die ein differenziertes Bild dieser Generation entstehen lassen[206]. So würde diesen Menschen – wenn auch posthum – endlich die ihnen zustehende Gerechtigkeit zuteil und sie müssten – aus historischer Sicht – nicht länger als *verloren* bezeichnet werden.

---

205 Sebastian HAFFNER, Geschichte eines Deutschen. Die Erinnerungen 1914–1933, München 2006, 12.
206 In diesem Zusammenhang ist auch der mutige Versuch der Ausstellung »Artige Kunst. Kunst und Politik im Nationalsozialismus« (2016/2017) erwähnenswert. Denn dort widmete man sich eingehend dem ansonsten tabuisierten Thema der während des Dritten Reichs als konform geltenden Kunst, deren kunsthistorische Aufarbeitung noch in großen Teilen aussteht. Vgl. Silke von BERSWARDT-WALLRABE/Jörg-Uwe NEUMANN/Agnes TIEZE (Hg.), Artige Kunst. Kunst und Politik im Nationalsozialismus. Katalog zur Ausstellung in den Kunstsammlungen der Ruhr-Universität Bochum, der Kunsthalle Rostock und dem Kunstforum Ostdeutsche Galerie Regensburg, 5. November 2016–29. Oktober 2017, Langenhagen 2016. Weiter zur Thematik der noch in deutschen und amerikanischen Depots unter Verschluss gehaltenen NS-Kunst: Ulrike KNÖFEL, Die Angst vor Hitlers Lieblingsbildern, in: Der Spiegel, 10. August 2019, Nr. 33, 104–107, in dem sich die Autorin mit der Thematik beschäftigt.

Bildanhang

Die Verfasserin dankt allen Rechteinhabern für die freundlich gewährte Abdruckgenehmigung. Dort, wo trotz sorgfältiger Recherche kein Nachweis gefunden wurde, wird um Benachrichtigung gebeten.

Abb. 1: Rudolf Wirth, »Nun bin ich Diktator im Reich der Trümmer und der Toten«, Probedruck für die Wahlkampagne der Bayerischen Volkspartei zur Reichstagswahl 1930 (Privatbesitz, Franz Wirth; Aufnahme: Stephanie Ruhwinkel).

Abb. 2: Rudolf Wirth, »Fahrschule Hugenberg – Hinein in die Katastrophe«, Probedruck für die Wahlkampagne der Bayerischen Volkspartei zur Reichstagswahl 1930 (Privatbesitz, Franz Wirth; Aufnahme: Stephanie Ruhwinkel).

Abb. 3: Rudolf Wirth, »Hafengasse«, Holzschnitt, 1929, in: Jugend – Münchner illustrierte Wochenschrift für Kunst und Leben 36 (1929) 570 (Klassik Stiftung Weimar).

Abb. 4a: Rudolf Wirth, »Deutsches Volk in Not!«, Flugblatt für die Wahlkampagne der Bayerischen Volkspartei zur Reichstagswahl 1930, Seite 1 (Privatbesitz, Franz Wirth; Aufnahme: Stephanie Ruhwinkel).

Abb. 4b: Rudolf Wirth, »Deutsches Volk in Not!«, Flugblatt für die Wahlkampagne der Bayerischen Volkspartei zur Reichstagswahl 1930, Seite 2 (Privatbesitz, Franz Wirth; Aufnahme: Stephanie Ruhwinkel).

Sie ist schlechthin

die bayerische Partei,

um die Preußens Ministerpräsident Bayern offen beneidet, die er wegen ihrer letzten Erfolge für Bayern glaubte angreifen zu müssen. Sie hat die Gefahr einer übermäßigen und ungerechten Biersteuererhöhung von Bayerns Wirtschaft abgewendet, den Satz der

Biersteuer von 100 und
75% auf 43% gedrückt
und Bayern so jährlich
35 Millionen erspart;

sie hat dem bayerischen Staat 26, den Gemeinden 7 Millionen Mehreinnahmen dabei gebracht.

Sie hat als Angriffe auf Verschlechterung des Finanzausgleichs, Vorbereitung des Einheitsstaates abgeschlagen, den Skandal der ungerechten Benachteiligung der süddeutschen Länder bei Vergebung der Reichsaufträge aufgedeckt und könnte noch viel mehr tun, wenn nicht aus Parteiegoist **die anderen 34 in Bayern gewählten Abgeordneten die Bayer. Volkspartei in ihrer bayerischen Aufgabe hemmen** statt unterstützen würden.

Sie ist eine deutsche Partei.

Auch außenpolitisch geht sie den Weg deutscher Ehre und Pflicht. Sie treibt keine leere Phrasenpolitik, sie erstrebt

Erleichterung der deutschen Lasten

auf jeden möglichen Weg. Sie hat in den Tagen des

Young-Plans

gewarnt ihn anzunehmen, bevor die deutschen Finanzen geordnet seien. Sie blieb ungehört; **sie lehnte die Verantwortung für die Annahme** des neuen Planes unter diesen Umständen ab.

Aber sie versagte sich doch keine Stunde an dem Rettungswerk, das unter dem Kabinett Brüning dann begann.

Denn höher als persönliche Rechthaberei steht ihr deutsche Pflicht.

Sie ist eine Volkspartei

im wahrsten Sinne des Wortes. In ihren Reihen stehen alle Stände, steht Stadt und Land. Sie regte durch den christlichen Bauernverein die Gründung der „grünen Front" an; sie erkämpfte in dieser die letzte große Agrarreform und sie hielt ihr immer Treue, obwohl der Bayerische Bauernbund ständig die „grüne Front" mit kleinlicher Hetze, zuletzt durch Sprengung der Regierungskoalition gefährdete. Sie hat

für den Mittelstand

im Reichstag immer in vorderster Reihe gekämpft und z.B. bei der letzten Finanzreform Freiheit von Erhöhung der Umsatzsteuer für alle Klein- und Mittelbetriebe und dagegen Heranziehung der großen und größten Betriebe gefordert. Sie hat

die sozialen Einrichtungen

mitschaffen und ausbauen helfen und setzt jetzt alle Kraft und Verantwortung ein, sie gesund zu machen und so

vor dem Zusammenbruch zu retten,

dem sozialistische Unfähigkeit sie entgegentreiben ließ. Sie hat den

Gedanken des Berufsbeamtentums

immer hochgehalten und wenn sie dem „Notopfer" zustimmte, so deshalb, weil damit dem Berufsbeamtentum neues Vertrauen gewonnen wird. Aber allen Ständen gegenüber vertrat sie, weil christlich und deutsch, auch stets den Gedanken der Pflicht.

Dann ist sie **eine christliche Partei.**

Sie sieht wachen Auges und mit steigender Sorge den über Moskau und Berlin vordringenden

Kulturbolschewismus;

sieht wie ein Reichstag die Tötung des keimenden Lebens, die widernatürliche Unzucht, die Lästerung des Namen Gottes freigeben, die Ehe kündbar machen; Schmutz und Schund, einer Afterkunst Verbreitung gewähren, die religiöse Eidesformel beseitigen will.

Diesem Kulturbolschewismus gilt ihr Kampf und wird er auch künftig gelten; rücksichtsloser denn je!

Im Zeichen des Christenkreuzes,

im Namen des deutschen Volkes für Heimat und Reich, so stehen wir im Kampf und so rufen wir zum Kampf.

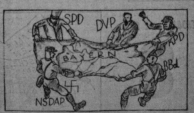

Bayerische Frauen und Männer!

Euer Staat ist in Gefahr! Derselbe streitende Haufen, der im Reichstag das Werk der Führer zerschlug, hat in **Bayern die finanzielle Rettung unmöglich gemacht.**

Abb. 4c: Rudolf Wirth, »Deutsches Volk in Not!«, Flugblatt für die Wahlkampagne der Bayerischen Volkspartei zur Reichstagswahl 1930, Seite 3 (Privatbesitz, Franz Wirth; Aufnahme: Stephanie Ruhwinkel).

Abb. 4d: Rudolf Wirth, »Deutsches Volk in Not!«, Flugblatt für die Wahlkampagne der Bayerischen Volkspartei zur Reichstagswahl 1930, Seite 4 (Privatbesitz, Franz Wirth; Aufnahme: Stephanie Ruhwinkel).

Abb. 5: Thomas Theodor Heine, »Flugblatt des Simplicissimus«, in: Simplicissimus – Illustrierte Wochenschrift 56 (1907, Jg. 11) 1 (Klassik Stiftung Weimar).

Abb. 6: Hans Schweitzer, »Schluss jetzt! Wählt Hitler!«, Propagandaplakat der NSDAP, 1932 (BArch, Signatur: Plak 002-016-049).

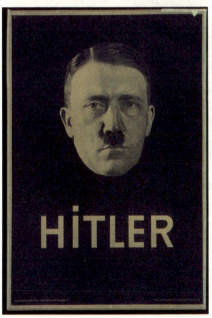

Abb. 7: Anonym, »Hitler«, Propagandaplakat der NSDAP, 1932 (BArch, Signatur: Plak 002-016-055).

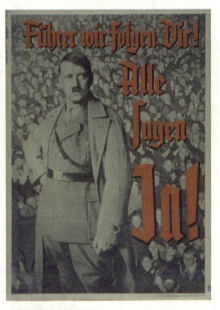

Abb. 8: Anonym, »Führer wir folgen Dir! Alle sagen ja!«, Propagandaplakat der NSDAP, 1934 (BArch, Signatur: Plak 003-002-041).

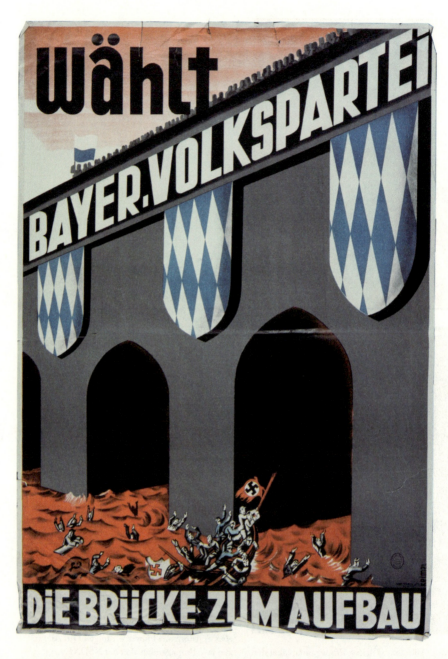

Abb. 9: Hermann Keimel, »Wählt Bayerische Volkspartei – Die Brücke zum Aufbau«, Plakat der Bayerischen Volkspartei, 1930 (BayHStA, Inv. 8703).

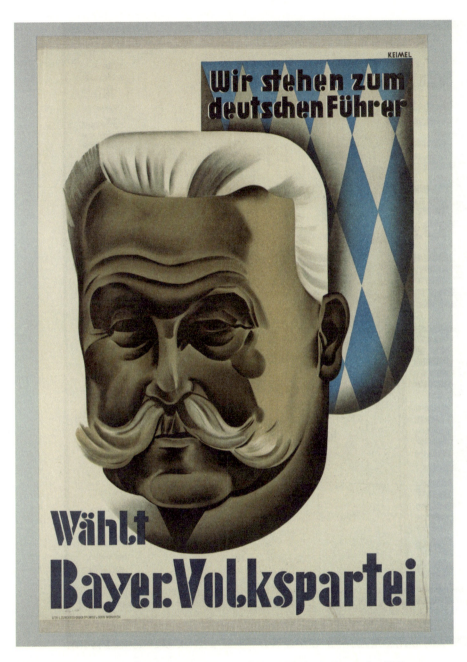

Abb. 10: Hermann Keimel, »Wir stehen zum deutschen Führer«, Plakat der Bayerischen Volkspartei, 1930 (München, Stadtmuseum, Plakatsammlung, Inv. Nr. P-C14/126).

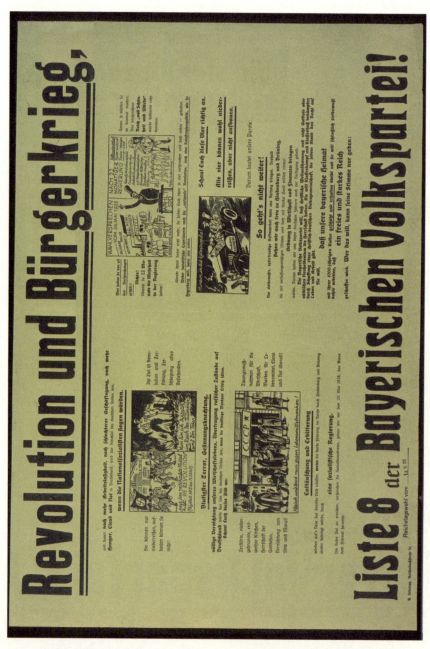

Abb. 11: Rudolf Wirth, »Revolution und Bürgerkrieg«, Plakat für die Wahlkampagne der Bayerischen Volkspartei zur Reichstagswahl 1930 (BArch, Signatur: Plak 002-024-027).

Abb. 12: Hermann Keimel, »Im starken Reich ein starkes Bayern«, Plakat der Bayerischen Volkspartei, 1928 (München, Stadtmuseum, Plakatsammlung, Inv. Nr. P- C 14 /124).

Abb. 13: Max J. B. Koner, Kaiser Wilhelm II., Gemälde, 1890, verschollen (Kriegsverlust) (Nachdruck; Aufnahme: Stephanie Ruhwinkel).

Abb. 14: Anonym, »Hakenkreuz und Sowjetstern«, Flugblatt der SPD, 1930 (AdsD; Signatur: 6/FLBL005281).

Abb. 15: Thomas Theodor Heine, »Die Gesundung kommt aus Bayern«, in: Simplicissimus – Illustrierte Wochenschrift 36 (1923, Jg. 28) 444 (Klassik Stiftung Weimar).

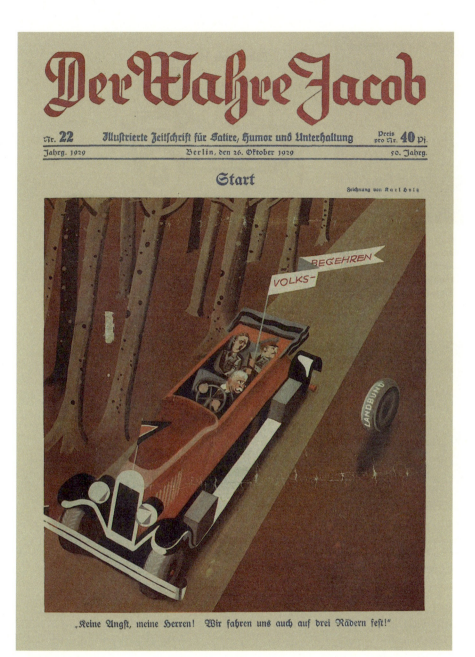

Abb. 16: Karl Holtz, Start, »1929«, in: Der Wahre Jacob – Illustrierte Zeitschrift für Satire, Humor und Unterhaltung 22 (1929, Jg. 46), Titelseite vom 26. Oktober 1929 (Nachlass Karl Holtz – Wolfgang U. Schütte).

Abb. 17: Anonym, »Der zertrümmert alles! Stimmt ihn nieder!!!«, Flugblatt gegen Hitler (parteilos), 1932 (bpk – Bildagentur für Kunst, Kultur und Geschichte).

Abb. 18: Anonym, »Fahrschule Hugenberg«, in: Vorwärts – Berliner Volksblatt. Zentralorgan der Sozialdemokratischen Partei Deutschlands, 1. Februar 1933, Nr. 53 (Berlin, Staatsbibliothek).

Abb. 19: Rudolf Wirth, »Im starken Reich, ein starkes Bayern«, Probedruck für die Wahlkampagne der Bayerischen Volkspartei zur Reichstagswahl 1930 (Privatbesitz, Franz Wirth; Aufnahme: Stephanie Ruhwinkel).

Die Angst vor der europäischen »Megamaschine«
Europapolitische Vorstellungen der frühen Grünen in Bayern

Von Alexander Wegmaier

Im Jahr 1979 gründeten verschiedene politische Kräfte in der Bundesrepublik die »Sonstige Politische Vereinigung (SPV) DIE GRÜNEN«, um bei den ersten direkten Europawahlen erstmals an einer bundesweiten Wahl teilzunehmen. Unter den Gründungsmitgliedern waren auch prominente bayerische Gesichter: August Haußleiter fungierte als einer der drei Sprecher, Petra Kelly war Spitzenkandidatin und Carl Amery kandidierte auf Platz zehn der Europaliste.

Die Europapolitik kann also durchaus als »Geburtshelferin der grünen Partei«[1] bezeichnet werden. Aber schon in der Vorbereitung des Wahlkampfes zeigte sich, dass eine genuin europäische Programmatik innerhalb der Gründungsgrünen unterschiedlich bewertet wurde. Eine europäisch orientierte Gruppe um die Spitzenkandidaten Petra Kelly und Roland Vogt wollte im Verein mit anderen grünen Listen Europas den Kontinent radikal umgestalten: Die Nationalstaaten sollten schrittweise abgeschafft und Europa zu einer dezentralisierten, entmilitarisierten und atomfreien »Umweltdemokratie« transformiert werden. Die Vorstandschaft der SPV stand solch weitgehenden Forderungen angesichts der heterogenen Trägergruppen des Wahlbündnisses dagegen distanziert gegenüber, wollte die Europawahlen vor allem »als Plattform zur Thematisierung der Ökologie nutzen« und wandte sich nach der Wahl sehr schnell dem Aufbau der neuen Partei im nationalstaatlichen Rahmen zu[2].

Obgleich es innerhalb der Grünen diffuser Konsens war, »daß Naturzerstörung und -ausbeutung nicht an Staatsgrenzen halt macht und grüne Politik nicht Angelegenheit eines Nationalstaats sein kann«[3], beklagten die wenigen Europapolitiker

---

1 Ludger VOLLMER, Die Grünen und die Außenpolitik – ein schwieriges Verhältnis. Eine Ideen-, Programm- und Ereignisgeschichte grüner Außenpolitik, Münster 1998, 256.
2 Stephen MILDER, Von Brüssel nach Bonn. Die Gründung der SPV. Die Grünen und die Europawahl von 1979, publiziert am 15. März 2019, URL: https://www.boell.de/de/2019/03/15/von-bruessel-nach-bonn-die-gruendung-der-spv-die-gruenen-und-die-europawahl-von-1979 (letzter Zugriff: 14. März 2022); vgl. auch Thomas DIETZ, Die grenzüberschreitende Interaktion grüner Parteien in Europa, Opladen 1997, 36.
3 Alexander SEIDL/Robert DEHNER, LAK Europa in Brüssel, in: Grüne Zeiten 605 (1986) 16 f.

der Grünen in den gesamten 1980er-Jahren, dass »kein Interesse und kaum Resonanz innerhalb der Partei« für europäische Diskussionen bestand[4]. Auch die Forschungsliteratur stellt fest, dass die Europapolitik bis in die 1990er Jahre hinein »immer ein Randthema grüner Programmatik geblieben« ist[5]. Dies war innerhalb der bayerischen Grünen nicht anders, auch wenn seit Ende der 1980er-Jahre mit der grünen Kritik am EG-Binnenmarkt und am Vertrag von Maastricht die innerparteiliche Debatte etwas an Fahrt aufnahm.

Trotz dieser offensichtlichen Randstellung des Themas innerhalb der Partei lohnt eine europapolitische Tiefenbohrung: Zwar wurde die Umweltbewegung in Bayern bereits ausführlich untersucht[6]. Es gibt aber bisher kaum Arbeiten, die sich mit der Entstehung und Entwicklung der bayerischen Grünen befassen[7]. Auch insgesamt steht die Forschung zur Parteigeschichte der Grünen noch am Anfang[8]. Bestehende Literatur ist vielfach aus der Perspektive handelnder Akteure oder politischer Beobachter verfasst[9].

Eine Analyse der europapolitischen Vorstellungen der bayerischen Grünen kann einzelne Diskurse freilegen, die auch über die konkreten Vorstellungen zur Gestaltung des Kontinents hinaus Einblicke geben in die programmatischen Prioritäten und das politische Selbstverständnis der jungen Partei in Bayern, die zeit-

---

4 Interview mit Wolfgang von Nostitz, in: Grüne Zeiten 7–8 (1987) 6.
5 Michael MÜNTER, Grüne Alternativen für Europa? Die Europapolitik der Grünen bis 1990, Berlin 2001, 114. Dieselbe Einschätzung bei Carl LANKOWSKI, Poetry on Palimpsest. Germany, the Greens, and the European Integration, in: Europe's ambiguous unity. Conflict and Consensus in the post-Maastricht Era, hg. v. DERS./Alan CAFRUNY, London 1997, 155–187, hier 164.
6 Ute HASENÖHRL, Zivilgesellschaft und Protest. Eine Geschichte der Naturschutz- und Umweltbewegung in Bayern 1945–1980, Göttingen 2011; Monika BERGMEIER, Umweltgeschichte der Boomjahre 1949–1973. Das Beispiel Bayern, Münster u.a. 2002; Markus MAURITZ, Natur und Politik. Die Politisierung des Umweltschutzes in Bayern. Eine empirische Untersuchung, Neutraubling 1995.
7 Astrid BÖSL, Die Grünen im Bayerischen Landtag 1986–1990, unveröffentlichte Masterarbeit an der Universität Regensburg 2015.
8 Silke MENDE, »Nicht rechts, nicht links, sondern vorn.« Eine Geschichte der Gründungsgrünen, München 2011; Andreas PETTENKOFER, Die Entstehung der grünen Politik. Kultursoziologie der westdeutschen Umweltbewegung, Frankfurt 2014; Makoto NISHIDA, Strömungen in den Grünen (1980–2003). Eine Analyse über informell-organisierte Gruppen innerhalb der Grünen, Münster 2005.
9 Z.B. Joachim RASCHKE, Die Grünen. Wie sie wurden, was sie sind, Köln 1993; Markus KLEIN/Jürgen W. FALTER, Der lange Weg der Grünen. Eine Partei zwischen Protest und Regierung, München 2003; Ludger VOLMER, Die Grünen. Von der Protestbewegung zur etablierten Partei. Eine Bilanz, München 2009.

genössischen Beobachtern generell als eher »pragmatisch orientierte[r] Landesverband«[10] mit einem »mehr oder weniger breite[n] Realo-Flügel«[11] galt[12].

Als Quellen können dafür einerseits die Protokolle der Landesparteigremien und der Landtagsfraktion der bayerischen Grünen herangezogen werden, die aber vor allem für die Anfangszeit oft recht eigenwillig oder unvollständig geführt wurden[13]. Dokumente des Bundesverbandes wurden nicht einbezogen, da die bayerischen Grünen im Untersuchungszeitraum »wenig Anschluß an die Grundsatzdebatten der Bundespartei«[14] suchten. Mit dem Einzug der Partei in die Parlamente standen ab 1983 der Bundestag sowie ab 1986 der Bayerische Landtag als Bühnen für die eigene Positionsdarstellung zur Verfügung. Parallel dazu existierte mit der Mitgliederzeitschrift »Grüne Zeiten« bzw. ab 1990 »Grüner Basisbrief«[15] ein Forum der innerparteilichen Diskurse, in dem neben Führungsfiguren auch ein breiter Querschnitt der »Basis«, die für die Grünen ein wichtige Referenzgröße ihres politischen Selbstverständnisses war, das Wort ergriff.

Frühe Europapolitik als Friedenspolitik

Nach der Europawahl 1979 verschwanden Bezugspunkte zur europäischen Integration sehr schnell von der Tagesordnung der jungen Partei. Der bayerische Landesverband der Grünen wurde am 7. Oktober 1979 gegründet[16] und musste zunächst einmal arbeitsfähige Strukturen ausbilden. In dieser Phase der Gründung und Etablierung überschatteten interne Querelen um die Einstellung des neuen Landesgeschäftsführers Reinhold Kaub sowie um den wachsenden Einfluss der

---

10 Ellen HOFMANN, Der CSU die Gewaltfrage stellen, in: die tageszeitung (künftig: taz), 9. März 1987, 2.
11 Luitgard KOCH, Bayern in Treue zu(r) CäSiUm, in: taz, 26. September 1986, 3; vgl. auch Michael STILLER, Tritte für die grünen Trampeltiere, in: Süddeutsche Zeitung (künftig: SZ), 15. Mai 1987, 20, sowie Bernd SIEGLER, Grünes Signal aus Bayern, in: taz, 8. April 1991, 6.
12 RASCHKE, Grünen (wie Anm. 9), 266 f., bezeichnet den Landesverband als »reformerisch, ökologisch, antiradikal« mit einer »spezifisch bayerischen Theorieabneigung (um dies vorsichtig auszudrücken)«. NISHIDA, Strömungen (wie Anm. 8), 91/107, sieht im Landesverband Bayern vor allem die Flügel der Realos und Ökolibertären beheimatet, ohne dafür allerdings weitere Belege zu liefern.
13 Archiv Grünes Gedächtnis (künftig: AGG), C Bayern Landesvorstand sowie C Bayern Fraktion.
14 RASCHKE, Grünen (wie Anm. 9), 267.
15 Ab 1980 »Grüze: grüne Zeitung. Informationsdienst«, ab 1984 »Grüne Zeiten. Monatszeitschrift für Mitglieder und Freunde der bayerischen Grünen«, ab 1990 »Grüner Basisbrief«.
16 Christian SCHNEIDER, Unter den Grünen wächst die Solidarität, in: SZ, 8. Oktober 1979, 19.

bunten und alternativen Gruppen im Bundesverband den jungen Verband[17]. Dass europapolitische Fragen nicht im Vordergrund standen, mag in dieser Zeit verständlich sein, änderte sich aber auch in den Folgejahren nicht.

Das erste (»Saarbrücker«) Bundesprogramm der Grünen aus dem Jahr 1980 übernahm Passagen aus dem Europawahlprogramm, tilgte aber jede Aussage zu den Europäischen Gemeinschaften. Die konkreten Institutionen der europäischen Integration bekamen so »nicht nur keine eigenständige Rolle« zugemessen, sondern wurden »schlichtweg ignoriert«[18]. Zwar wurde ein kleiner Teil der Wahlkampfkostenerstattung dafür verwendet, ein Europabüro in Straßburg (ab 1981 in Brüssel) einzurichten und mit Roland Vogt zu besetzen. Doch die europapolitischen Berichte Vogts und Petra Kellys fanden kaum Beachtung[19].

In den innerparteilichen Diskursen findet man »Europa« zunächst fast ausschließlich in Beiträgen aus der Friedensbewegung: Sehr schnell nach der Formierung der Partei fand eine »Erweiterung der grünen Agenda um das Thema Frieden«[20] statt, die ihren Ursprung im Protest gegen den sogenannten NATO-Doppelbeschluss, gegen die damit verbundene Stationierung von Atomwaffen in Mitteleuropa und gegen das Prinzip nuklearer Abschreckung überhaupt hatte. Dies war auch in Bayern zu beobachten: »Jeder müsse sich darüber klar sein, daß Europa nach einem Atomkrieg eine radioaktive Wüste wäre«, umriss der Landesvorsitzende Manfred Quickert 1980 ein Hauptthema des kommenden Bundestagswahlkampfes[21].

Kaum jemand verkörperte die Verbindung von Umwelt- und Friedensbewegung unter dem Stichwort »Ökopax« stärker als die gebürtige Günzburgerin Petra Kelly. Sie hatte schon vor dem NATO-Doppelbeschluss die beiden Themen miteinander verknüpft[22]. Nach ihrer Spitzenkandidatur bei der Europawahl war Kelly als Sprecherin des ersten Bundesvorstands (1980-1982) und der ersten Bundestags-

17 Vgl. dazu u.a. Christian SCHNEIDER, Die Grünen sehen rot, in: SZ, 27. Februar 1980, 20; Hannes KRILL, Flügelkämpfe bei den Grünen, in: SZ, 17. März 1980, 16; Christian SCHNEIDER, Der Zwist bei den Grünen spitzt sich weiter zu, in: SZ, 28./29. Juni 1980, 23.
18 MÜNTER, Alternativen (wie Anm. 5), 25.
19 Axel VOGL, Bericht von der Bundeshauptausschusssitzung am 12./13. September in Hamburg, in: Grüze 4 (1981) 9 f.
20 MENDE, Geschichte (wie Anm. 8), 339; vgl. insgesamt zum NATO-Doppelbeschluss Christoph BECKER-SCHAUM u.a. (Hg.), »Entrüstet Euch!« Nuklearkrise, NATO-Doppelbeschluss und Friedensbewegung, Paderborn 2012.
21 Hubert NEUMANN, Die »Grünen« treten an, in: SZ, 8. Juli 1980, 13; vgl. auch Hubert NEUMANN, Die Grünen wollen in den Landtag, in: SZ, 15. Dezember 1981, 15.
22 Petra KELLY/Roland VOGT, Ökologie und Frieden. Der Kampf gegen Atomkraftwerke aus der Sicht von Hiroshima, in: Forum Europa 1–2 (1977) 15–18.

fraktion (1983/84) offenbar »bereit, ihr europäisches Programm hintanzustellen«[23]. Angesichts der prägenden Debatte um die atomare Rüstung »positionierte sie sich in den frühen 1980er-Jahren medial als Friedenspolitikerin« und rückte die Forderungen der Friedensbewegung ganz in den Vordergrund ihrer politischen Tätigkeit[24]. Zum Auftakt ihrer ersten Bundestagsrede präsentierte sich Kelly als Vertreterin für »die Menschen aus der Friedens- und Ökologiebewegung, für die ich hier spreche«[25].

Zwar bearbeitete sie im Bundestag auch die Europapolitik und wandte sich gegen »das Europa der multinationalen Konzerne, das Europa der vereinigten Atomkraftwerke, der vereinigten Sprengköpfe und das Europa der Ressourcenverschwendung«[26]. Dennoch war »Europa« für sie in den frühen 1980er-Jahren vor allem der Kontinent, auf dem »mit den kurzfristig verfügbaren Nachrüstungswaffen Pershing II und Cruise Missiles die Reaktion der Sowjetunion auf die neue Abschreckungsstrategie der Amerikaner getestet werden« sollte[27]. Auch innerhalb der Grünen fiel diese europapolitische Leerstelle auf. Rudolf Bahro kritisierte Kelly etwa dafür, dass sie zwar ein »anderes Europa« fordere, sich aber offenbar selbst nicht klar darüber sei, wie dieses Europa aussehen sollte[28].

Mit »Europa« verband sich also vor allem die Vorstellung eines Orts, der als Hauptschauplatz eines Atomkriegs bedroht wurde, und weniger das Bild einer zusammenwachsenden Staatengemeinschaft: Die »Grünen Zeiten« druckten z.B. schon in ihrer ersten Ausgabe unter der Überschrift »Europa atomwaffenfrei« in Auszügen den »Aufruf für ein atomwaffenfreies Europa« der Bertrand-Russell-Peace-Foundation vom 28. April 1980[29] ab. Darin wurde gefordert, »das gesamte Territorium Europa's [!], von Polen bis Portugal, von atomaren Waffen, von Luft- und U-Bootstützpunkten und von allen Einrichtungen freizumachen, die mit der Erforschung oder Herstellung von Atom-Waffen beschäftigt sind«[30].

23 MILDER, Brüssel (wie Anm. 2).
24 Saskia RICHTER, Petra Kelly als Mittlerin in der transnationalen Friedensbewegung gegen den NATO-Doppelbeschluss, in: Mitteilungsblatt des Instituts für soziale Bewegungen 44 (2010) 21–42, hier 29; vgl. auch Saskia RICHTER, Die Aktivistin. Das Leben der Petra Kelly, München 2010, 143 f.
25 Petra Kelly, Protokoll der 4. Sitzung vom 4. Mai 1983, in: Verhandlungen des Deutschen Bundestages (künftig: VdDB) 1983, 128.
26 Petra Kelly, Protokoll der 15. Sitzung vom 22. Juni 1983, in: VdDB 1983, 920.
27 Petra Kelly, Protokoll der 36. Sitzung vom 22. November 1983, in: VdDB 1983, 2522.
28 Schreiben von Rudolf Bahro an Petra Kelly vom 28. Januar 1984, in: AGG PKA 2063.
29 Patrick BURKE, European Nuclear Disarmament. Transnational Peace Campaigning in the 1980s, in: Nuclear Threats, Nuclear Fear and the Cold War of the 1980s, hg. v. Eckart CONZE u.a., Cambridge 2017, 227–250.
30 O.V., Europa atomwaffenfrei, in: Grüze 1 (1981) 9.

Weitere Passagen des Aufrufes, in denen es um eine Auflösung der Blöcke und die Neutralisierung Europas ging, wurden von der Redaktion herausgekürzt – entweder weil man bei begrenzten Ressourcen Platz sparen wollte, oder weil diese weitgehenden Forderungen kein Konsens innerhalb der heterogenen Partei waren, zu der auch nach dem Parteiaustritt der Galionsfigur Herbert Gruhl[31] Anfang 1981 noch viele wertkonservativ-bürgerliche Kräfte gehörten. Gruhls »Grüne Aktion Zukunft« hatte zwar ebenfalls »eine atomwaffenfreie Zone in Europa und eine schrittweise Abrüstung aller Mächte« zum Ziel, sprach sich ansonsten aber außenpolitisch recht unverbindlich lediglich »für eine Politik der Partnerschaft und des friedlichen Zusammenlebens mit allen Völkern« aus[32].

Dagegen vertraten vor allem Grüne, die aus der ehemaligen Aktionsgemeinschaft Unabhängiger Deutscher (AUD) August Haußleiters stammten, klar nationalneutralistische Ideen: Walter Harleß, Kreisvorsitzender in München-Mitte und ehemaliger stellvertretender AUD-Vorsitzender, forderte etwa ein »neue[s] gesamteuropäische[s] Sicherheitssystem« mit einem Parlament und einem »Europa-Sicherheitsrat«, um den von »Adenauers Politik [geschaffenen] heutigen Zustand der Konfrontation in Mitteleuropa« zu überwinden[33]. Um aus der Blockkonfrontation herauszukommen, bleibe nur »die Freigabe und Neutralisierung beider deutscher Nachkriegsstaaten« verbunden mit einer »von beiden Supermächten und den UN garantierten Pufferzone von Schweden bis Jugoslawien«, die als sicherheitspolitischer »cordon sanitaire« zur »neutralen Begegnungs- und Handelszone für beide Blöcke« werden solle[34].

Während sich dieses Konzept mit dem Ansatz der »Äquidistanz zu beiden Blöcken« traf, den eine Gruppe um Petra Kelly, Gert Bastian, Milan Horacek, Rudolf Bahro und Lukas Beckmann vertrat[35], gab es aber auch Stimmen, die in Vorleistung gehen wollten. Das sozialistisch orientierte Bundesvorstandsmitglied Erich Knapp etwa sah im »Abbau aller ökonomischen, sozialen, militärischen Aggressionspotentiale und -strukturen« des Westens die »Grundvoraussetzung dafür,

---

31 MENDE, Geschichte (wie Anm. 8), 452–458.
32 Das grüne Manifest, in: Herbert Gruhl – Unter den Karawanen der Blinden. Schlüsseltexte, Interviews und Reden (1976–1993), hg. v. Volker KEMPF, Frankfurt a.M. 2005, 139–143, hier 143.
33 Walter HARLESS, Die Deutschen und der Frieden. Bericht vom 3. Deutschlandkongreß der Grünen, in: Grüne Zeiten 20 (1985) 29.
34 Walter HARLESS, Radikalismus, Realismus und Blockfreiheit, in: Grüne Zeiten 56–57 (1986) 31. Der Gedanke eines neutralen Gürtels in Mitteleuropa findet sich auch im Leitantrag zur Bundestagswahl 1983, vgl. Peter SCHMITT, Grüne liebäugeln mit den Genossen, in: SZ, 6. Dezember 1982, 16.
35 MENDE, Geschichte (wie Anm. 8), 343.

daß der östliche Staatssozialismus seine infolge (materieller und politkultureller) Unterentwicklung, infolge Isolation und westlicher Aggressionen aufgebaute Verpanzerung abbaut«[36].

Aus diesem Nebeneinander verschiedener friedenspolitischer Ansätze[37] destillierte sich nach und nach ein Grundkonsens im Hinblick auf die Rolle Europas. Für die bayerischen Grünen war es entscheidend, »Europa zu einer entmilitarisierten Friedensregion« zu machen[38]. Damit verband man einerseits die scharfe und wiederkehrende Kritik, die friedliche Entwicklung in Europa sei durch die Rolle der bayerischen Rüstungsindustrie, vor allem von MBB im Verbund mit dem »Waffenhändler Strauß«, massiv gefährdet[39]. Zum anderen glaubte man, eine »Militarisierung der Europäischen Gemeinschaften als Standbein der NATO (WEU)«[40] zu erkennen. Die Sorge vor einer »militärisch und wirtschaftlich starke[n] atomare[n] Supermacht namens Westeuropa«[41] wurde vor allem von Petra Kelly immer wieder thematisiert[42] – und das auch schon bevor die EG-Staaten in der Einheitlichen Europäischen Akte eine stärkere Zusammenarbeit in der Außen- und Sicherheitspolitik vereinbarten. Zwar gab es auch innerparteiliche Stimmen, die davor warnten, »negative Tendenzen auf europäischer Ebene, die mit der EG primär nichts zu tun haben (z.B. Militarisierung, Jäger 90)«, der EG anzulasten[43]. Dennoch sortierte der Großteil der bayerischen Grünen die EG als Teil des westlichen Blocksystems und Kind des Kalten Krieges ein[44].

---

36 Erich KNAPP, Für die emanziepierte [!] Koalition!, in: Grüze 16 (1982) 17.
37 Vgl. das ähnliche Nebeneinander von Strömungen innerhalb der Grünen in der Deutschlandpolitik bei Regina WICK, Die Mauer muss weg – Die DDR soll bleiben. Die Deutschlandpolitik der Grünen von 1979 bis 1990, Stuttgart 2012, 69–115.
38 Interpellation der Abgeordneten Paulig, Romberg und Fraktion DIE GRÜNEN, Bayern und Europa vom 21. Dezember 1987, Landtagsdrucksachen (künftig: LT-Drs.) 11/4819.
39 Bernd SCHREYER, Frieden leben?, in: Grüne Zeiten 46 (1985) 25; vgl. auch Edith Memmel, Protokoll der 52. Sitzung vom 2. März 1988, in: Verhandlungen des Bayerischen Landtages (künftig: VdBL) 1988, 3436.
40 SCHREYER, Frieden leben? (wie Anm. 39), 25.
41 Petra KELLY/Gert BASTIAN, Die Neutralität bewahren. Offener Brief an unsere irischen Freunde/innen (1987), in: Petra KELLY, Mit dem Herzen denken. Texte für eine glaubwürdige Politik, München 1990, 162.
42 MÜNTER, Alternativen (wie Anm. 5), 43/48 f. sowie Robert CAMP, »Für ein Europa der Regionen. Für eine ökologische europäische Gemeinschaft.« Über die Europapolitikerin Petra Kelly in: Die Grünen in Europa. Ein Handbuch, hg. v. der HEINRICH-BÖLL-STIFTUNG, Münster 2004, 12–29, hier 23–25.
43 Peter Noss, Die GRÜNEN und die EWG, in: Grüne Zeiten 7–8 (1988) 8.
44 So Sophie Rieger, Protokoll der 18. Sitzung vom 14. Mai 1991, in: VdBL 1991, 1012.

Konsequenterweise konnten die Grünen daher auch die europapolitischen Entwicklungen am Ende des Ost-West-Konfliktes nicht mittragen: Angesichts der »deutschen Nationaleuphorie«[45] im Zuge der Wiedervereinigung warnten die bayerischen Grünen in ihrer »Erklärung zur Deutschlandpolitik« davor, eine »wie auch immer geartete[.] Annäherung« der beiden deutschen Staaten dürfe nicht über den »gesamteuropäischen Einigungsprozess und die europäische Friedensordnung« gestellt werden[46]. Es war für die Grünen unabdingbar, dass ein wiedervereinigtes Deutschland, das man sich am ehesten als Konföderation vorstellen wollte, »nur eingebunden in ein Gesamteuropa ... auch die Befürchtungen, die die anderen Menschen um uns herum haben, vermindern« könne[47].

Als sich die EG-Staaten auf dem Gipfel von Maastricht dafür entschieden, zunächst nur Beitrittsverhandlungen mit Österreich und Schweden zu führen, kritisierten die Grünen dies im Landtag scharf als Ausdruck des alten »Bollwerk[s] Westeuropa«[48]. Sophie Rieger forderte »ein Europa, das zur Aufnahme der Staaten in Mittel-, Ost- und Südosteuropa bereit ist« und »gesamteuropäische Institutionen wie die KSZE und de[n] Europarat« weiterentwickeln wolle[49].

Der Maastrichter Beschluss für eine »gemeinsame Außen- und Sicherheitspolitik im klassisch-militärischen Bereich (WEU als EG-Streitmacht)«[50] schien den Grünen dagegen zu bestätigen, dass »die Gunst der Stunde für bessere Entwicklungen in Europa«[51] nicht genutzt werden sollte. Neben anderen Aspekten war dies ein zentraler Grund dafür, dass die bayerischen Grünen den Vertrag von Maastricht ablehnten. Für die Grünen galt im Sinne ihrer gesamteuropäischen Orientierung auch weiterhin die »Präferenz ... der Erweiterung der EG vor der Vertiefung«, wie der Landesvorsitzende Gerald Häfner feststellte[52].

---

45 Margarete Bause, Protokoll der 112. Sitzung vom 14. November 1989, in: VdBL 1989, 7763.
46 LANDESVORSTAND DER GRÜNEN, Erklärung zur Deutschlandpolitik, in: Grüne Zeiten 2 (1990) 21.
47 Hartmut Bäumer, Protokoll der 121. Sitzung vom 20. Februar 1990, in: VdBL 1990, 8344; vgl. für die parallele Entwicklung bei den Bundesgrünen WICK, Mauer (wie Anm. 37), 271 f.
48 Dringlichkeitsantrag der Abgeordneten Dr. Fleischer, Rieger und Fraktion DIE GRÜNEN, Entschließung: Konferenz des Europäischen Rates von Maastricht vom 8. April 1992, LT-Drs. 12/6021.
49 Sophie Rieger, Protokoll der 49. Sitzung vom 9. April 1992, in: VdBL 1992, 3130 f.
50 Heidi MEINZOLT-DEPNER, Maastricht für die Grünen, in: Grüner Basisbrief 4 (1992) 5.
51 Hartmut Bäumer, Protokoll der 112. Sitzung vom 14. November 1989, in: VdBL 1989, 7756.
52 Protokoll der Fraktionssitzung vom 1. Dezember 1993, in: AGG C Bayern Fraktion, Bd. 10.

»Europa der Regionen« – mehr Leerformel als Konzept

Neben der friedenspolitischen Perspektive begleitete die Grünen seit ihrer Gründung auch die Vorstellung von einem »Europa der Regionen«. Seine Ursprünge hatte das Konzept im Denken des Schweizer Philosophen Denis de Rougemont[53], der seine Kritik an den Nationalstaaten mit dem Engagement für Europa verband: Die Nationalstaaten seien »trop petits et trop grands à la fois«[54] für die Bewältigung der zeitgenössischen Herausforderungen: Zu klein, um ihre Verteidigung und ihren Wohlstand zu sichern sowie ihre frühere Rolle in der Weltpolitik weiter spielen zu können. Jedoch zu groß, um ihren Bürgern eine angemessene und effektive individuelle Partizipation am öffentlichen Leben ermöglichen zu können. Da der Mensch sich aber nur in kleinen Einheiten als Person verwirklichen könne, müssten letztlich die Regionen anstelle der langfristig abzuschaffenden Nationalstaaten die neuen Basiseinheiten einer europäischen Föderation werden[55].

Rougemonts Konzept erfuhr seit den späten 1960er-Jahren zunehmend Aufmerksamkeit in der Politik: Vor allem französische Regionalisten und Christdemokraten aus dem Alpenraum nutzten es, um einen Platz für die Regionen im europäischen Politikprozess einzufordern[56]. Als sich Rougemont in den 1970er-Jahren den neuen pazifistischen und ökologischen Bewegungen annäherte[57], fand das »Europa der Regionen« auch seinen Weg zu den Grünen: Zentraler Ideenumschlagplatz war dafür die Plattform »Ecoropa«, in der sich seit Ende 1976 ökologisch orientierte Intellektuelle, Wissenschaftler und Umweltaktivisten aus Europa zum programmatisch-konzeptuellen Austausch zusammenfanden[58]. Erster Präsi-

---

53 Zu Leben und Denken Rougemonts vgl. Franz KNIPPING, Denis de Rougemont (1906–1985), in: Europa-Historiker. Ein biographisches Handbuch, hg. v. Heinz DUCHHARDT u. a., Bd. 3, Göttingen 2007, 157–175.
54 Denis de ROUGEMONT, Lettre ouverte aux Européens, Paris 1970, 156; vgl. insgesamt dazu François SAINT-OUEN, La notion d'Europe des Régions chez Denis de Rougemont, in: Le fait régional et la construction Européenne, hg. v. Marie-Thérèse BITSCH, Bruxelles 2003, 45–56.
55 Vgl. Undine RUGE, Die Erfindung des »Europa der Regionen«. Kritische Ideengeschichte eines konservativen Konzepts, Frankfurt a. M. 2003, 184–190.
56 Vgl. RUGE, Erfindung (wie Anm. 55), 280–305; Alexander WEGMAIER, »Europäer sein und Bayern bleiben«. Die Idee Europa und die bayerische Europapolitik 1945–1979, München 2018, 265–269.
57 Giorgio GRIMALDI, Federalismo, ecologia politica e partiti verdi, Mailand 2005, 73–80; Nicolas STENGER, Denis de Rougemont et l'écologie. Une crise spirituelle d'abord, in: Écologie & politique 44 (2012) 55–65; RUGE, Erfindung (wie Anm. 55), 196 f.
58 DIETZ, Interaktion (wie Anm. 2), 36 f.

dent war Denis de Rougemont, Gründungsmitglieder u.a. Carl Amery, Edward Goldsmith und Solange Fernex[59].

Amery hatte schon 1976 in seinem Buch »Natur als Politik« beinahe wortgleich die Argumentation Rougemonts vom Funktionsverlust der Nationalstaaten aufgenommen, ohne allerdings explizit den Begriff eines »Europas der Regionen« zu verwenden[60]. Sie passte zur Grundthese Amerys, wonach die Ausbildung politischer und wirtschaftlicher Zentralmächte zwangsläufig zu einer »parasitären« Ausbeutung der Umwelt und der Menschen führen musste[61]. Eine Lösung konnte für ihn nur darin bestehen, »daß eine möglichst große Zahl von Zukunftsproblemen in möglichst überschaubaren Räumen analysiert und dann auch geregelt« werde[62]. Dies war unverkennbar an die Gedanken Ernst Friedrich Schumachers angelehnt[63], der ein wichtiger Stichwortgeber der ökologischen Bewegung war[64].

Neben Carl Amery kamen auch noch weitere Gründungsgrüne wie Herbert Gruhl, Petra Kelly, Roland Vogt und der bayerische AUD-Generalsekretär Max Winkler bei Ecoropa mit Rougemont zusammen[65]. Das 1979 zur Europawahl veröffentlichte »Ecological Manifesto for a Different Europe« von Ecoropa enthielt als Folgerung aus den Prinzipien der Dezentralität und der Selbstbestimmung des Menschen auch die Forderung nach einer Abschaffung der Nationalstaaten zugunsten einer »federation of autonomous regions, each selforganized in a participatory and anticipatory democracy«[66].

Das »Europa der Regionen« kam also über das Ecoropa-Netzwerk in die grüne Begriffswelt und fand sich dann auch im Wahlprogramm für die Europawahl

---

59 STENGER, Rougemont (wie Anm. 57), 59 f.
60 Carl AMERY, Natur als Politik. Die ökologische Chance des Menschen, Reinbek bei Hamburg 1976, 135 f. In einem etwa zeitgleichen Brief an Hubert Weinzierl sprach er von einem »Europa der Heimaträume«, vgl. Silke MENDE, Auf der Suche nach der verlorenen Orientierung. Carl Amery – ein grüner Bewegungsintellektueller zwischen konservativer Bewahrung und progressiver Veränderung, in: Revue d'Allemagne et des pays de langue allemande 46/2 (2014) 365–379, hier 370.
61 AMERY, Natur (wie Anm. 60), 100 f.
62 Ebd., 125.
63 Ernst Friedrich SCHUMACHER, Small is beautiful. A Study of Economics as if People mattered, London 1974; vgl. RUNGE, Erfindung (wie Anm. 55), 292, sowie MENDE, Geschichte (wie Anm. 8), 268.
64 Jean JACOB, Le retour de »L'ordre nouveau.« Les métamorphoses d'un fédéralisme européen, Genf 2000, 90–94; vgl. auch Hendrik OPDEBEECK (Hg.), Responsible economics. E.F. Schumacher and his legacy for the 21st century, Oxford 2013.
65 Vgl. First Colloquium Ecoropa on 15–17 September at the Institut Européen d'Écologie in Metz (France), URL: http://www.ecoropa.info/year/1977 (letzter Zugriff: 14. März 2022).
66 Ecological Manifesto for a different Europe (1979), URL: http://www.ecoropa.info/node/59 (letzter Zugriff: 14. März 2022); vgl. auch DIETZ, Interaktion (wie Anm. 2), 36.

1979⁶⁷. Inhaltlich blieb es in der Folge aber vage und diffus. Noch 1992 stellte der bayerische Landesvorsitzende Gerald Häfner fest: »Eine positive Konzeption von einem Europa, wie es die Grünen sich vorstellen, ist nie ernsthaft erarbeitet worden«, weil es den Grünen nicht gelungen sei, die Formel vom Europa der Regionen »ausreichend mit Inhalten zu füllen«⁶⁸.

Diese Einschätzung deckt sich mit der Forschungsliteratur⁶⁹. Dennoch finden sich im innerparteilichen Diskurs der bayerischen Grünen hier und da Mosaiksteine, die zumindest Ansätze und Zielvorstellungen erkennen lassen. Das Bundesvorstandsmitglied Erich Knapp schlug am Rande eines längeren Artikels in den Grünen Zeiten auch eine Umgestaltung der EG vor: hin zu einer »Konföderation selbstverwaltungssozialistischer und ökologisch orientierter Demokraten … mit einer demokratisch geleiteten Konföderationsbank, deren Kreditgebung ein bedarfsdeckendes, ökologisch orientiertes Wirtschaftswachstum ermöglicht«⁷⁰.

Während es hier bei dieser knappen Andeutung blieb, versuchte der Passauer Roman Loimeier in den Grünen Zeiten eine umfangreichere Konzeption: Er diagnostizierte einen politischen, kulturellen und ökonomischen Konzentrationsprozess, der Europa präge und strukturell veröden lasse: »Die Vielfalt wird durch die Monotonie ersetzt, McDonalds dringt in die letzten Dörfer vor, das Liebenswerte wird durch das Funktionelle abgelöst.« Obwohl einzelne Regionen Widerstand gegen diese »Gleichschaltung« leisteten, wachse doch die »Macht der Zentren« beständig: Die EG habe nur »einigen wenigen Zentren erheblichen Wohlstand gebracht«, der Föderalismus in Deutschland sei »zu einer bloßen Floskel verkommen« und auch innerhalb Bayerns habe der »CSU-Zentralismus« das »Hinterland« abgehängt⁷¹.

Dagegen wollte Loimeier ein neues grünes Konzept von Europa setzen: »Ein Europa der Regionen soll an die Stelle des ›Europa der Nationen‹ treten, die Entscheidungsebenen sollten zurückverlagert werden, von den Zentren in die Peripherie.« Damit waren für ihn vor allem die Kommunen gemeint. Loimeier ging so weit, nicht nur die Rücknahme der Gebietsreform zu fordern, sondern auch eine Aufteilung des »heute existierende[n] bayerische[n] Zentralstaat[s] in seine drei

---

67 Die Grünen – Alternative für Europa. Das Programm der Sonstigen Politischen Vereinigung »Die Grünen«, URL: https://www.boell.de/sites/default/files/assets/boell.de/images/download_de/publikationen/1979_001_Wahlprogramm_Europawahl_1979.pdf (letzter Zugriff: 14. März 2022), 1.
68 Gerald HÄFNER, Maastricht – Nein danke!, in: Grüner Basisbrief 4 (1992) 8.
69 MÜNTER, Alternativen (wie Anm. 5), 113 f.
70 Erich KNAPP, Für die emanzipierte [!] Koalition!, in: Grüze 16 (1982) 17.
71 Roman LOIMEIER, Basisdemokratie und grüne Europapolitik, in: Grüne Zeiten 56–57 (1986) 32 f.

gewachsenen Regionen ... Franken, Schwaben und Altbayern.« Eine so gestaltete Dezentralisierung der Macht bedeutete für Loimeier eine »Redemokratisierung der Entscheidungsstrukturen«, die zu Folge haben würde, dass »nicht mehr wenige Mächtige die Geschicke Europas bestimmen, sondern der demokratische Rat vieler ›Kleiner‹«[72].

Obgleich Loimeiers Artikel keinerlei unmittelbare Resonanz erzeugte, lassen sich zwei Aspekte doch vorsichtig verallgemeinern: Erstens unterschied sich die grüne Vorstellung von der »Region« deutlich von der CSU, obgleich beide Parteien sich als überzeugte Föderalisten bezeichneten. Im grünen Denken existierte »ein diffus empfundener, analytisch nicht reflektierter Widerspruch zwischen dem grünen Grundpostulat ›dezentral‹ und allem, was nach Nichtüberschaubarkeit, Bürokratie, Entfremdung, gar Zentralismus« klang[73]. Während die CSU staatsföderalistisch dachte und ganz selbstverständlich die Länder als Basisbausteine eines Europas der Regionen sah[74], dachten die Grünen noch kleinräumiger, angelehnt an »die Vorstellung, daß kleine Einheiten humaner und daher besser sind«[75]. Unter diesen Voraussetzungen verstanden die Grünen »gewachsene Landschaften und Kultur- oder Wirtschaftsräume ... wie etwa die Alpen- oder die Küstenregionen oder die großen Industriezentren wie das Ruhrgebiet«[76] als die regionalen Bausteine Europas. Aus diesem kleinräumigen Verständnis, das besonders auch die Kommunen im Blick hatte, versuchten die Grünen 1992 erfolglos, mit einem Landtagsantrag die Kommunen stärker als vorgesehen am geplanten EG-Ausschuss der Regionen zu beteiligen[77].

Die Rolle der Länder dagegen blieb unklar. Zwar beklagten die Grünen im Landtag wiederholt einen Ausverkauf der Länderkompetenzen, da »Stück für Stück ihrer [der Länder] Hoheit auf Brüssel übergeht oder uns einfach stillschweigend oder plötzlich hintenherum weggenommen wird.« Sie forderten dagegen »eine konsequente Politik des Föderalismus, eine Politik der Regionen, eine

---

72 Ebd., 33.
73 Peter Noss/Ralph Knerr, Quadratur des Kreises oder politische Herausforderung, in: Grüne Zeiten 7–8 (1987) 7; vgl. auch Hans-Peter Welte, Die Parlamentarisierung der Grünen im Landtag von Baden-Württemberg. Eine Bilanz nach drei Wahlperioden (1980–1992), Frankfurt a. M. 1994, 53.
74 Martin Hübler, Die Europapolitik des Freistaates Bayern. Von der Einheitlichen Europäischen Akte bis zum Amsterdamer Vertrag, München 2002, 108–111.
75 Interview mit Wolfgang von Nostitz (wie Anm. 4), 6.
76 Rieger, Protokoll der 18. Sitzung (wie Anm. 44), 1011.
77 Antrag der Abgeordneten Dr. Fleischer, Rieger und Fraktion DIE GRÜNEN: Angemessene Beteiligung der Kommunen am EG-Regionalausschuß vom 18. Mai 1992, LT-Drs. 12/6529, sowie Protokoll der 73. Sitzung vom 10. Dezember 1992, in: VdBL 1992, 4895–4899.

klare Politik der Subsidiarität«[78], wenn v. a. die Landtage nicht »zur reinen Akklamationsbude verkommen« wollten[79]. Die Grünen unterstützten daher sowohl die Einrichtung der Bayerischen Vertretung in Brüssel als auch die Initiative der Staatsregierung, die Übertragung von Länderkompetenzen an die EG an die Zustimmung der Länder zu binden (auch wenn sie erfolglos forderten, die Übertragung nicht nur von der Zustimmung des Bundesrats, sondern auch der Landtage abhängig zu machen)[80].

Trotz dieser Sorge um die Länderkompetenzen wurde aber ein dreistufiger Aufbau Europas aus Ländern, Nationalstaaten und der europäischen Ebene, wie er der Staatsregierung unter der Chiffre »Europa der Regionen« vorschwebte, abgelehnt. Der Staatsregierung gehe es bei ihrer Europapolitik trotz der Schlagworte Föderalismus und Subsidiarität »um Machtstrukturen und Möglichkeiten der Einflußnahme von oben nach unten«, urteilte Sophie Rieger im Landtag[81].

Der zweite verallgemeinerbare Aspekt Loimeiers war die diffuse Rolle, die der europäischen Ebene zugedacht war. Loimeier sprach lediglich von einem »demokratische[n] Rat vieler ›Kleiner‹ [Regionen]«, der die Geschicke Europas bestimmen sollte. Die Zusammensetzung blieb ebenso unerwähnt wie die Kompetenzen. Der Kontext lässt jedoch ebenso wie die Mehrzahl anderer grüner Beiträge vermuten, dass unter einem »Europa d e r Regionen« eigentlich ein »Europa a u s Regionen« verstanden wurde mit einer eher schwachen europäischen Ebene, die »nur Rahmenrichtlinien [als Mindeststandards erlassen sollte], die von bürgernahen Institutionen ausgefüllt werden«[82].

Darauf weisen verschiedene Äußerungen hin: Der Grünen-Vordenker Carl Amery beschrieb bereits in seinem Roman »An den Feuern der Leyermark« (1979) die Utopie der »Freyen Centraleuropäischen Eidgenossenschaften« mit weitreichender Autonomie der Kommunen[83]. In seinem Essay »Wegweisung Europa« (1984) entwarf er ein »Szenario für ein vereinigtes Europa, das eine Chance hat, in die Zukunft zu sehen und zu gehen«: Die Delegierten der Regionen Europas bil-

---

78 Eleonore Romberg, Protokoll der 97. Sitzung vom 11. Mai 1989, in: VdBL 1989, 6817.
79 Eleonore Romberg, Protokoll der 61. Sitzung vom 14. Juni 1988, in: VdBL 1988, 4056 f.
80 Eleonore Romberg, Protokoll der 48. Sitzung vom 3. Februar 1988, in: VdBL 1988, 3164/3168.
81 Rieger, Protokoll der 18. Sitzung (wie Anm. 44), 1011.
82 Wolfgang von NOSTITZ, Europäischer Binnenmarkt. Gemeinschaft über alles?, in: Grüne Zeiten 7–8 (1988) 5; vgl. auch Memmel, Protokoll der 52. Sitzung (wie Anm. 39), 3445 (»Unsere Vision ist ein Europa der Regionen, die (!) in Frieden mit der Natur und den Völkern eine Kultur der regionalen Vielfalt gestalten«).
83 Carl AMERY, An den Feuern der Leyermark. Science Fiction-Roman, München 1979, 333–335.

den als »die wahren Abgesandten Europas« einen »Senat der europäischen Regionen«, der sich »zur einzig legitimen Vertretung der europäischen Völker« erklärt, die »Legitimität der gegenwärtigen Marionetten-Institutionen« bestreitet und die »Konstitution einer Föderation aus fünfunddreißig bis vierzig Regionen, zunächst Mittel- und West-Europas« beschließt. Der Senat organisiert eine »Rehabilitation verödeter und verödender Landschaften« und die »Herstellung konkreter Verhältnisse, in denen wieder Kirchturmspolitik, d.h. eine Politik überschaubarere Kompetenzen, betrieben werden kann«. Die Finanzmittel dafür gewinnt er aus einer »radikale[n] Besteuerung jedes Vorgangs, der diese grundlegenden Ressourcen [Luft, Wasser, Boden und Energie] mindert, beeinträchtigt, in nicht vorhersehbarer Weise verändert«[84]. Auch Peter Noss vom Landesarbeitskreis Europa ging in eine ähnliche Richtung. In seiner Idealvorstellung war das Europäische Parlament »Machtbalancemöglichkeit gegenüber Vertragsmauscheleien der europäischen Regierungen« und »Anwalt regionaler Selbstverwaltungskompetenz«[85].

All diese Äußerungen deuten auf eine eher schwache europäische Ebene mit nur rudimentär ausgeprägten Exekutivmöglichkeiten hin. Aus dem positiven grünen Grundverständnis von Dezentralität heraus ist dies auch nachvollziehbar. Allerdings begaben sich die Grünen in eine argumentative Zwickmühle: Eleonore Romberg etwa forderte im Landtag mehrfach unter dem Beifall ihrer Fraktion eine »Stärkung des Europäischen Parlaments mit allen Befugnissen der Legislative«, die »etwa im Rahmen einer Europäischen Verfassung« erfolgen müsse[86]. Raimund Kamm trat gar für einen Volksentscheid auf europäischer Ebene ein[87]. Wolfgang von Nostitz schwebte ein »Europa der Regionen« vor, das ein »Wirtschaften in kleinen Produktionseinheiten und -räumen« dadurch ermöglicht, dass »die Steuerbelastung umso größer wird, je größer der Betrieb ist« und die »Verteuerung der Transporte ... örtliche Produktionsstrukturen« stärkt[88].

Carl Amery schließlich nahm in »Wegweisung Europa« die Argumentation Rougemonts auf, wonach die beiden wesentlichen Zwecke, zu denen einst die Na-

---

84 Carl AMERY, Wegweisung Europa. Eine kritische Reflexion, in: Hoffnung Europa. Deutsche Essays von Novalis bis Enzensberger, hg. v. Paul Michael LÜTZELER, Frankfurt a.M. 1994, 445–466, hier 463–465.
85 NOSS, Die GRÜNEN (wie Anm. 43), 8.
86 Romberg, Protokoll der 48. Sitzung (wie Anm. 80), 3168, sowie Protokoll der 80. Sitzung vom 14. Dezember 1988, in: VdBL 1988, 5524.
87 Raimund Kamm, Protokoll der 97. Sitzung vom 11. Mai 1989, in: VdBL 1989, 6837.
88 Interview »Die Säge muß am Stamm der Landwirtschaftspolitik angesetzt werden«, in: taz, 4. Dezember 1987, 3.

tionalstaaten gegründet worden seien, nunmehr nur noch von Europa wahrgenommen werden könnten, nämlich »sich zu verteidigen bzw. die wirtschaftlichen Bedürfnisse seines Raumes abzudecken«[89]. Beide Zwecke setzen aber ebenso eine handlungsfähige europäische Ebene mit erheblichen Kompetenzen voraus wie Nostitz' Idee einer europäischen Steuerpolitik und Rombergs Forderung nach einem vollwertigen Parlament. Denn was sollten »alle Befugnisse der Legislative« anderes beinhalten als substanzielle Gesetzgebungskompetenzen und das Recht, eine Exekutive zu wählen bzw. zu kontrollieren – und damit jene »Entwicklung zur Zentralisierung, zur Bürokratisierung, zur Gleichmacherei im Interesse von Wachstumsideologien«[90] zu begünstigen, die Romberg im gleichen Atemzug kritisierte?

Entweder wurde der argumentative Widerspruch nicht erkannt oder aber geduldet. Immerhin reichte das Spektrum von Eleonore Rombergs Forderung nach einer Stärkung des Europäischen Parlaments bis zu Edeltraud Ennich. Die Regensburgerin war zwar als Nachrückerin bei der Europawahl 1984 stimmberechtigtes Mitglied der ersten grünen Gruppe im Europaparlament[91]. Zugleich fragte sie in den Grünen Zeiten: »Wozu brauchen wir dieses EP überhaupt?«, gefolgt von der Feststellung: »Allerdings: auf die EG können wir erst recht verzichten!«[92] Vielleicht legte man auch aufgrund dieses Meinungsspektrums keinen Wert darauf, den Widerspruch aufzulösen. Lediglich der profilierte Realpolitiker Hartmut Bäumer fragte später im Zuge der innerparteilichen Diskussion um den Vertrag von Maastricht, ob die EG-Kritiker »eine Demokratisierung tatsächlich wünschen würden«[93]. Einzelne Äußerungen deuten darauf hin, dass eine stärkere europäische Ebene für die Grünen nur bei einem »anderen« – ökologischeren und dezentraleren – Europa denkbar war[94]. Aber die bayerischen Grünen sahen offenbar nie die Notwendigkeit, den konkreten Weg dorthin in einem Positionspapier oder einem Gremienbeschluss zu diskutieren und festzulegen.

---

89 Amery, Wegweisung (wie Anm. 84), 459.
90 Romberg, Protokoll der 80. Sitzung (wie Anm. 86), 5524.
91 Elizabeth Bomberg, Green Parties and Politics in the European Union, London 2005, 102.
92 Edeltraud Ennich, Auf die Parlamentarier dürfen wir uns nicht verlassen, in: Grüne Zeiten 40 (1984) 26.
93 Hartmut Bäumer, Europa – ja bitte, aber wie?, in: Grüner Basisbrief 1 (1993) 9.
94 Interview mit Wolfgang von Nostitz (wie Anm. 4), 6; Noss, Die GRÜNEN (wie Anm. 43), 8.

Schwache innerparteiliche Verankerung der Europapolitik

Die schwache Verankerung des Politikfeldes Europa wurde schon von zeitgenössischen Beobachtern thematisiert[95]. Wie wiederkehrende Äußerungen zeigen, war man sich auch innerhalb der Partei des Defizits bewusst, gleichwohl folgten der Klage selten Konzepte.

Im bayerischen Landesverband existierte seit 1984 ein eigener Landesarbeitskreis Europa[96], dessen »unspektakuläre, aber dennoch nie eingeschlafene Tätigkeit unter der unermüdlichen Impulsgebung unseres mittlerweile ins EP nachgerückten Wolfgang v. Nostitz«[97] immer wieder den Weg in die parteiinterne Öffentlichkeit suchte und auch Akzente setzen konnte. Der umstrittene Beitritt des Bundesverbandes zur Koordinationsgruppe der Europäischen Grünen im Jahr 1987[98] erfolgte etwa auf Initiative des bayerischen Landesarbeitskreises und der Kreisverbände Miesbach und München-Süd[99]. Dennoch räumte der bayerische Landesvorsitzende Gerald Häfner noch 1992 ein: »Auf Parteitagen wurde dieses Kapitel [Europapolitik] am liebsten verdrängt, abgesetzt oder – bestenfalls – von wenigen nimmermüden Spezialisten diskutiert. Entsprechend unklar und indifferenziert waren unsere Positionen. Eine positive Konzeption von einem Europa, wie es die Grünen sich vorstellen, ist nie ernsthaft erarbeitet worden.«[100]

In der Landtagsfraktion war das Bild ähnlich: In der ersten Fraktion von 1986 bis 1990 hatte Eleonore Romberg die Zuständigkeit für die Europapolitik übernommen. Die parteilose Friedensaktivistin war Präsidentin der Internationalen Frauenliga für Frieden und Freiheit und legte im Landtag ihren Schwerpunkt auf Friedens- und Menschenrechtsthemen[101]. Romberg bereitete zwar die große Interpellation der Grünen zur Europapolitik vor[102], fand in ihren Plenarreden dazu aber keine klare Position. Auf ihre selbst gestellte Frage: »Welchen Rang nimmt

---

95 Holm A. LEONHARDT, Zur Europapolitik der Grünen, in: Zeitschrift für Politik 31 (1984) 192–204.
96 Edeltraud ENNICH, Bericht zu Europa, in: Grüne Zeiten 39 (1984) 24.
97 NOSS/KNERR, Quadratur des Kreises (wie Anm. 73), 7.
98 DIETZ, Interaktion (wie Anm. 2), 131 f.; vgl. auch Christoph BECKER-SCHAUM, Kommentar, in: Grünes Gedächtnis 2010, hg. v. der HEINRICH-BÖLL-STIFTUNG, Berlin 2010, 68–80, hier 71 f.
99 Robert DEHNER, Hinein oder hinaus?, in: Grüne Zeiten 7–8 (1987) 8; Alexander SEIDL, Umbruch im Osten, in: Grüner Basisbrief 0 (1990) 9.
100 HÄFNER, Maastricht (wie Anm. 68), 8; vgl. dazu die gleichlautende Feststellung für den Bundesverband bei RASCHKE, Grünen (wie Anm. 9), 179.
101 Susanne HERTRAMPF, Bayern anders denken – für Frieden und Freiheit. Die Friedensaktivistin Eleonore Romberg im Bayerischen Landtag (1986–1990), in: Ariadne. Forum für Frauen- und Geschlechtergeschichte 66 (2014) 24–31.
102 Protokoll der Fraktionssitzung vom 27. Oktober 1987, in: AGG C Bayern Fraktion, Bd. 1.

nun Europa ein, welchen Rang sollte es in Zukunft einnehmen?« gab sie keine griffige Antwort, sondern blieb lange bei einer rein referierenden Aufführung der europapolitischen Entwicklungen. Romberg erwähnte etwa das Bedauern von Ministerpräsident Strauß über die geringe europäische Zusammenarbeit in der Sicherheitspolitik ohne jede eigene Einordnung – obwohl sich die Grünen doch eigentlich vehement gegen eine europäische Verteidigungspolitik aussprachen[103].

In der zweiten Fraktion ab 1990 übernahm Sophie Rieger die Sprecherrolle für Europa. Die Nürnberger Stadträtin hatte 1989 auf Platz 13 der Europaliste kandidiert und war als Vorbereitung dafür drei Tage Gast der Straßburger Fraktion. Auch wenn ihre Eindrücke der Fraktions- und Plenararbeit der grünen Abgeordneten insgesamt verheerend waren[104], so zeigte Riegers Besuch immerhin Aufgeschlossenheit für das Politikfeld. Doch auch sie hatte in der Landtagsfraktion zu kämpfen: Als etwa die Fraktionsklausur 1992 vorbereitet wurde und dort auch über die Haltung zum Vertrag von Maastricht im Landtag gesprochen werden sollte, befürchtete Rieger, »daß Europa wieder einmal hinten runterfällt (wie schon häufig)«[105]. Das Protokoll der Klausur verzeichnete dann auch tatsächlich keine europapolitische Diskussion[106].

Riegers Besuch in Straßburg ist eine Ausnahme im Verhältnis der Grünen zu ihren Europaparlamentariern. Dabei hatten die bayerischen Grünen mit Wolfgang von Nostitz eine Kapazität, mit der sie hätten wuchern können. Der Herrschinger Anwalt[107] kandidierte 1984 auf Platz 9 der Europaliste. Zwar verfehlte er zunächst den Einzug, war aber wie seine bayerische Kollegin Edeltraud Ennich[108] als Nach-

---

103 Romberg, Protokoll der 48. Sitzung (wie Anm. 80), 3164, vgl. auch Rombergs wenig griffige Positionierung in der 52. Sitzung vom 2. März 1988 (wie Anm. 39), 3422–3428.
104 Sophie RIEGER, Eindrücke aus dem Europaparlament, in: Grüne Zeiten 7–8 (1988) 9.
105 Protokoll der Fraktionssitzung vom 15. Juli 1992, in: AGG C Bayern Fraktion, Bd. 9.
106 Protokoll der Fraktionsklausur vom 22.-24. September 1992, in: ebd.
107 Wolfgang von Nostitz wurde am 28. Februar 1940 in Bern als Sohn des Diplomaten Siegfried von Nostitz geboren. Er wuchs in der Schweiz und der Türkei auf, studierte in Lausanne, Algier, Bonn, Berkley und München Rechtswissenschaft. Nach seinem Staatsexamen war er Referendar in der Generaldirektion VIII »Überseeische Entwicklung« der EG-Kommission. Als Rechtsanwalt unterstützte er Umwelt- und Friedensbürgerinitiativen. 1983 wurde er Mitglied bei den Grünen und 1984 in den Gemeinderat von Herrsching gewählt. Als Nachrücker war er von 1987 bis 1989 Mitglied des Europaparlaments. Nach seinem Ausscheiden kandidierte er bei der Bundestagswahl 1990 erfolglos für das Direktmandat im Wahlkreis Starnberg und engagierte sich in der Herrschinger Kommunalpolitik (Grünes und alternatives Jahrbuch 1986/87. Strategien der Grünen und ökologische Krise, hg. v. Erwin JURTSCHITSCH u.a., Berlin 1986, 307).
108 Die Regensburger Sport- und Religionslehrerin Ennich kam über die Dritte-Welt-Arbeit 1979 zu den Grünen und kandidierte 1984 auf Platz 13 der Europaliste (JURTSCHITSCH, Jahrbuch 1986/87 [wie Anm. 107], 313).

rücker stimmberechtigtes Mitglied der Straßburger Grünengruppe. Anfänglich teilte er die starke Skepsis Ennichs gegen das Parlament: Weil die Nationalstaaten die europäische Ebene zur »Flucht aus der nationalen parlamentarischen und außerparlamentarischen Kontrolle« nutzten, hatten sie seiner Meinung nach das Europaparlament geschaffen, das »demokratische Kontrolle zwar nicht ausübt, aber doch einen parlamentarisch-demokratischen Schein erzeugt«[109]. Als Nostitz im Februar 1987 für Dorothee Piermont ins Parlament nachrückte, hatte er sich aber zu einem Abgeordneten gewandelt, dem die ernsthafte Arbeit in den Gremien am Herzen lag und der auch in seine Partei hinein europapolitisch wirken wollte. Innerhalb der grünen Europagruppe vertrat er mit Frank Schwalba-Hoth einen reformistischen Ansatz, der auf eine Demokratisierung der EG mit einer Stärkung des Europaparlaments zielte[110]. Am Ende seines Mandats zog er allerdings eine bittere Bilanz seiner Zeit als grüner Europaparlamentarier[111].

Zwei Punkte hatten Nostitz resignieren lassen: Zum einen war er tief enttäuscht über die Arbeitsweise und das Klima in der grünen Gruppe. Das lag vor allem an der heterogenen Zusammensetzung und der fehlenden gemeinsamen Zielrichtung: Von den sieben Abgeordneten waren vier keine Parteimitglieder, Benny Härlin und Michael Klöckner wurden von den Grünen nur nominiert, um sie vor strafrechtlicher Verfolgung zu schützen. Klöckner trat bereits 1984 aus der Europagruppe aus, zwei Nachrücker folgten später. Die seltenen Treffen der Gruppe, die Weigerung mancher Abgeordneter, ihre Mandatsträgerbeiträge an die Gruppe abzuführen, sowie der Konflikt um die Rotation zugunsten der Nachrücker trugen dazu bei, dass inhaltliche oder strategische Debatten praktisch nicht stattfinden konnten[112]. »So geht ein Großteil unserer Energie für interne Querelen drauf«, konstatierte Nostitz[113]. Zum anderen musste er einen »europapolitischen Dauerschlaf«[114] seiner Partei auf Bundes- wie Landesebene feststellen, in der er trotz verschiedener Thesenpapiere und Diskussionsangebote »nie eine Resonanz gefunden« habe[115].

---

109 Wolfgang von NOSTITZ, Grüne Politik im Europaparlament, in: Grüne Zeiten 43 (1985) 23.
110 Giorgio GRIMALDI, I Verdi in Germania. L'ecologia in politica dai movimenti all'Europa, Rom 2020, 175 u. 178.
111 Wolfgang von NOSTITZ, Fünf Jahre zwischen München, Brüssel und Straßburg, in: Grüne Zeiten 5–6 (1989) 11.
112 DIETZ, Interaktion (wie Anm. 2), 238 f.
113 Interview mit Wolfgang von Nostitz (wie Anm. 4), 5.
114 NOSTITZ, Europäischer Binnenmarkt (wie Anm. 82), 4.
115 Wolfgang von NOSTITZ, Humanität, Monolog und Dialog, in: Grüne Zeiten 58 (1986) 27.

Wolfgang von Nostitz meldete sich auch nach seinem Ausscheiden aus dem Europaparlament 1989 regelmäßig in seiner Partei zu Wort. Mit den anderen Europa-Kandidaten hatten die bayerischen Grünen weniger Glück: Edeltraud Ennich verließ die grüne Gruppe bereits 1987. Der parteilose Umweltaktivist und »Alpen-Indianer« Karl Partsch wurde vor allem aus symbolischen Gründen als bayerischer Spitzenkandidat zur Europawahl 1989 aufgestellt und wechselte schon nach zwei Jahren zur FDP[116]. Auch der Spitzenkandidat zur Europawahl 1994, Wolfgang Kreissl-Dörfler, verließ 2000 die Partei und trat zur SPD über[117].

Die Ablehnung des Binnenmarktes als Diskurskatalysator

Während also lange Zeit europapolitische Ratlosigkeit bei den bayerischen Grünen herrschte, wurde das EG-Binnenmarktprojekt zu einem innerparteilichen Katalysator, der die Relevanz der Europapolitik zumindest stärker in den Blick rückte.

Dass der Europäische Rat 1985 in einer Kampfabstimmung eine Weiterentwicklung der EG-Verträge auf den Weg brachte und dann 1986 mit der »Einheitlichen Europäischen Akte« (EEA) weitreichende Änderungen bei den Institutionen und Kompetenzbereichen der EG sowie die Vollendung des Binnenmarktes bis 1992 beschloss[118], erweckte innerparteilich bei den bayerischen Grünen offenbar (wie auch bei weiten Teilen der restlichen Öffentlichkeit, z.B. den Gewerkschaften[119]) kein Interesse[120]. Die erstmalige Verankerung der Umweltpolitik als gemeinschaftliches Politikfeld in den EG-Verträgen[121] wäre zumindest ein formaler Ansatzpunkt für ein Interesse der Umweltpartei gewesen.

Zunächst stand Eleonore Romberg im Landtag der EEA noch weitgehend neutral gegenüber: Zwar habe sie »eine Menge Blindflächen. Aber nun besteht sie,

---

116 Andreas Ross, Umweltschützer geht in die Politik, in: SZ, 19. September 1988, 20; Stefan Stremei, Pfeile gegen den »Alpenindianer«, in: ebd., 28. Dezember 1990, 16; o.V., Karl Partsch schließt sich den Liberalen an, in: ebd., 10. Dezember 1991, 18.
117 Christian Schneider, Kein Platz im Grünen-Mosaik, in: SZ, 26. Oktober 2000, 13.
118 Klemens Fischer, Die Entwicklung des europäischen Vertragsrechts. Von den Römischen Verträgen bis zum Vertrag von Lissabon, Baden-Baden 2016, 55–60.
119 Wolfgang Kowalsky, Europäische Sozialpolitik. Ausgangsbedingungen, Antriebskräfte und Entwicklungspotentiale, Opladen 1999, 278.
120 Die Grünen Zeiten befassten sich erstmals in ihrer Juli/August-Ausgabe 1988 damit.
121 Norman Pohl, Grün ist die Hoffnung – Umweltpolitik und die Erwartungen hinsichtlich einer Reform der Institutionen der Europäischen Gemeinschaften um 1970, in: Natur- und Umweltschutz nach 1945. Konzepte, Konflikte, Kompetenzen, hg. v. Franz-Josef Brüggemeier/Jens Ivo Engels, Frankfurt a. M. 2005, 162–182, hier 182.

und wir sollten sehen, daß wir diese Blindflächen zusammen durch Kontrolle und durch Empfehlungen wirklich beseitigen können«[122]. Die Grünen-Interpellation »Bayern und Europa« vom 21. Dezember 1987 thematisierte in ihren Fragen zwar die möglichen negativen Auswirkungen des Binnenmarktes auf die Wirtschaftsstruktur, das Verkehrsaufkommen und die föderale Kompetenzordnung der Bundesrepublik[123]. In der zugehörigen Landtagsdebatte blieben die Grünen aber eher tastend. Erst ganz am Ende des Tagesordnungspunktes formulierte Ruth Paulig die Bedenken, »daß die Entwicklung des Binnenmarktes ein großes Geschäftsumfeld wird, das gerade auch im Ausbau der militärischen Produktionsstrukturen, der High-Technologie und der Weltraumtechnologien auf Kosten der Schwächeren gehen wird und nicht zuletzt auf Kosten der sozial Schwachen, der Alten und auch der Arbeitslosen«[124].

Es war aber wohl erst der sogenannte Cecchini-Bericht, der den Grünen die Dimension des Binnenmarkt-Projektes vor Augen führte. Im Auftrag der EG-Kommission hatte der italienische Wirtschaftswissenschaftler Paolo Cecchini eine Untersuchung über die Vorteile des Binnenmarktes erarbeitet, die am 29. März 1988 der Öffentlichkeit vorgestellt wurde. Darin wurde den EG-Staaten bei einer Verwirklichung des freien Verkehrs von Waren, Personen, Dienstleistungen und Kapital ohne Binnengrenzen ein deutliches Wirtschaftswachstum und 4,4 bis 5,7 Mio. zusätzliche Arbeitsplätze prophezeit[125].

In den Grünen Zeiten geißelte Michael Ther den Bericht als »erschreckendes Dokument blindesten Wachstumsglaubens«, dessen »geschönte Vokabeln« verschleierten, dass »größenbedingte Kostenvorteile« und »größerer Wettbewerb« nichts anderes bedeuteten als einen »beschleunigte[n] Konzentrationsprozess und die Herausbildung industrieller Megakomplexe« sowie einen »gnadenlose[n] Verdrängungskampf von Groß gegen Klein«[126]. Im Landtag kritisierte Eleonore Romberg: »Der Report baut auf einer Fülle unsicherer Prämissen auf, er unterschlägt die Kosten der Liberalisierung, und er untersucht nicht, wer Gewinner und Verlierer des Integrationsprozesses ist. Der Report ist voll von der Ideologie quantitativen Wachstums geprägt; ökologische Belastungen bleiben in dem Report unbeachtet.«[127]

---

122 Eleonore Romberg, Protokoll der Sitzung vom 9. April 1987, in: VdBL 1987, 1249.
123 Interpellation Paulig, Romberg (wie Anm. 38).
124 Memmel, Protokoll der 52. Sitzung (wie Anm. 39), 3452.
125 Paolo CECCHINI, Europa, 92. Der Vorteil des Binnenmarktes, Baden-Baden 1988, 132 ff.
126 Michael THER, Der Ceccini-Bericht, in: Grüne Zeiten 7–8 (1988) 6.
127 Romberg, Protokoll der 97. Sitzung (wie Anm. 78), 6814–6816, hier auch die folgenden Zitate.

Daher lehnten die Grünen den Binnenmarkt als »Zauberformel einer neokonservativen Wirtschaftspolitik« ab. Man wolle »kein Europa, in dem die Schwachen immer schwächer, die Reichen – regional wie personal – immer reicher werden, die Umweltzerstörung weiter fortschreitet, Markt- und Wachstumsideologien die bestimmenden Maximen sind und in dem die Großkonzerne ... des High-Tech, der Elektronik, der Chemie und der Rüstungsindustrie die großen Gewinner sind«. Verlierer dagegen würden »kleinere und mittlere Unternehmen vor allem in wirtschaftlich schwächeren Regionen oder in degressiven Wirtschaftszweigen«, Arbeitnehmer von Großkonzernen, die Produktionsstätten im Binnenmarkt verlagern, sowie jene Menschen sein, »die an den vielgepriesenen Segnungen des Binnenmarktes – Freizügigkeit, Flexibilität, Kreativität und Wohlstand – nicht teilhaben können«, wie Arbeitslose, Rentner und Geringqualifizierte.

Die Kritik an der Wirtschaftsfixierung des Binnenmarktprojektes, in dem die »Menschen nur als Arbeitskräfte ..., die sozialen Belange kaum, die lebensnotwendige Umwelt so gut wie gar nicht« vorkamen[128], war das eine. Für die bayerischen Grünen stand fest: »Umweltschutz und soziale Rechte müssen zu Zielen der Europäischen Gemeinschaft werden, und dürfen nicht als lästige Handelshemmnisse betrachtet werden.«[129] Zum anderen erkannten die Grünen in einem größeren Kontext, dass »ein Europäischer Binnenmarkt ... genau das zunichte machen [werde], was wir fördern wollen (dezentrale Produktion, überschaubare Strukturen, demokratische Kontrolle), und das alles begünstigen [werde], was wir für schädlich halten (ökonomische und politische Konzentration)«[130].

Als Gegenbild zum Binnenmarkt schwebte den Grünen »das Bild eines dezentrale Strukturen von Politik und Wirtschaft ermöglichenden und sichernden Europas« vor. Dieses »andere« Europa sollte zum einen »auf der europäischen Ebene nur Rahmenrichtlinien [erlassen], die von bürgernahen Institutionen ausgefüllt werden«. Zum anderen sollte es »kleine[.], umweltschonende[.] und arbeitsintensive[.] Produktion in Gewerbe und Landwirtschaft« durch Steuer-, Kartell- und Verkehrspolitik bevorzugen[131]. Damit war z.B. die grüne Forderung nach Ökosteuern gemeint, die die ökologischen Folgelasten der Produktion einpreisen und damit regionales Wirtschaften fördern sollten[132].

128 Rieger, Protokoll der 18. Sitzung (wie Anm. 44), 1012.
129 Eberhard Petri, Europa. Grenzenlos verdienen – Grenzenlos ausbeuten – Grenzenlos verschmutzen, in: Grüne Zeiten 5–6 (1989) 9.
130 Noss, Die GRÜNEN (wie Anm. 43), 8.
131 Nostitz, Europäischer Binnenmarkt (wie Anm. 82), 5.
132 Kamm, Protokoll der 97. Sitzung (wie Anm. 87), 6836.

Gleichwohl blieben die Handlungsmöglichkeiten der Grünen beschränkt. Im Landtag beantragten sie Mittel, um die Auswirkungen des Binnenmarktes auf die Regionen zu untersuchen. Die CSU-Mehrheit lehnte dies ab, weil es bereits eine Studie des ifo-Instituts zum Binnenmarkt gab. Auch ein zweiter Antrag, einen europaweiten Erfahrungsaustausch zivilgesellschaftlicher Organisationen über die Öffnung des Binnenmarktes zu ermöglichen, wurde abgelehnt[133].

Der grüne Widerstand gegen Maastricht

Nachdem schon das europäische Binnenmarktprojekt die Aufmerksamkeit der bayerischen Grünen über den engen Kreis der Europapolitiker hinaus geweckt hatte, kam es rund um den Vertrag von Maastricht 1992 zu einer ersten breiten innerparteilichen Diskussion über die Europapolitik. Dabei war die Landtagsarena für den bayerischen Landesverband umso wichtiger, weil die (westdeutschen) Grünen bei der Bundestagswahl 1990 aus dem Parlament gefallen waren und damit im Bundestag weder ihre politische Position einbringen noch andere politische Einflussmöglichkeiten einer Bundestagsfraktion wahrnehmen konnten.

Mit dem Vertrag von Maastricht beschlossen die EG-Mitgliedsstaaten, »den mit der Gründung der Europäischen Gemeinschaften eingeleiteten Prozeß der europäischen Integration auf eine neue Stufe zu heben«[134]. Die neu gegründete Europäische Union bekam Kompetenzen auf zusätzlichen Politikfeldern zugesprochen, darunter v.a. zur stufenweisen Schaffung einer Wirtschafts- und Währungsunion bis 1999. Zugleich vereinbarte man als weitere »Säulen« die Zusammenarbeit in der Außen- und Sicherheitspolitik sowie in der Justiz- und Innenpolitik[135].

Im Vertrag von Maastricht kulminierten für viele Grüne all die Kritikpunkte, die sie bis dahin an der europäischen Integration festgestellt hatten. Heidi Meinzolt-Depner, ehemalige Landessprecherin und Vertreterin des Grünen-Bundesverbandes in der Europäischen Grünen Koordination, fasste die Vorbehalte so zusammen: »Es geht nicht nur keine Hoffnung auf Neues von diesem Vertrag aus, er setzt auch Akzente in die falsche Richtung altbekannter Zielprämissen: Wachstum

---

133 Rieger, Protokoll der 18. Sitzung (wie Anm. 44), 1011 f.
134 Vertrag über die Europäische Union, unterzeichnet zu Maastricht am 7. Februar 1992, in: Amtsblatt der Europäischen Gemeinschaften C 191 vom 29. Juli 1992, 1.
135 Michael GEHLER, Europa. Ideen, Institutionen, Vereinigung, Zusammenhalt, Reinbek bei Hamburg 2018, 373–376.

in der westlichen Wertegemeinschaft, Exclusivclub der Reichen (d.h. der potentiellen Träger einer gemeinsamen Währung, bzw. der Wirtschafts- und Währungsunion), gemeinsame Außen- und Sicherheitspolitik im klassisch-militärischen Bereich (WEU als EG-Streitmacht), eine Säulenstruktur (Stichwort Schengener Abkommen), die demokratische Defizite potenziert.«[136]

Dies waren auch die Hauptgründe, die die Grünen in einem Dringlichkeitsantrag im Landtag für die Feststellung anführten, dass die »Konferenz des Europäischen Rates von Maastricht … an ihrer Aufgabe, das demokratische Defizit in der Gemeinschaft zu beheben und der weiteren unkontrollierten Zentralisierung wirtschaftlicher und politischer Macht in Europa entgegenzuwirken, vorbeigegangen« sei: Die Beschränkung auf Westeuropa, die Gefährdung des inneren Friedens durch das Fehlen einer gemeinsamen Sozialpolitik und einer Risikoabschätzung zu den Folgen der geplanten Währungsunion sowie die Nachrangigkeit der Ökologie gegenüber der Ökonomie[137].

Neben diesen bekannten Kritikpunkten war die grüne Debatte um Maastricht aber vor allem auch staats- und verfassungsrechtlich akzentuiert. Schon in der Binnenmarktdiskussion warnten die Grünen davor, die EG dürfe »kein neuer Staat mit Allzuständigkeit werden«[138]. Sie forderten eine Rückkehr zum Subsidiaritätsprinzip sowohl im europäischen als auch im innerdeutschen Gefüge, da der Föderalismus »nur noch auf dem Papier« stehe, wie Gerald Häfner in der Diskussion um eine neue gesamtdeutsche Verfassung 1991 konstatierte: »Immer mehr Rechte der Länder und Kommunen hat sich der Bund angeeignet, immer mehr Kompetenzen wandern inzwischen nach ›Europa‹ (zur vordemokratischen EG) ab.«[139]

Mit dem Vertrag von Maastricht nun schien sich diese Entwicklung in den Augen der Grünen noch weiter zu beschleunigen. Sie stellten einen grundsätzlichen und nicht heilbaren »Mangel an demokratischer Legitimation« fest, weil die vielen Kompetenzübertragungen an die EU gegen die grundsätzliche föderale Ordnung der Bundesrepublik und damit gegen die Art. 20 und 79 des Grundgesetzes verstießen. Weder sei das grundsätzliche Verhältnis der Ebenen von den Kommunen bis zur EG noch die Mitwirkungsrechte der Parlamente geklärt, das Europaparlament habe immer noch nicht die vollen parlamentarischen Rechte, der Ausschuss der Regionen sei eine »Alibiveranstaltung«, die die Mitwirkung der

---

136 MEINZOLT-DEPNER, Maastricht (wie Anm. 50), 5.
137 Dringlichkeitsantrag Fleischer, Rieger (wie Anm. 48).
138 PETRI, Europa (wie Anm. 129), 9.
139 Gerald HÄFNER, Die GRÜNEN für eine neue Verfassung, in: Grüner Basisbrief 4 (1991) 13.

Länder in keiner Weise sicherstelle, und das Subsidiaritätsprinzip »wurde zwar im Vertragsentwurf formuliert, in allen wesentlichen Ausführungsbestimmungen aber negiert«[140].

Weil der Maastrichter Vertrag daher in den Augen der Grünen gegen das Grundgesetz verstieß und auch die inhaltlich falschen Prämissen setze, stellte Sophie Rieger ihre Erwiderung auf die Regierungserklärung von Ministerpräsident Streibl im Landtag unter die Überschrift: »Unsere Ablehnung der Maastrichter Verträge in der vorliegenden Form ist eine Liebeserklärung an Europa.«[141]

Mit welcher Schärfe sich die bayerischen Grünen in den Kampf gegen den Vertrag von Maastricht warfen, zeigt der Artikel, der zur Landtagsdebatte im Grünen Basisbrief erschien: Er trug die Überschrift: »Dem Warschauer Pakt darf nicht ein Maastrichter Pakt folgen.«[142] Auch Landessprecher Gerald Häfner stellte die künftige EU zumindest in eine Argumentationsreihe mit dem ehemaligen Ostblock, als er gegen den Vertrag von Maastricht anführte: »Wo Menschen sich nicht mehr zurechtfinden und sich unbehaust fühlen in dieser Welt, ... wo sie das Gefühl haben, Objekt und Opfer weit weg fallender Entscheidungen zu sein, die über ihre Lebenswirklichkeit hinweggehen und bei denen sie weder gefragt noch beteiligt sind, ... wo Menschen und Völker in riesige, zentralistische, supranationale Gebilde gezwungen wurden ... wie in Jugoslawien und der ehemaligen Sowjetunion«, da breche der Nationalismus als »gefährliche Form einer nach außen gestülpten Suche nach Identität und Aufgehobensein in einer Gruppe« wieder hervor. Dagegen brauche es »kleinräumige, demokratisch strukturierte und weltoffene politische Gebilde, mit denen sich die Menschen identifizieren und in denen sie ihren Einfluss spüren und geltend machen können«[143].

Das war selbst manchen Grünen zu viel: Hartmut Bäumer hielt Häfner entgegen, seine Kritik gehe »vollkommen fehl«, weil es »im Unterschied zu den supranationalen Gebilden mit Zwangscharakter wie die Sowjetunion oder auch Jugoslawien ... ein vereinigtes demokratisches Europa eben nur geben [könne], wenn die Völker dies auch wollen.« Bäumer argumentierte, »trotz berechtigter Kritik führt der Weg nach Europa über Maastricht«, denn es sei eine Illusion zu glauben, »daß in der gegebenen historischen Situation andere, bessere vertragliche Grundlagen

---

140 Dringlichkeitsantrag Fleischer, Rieger (wie Anm. 48).
141 Rieger, Protokoll der 49. Sitzung (wie Anm. 49), 3130.
142 O.V., Dem Warschauer Pakt darf nicht ein Maastrichter Pakt folgen, in: Grüner Basisbrief 2 (1992) 18.
143 HÄFNER, Maastricht (wie Anm. 68), 8 f.

zur europäischen Union hätten vereinbart werden können«: Großbritannien habe sowohl eine stärkere Demokratisierung als auch eine europäische Sozialpolitik abgelehnt und »eine andere Alternative zu Europa als die gegebenen Nationalstaaten ist nicht in Sicht«[144].

Dass die Kritik an Maastricht keineswegs einhellig war, zeigen weitere Debattenbeiträge im Grünen Basisbrief: Wolfgang von Nostitz analysierte, bei den Gipfelergebnissen zur Politischen Union und zur gemeinsamen Währung könne »von unumkehrbaren Beschlüssen ... bei genauer Prüfung keine Rede« sein. Gerade in der gemeinsamen Außen- und Sicherheitspolitik entsprächen die Ergebnisse »noch am meisten den Vorstellungen der GRÜNEN«, da die Politik nicht an die Kommission oder den Rat übertragen worden sei, was »ein Schritt zur Begründung einer europäischen Supermacht« gewesen wäre[145]. Edgar Thamm vom Landesarbeitskreis Wirtschaft führte an, dass mit der »EG-Kunstwährung ... die bisherigen Wettbewerbsvorteile der bundesdeutschen Wirtschaft (relativ hohe Preisstabilität, relativ stabile Währungsverhältnisse, relativ geringere Staatsverschuldung, relativ hoher sozialer Standard) gegenüber den anderen Volkswirtschaften ... wettgemacht« würden. Mit den Beschlüssen zum Wettbewerbsrecht und sozialen Schutzrechten sei zudem »die Grundlage geschaffen, die geringe nationale Steuerungsmöglichkeit gegenüber internationalen Unternehmen auf EG-Ebene auszuweiten«[146].

Dennoch lehnte der deutlich größere Teil der bayerischen Grünen den Vertrag von Maastricht weiterhin ab[147] und eröffnete damit den politischen Gegnern eine unangenehme Angriffsfläche. Schon 1989 hatte SPD-Chef Karl-Heinz Hiersemann den Grünen angesichts ihrer Gegnerschaft zum Binnenmarkt entgegengeschleudert: »Wer mit Parolen wie ›Ja zu Europa, aber nein zur EG‹ durch die Gegend zieht, wobei ich im Augenblick nicht weiß, ob sie von den Republikanern oder von den GRÜNEN stammen, ... der ist völlig ungeeignet, am konstruktiven Aufbau eines gemeinsamen Europa mitzuwirken.«[148] Die Republikaner, die 1989

---

144 BÄUMER, Europa (wie Anm. 93), 10 f.
145 Wolfgang von NOSTITZ, Der europäische Rat in Maastricht, in: Grüner Basisbrief 1 (1992) 11 f.
146 Edgar THAMM, GRÜNE Maastricht-Kritik ist nicht vorwärtsweisend, in: Grüner Basisbrief 5 (1992) 8 f.
147 Vgl. u.a. Christian Magerl, Protokoll der 49. Sitzung vom 9. April 1992, in: VdBL 1992, 3139; Protokoll der 61. Sitzung vom 21. Juli 1992, in: VdBL 1992, 3976 f. sowie Eberhard BUEB, EG-Union – (K)eine Chance für die Kleinen?, in: Grüner Basisbrief 3 (1993) 11.
148 Karl-Heinz Hiersemann, Protokoll der Sitzung vom 11. Mai 1989, in: VdBL 1989, 6808.

mit einem »betont anti-europäischen Wahlkampf«[149] bei der Europawahl in Bayern immerhin 14,5 Prozent der Stimmen holen konnten, trafen sich nun bei ihrer Ablehnung Maastrichts mit den Grünen.

Aber auch im bürgerlichen Lager gärte es, angeführt vom bayerischen Umweltminister und Münchner CSU-Vorsitzenden Peter Gauweiler und dem EG-Spitzenbeamten und ehemaligen bayerischen FDP-Landesvorsitzenden Manfred Brunner. Sie lehnten öffentlichkeitswirksam vor allem die Einführung einer europäischen Währung sowie die Souveränitätsabgaben der Nationalstaaten an die EU ab und forderten eine Volksabstimmung über den Vertrag von Maastricht[150].

Dass man sich also in einer Reihe mit den Republikanern und nationalkonservativen Kräften im Widerstand gegen Maastricht fand, nahmen die meisten Grünen in Kauf. Ein »Nein« zu Maastricht dürfe »nicht den national/chauvinistisch/faschistoiden Kräften überlassen sein, denen D-Markverlust, offene Grenzen, Ausländerwahlrecht, der Wegfall nationaler Souveränitäten etc. schon lange ein Dorn im Auge ist«, entgegnete Heidi Meinzolt-Depner[151]. Wolfgang von Nostitz drang mit seiner Warnung nicht durch, eine Ablehnung Maastrichts werde »trotz aller gegenteiligen Erklärungen als nationales Auftrumpfen verstanden«[152].

Die Vorstellung der Grünen zum weiteren Vorgehen blieb unklar. In ihrem Dringlichkeitsantrag im Landtag lehnten sie eine Unterzeichnung des Vertrags ab und forderten »die sofortige Eröffnung eines Beratungsprozesses zwischen allen europäischen Ländern auf gleichberechtigter Basis mit dem Ziel einer umfassenden Reform der Europäischen Gemeinschaft, die diese für gesamteuropäische Strukturen der Zusammenarbeit und Integration tauglich macht«[153]. Die CSU lehnte mit ihrer Mehrheit den Antrag ab. Mit der CSU traf man sich jedoch im Bestreben, im neuen Europaartikel 23 des Grundgesetzes die demokratische Struktur eines zukünftigen Europas als Ziel festzulegen[154].

Nachdem der Maastrichter Vertrag bei der Volksabstimmung in Dänemark zunächst durchfiel, forderte Sophie Rieger im Landtag erneut, »daß die Verträge von Maastricht in dieser Form abgelehnt werden müssen«. Stattdessen sollte »ein Ver-

---

149 Hübler, Europapolitik (wie Anm. 74), 181.
150 Ebd., 165–188.
151 Meinzolt-Depner, Maastricht (wie Anm. 50), 5.
152 Wolfgang von Nostitz, Nation – nein danke!, in: Grüner Basisbrief 4 (1992) 8.
153 Dringlichkeitsantrag Fleischer, Rieger (wie Anm. 48).
154 Ebd.; Dringlichkeitsantrag der Abgeordneten Dr. Matschl, Dr. Weiß u.a., Grundstrukturen eines vereinten Europas vom 13. Mai 1992, LT-Drs. 12/6423; Protokoll der 63. Sitzung vom 23. Juli 1992, in: VdBL 1992, 4167.

tragswerk erarbeitet werden, in dem die demokratischen Mängel beseitigt werden, klare Aussagen über Subsidiarität und ihre Anwendung gemacht werden und Ziele eines sozialen, friedlichen und ökologischen Ansprüchen genügenden Europas formuliert sind.« Schließlich sollte »auch in unserem Lande unbedingt eine Volksabstimmung über die politische Gestaltung eines gemeinsamen Europas stattfinden«[155].

Erwartungsgemäß konnten sich die Grünen weder in der Landes- noch in der Bundespolitik mit ihrem Nein zu Maastricht durchsetzen. Daher griffen sie zum letzten Mittel, das ihnen zur Verfügung stand: Vier Mitglieder der grünen Europafraktion, darunter die gebürtige Bayerin Claudia Roth[156], reichten Verfassungsbeschwerde beim Bundesverfassungsgericht ein[157]. Die Fraktion und der Landesverband Bayern unterstützten die Klage politisch. Begründet wurde die Klage damit, dass die demokratischen Strukturen der EU »nicht hinter den demokratischen Forderungen unseres Grundgesetzes zurückbleiben« dürften. Der Vertrag von Maastricht verletze demokratische Prinzipien und sei nicht von einer demokratischen Volksvertretung beschlossen worden. Daher sei er »ein wichtiger Schritt hin zur Schaffung eines undemokratischen Überstaates« und es müsse verhindert werden, dass »die Bundesrepublik Deutschland in diesem Überstaat in dieser Form aufgehen soll«[158].

Das Bundesverfassungsgericht verwarf die Verfassungsbeschwerde der Grünen und wies auch eine ähnliche Beschwerde Manfred Brunners ab[159]. Im sogenannten »Maastricht-Urteil« erklärte das Bundesverfassungsgericht den Vertrag für mit dem Grundgesetz vereinbar, solange eine »vom Volk ausgehende Legitimation und Einflußnahme auch innerhalb eines Staatenverbundes gesichert ist«, »die demokratischen Grundlagen der Union schritthaltend mit der Integration ausgebaut

---

155 Sophie Rieger, Protokoll der 61. Sitzung vom 21. Juli 1992, in: VdBL 1992, 3967.
156 Roth wurde allerdings nicht als »bayerische« Abgeordnete wahrgenommen, 1994 kam sie auf dem »Ticket« des Landesverbandes NRW auf ihren Listenplatz. Vgl. Matthias GEIS, Bündnis 90/Grüne nehmen Kurs auf Europa, in: taz, 12. November 1993, 5.
157 EUROPAGRUPPE DER GRÜNEN (Hg.), Europa Ja – Maastricht Nein. Dokumentation der Verfassungsbeschwerde gegen die Maastrichter Verträge, Bonn 1993.
158 Sophie Rieger, Protokoll der 85. Sitzung vom 18. März 1993, in: VdBL 1993, 5684.
159 Julia ALBRECHT, Alle Macht geht dem Volke aus, in: taz, 13. Oktober 1993, 1; vgl. auch Daniel SCHULZ, Verfassung und Nation. Formen politischer Institutionalisierung in Deutschland und Frankreich, Wiesbaden 2004, 284 f.

werden und auch im Fortgang der Integration in den Mitgliedstaaten eine lebendige Demokratie erhalten bleibt«[160].

Das Maastricht-Urteil wurde innerhalb der bayerischen Grünen unterschiedlich bewertet. Landessprecher Gerald Häfner sagte auf dem Landesparteitag, »formal sei das Karlsruher Urteil zwar ein Mißerfolg für die Grünen, politisch jedoch ein großer Erfolg. Das Gericht sei in seiner Urteilsbegründung einigen wichtigen Argumenten der Grünen gefolgt. So dürfe es laut Urteil nicht zu einem ›zentralistischen Überstaat‹ kommen, die EG dürfe nicht vom Staatenbund zum Bundesstaat werden und die im Grundgesetz verankerten Mitwirkungsgarantien der BürgerInnen dürften nicht angetastet werden«[161].

Sophie Rieger dagegen kritisierte das Urteil und das Bundesverfassungsgericht im Landtag aufs Schärfste: Das Gericht habe »die Grundgesetzmäßigkeit des Beitritts zum Vertrag von Maastricht in seiner Begründung auf Hoffnung gesetzt, statt dem Ist-Zustand und den Entwicklungstendenzen Rechnung zu tragen. Daß es parallel zur Integration das Wachsen von demokratischen Strukturen fordert und gleichzeitig die praktizierte Undemokratie absegnet, ist ein unglaubwürdiges Verhalten.« Das Urteil sei tatsächlich »wieder einmal« eine »politische Handlung«, da das Bundesverfassungsgericht »erneut gemeint [habe], die Bundesregierung, als letzte im Bunde der Unterzeichner, aus einer peinlichen Situation retten zu müssen«[162].

Grüne Sicht auf die EG-Integration: Teil der modernen »Megamaschine«

Obgleich die Europawahl 1979 am Anfang der erfolgreichen Etablierung der Grünen als Partei stand, konnte die Europapolitik doch in den folgenden Jahren kaum Relevanz bei den Grünen gewinnen. Das Politikfeld blieb innerparteilich (im Bundes- wie im Landesverband) randständig und kam lange Zeit nur unter negativen Vorzeichen überhaupt in den Blick: »Europa« war zunächst im Zeichen der Friedensbewegung der frühen 1980er Jahre vor allem der Ort, der von der Auslöschung durch einen atomaren Konflikt der beiden Blöcke bedroht war. Die kon-

---

[160] BVerfGE 89, 155; vgl. auch Franz C. MAYER, Kompetenzüberschreitung und Letztentscheidung. Das Maastricht-Urteil des Bundesverfassungsgerichts und die Letztentscheidung über Ultra-vires-Akte in Mehrebenensystemen. Eine rechtsvergleichende Betrachtung von Konflikten zwischen Gerichten am Beispiel der EU und der USA, München 2000.
[161] Protokoll der Landesdelegiertenkonferenz in Nürnberg vom 30. Oktober - 1. November 1993, in: AGG C Bay.LaVo/LGST I.2 359.
[162] Sophie Rieger, Protokoll der 104. Sitzung vom 22. Oktober 1993, in: VdBL 1993, 7038.

krete Integration von Nationalstaaten zu einem supranationalen Verbund wurde von den bayerischen Grünen entweder ignoriert oder aus verschiedenen Gründen äußerst kritisch gesehen oder ganz abgelehnt.

Aus grüner Sicht waren die Europäischen Gemeinschaften mit keinem ihrer vier Basisprinzipien[163] vereinbar: Die konkrete Gestalt als Wirtschaftsgemeinschaft bzw. der Binnenmarkt-Plan vernachlässigten ökologische oder soziale Ziele. Innerhalb der Blockkonfrontation bestand zudem der Verdacht der Grünen, dass die EG zur militärischen Säule der NATO ausgebaut werden sollte, was natürlich mit dem grünen Prinzip der Gewaltfreiheit nicht vereinbar erschien. Schließlich entsprach der institutionelle Aufbau der europäischen Integration nicht der grünen Vorstellung von Basisdemokratie bzw. Dezentralität.

Die grüne Programmaussage zur europäischen Integration beschränkte sich in der Regel auf die Formel vom »Europa der Regionen«, die nicht weiter ausgearbeitet wurde[164]. Bei genauer Betrachtung sollte jedoch eher von einem »Europa aus Regionen« gesprochen werden: mit einer schwach ausgeprägten europäischen Ebene und einem bereits von zeitgenössischen Beobachtern festgestellten »naive[n] Vertrauen ... in die Fähigkeit der Regionen, durch die bloße, frei gewählte Koordination unter ihnen zu einer wirksamen und gerechten Lösung übergreifender Fragen zu gelangen«[165].

Die Ablehnung der konkreten europäischen Integration fügt sich ein in das »grüne Unbehagen an der modernen Industriegesellschaft«[166], das sich aus der Gegnerschaft zur Planungseuphorie und dem Fortschrittsoptimismus der 1960er Jahre sowie aus einer konservativ grundierten Kulturkritik gegen das ökonomische Effizienzdenken speiste. Supranationale Entscheidungsstrukturen und ökonomische Konzentrationsprozesse machten die Europäischen Gemeinschaften aus Sicht der Grünen zur Facette der sich verselbständigenden, stets weiter zentralisierten »Megamaschine« der modernen Industriegesellschaft, über die man die Kontrolle schon lange verloren hatte[167].

---

163 Frank SCHNIEDER, Von der sozialen Bewegung zur Institution? Die Entstehung der Partei Die Grünen in den Jahren 1978 bis 1980. Argumente, Entwicklungen und Strategien am Beispiel Bonn/Hannover/Osnabrück, Münster 1998, 84–91.
164 Zum selben Ergebnis für die Bundespartei kommt MÜNTER, Alternativen (wie Anm. 5), 107–114.
165 LEONHARDT, Europapolitik (wie Anm. 95), 195.
166 MENDE, Geschichte (wie Anm. 8), 366.
167 MENDE, Geschichte (wie Anm. 8), 366–369. Der Begriff der »Megamaschine« geht zurück auf Lewis MUMFORD, The Myth of the Machine, 2 Bde., London 1967/1971 (deutsche Übersetzung 1974).

Die Forderung nach politisch und wirtschaftlich dezentralen Strukturen schien den Grünen ein Weg, diese Kontrolle wiederzugewinnen und die »Herausbildung industrieller Megakomplexe« und den »gnadenlose[n] Verdrängungskampf von Groß gegen Klein«[168] zu stoppen. Sie war auch geeignet, innerparteilich bei allen sonstigen wirtschafts- und außenpolitischen Differenzen der Flügel von den Ökolibertären und Realos bis hin zu Radikalsozialisten und Fundamentalisten mitgetragen zu werden[169].

Vor diesem Hintergrund war das »Europa der Regionen« von Grünen und Christsozialen auch nicht gegenseitig anschlussfähig: Obwohl beide Parteien denselben Begriff verwendeten, standen dahinter doch völlig unterschiedliche Konzepte. Den Grünen ging es um die Wiederherstellung einer vermeintlich ursprünglichen und humaneren, überschaubaren Struktur von Lebens-, Arbeits- und Entscheidungsprozessen. Bereits die »Neuen Sozialen Bewegungen« hatten »sich gegen die Verstaatlichung und Bürokratisierung von Lebensvollzügen, die historisch auch immer Zentralisierung hieß,« gewendet und »Bedürfnisse nach Selbstbestimmung in überschaubaren sozialen Zusammenhängen« ausgedrückt[170]. In der Folge war das Subsidiaritätsprinzip Dreh- und Angelpunkt der politischen Argumentation der bayerischen Grünen in Bezug auf das Verhältnis Bayerns zum Bund und zur EG. Eine erstaunliche Randnotiz ist, dass die Grünen das Verhältnis des Freistaats zu den Kommunen zwar bisweilen als zentralistisch kritisierten, aber im Landtag nicht mit ähnlicher Vehemenz die Einhaltung des Subsidiaritätsprinzips einforderten. Konkrete Initiativen zur Stärkung der Kommunalhoheit beschränkten sich auf die Energieversorgung[171] und kommunale Bürgerentscheide[172].

168 THER, Ceccini-Bericht (wie Anm. 126), 6.
169 NISHIDA, Strömungen (wie Anm. 8), 98/122; vgl. das Spektrum von Erich Knapps selbstverwaltungssozialistischer Konföderation über Carl Amerys konservatives Ideal der »Kirchturmspolitik« bis zur gesellschaftlichen Selbstorganisation der staatsskeptischen Ökolibertären.
170 Arno KLÖNNE, Alternativ oder neokonservativ? Mehrdeutigkeiten der Sozialstaatskritik, in: Gewerkschaftliche Monatshefte 8 (1984) 475–485, hier 477.
171 Antrag der Abgeordneten Paulig, Dr. Kestel, Dr. Magerl, Romberg, Scheel, Prof. Dr. Armin Weiß und Fraktion DIE GRÜNEN: Programm zur rationellen Energienutzung durch Rekommunalisierung der Energieversorgung vom 4. Februar 1988, LT-Drs. 11/5267, Gesetzentwurf der Abgeordneten Paulig, Dr. Fleischer, Kellner, Lödermann, Dr. Magerl, Scheel und Fraktion DIE GRÜNEN für eine sparsame, klimaschonende, sozial und ökologisch verträgliche Energienutzung in Bayern (Bayerisches Energiewendegesetz) vom 1. Dezember 1993, LT-Drs. 12/13657.
172 Vgl. Hartmut Bäumer, Protokoll der 75. Sitzung vom 29. November 1988, in: VdBL 1988, 5128, Gesetzentwurf der Abgeordneten Dr. Schmid Albert, Dr. Hahnzog und Fraktion SPD, Dr. Fleischer und Fraktion DIE GRÜNEN zur Änderung der Gemeindeordnung und der Landkreisordnung vom 10. Februar 1994, LT-Drs. 12/14391.

Im christsozialen Diskurs war das Subsidiaritätsprinzip zwar ebenso lebendig, es wurde aber vor allem auf die Länder bezogen. Hier stand die Verteidigung der bayerischen Staatlichkeit angesichts eines fortgesetzten Kompetenzabschlusses zum Bund und zur EG im Vordergrund. Die politische Gegenstrategie war weniger die Forderung nach einer radikalen Rückverlagerung möglichst aller Aufgaben auf kleine Einheiten und keineswegs eine Auflösung der Nationalstaaten: »Die Vorstellung, ein Europa der Regionen könnte entstehen gegen die Nationalstaaten und sie ablösen«, erklärte Ministerpräsident Alfons Goppel für »völlig unrealistisch.« Sie widerspreche der geschichtlichen Erfahrung und dem »Willen und Bewusstsein der Menschen«[173]. Vielmehr setzten CSU und Bayerische Staatsregierung auf die Beteiligung der Länder an den Entscheidungsprozessen des Bundes und Europas[174]. Für die europäische Ebene bedeutete das konkret etwa die Forderung nach einer institutionellen Verankerung des »Europas der Regionen« mit einer eigenen Regionenkammer neben dem Europaparlament. Auch die grenzüberschreitende Zusammenarbeit in regionalen Arbeitsgemeinschaften wie der Arge Alp ist als Komponente zur Etablierung der Regionen im europäischen System zu werten[175].

Das christsoziale Europa der Regionen forderte damit als politisches Konzept vor allem einen Platz der Länder und Regionen im sich formierenden europäischen Mehrebenensystem[176] ein. Die »grünen« Assoziationen zum selben Begriff drehten sich dagegen um die Ablösung der Nationalstaaten und die Herstellung möglichst kleinräumiger wirtschaftlicher und politischer Strukturen.

Neben dem Unbehagen an der modernen Industriegesellschaft war ein zweiter Hintergrund der grünen Skepsis gegenüber der europäischen Integration die große mentale und politische Entfernung der Brüsseler und Straßburger Institutionen. Sie begünstigte den Verdacht, die Europäischen Gemeinschaften seien von den Nationalstaaten nur zu dem Zweck geschaffen worden, um die parlamentarische und öffentliche Kontrolle der dort gefällten Entscheidungen zu umgehen. Vor allem in den linken Trägergruppen der späteren Grünen, aber auch bei bürgerlich-konservativen Umweltaktivisten war in den 1970er-Jahren während der restriktiven

---

173 Alfons GOPPEL, Föderalismus – Bauprinzip Europas, in: Föderalismus. Bauprinzip einer freiheitlichen Grundordnung in Europa, hg. v. Karl ASSMANN/Thomas GOPPEL, München 1978, 9–19, hier 16.
174 WEGMAIER, Europäer (wie Anm. 56), 434–449.
175 Ebd., 371–387.
176 Alexander WEGMAIER, Das Potential des »Mehrebenensystems« für die Landesgeschichte, in: ZBLG 84 (2021) 25–75.

Terrorismus-Bekämpfung und des Protests gegen die Kernkraftnutzung eine »tief sitzende Skepsis ... gegenüber dem Staat und seinen Institutionen« gewachsen[177]. Diese Haltung übertrug sich auch auf die europäische Ebene: Man tat sich bei den Grünen schwer, den europäischen Institutionen ein gewisses Grundvertrauen entgegenzubringen oder auf die stetige Demokratisierung der noch unvollkommenen Institutionen zu setzen, wie dies etwa bei CSU oder SPD der Fall war.

Auf der anderen Seite zeigte sich ein für die Grünen typisches »ambivalentes Verhältnis zum Staat«[178] auch in Bezug auf die europäische Ebene: Zwar standen die bestehenden Strukturen der gewünschten Etablierung selbstverwalteter Einrichtungen im Sinne der Basisdemokratie im Weg. Andererseits setzen z.B. Carl Amery und Wolfgang von Nostitz aber auch auf starke staatliche Handlungsspielräume für die europäische Ebene, damit durch Steuer- und Umweltgesetzgebung regionale Produktionsstrukturen gefördert würden. Die bayerischen Grünen verzichteten aber wie auch der Bundesverband darauf, diese Frage grundsätzlich zu klären und eine klare programmatische Position zu entwerfen.

Der kursorische Blick auf andere Landesverbände der Grünen zur Einordnung der bayerischen Debatte zeigt ein ambivalentes Bild: Die Landtagsfraktion in Niedersachsen lehnte den Binnenmarkt als rein ökonomisch orientierte »europäische Gemeinschaft der Großkonzerne und Großagrarier« ab[179]. In Nordrhein-Westfalen sprach Bärbel Höhn im Landtag zwar nicht in derselben Schärfe, aber doch mit den gleichen Argumenten wie ihre bayerischen Parteifreunde gegen den Vertrag von Maastricht, der undemokratische Entscheidungsstrukturen schaffe, das Subsidiaritätsprinzip ignoriere und zu einer Militarisierung der »Festung Europa« führe[180]. Ähnlich war die Argumentation der Grünen im Berliner Abgeordnetenhaus[181].

---

[177] MENDE, Geschichte (wie Anm. 8), 330.
[178] Niko SWITEK, Bündnis 90/Die Grünen. Koalitionsentscheidungen in den Ländern, Baden-Baden 2015, 103.
[179] Sabine Roisch, Protokoll der 104. Sitzung vom 7. Februar 1990, in: Niedersächsischer Landtag, Stenografische Berichte 1990, 9653; vgl. auch Thea Dückert, Protokoll der 80. Sitzung vom 16. März 1989, in: Niedersächsischer Landtag, Stenografische Berichte 1989, 7411 f.
[180] Bärbel Höhn, Protokoll der 56. Sitzung vom 21. Februar 1992, in: Stenographische Berichte, Landtag Nordrhein-Westfalen 1992, 6728, und Protokoll der 76. Sitzung vom 16. Oktober 1992, in: ebd., 9459.
[181] Michael Cramer, Protokoll der 36. Sitzung vom 1. Oktober 1992, in: Plenarprotokolle des Abgeordnetenhauses von Berlin 1992, 2959f; vgl. auch Antrag der Fraktion Bündnis 90/Grüne (AL)/UFV: Ja zu Europa – Maastrichter Verträge nachverhandeln vom 3. September 1992, AGH-Drs. 12/1879.

Anders verhielt es sich dagegen in Baden-Württemberg. Zunächst ähnelte dort der grüne Diskurs dem bayerischen: Wolf-Dieter Hasenclever sprach in der großen Europadebatte des Landtags 1981 noch ausschließlich zur Friedens- und Abrüstungspolitik[182]. Winfried Hermann thematisierte 1986 vor allem die »fatale[n] Züge« des Integrationsprozesses, der auf Rüstungszusammenarbeit und ökonomische Stärke setze, Ökologie vernachlässige und »immer mehr Verantwortung an immer fernere Gremien« abgebe[183]. Im Vorfeld von Maastricht hatte sich das Bild aber geändert: Zwar forderte Reinhard Bütikofer für seine Fraktion 1990 auch die »europäische Überwindung und Auflösung des Nationalstaats in zwei Richtungen ..., zum einen in Richtung auf mehr europäische Kooperation auf gesamteuropäischer Ebene und zum zweiten in Richtung auf eine selbständigere, selbstbewusstere Position der Regionen in Europa«[184]. In seinen pragmatischen Forderungen zum Maastrichter Vertrag – Verteidigung des innerdeutschen Föderalismus, Einrichtung einer Länderkammer neben dem Europaparlament, Mitwirkungsrechte der Länder an der Europapolitik des Bundes – war er sich mit der CDU aber derart einig, dass deren Fraktionsvorsitzendem Günther Oettinger oft nur ein zustimmendes »Ja« als Zwischenruf blieb[185].

Und auch in Niedersachsen veränderte sich die grüne Rhetorik: Jürgen Trittin, seit 1990 Minister für Bundes- und Europaangelegenheiten in der rot-grünen Koalition, forderte zwar vor dem Landtag, den Einstieg in die Politische Union Europas in einem Volksentscheid zu klären, und bediente damit eine bekannte grüne Position. Er war aber erkennbar bemüht, »die tatsächlichen Defizite Maastrichts zu benennen, ohne in der Kritik eines bürokratischen, europäischen Zentralismus in nationalistische Engstirnigkeit zurückzufallen«. Das Verhalten der Landesregierung im Ratifikationsprozess machte er ausschließlich von einer Verbesserung der Mitwirkungsmöglichkeiten der Länder abhängig. Eine Ablehnung des Vertrags, die in einer grundsätzlichen Ablehnung der Vereinbarungen wurzelte und sich in der Linie der früheren Binnenmarkt-Argumentation der niedersächsischen Grünen bewegt hätte, war in seiner Stellungnahme kein Thema[186].

---

182 Wolf-Dieter Hasenclever, Protokoll der 32. Sitzung vom 23. September 1981, in: Plenarprotokolle des Landtags von Baden-Württemberg 1981, 2255.
183 Winfried Hermann, Protokoll der 63. Sitzung vom 12. Dezember 1986, in: ebd., 1986, 5228.
184 Reinhard Bütikofer, Protokoll der 38. Sitzung vom 7. Februar 1990, in: ebd., 1990, 3129.
185 Reinhard Bütikofer, Protokoll der 65. Sitzung vom 7. März 1991, in: ebd., 1991, 5128f; vgl. auch Antrag der Fraktion GRÜNE: Europa der Regionen vom 22. Januar 1992, LT-Drs. 10/6542.
186 Jürgen Trittin, Protokoll der 57. Sitzung vom 18. Juni 1992, in: Niedersächsischer Landtag, Stenografische Berichte 1992, 5304 f.

In realpolitisch orientierten Landesverbänden wie Baden-Württemberg war also offenbar schon seit Ende der 1980er Jahre ein positiver Blick auf die europäische Integration vorhanden und in einem Landesverband wie Niedersachsen ging zumindest mit der Regierungsbeteiligung die Bereitschaft einher, europapolitische Positionen zu verändern. Bei den bayerischen Grünen ist dagegen in der Zeit von der Gründung bis zum Vertrag von Maastricht kaum eine Entwicklung der europapolitischen Position festzustellen.

Erst in der Folgezeit änderten sich die grünen Koordinaten in Bezug auf Europa. 1998 hatte sich jedenfalls der Grundton der bayerischen Grünen in der Europapolitik deutlich gewandelt: Martin Runge bekannte in der Debatte um die Einführung des Euro im Landtag: »Wir setzen uns für eine weitere Integration mit dem Ziel einer politischen Union ein.«[187] Dieselbe Entwicklung ist auch bei Bündnis 90/Die Grünen auf Bundesebene zu beobachten[188]. Inwiefern beides mit dem noch unzureichend erforschten »Wandel einiger grundlegender Deutungsschemata«[189] der Grünen Mitte der 1990er Jahre zusammenhängt, muss vorläufig offen bleiben.

Während die lange Zeit sehr integrationsfreundliche CSU im Laufe der 1990er-Jahren stärker europakritische Standpunkte in die eigene Programmatik übernahm[190], näherten sich die sehr europaskeptischen Grünen offenbar im selben Zeitraum integrationsfreundlicheren Positionen an.

---

187 Martin Runge, Protokoll der 104. Sitzung vom 1. April 1998, in: VdBL 1998, 7442; vgl. auch die Zustimmung zur Einführung des Europaartikels 3a in die Bayerische Verfassung (Manfred Fleischer, Protokoll der 84. Sitzung vom 10. Juli 1997, in: VdBL 1997, 6094).
188 Im Bundestagswahlprogramm 1994 ist noch eine deutliche Skepsis gegenüber europäischer Integration und EU zu erkennen (»Nur mit uns. BÜNDNIS 90/DIE GRÜNEN: Programm zur Bundestagswahl 1994«, URL: https://www.boell.de/sites/default/files/assets/boell.de/images/download_de/stiftung/1994_Wahlprogramm.pdf [letzter Zugriff: 14. März 2022], 74–78), im Bundestagswahlprogramm 1998 findet sich dann erstmals eine positive Bewertung der EU (Programm zur Bundestagwahl 98. Grün ist der Wechsel, URL: https://www.boell.de/sites/default/files/assets/boell.de/images/download_de/publikationen/1998_Wahlprogramm_Bundestagswahl.pdf [letzter Zugriff: 14. März 2022], 137–141).
189 SWITEK, Koalitionsentscheidungen (wie Anm. 178), 107.
190 HÜBLER, Europapolitik (wie Anm. 74), 163–237.

Schrifttum

I. Allgemeines und Sammelwerke

CLEMENS BRODKORB/DOMINIK BURKARD (Hg.), Neue Aspekte einer Geschichte des kirchlichen Lebens. Zum 10. Todestag von Erwin Gatz (1933–2011), *Regensburg 2021, Schnell & Steiner, 384 Seiten*.

Prof. Dr. Erwin Gatz, von 1975 bis 2010 Rektor des Campo Santo Teutonico und Direktor des Römischen Instituts der Görres-Gesellschaft, starb am 8. Mai 2011 in Maastricht. In Erinnerung geblieben ist er vor allem als Kirchenhistoriker, der durch mehrbändige Handbücher und Lexika zur deutschen Kirchen- und Bistumsgeschichte hervorgetreten ist. Zu seinen Ehren sollte zum 10. Todestag am Campo Santo Teutonico eine Tagung stattfinden, deren Referate nun vorliegen.

Herausgeber sind Clemens Brodkorb, Archivleiter des Münchener Provinzarchivs der zentraleuropäischen Jesuiten, und Dominik Burkard, Professor für Kirchengeschichte an der Katholisch-Theologischen Fakultät der Universität Würzburg. Ihre Auswahl der Autoren und Themen ist so gewählt, dass man in ihren Beiträgen durch den ganzen Band hindurch auch viel über die Persönlichkeit von Erwin Gatz erfährt, besonders natürlich in der gelungenen Biographie aus der Feder von *Clemens Brodkorb*, die an den Anfang gestellt ist.

Der Band gliedert sich in zwei Teile: Der erste, »Scientia«, enthält 12 wissenschaftliche Beiträge, es folgen im zweiten Teil »Memoria« Grußworte von Rektor *Hans-Peter Fischer* und von Abt *Korbinian Birnbacher*, sowie die im Mai am Campo Santo verlesene Predigt des Augsburger Bischofs *Bertram Meier* zum 10. Todestag von Erwin Gatz.

Im Folgenden werden die Beiträge des Teils »Scientia« vorgestellt, in vom Buch abweichender Reihenfolge.

Joachim Bürkle aus Würzburg spricht auf der Grundlage einschlägiger Bestände des Archivs des Campo Santo Teutonico über die Studienkurse für Religionslehrer höherer Schulen in Rom am deutschen Kolleg von 1959 bis 1970. Die Lehrerseminare, überwiegend von Geistlichen frequentiert, waren eine erfolgreiche, damals moderne Initiative von Rektor August Schuchert mit starker Beteiligung auch des Görres-Instituts. Die Initiative wollte einer Entwicklung des modernen Medienzeitalters gegensteuern, derzufolge sich durch Funk und Fernsehen die klerikale Bildungsautorität in der deutschen Gesellschaft zusehends verflüchtigte. Bemerkenswert war dabei die politische Vernetzung des Rektors Schuchert mit dem Adenauer-Deutschland.

Rainald Becker aus München bringt eine Studie über amerikanische Priester am Campo Santo Teutonico, oder wie er im Rückgriff auf ein zeitgenössisches Zitat des Institutsdirektors Anton de Waal von 1899 formuliert, über den »Austausch unter ›Stammesbrüdern‹ diesseits und jenseits des Atlantiks« (S. 151). Der Campo

Santo war nie rein deutsch. Das beweist *Becker*. Seit 1900 entwickelte er sich zu einer »römischen Schnittstelle im Kontakt zwischen deutschem und amerikanischem Katholizismus« (S. 138). *Becker* weist auf die sozialgeschichtlichen Hintergründe hin, insofern die Amerikaner aus den deutschen katholischen Einwandererpfarreien, den sogenannten German Catholic parishes, stammten. Der Erste Weltkrieg brachte einen tiefen Einschnitt, da es zu einer rückhaltlosen Assimilierung der deutschstämmigen Amerikaner an die anglophone Mehrheitsgesellschaft kam (S. 151). Zu ergänzen ist, dass es nochmals in den 1920er und 1930er Jahren eine starke Präsenz der Nordamerikaner im deutschen Kolleg gab, bis dann der Zweite Weltkrieg zum endgültigen Ende führte.

Josef Pilvousek aus Erfurt lenkt die Aufmerksamkeit auf die nicht zu unterschätzende Rolle von Gatz, der seit den 1980er Jahren regelmäßig die DDR besuchte, für die ostdeutsche Kirchengeschichtsschreibung. Sein Einfluss richtete sich eher gegen eine Theoretisierung der Katholizismusforschung: Er zog Ereignisgeschichte der Sozialgeschichte vor.

Gisela Fleckenstein aus Speyer schreibt über den Frühling der Frauenkongregationen im 19. Jahrhundert. Das Thema hängt zweifellos auch mit Gatz zusammen, der sich in seinen frühen Jahren intensiv mit den karitativen Frauengemeinschaften im Rheinland und in Westfalen beschäftigt hat. Der Beitrag geht etwas in die sozialgeschichtliche Richtung, weil sich das Massenphänomen weiblicher Ordenseintritte im 19. Jahrhundert für entsprechende Überlegungen über katholisches Milieu und katholische Bürgergesellschaft anbietet. Darin liegt viel von weiblichem Unternehmertum – überhaupt waren Kongregationsschwestern die ersten Unternehmerinnen.

Hans-Georg Aschoff aus Hannover diskutiert die Stellung der deutschen Bischöfe zu den christlichen Parteien nach dem Zweiten Weltkrieg. Das kirchliche Leben in Deutschland war ohne sie nicht denkbar. Die CDU war eine Art politischer Bühne der Ökumene, weil in ihr – historisch gesehen – konfessionell unterschiedliche Christentümer unter einen Hut gebracht wurden. *Aschoff* beleuchtet im Einzelnen, wie die Bischöfe nach dem Zweiten Weltkrieg das Zentrum fallen ließen und stattdessen der neuen CDU den episkopalen Ritterschlag gaben.

Zur neueren Entwicklung des kirchlichen Lebens in der Schweiz und in Österreich äußern sich *Franz-Xaver Bischof* aus München und *Michaela Sohn-Kronthaler* aus Graz. In beiden Beiträgen geht es kenntnisreich um die jüngsten Trends im kirchlichen Leben vor dem Hintergrund sozialempirischer Erhebungen. Für die Schweiz spielt das duale Kirchensystem eine besondere Rolle. Völlig anders ist Österreich aufgestellt, aber auch hier herrscht derselbe Transformations- und Pluralitätsdruck durch die allgemeingesellschaftliche Dynamik. Die Kirchen verlieren an Kraft: Sie treten nicht mehr pro-, sondern reaktiv auf.

Der Beitrag von *Benedikt Kranemann* aus Erfurt behandelt das Priesterbild im 19. Jahrhundert im Spiegel der sogenannten »kleinen Liturgiken«, also kurzer Liturgiebeschreibungen für Priester oder auch Laien.

Bernhard Schneider aus Trier schreibt weitgefasst über »Frömmigkeit und Macht«, da er hier eine doppelte Lücke im Werk von Erwin Gatz ausmacht (S. 256). Der Machtdiskurs wird von *Schneider* kombiniert mit dem Aspekt der Frömmigkeit, sofern Macht über die Frömmigkeit ausgeübt wird. Bezüglich »geistlichen Missbrauchs« klopft *Schneider* ein großes Spektrum ab: Machtausübung durch Liturgie, Gebetsbücher, Exerzitien, Askese, und sogar Bruderschaften werden als Opfer der Machtausübung ausgemacht, nämlich dann, wenn sie unter die Kuratel der Bischöfe geraten (S. 271), die sie für ihre reformerischen Zwecke einspannen und dabei ihrer Autonomie berauben.

Dominik Burkard aus Würzburg stellt kirchenhistorische Überlegungen zum kirchlichen Umgang mit sexuellem Missbrauch durch Kleriker an. Sexueller Missbrauch ist natürlich keine klerikale Exklusive, der Klerus stellt zahlenmäßig einen geringen Teil der Bevölkerung dar. Es bleibt also abzuwarten, ob auch eine Bearbeitung des sexuellen Missbrauchs im staatlichen, gesellschaftlichen und familiären Bereich erfolgen wird. Worum es *Burkard* aber in erster Linie geht, ist eine Belehrung der kirchlichen Akteure, wie man aus historischer Sicht an dieses Thema herantreten sollte und was die historischen Rahmenbedingungen bei der Bekämpfung des Übels heute sind.

Burkard stellt dann einige kluge Richtlinien auf, was aus Sicht eines Historikers bei der Aufarbeitung sexueller Übergriffe oder auch einfach kriminellen Verhaltens zu beachten ist. Er beleuchtet erstens die Schwierigkeit im Umgang mit den Quellen, zweitens die Schwierigkeit, Verantwortlichkeit zu definieren und zu gewichten. Sein dritter Aspekt ist der wichtigste, weil genuin historische. *Burkard* macht auf den Systembruch durch die Säkularisation um 1800 und die damit verbundene völlige Neuordnung von staatlichem und kirchlichem Strafrecht aufmerksam. Für die Kirche war jahrhundertelang ein Grundprinzip der Rechtsprechung das »privilegium fori« der Kleriker. Das meint: Kleriker können nur vor ein kirchliches Gericht gestellt werden, und zwar egal ob sie ein weltliches oder religiöses Vergehen begangen haben. Kleriker fühlten sich also jahrhundertelang bei jedwedem Vergehen oder Verbrechen in einem eigenen Rechtsbereich aufgehoben, der, das wird man wohl sagen dürfen, im Zweifelsfall milder als der weltliche Arm des Gesetzes war. Dieses Rechtsprivileg wurde vor 200 Jahren – im Zusammenhang mit Revolution und Säkularisation – beseitigt. Jede kriminelle Handlung eines Klerikers wird vom Staat geahndet, egal was die Kirche nebenbei macht. *Burkard* meint nun, dass die kirchliche Mentalität immer noch 200 Jahre der Säkularisation hinterherhinke. Man denke immer noch, kriminelle Priester müssten irgendwie anders als die »normalen« Kriminellen behandelt werden. *Burkard* bemerkt freilich auch, dass das heute zu beklagende Versagen der kirchlichen Strafgerichtsbarkeit auch daran liege, dass die Säkularisation die Kirche ihrer exekutiven Handlungsfähigkeit weitgehend beraubt habe. Den Rest habe der grenzenlose Liebesoptimismus der 1960er Jahre gegeben. Strafen seien lange Zeit verpönt gewesen, auch und gerade gegenüber Klerikern. Wie viele Menschen diese Illusion ins Unglück gestürzt hat, wagt man nicht zu schätzen. *Burkards* Beitrag gehört zweifellos zum Besten, was Historie für diesen spezifischen Problemfall an Aufklärung zu leisten vermag. *Matthias Kopp* aus Bonn stellt abschließend den Beitrag der Kirche auf dem Gebiet der Medienpolitik dar.

Der buchtechnisch und redaktionell makellose Band bietet eine bunte, eher zufällige Themenmischung. Unter der Fahne »Neue Aspekte einer Geschichte des kirchlichen Lebens« können die Beiträge nur mit Blick auf das weitgespannte Werk von Erwin Gatz segeln. Ein auch nur annähernd abgerundetes oder konsistentes Bild ergibt sich dadurch nicht. Das ist ein Mangel, aber kein Malus. Dem Buch ist zu bescheinigen, dass die Beiträge von hoher Kompetenz zeugen und der Persönlichkeit von Erwin Gatz gerecht werden, sie sogar an vielen Stellen förmlich zum Leben erwecken. Über Gatz' Forschungsradius hinaus weisen eindeutig die Beiträge von *Bernhard Schneider* und *Dominik Burkard* über die belastende Frage des spirituellen und sexuellen Missbrauchs. Sie gehören – im Sinne der Priorität, nicht Ausschließlichkeit – zur unumgänglichen Lektüre.

Rom   STEFAN HEID

II. Quellen und Hilfsmittel

CHRISTOPH BECKER/MATTHIAS FERBER (Hg.), Das Augsburger Stadtrecht von 1156. Zweisprachige Ausgabe mit Erläuterungen *(Augsburger Schriften zur Rechtsgeschichte 39), Münster 2021, LIT, 144 Seiten, zahlreiche Abbildungen und ein Faltblatt.*

Unter den mittelalterlichen Stadtrechten des heutigen Bayern nehmen jene von Augsburg eine herausragende Stellung ein. Dass hierbei bislang die deutschsprachigen Statuten von 1276 in der Forschung weit mehr Beachtung fanden als das im vorgelegten Bändchen behandelte lateinische Recht von 1156, liegt sicherlich nicht nur an der bemerkenswerten Ausführlichkeit der deutschen Statuten, sondern zum Teil auch daran, dass das knappere lateinische Recht aufgrund der Sprachbarriere bis dato schwerer rezipierbar war. Mit der nun vorgelegten Neuausgabe des Textes samt Übersetzung ins Deutsche und zusätzlichen Erläuterungen wird dem Leser eine hilfreiche Brücke gebaut zu dem im Original teils schwer verständlichen Text.

Der ansprechend gestaltete und aufwändig bebilderte Band weist hierbei eine Besonderheit auf: Er beruht im Wesentlichen auf Texten von Schülern eines Projekt-Seminars des Augsburger Gymnasiums bei Sankt Stephan. Über anderthalb Jahre arbeiteten die Schüler unter fachkundiger Anleitung der Herausgeber an ihren Texten. Der Band stellt so ein herausragendes Beispiel dafür dar, wie man wissenschaftlichen Nachwuchs für die Rechtsgeschichte gewinnen und begeistern kann.

Die Autoren nähern sich dabei aus den verschiedensten Richtungen dem Stadtrechtstext an. Neben eine Beschreibung der Stadtrechtsurkunde und ihres Lagerorts, des Staatsarchivs Augsburg (S. 1–10), treten allgemeine Angaben zur mittelalterlichen Urkunde, zum Kanzleiwesen (S. 11–19) und zu den beteiligten Personen bzw. Personengruppen (S. 21–31). Auf eine knappe inhaltliche Zusammenfassung der Urkunde (S. 52 f.) folgen weitere kurze Beiträge zu Publikation, Geltung und Wirkung des Stadtrechts (S. 55–63), zu Strafen (S. 65–69), zu Merkmalen einer »Demokratisierung im Ansatz« durch Erstarken des Bürgertums (S. 70–74), zu den Augsburger Münz- und Maßeinheiten (S. 75–83), zur Ständeordnung (S. 84–89) und schließlich zu Markt und Handel (S. 90–94). Am Ende des Bändchens stehen ein Personen-, Orts- und Sachregister (S. 103–117) sowie Erläuterungen über die Entstehung des Buchs (S. 118–121).

Auch wenn die Edition samt Übersetzung somit nur einen verhältnismäßig kleinen Teil des Bandes (S. 32–49) ausmacht, bildet sie doch den Kern der Untersuchung. Der Edition zugrunde gelegt wurde das Original der von Kaiser Friedrich I. Barbarossa gesiegelten Stadtrechtsurkunde. Die von Kanzler Rainald von Dassel ausgefertigte (vgl. S. 30), 55 x 40 cm große Pergamenturkunde umfasst 38 Textzeilen, die – abgesehen von der verlängerten Zierschrift (littera elongata) in der Intitulationszeile – in zeittypischer diplomatischer Minuskel geschrieben sind (vgl. S. 1–9). Da die Handschrift eine sehr große Zahl von Abkürzungen aufweist, sind trotz der strengen grammatischen Regeln des Lateinischen immer wieder verschiedene Lesarten möglich, wie sich sehr schnell beim Vergleich mit den älteren Editionen des Stadtrechts von 1156 zeigt. Die wichtige Urkunde wurde bereits 1831 in den »Monumenta Boica« (Bd. 29,1, S. 327–332), dann u.a. von Ernst Theodor Gaupp (Deutsche Stadtrechte des Mittelalters II, 1852, S. 199–206) und von Christian Meyer (als Anhang zu: Das Stadtbuch von Augsburg insbesondere das Stadtrecht vom Jahre 1276, 1872, S. 309–313) ediert, später u.a. bei Friedrich Keutgen (Urkunden zur städtischen Verfassungsgeschichte, 1901, S. 90–92), bei Bernhard Diestelkamp (Elenchus fontium historiae urbanae, Bd. I, 1967, S. 116–120) sowie (erstmals mit einer deutschsprachigen Übersetzung) bei Bernd-Ulrich Hergemöller (Quellen zur Verfassungsgeschichte der deutschen Stadt im Mittelalter, 2000, S. 188–201) herausgebracht. Leider ist keine der genannten Ausgaben buchstabengetreu; so wurden auch in der neuen Edition »u« und »v« entsprechend der modernen Lesart gesetzt und die aufgelösten Abkürzungen sind nicht ausgewiesen. Sehr hilfreich ist daher das als großformatiges Faltblatt beigegebene Faksimile der Originalurkunde, das einen Abgleich der Lesarten ermöglicht. Der deutschen Übersetzung gelingt es nahe an der Vorlage zu bleiben, ohne hierdurch an Verständlichkeit einzubüßen. Wichtige Zusammenhänge, spezielle Begriffe und Besonderheiten werden zudem in den Fußnoten erläutert.

Hintergrund des Stadtrechts von 1156 ist ein damals schwelender Konflikt zwischen Bischof und Bürgerschaft um die

Schrifttum **187**

Vorherrschaft in der Stadt, wie er für viele Kathedralstädte typisch ist. Während der Bischof seine alten Rechte zu verteidigen suchte, erstrebten die Bürger die Privilegien einer Reichsstadt. Die Urkunde von 1156 manifestiert einen von Barbarossa vermittelten Kompromiss. Wie es in der Quelle ausdrücklich heißt, wurden die Augsburger bereits 1152 wegen allerlei Missstände bei ihm vorstellig. Im Band wird diskutiert, ob die vier Jahre bis 1156 für Verhandlungen benötigt wurden oder ob Friedrich aus Machtkalkül die Bestätigung bis nach seiner 1155 erfolgten Kaiserkrönung hinauszögerte (S. XIII, 15). Die Urkunde zitiert ein älteres Augsburger Recht, das auf einem Hoftag Kaiser Heinrichs IV. im Jahr 1104 aufgesetzt worden sei; mangels anderweitiger Überlieferung lässt sich jedoch nicht beurteilen, ob dieses ältere Recht wörtlich übernommen wurde. Die Edition geht (mit Hergemöller) davon aus, dass nur ein kleiner Teil der Bestimmungen auf 1104 zurückreicht und der mit den Worten »Iusticia Augustensis civitatis haec est« beginnende Hauptabschnitt von 1156 stammt. Die Urkunde bestätigte den Bischof als Stadtherrn von Augsburg, die Rechte der Bürgerschaft wurden aber gestärkt und die Stellung des Vogtes als Inhaber der Blutgerichtsbarkeit ausgebaut. Abgesehen von Fragen des Münzwesens behandelt die Urkunde fast ausschließlich Einzelfragen der Stadtverfassung – ganz anders als das breit angelegte deutschsprachige Stadtrecht von 1276.

Der vorliegende Band reiht sich ein in eine Reihe wichtiger Neueditionen stadtrechtlicher Texte, etwa des Goslarer Stadtrechts (Maik Lehmberg [Hg.], Der Goslarer Ratskodex – das Stadtrecht um 1350. Edition, Übersetzung und begleitende Beiträge, Bielefeld 2013), der mittelalterlichen Stadtrechte Freiburgs von 1120 bis 1293 (Marita Blattmann/Jürgen Dendorfer/Mathias Kälble/Heinz Krieg [Hg.], Die Freiburger Stadtrechte des hohen Mittelalters. Edition, Übersetzung, Einordnung, Freiburg 2020) und des Mühlhäuser Stadtrechts (um 1225), zu dem eine umfangreiche Kommentarausgabe in Vorbereitung ist. Gemeinsam geben diese Bände der Stadtrechtsforschung wichtige neue Impulse und stehen für ein erfreulicherweise wieder erstarkendes Interesse an der Stadtrechtsforschung.

Heidelberg   Andreas Deutsch

Walter Koch (†) (Bearb.)/Klaus Höflinger/Joachim Spiegel/Christian Friedl/Katharina Gutermuth/Maximilian Lang (Mitw.), Die Urkunden der deutschen Könige und Kaiser, Bd. XIV, Tl. 6: Texte und Register, Die Urkunden Friedrichs II. 1226–1231 *(Monumenta Germaniae Historica. Diplomata regum et imperatorum Germaniae, Tomus XIV, Pars VI/1 und 2: Friderici II. diplomata inde ab anno MCCXXVI usque ad annum MCCXXXI)*, Wiesbaden 2021, Harrassowitz, XIV und 1016 Seiten.

Der nun vorliegende sechste Band des großen, einen langen Atem und eine gute Arbeitsorganisation benötigenden Unternehmens der Edition von Friedrichs II. über Europa verstreuten Urkunden ist der letzte Band, an dem der verdiente, Ende 2019 verstorbene Herausgeber noch teilhaben konnte, ohne dabei freilich wegen einer schweren Erkrankung das Handwerk des Editors noch in nennenswertem Maße selbst ausüben zu können. In gewisser Weise ist das anzuzeigende Buch daher eine Hinterlassenschaft, die allerdings erst zu einem wirklichen Vermächtnis wird, wenn es gelingt, das – wie man der Vorrede entnehmen kann, keinesfalls ungefährdete – Gesamtunternehmen zu einem erfolgreichen Abschluß zu bringen. Die Erreichung dieses Zieles muß freilich mit aller Macht gewünscht werden, denn mit ihm wird nicht nur ein dringendes Desiderat der mediävistischen Forschung erfüllt und eine große Lücke im Bestand kritisch edierter Herrscherurkunden gefüllt, sondern auch ein in verschiedener Hinsicht europäisches Unternehmen auf höchstem editorischen Niveau vorangetrieben. Nicht zuletzt der anzuzeigende Band kündet davon.

Dieser Band umfaßt 264 Urkunden (Nr. 1200–1463) aus dem Zeitraum von Juli 1226 bis Dezember 1231 sowie drei Nachträge (ein Stück zu Band 3 und zwei Stücke zu Band 5) und ist in zwei Teile geteilt: in die eigentliche Edition und in die Zusammenstellung der verschiedenen Register (S. 643–1016), die mit mehr als 350 Seiten einen stattlichen, manchen Urkundenband früherer Herrscher übertreffenden Umfang besitzt. Historisch bedeutsame Ereignisse aus dem Lustrum der publizierten Urkunden waren der Kreuzzug mitsamt dem Erwerb Jerusalems, der sich aus der Verzögerung des Kreuzzugs ergebende Konflikt mit Papst Gregor IX. und die Exkommunikation des Kaisers (vgl. Nr. 1294) sowie schließlich der Ausgleich im Frieden von San Germano (vgl. Nr. 1347 und 1349/50). Als urkundlicher Niederschlag während und offenbar auch in Zusammenhang mit diesem Geschehen finden sich zudem bedeutsame Schriftstücke für deutsche Empfänger, zumeist für Bischöfe, aber auch – zur Sicherung von dessen bergischem Erbe (Nr. 1271) – für Herzog Heinrich von Limburg, Kreuzfahrer und Leiter des Kreuzzuges während Friedrichs Erkrankung. Alle Begünstigten waren Unterstützer des Staufers, von denen der Salzburger Erzbischof Eberhard II. eine sowohl für den Südosten des Reiches als auch für das Ranggefüge im Reichsepiskopat wichtige Bestätigung seiner Rechte über das 1072 von seinem Vorgänger Gebhard gegründete Eigenbistum Gurk erhielt (Nr. 1270: September 1227); eine Entscheidung, die drei Jahre später bekräftigt wurde (Nr. 1369–1373: September 1230) und sich gegen Bemühungen der Gurker Mediatbischöfe um Gleichstellung mit den Bischöfen des Reiches richtete und die Gurker Oberhirten in der gleichen Abhängigkeit von Salzburg und auf derselben rechtlichen Stufe hielt wie die Bischöfe der gerade erst zwischen 1215 und 1225 geschaffenen Mediatbistümer Chiemsee, Seckau, und Lavant.

Vorbildlich ediert, aufschlußreich vor allem auch durch die ausführlichen editorischen Vorbemerkungen, stehen solche Urkunden, die für die Regional-, Sozial- und Verfassungsgeschichte von nicht geringer Bedeutung sind, der historischen Forschung nun zur Verfügung. Ihnen an die Seite zu stellen ist aber auch noch ein anderes, in mancher Hinsicht merkwürdiges Schreiben, das Aufnahme in diese

Edition gefunden hat, zwar bisher nicht unbekannt war, aber als Stilübung galt und nunmehr einer vertieften Interpretation harrt und vielleicht auf größeres Interesse stoßen wird. Es handelt sich um Nr. 1329, eine an die Sarazenen Apuliens gerichtete Anweisung Friedrichs II., die nur in zwei Abschriften (die eine aus dem späten 13., die andere aus dem frühen 14. Jahrhundert) überliefert und nicht genau zu datieren ist, wohl aber in die Zeit des Konflikts zwischen Kaiser und Papst gehört, da es um das Schicksal von Gaëta geht, der Stadt aus Friedrichs süditalischem Königreich, die mit Einverständnis der Bürger vom Papst im Juni 1229 in besonderen Schutz genommen worden war und nicht mehr an den Staufer zurückgegeben werden sollte, sondern als Exklave in Friedrichs Königreich bestehen bleiben sollte. Gaëtas Verhalten hat den Kaiser zweifellos erbost – wie sehr jedoch, das ist freilich die Frage.

Friedrichs Auftrag an die Sarazenen seines Königreichs, 15.000 Mann für die Belagerung Gaëtas aufzubieten, läßt, falls das Dokument echt ist, eine tiefe Verbitterung erkennen. Denn nicht nur sollte die Umgebung der Stadt verwüstet, sollten Häuser und Mauern nach der Eroberung zerstört werden, sondern auch die Einwohner waren schwerstens am Leib zu strafen: Die »meliores« und »nobiliores« des Landes sollten, ihres Augenlichts beraubt, mit abgeschnittener Nase und nackt aus der Stadt gejagt werden, den Frauen hingegen sollte gestattet sein, (nur) mit abgeschnittener Nase abzuziehen, während die Knaben in der Stadt bleiben durften, allerdings »abstractis testiculis«, also kastriert. Freilich fragt man sich sofort, wie die kindlichen Evirati in einer Stadt ohne Frauen und Männer überleben sollten, in einer Stadt zudem, die – bis auf die Häuser von Klerikern und die Kirchen – von Grund auf zerstört werden sollte. Es ist mithin kein Wunder, wenn dieses Schreiben, das in einer wohl in Süditalien entstandenen »summa dictaminis« überliefert ist, bislang als Stilübung betrachtet wurde oder als Propagandainstrument der päpstlichen Partei. Nun behauptet die neue Edition keinesfalls das Gegenteil, aber das Schreiben wird präsentiert ohne einen Hinweis darauf, ob es gefälscht oder verdächtig ist; und begründet wird die Aufnahme unter Friedrichs II. Urkunden mit der wichtigen, ebenso bemerkenswerten wie nachdenklich stimmenden Beobachtung, daß »sich d[..]er Text in den wesentlichen Formularteilen als durchaus kanzleigemäß« erweise. Da Kanzleigemäßheit kein Garant für Echtheit ist, gehört das Schriftstück vor dem Hintergrund der herkömmlichen Deutung und des vorgetragenen Befundes erneut betrachtet, wobei die kritische Diskussion vor allem auch der Frage nachzugehen hat, wer, wenn (wofür doch einiges spricht) das Schriftstück nicht echt ist, in der Mitte des 13. Jahrhunderts überhaupt in der Lage war, ein angebliches Schreiben Friedrichs II. kanzleigemäß zu formulieren. Die gelungene Edition löst mithin viele Fragen und gibt zugleich neue Aufgaben auf.

Passau   FRANZ-REINER ERKENS

SIEGFRIED HAIDER, **Verzeichnis der den oberösterreichischen Raum betreffenden gefälschten, manipulierten oder verdäch-**

tigen mittelalterlichen Urkunden *(Beiheft zum Urkundenbuch des Landes ob der Enns), Linz 2022, Verlag Oberösterreichisches Landesarchiv, 134 Seiten.*

Das seit der Mitte des 19. Jahrhunderts zunächst vom Oberösterreichischen Musealverein, später vom örtlichen Landesarchiv herausgegebene »Urkundenbuch des Landes ob der Enns« zählt zu den traditionsreichsten Editionsvorhaben Österreichs. Im Rahmen der Beihefte dieses verdienstvollen Unternehmens legte Siegfried Haider nach langjähriger Sammeltätigkeit einen Band zu jenen Urkunden aus Oberösterreich vor, die von der Forschung als gefälscht bzw. manipuliert erkannt wurden oder diesbezüglich zumindest als verdächtig eingestuft werden müssen.

Der Autor dieses im Folgenden zu besprechenden Werkes ist als Mitglied des Instituts für Österreichische Geschichtsforschung und a.o. Professor (i.R.) für Geschichte des Mittelalters und Historische Hilfswissenschaften an der Universität Wien nicht nur ausgewiesener Diplomatiker, sondern als ehemaliger Direktor des Oberösterreichischen Landesarchivs zudem ein Fachmann für die Geschichte des Landes ob der Enns und daher geradezu prädestiniert für ein derartiges, ambitioniertes Vorhaben.

Bekanntlich war die Untersuchung der Authentizität von Urkunden der ursprüngliche Antrieb für die Entwicklung der wissenschaftlichen Diplomatik, und diese Frage hat bis heute nichts an ihrer Bedeutung für die Mediävistik verloren, auch wenn von der Urkundenforschung in der Zwischenzeit eine Vielzahl weiterer Fragestellungen in den Blick genommen wird.

Die von Siegfried Haider vorgelegte Sammlung von insgesamt 153 Urkunden beinhaltet überwiegend Schriftstücke, die bereits in den gedruckten Bänden des »Urkundenbuchs des Landes ob der Enns« enthalten sind. Hinzu kommen allerdings weitere Quellen, die der Autor in anderen Editionsvorhaben, wie etwa dem »Urkundenbuch zur Geschichte der Babenberger in Österreich« oder den »Monumenta Germaniae Historica«, ausfindig machen konnte.

Den Hauptteil von Haiders Publikation stellt ein fortlaufend nummerierter Katalog dieser Urkunden dar, der zu jedem einzelnen dieser Schriftstücke zunächst die vorgebliche Datierung sowie die vermutete tatsächliche Entstehungszeit angibt, gefolgt von einem knappen Kopfregest, den bislang erschienenen Editionen und Regesten sowie den wichtigsten Literaturangaben, die insbesondere die Frage nach der Echtheit des jeweiligen Stücks betreffen.

In einer ausführlichen und instruktiven Einleitung behandelt der Autor zunächst Stand und Perspektiven des Oberösterreichischen Urkundenbuches und erläutert danach die Benutzung seiner Publikation, die er selbst einerseits als »Arbeitsbehelf« für den Umgang mit den enthaltenen Urkunden, andererseits aber auch als Ergänzung bzw. Vorarbeit zu einer Neubearbeitung der älteren Bände des »Urkundenbuchs des Landes ob der Enns« verstanden haben möchte, welche nach Haider heutigen Ansprüchen nicht mehr genügen.

In seiner Einführung führt der Autor

zudem auch einige auswertende Analysen und weiterführende Einschätzungen zum gesammelten Material an. So macht dessen statistische Auswertung u.a. deutlich, dass das 13. Jahrhundert die »Blütezeit des urkundlichen Fälscherwesens« dargestellt habe. Allerdings muss an dieser Stelle der auch vom Autor selbst konstatierte Mangel an umfassenden Editions- und Regestenunternehmen zum österreichischen Urkundenmaterial des 15. Jahrhunderts sowie an darauf aufbauenden diplomatisch-kanzleigeschichtlichen Untersuchungen ins Treffen geführt werden, die schließlich in vielen Fällen überhaupt erst die solide Basis für das sichere Erkennen und Einordnen gefälschter bzw. manipulierter Urkunden darstellen könnten.

Trotz dieses Vorbehalts stellt das vorliegende Werk Siegfried Haiders einen verdienstvollen und fachlich fundierten Beitrag zum oberösterreichischen Urkundenwesen dar, der auch durch marginale Lapsus in der drucktechnischen Umsetzung des Bandes in seinem bleibenden Wert keineswegs geschmälert wird. So trägt es etwa nicht zur Übersichtlichkeit bei, dass die fortlaufend nummerierte, zweispaltig über vier Seiten geführte »Konkordanztabelle« nicht wie üblich auf jeder Seite einen Spaltenumbruch aufweist, sondern lediglich einen einzigen am Ende der Tabelle.

Auch könnte sich mancher Leser im Katalogteil gegebenenfalls ausführlichere Angaben zur jeweiligen Art der (Ver-)Fälschung wünschen. Gerade angesichts mitunter nicht mehr aktueller Angaben in den angeführten älteren Urkundeneditionen wäre zusätzlich zum Hinweis auf die jeweiligen Editionsorte auch ein Verweis auf gegenwärtige Archivsignaturen der aufgenommenen Stücke hilfreich, allenfalls auch mit Hinweisen auf Online-Verfügbarkeiten auf monasterium.net. Auch die Erschließung durch Orts- und Personenindices würde den Umgang mit diesem Band deutlich erleichtern.

Nichtsdestotrotz stellt Siegfried Haiders Werk eine überaus verdienstvolle Grundlagenarbeit von bleibendem Wert dar, das dementsprechende Beachtung verdient. Es wäre wünschenswert, wenn dieses wichtige Werk die Erarbeitung von weiteren regionalen Bänden dieser Art anregen würde, um auf diesem Weg auch vergleichende Auswertungen möglich zu machen.

Graz Daniel Luger

III. Allgemeine Geschichte und Landesgeschichte

Michael Weithmann, Die Bayerischen Alpen. Landschaft, Geschichte, Kultur zwischen Salzach und Lech, *Regensburg 2022, Friedrich Pustet, 408 Seiten, zahlreiche Abbildungen.*

Michael Weithmanns neuste Veröffentlichung lässt sich in die Reihe seiner früheren, auf den bayerischen Raum konzentrierten Werke einordnen. An die breite, nicht wissenschaftlich orientierte Öffentlichkeit gerichtet, gibt der Band einen sehr anschaulichen und an manchen Stellen überraschend detaillierten Einblick in den Themenbereich des bayerischen Alpenraums in all seinen Facetten. Beginnend mit einer geographischen Einordnung und Beschreibung der Alpenlandschaft mit Bezug auf die heute bekannten Sehenswürdigkeiten, führt Weithmann den Leser zunächst durch die ersten vom menschlichen Einfluss geprägten Jahrhunderte der Alpengeschichte. Hierbei deckt der Autor einen unerwartet vielseitigen Bereich ab. Neben großen Themengebieten wie der Erschließung des Gebirges durch Wegenetze in der Antike und während des Mittelalters durch verschiedene im alpinen Raum verankerte Machthaber werden im ersten Abschnitt auch soziokulturelle Aspekte, beispielsweise die christliche Mission oder die Aufklärung, beleuchtet. Nach einem zeitlich übergeordneten Abschnitt, welcher sich mit den an die Alpen gebundenen Wirtschaftsformen und den damit assoziierten Problemen und Entwicklungen befasst, lenkt Weithmann die Aufmerksamkeit auf die Entwicklung seit dem 19. Jahrhundert. Besondere Beachtung schenkt der Autor hierbei der spezifischen Verbindung der bayerischen Monarchie mit dem Alpenraum. In diesem Zusammenhang begegnen dem Leser viele bekannte Namen, der Märchenkönig Ludwig II. oder etwa der Tiroler Befreiungskämpfer Andreas Hofer. Auch der aufkommende Alpentourismus und die wissenschaftliche Erkundung des Hochgebirges werden dabei behandelt. Lesern mit Interesse an der Geschichte des Alpinismus sind diese Abschnitte besonders zu empfehlen. Jenseits der politökonomischen Realitäten nimmt Weithmann außerdem die Kunst des Alpenraums in den Blick, im Rahmen eines durch reiche Bebilderung anschaulich gestalteten Exkurses. Neben literatur- und kunstgeschichtlichen Aspekten, die durch biographische Beschreibungen der Künstler ergänzt werden, geht der Autor an dieser Stelle auch auf viele alpenräumliche Bräuche und Kulturaspekte ein. Vom Krampus über traditionelle Trachten bis hin zu Dialekten und dem vielerorts zum Klischee verkommenen Jodeln zeichnet sich dieses Kapitel durch eine hohe Bandbreite der Beobachtungen aus. Der letzte Teil des Buchs setzt sich mit der jüngsten Geschichte des Naturraums auseinander. So werden besonders das Einsetzen intensiver touristischer Aktivitäten sowie die Rolle der Alpen während der NS-Zeit untersucht. Aktuell relevante Thematiken werden hier aufgegriffen, wie etwa der Naturschutz oder das moderne Verkehrswesen. Weithmann steht dem Massentourismus kritisch gegenüber, den er für viele Probleme des Alpenraumes verantwortlich macht, ohne ihm jedoch die existenzielle Bedeutung für die regionale Wirtschaft abzuerkennen. Weithmanns negative Einstellung gegenüber neuartigen Formen des Alpinismus und dem Wandel im Erscheinungsbild des Tourismus – Gegenstand vor allem des letzten Kapitels – kann auf manchen Leser befremdlich oder sogar zynisch wirken, vermag jedoch nicht den positiven Gesamteindruck des Werkes zu trüben. Der Autor hat sich mit der Aufarbeitung eines so großen Themenbereiches keine leichte Aufgabe gestellt. Trotzdem gelingt es ihm, die vielen Aspekte der alpinen Geschichte sehr übersichtlich zusammenzufassen. Bemerkenswert ist besonders, dass seine Darstellung die Balance zwischen den verschiedenen Sachebenen durchgängig hält. Der angenehm leichte Schreibstil sowie die Verwendung passender, farbiger Abbildungen lassen das Werk lebendig wirken; beides erleichtert das Textverständnis. Auch wenn wohl nicht der Anspruch verfolgt wird, ein Fachpublikum mit neuen Erkenntnissen zu versorgen, so hält der kompakte Band dennoch viele Informationen für eine landesgeschichtlich interessierte Öffentlichkeit bereit.

München   PATRICK FREYTAG

THOMAS GROLL/BRIGITTE HAAS-GEBHARD/CHRISTOF PAULUS (Hg.), **Der Grabfund von Wittislingen und die östliche Alemannia im frühen Mittelalter** *(Zeitschrift des Historischen Vereins für Schwaben 114/Verein für Augsburger Bistumsgeschichte e.V., Sonderreihe Heft 11), Augsburg 2022, Wißner, 312 Seiten, zahlreiche s/w und farbige Abbildungen.*

Der Band zu dem schon seit Anfang November 1881 bekannten unberaubten Prunkgrab einer Frau des 7. Jahrhunderts aus Wittislingen versammelt 13 Beiträge einer Tagung, die das Thema aus historischer und archäologischer Sicht aktuell bewerten und den Forschungsstand umfassend dokumentieren. Das scheint gut 70 Jahre nach der monografischen Vorlage durch Joachim Werner angemessen für diesen bedeutenden Befund.

Den Anfang machen nach der allgemeinen Einführung eine Neubewertung durch *Brigitte Haas-Gebhard* und die Fundgeschichte von *Gregor Jakob*. Guten Überblick über das bekannte und verlorene Inventar schafft S. 13, Tab. 1. Der Charakter der Funde weist auf ein Frauengrab hin und lässt eine Vermischung mehrerer Kontexte unwahrscheinlich erscheinen. Die Knochen erwiesen sich allerdings als zu zwei Individuen gehörig, davon eines wohl männlich (S. 50–56). Einige nachgelieferte Funde deuten an, dass die erhaltene Auswahl nicht vollständig ist. Nichtmetallische Funde dürften den Entdeckern des 19. Jahrhunderts ebenfalls entgangen sein. Auffällig ist die hohe Zahl von neun Goldobjekten, darunter die bekannte Goldscheibenfibel (S. 23, Abb. 3). Die exakte Fundstelle des Grabes ist nicht zu ermitteln. Indizien weisen aber auf einen kleineren Separatfriedhof hin. Ob es sich um ein Kirchengrab handelt, bleibt offen, wenn auch vorstellbar. Detaillierter geht *Haas-Gebhard* besonders auf die Fingerringe mit den kaiserporträtartigen Motiven ein. Der berühmten Bügelfibel mit der Inschrift auf der Rückseite widmet sie ebenfalls Raum. Es schließt sich die Fundgeschichte mit einigen von *Jakob* neu eingebrachten Aspekten an.

Zusammenfassend erläutert *Alfons Zettler* das historische Wissen über die Alamannen in der Zeit um 600. Im Vordergrund stehen regionale Aspekte der Herrschaftsausübung und die Rolle der alamannischen auch gegenüber den fränkischen Amtsträgern. *Thomas Groll* beschäftigt sich mit der Geschichte des Bistums Augsburg, ausgehend von der Spätantike. Bei der unter St. Gallus als christliche Kirche postulierten »Basilika« könnte es sich, solange keine neuen Erkenntnisse dies ausschließen, auch um eine Synagoge handeln.

Lediglich eine seltene alttestamentliche Szene kann aus den Wandmalereifragmenten herausgelesen werden (S. 95 f., vgl. dazu die Bilddeutung der Fresken als »Joseph vor Potiphar« bei Dieter Korol/Denis Mohr, Die Überreste der spätantiken Transeptbasilika unter der Gallus-Kapelle in Augsburg und die in Süddeutschland früheste erhaltene christliche Monumentalmalerei, in: Thomas Michael Krüger/Thomas Groll [Hg.], Bischöfe und ihre Kathedrale im mittelalterlichen Augsburg, Augsburg 2019, S. 57–92). *Gabriele Graenert* behandelt anhand von vier Friedhöfen in der Ostalb die Eliteseparierung der Merowingerzeit. Sie arbeitet mit dem Erklärungsmodell des konzentrischen Modells der ideologischen Ordnung der mittelalterlichen Landschaft und stellt die Bedeutung der Hofgrablegen heraus, die auch die entsprechenden Besitzansprüche der hier gefassten Elite symbolisiert haben könnten.

Ausgehend von der Synode von 738, die für Augsburg die Existenz einer kirchlichen Infrastruktur voraussetzt, stellt *Sebastian Gairhos* in seinem Beitrag die Bedeutung Augsburgs von der römischen Kaiserzeit bis in das 8. Jahrhundert vor. Dazu gehört maßgeblich auch die Existenz einer frühchristlichen Gemeinde. Von der Blütezeit des 3. Jahrhunderts ausgehend, lässt sich für das 4. und wohl auch noch das 5. Jahrhundert eine römisch geprägte Kontinuität städtischen Lebens auch an den Funden sowie anhand von Baumaßnahmen ablesen. Verwaltungsmäßig ist Augsburg in der Spätantike an Italien angebunden und Sitz eines der vier »praepositi thesaurorum«. Interessant ist der Gedanke, dass das Fehlen Augsburgs in der »vita Severini«, die fortgesetzte Bedeutung eines noch funktionierenden Gemeinwesens belegen könnte, da Eugippius ein mögliches »katastrophales« Umfeld zeichnen wollte, in dem sich die Geschichte des Severin abspielt (S. 150). Die noch nicht abschließend bearbeiteten Funde und Befunde der Grabung von St. Gallus kann *Gairhos* ebenso nur kursorisch subsumieren, wie die Bauspuren vom Dom, wo er sich gut eine vorkarolingerzeitliche Kirche vorstellen kann. Hier ist noch Arbeitsbedarf gegeben.

Im 5./6. Jahrhundert scheint es, wie in anderen römischen Städten nördlich der Alpen auch, z.B. in Köln oder Tongeren zu einer Siedlungsreduktion gekommen zu sein. Dies hilft eine Kartierung der stempelverzierten Keramik im Süden des Stadtgebiets zu verdeutlichen (S. 153, Abb. 8; vgl. auch die Baustrukturen, S. 157, Abb. 11). Insgesamt ergibt sich das Bild der von spätrömischen Traditionen getragenen Stadtbevölkerung, die »mindestens bis ins 7. Jahrhundert an römischen und damit christlich geprägten Gepflogenheiten festhielt« (S. 161).

Susanne Brather-Walter und *Benjamin Höke* fassen Forschungsstand und -aufgaben zum annähernd komplett ausgegrabenen Gräberfeld mit der zugehörigen Siedlung von Lauchheim zusammen. Im Vordergrund stehen dabei Gräber, die sich entsprechen und somit gräberfeldinterne Zusammenhänge vor allem in sozialen Gruppen nahelegen. Aus den Frauengräbern werden die Formen, Qualitätsgruppen und Verbreitungsschwerpunkte der Fibeln behandelt, aus den Männergräbern die der Gürtelgarnituren. Nach der Mitte des 7. Jahrhunderts werden einzelne Tote in Hofgrablegen beigesetzt, gegen die Mitte des 8. Jahrhunderts dann aber auf dem kirchengebundenen Friedhof. Jetzt mehren sich auch christliche Symbol- und Bildbezüge in den Grabinventaren.

Mit den Männergräbern von Augsburg-Inningen stellt *Anja Gairhos* eine Grabgruppe des 7. Jahrhunderts mit Vollbewaffnung vor, die 8 km südwestlich der Augsburger Innenstadt gefunden wurde. Die hier beigesetzte regionale Elite dokumentierte die Zugehörigkeit zum Christentum mit der Beigabe von Goldblattkreuzen in die Gräber. Der isolierte Bestattungsplatz wirft die Frage nach der Einbindung in das lokale Siedlungsgefüge auf, die aber mit dem Mitteln der Archäologie nur schwer beantwortet werden kann.

Wolfgang Janka beschäftigt sich mit den Ortsnamen im Raum Wittislingen, die Bezüge zum Westfränkischen erkennen lassen. *Karl Ubl* vergleicht die Rechtsbücher der Alamannen und die Lex Ribuaria. Beide Sammlungen stammen aus dem 7. Jahrhundert. *Ubl* schafft Übersicht zur Lage von Ribuarien, als Bezeichnung im Rheinland und zu den in den Rechtsbüchern angesprochenen Personen, für die das Gesetz gilt. Für Köln postuliert *Ubl* über den »Epochenbruch« des 5. Jahrhunderts hinweg eine christliche Kontinuität, die nach Meinung des Rezensenten aber kaum nachweisbar ist. S. 249 liegt ein folgenschwerer Druckfehler vor: »Seit den 530er-Jahren ist wieder ein Bischof bezeugt, der ein noch heute erhaltenes Baptisterium errichten ließ.« Tatsächlich muss es heißen: Seit den 560er-Jahren.

Roman Deutinger skizziert das Lebensbild der Lex Alamannorum anhand der jüngeren Überlieferungsschichten zu Wirtschaft, Gesellschaft, Staatlichkeit und Religion. *Steffen Patzold* erläutert den Zusammenhang zwischen Status und Religion in der Alamannia, der über die zuvor erörterten Leges hinausgeht. Die wenigen Quellen des 6./7. Jahrhunderts belegen das Bild einer hochmilitarisierten Gesellschaft mit erheblichen sozialen Unterschieden, die – je nach Kampfesleistung – hochgradig durchlässig waren. Nur wenig lässt sich auch zur Religionsgeschichte sagen. Die Schriftquellen erhellen hier die Orte Konstanz und St. Gallen. Einen generellen Schlussüberblick zur Tagung und zu einer »Globalgeschichte des Frühmittelalters« bietet *Christof Paulus* ausgehend von der östlichen Alamannia im 6./7. Jahrhundert und hier vor allem vom Wittislinger Fibelfund. Das Buch schließt mit kurzen englischen Abstracts zu allen Beiträgen.

Insgesamt wird ein schönes Kompendium vorgelegt, das künftig den leichten Zugang zum Befund und den mit Wittislingen verbundenen Fragestellungen ermöglicht. Zahlreich sind auch die Hinweise auf weitere denkbare Erkenntnisgewinne in künftigen Forschungsarbeiten zum Thema.

Köln SEBASTIAN RISTOW

MATHIAS KLUGE, **Verschuldete Könige. Geld, Politik und die Kammer des Reiches im 15. Jahrhundert** *(Monumenta Germaniae Historica, Schriften 77), Wiesbaden 2021, Harrassowitz, LIV + 562 Seiten.*

Warum lohnt es sich, in kleinen Archiven zu forschen? Weil gerade dort noch Schätze zu heben sind! Einen solchen – obgleich seit Langem bekannt – wertet Mathias Kluge in seiner Augsburger Habilitationsschrift aus. Der Nachlass des Reichserbkämmerers Konrad von Weinsberg (um 1370–1448) bildet neben Kanzleiregistern sowie Pfand- und Schuldbüchern die Hauptquellengrundlage der Untersuchung, die sich zum Ziel setzt, das Kreditwesen der römisch-deutschen Könige in den ersten vier Jahrzehnten des 15. Jahrhunderts auszuleuchten. Dabei führt der Weg in das beschauliche Städtchen Neuenstein, wo sich mit dem Hohenlohe-Zentralarchiv eine kleine Außenstelle des Landesarchivs Baden-Württemberg befindet, die zugleich eines der größten Adelsarchive Deutschlands beherbergt.

Kluge geht es in seiner Studie explizit nicht um eine Finanzgeschichte des Reiches im 15. Jahrhundert, sondern um die Akteure und Praktiken der Kreditvergabe sowie die Bedeutung der Kreditfinanzierung für die Politik der römisch-deutschen Könige (S. 19–21). Diese Zielsetzung ist wichtig, können doch für die spätmittelalterlichen Herrscher des Reiches trotz solch herausragender Archivbestände wie jenem zu Konrad von Weinsberg keine finanzhistorischen Untersuchungen im engeren Sinn angestellt werden, wie dies beispielsweise für die west- und südeuropäischen Monarchen des 14. und 15. Jahrhunderts möglich ist. Denn der genaue Anteil der Kredite am königlichen Finanzhaushalt der wittelsbachischen, luxemburgischen und habsburgischen Herrscher des frühen 15. Jahrhunderts bleibt aufgrund der äußerst dünnen Rechnungsüberlieferung unbestimmt.

Diese schwierige Ausgangssituation meistert Kluge indes durch ein breites, aus den Quellen geschöpftes und mit zahlreichen Zitaten untermauertes Panorama des Kreditwesens unter den Königen Ruprecht (reg. 1400–1410), Sigismund (reg. 1410–1437) und Albrecht II. (reg. 1438–1439). In drei Hauptteilen widmet er sich dem Kreditbedarf (S. 34–86), der Aufnahme (S. 87–358) und schließlich der Tilgung von Krediten (S. 359–520). Gerade die Kriege und die Romzüge der Könige waren mit außerordentlichem Geldbedarf verbunden. Doch auch die Versorgung des königlichen Hofes sowohl auf europaweiten Reisen als auch im Zuge bedeutender Ereignisse wie dem Konstanzer Konzil verschlang enorme Summen, die hauptsächlich über Kredite aufgebracht wurden. Hinzu kam die besonders seit dem 14. Jahrhundert stark zunehmende Praxis der Verpfändung von Ämtern und Herrschaftsrechten (Kanzlei, Münze, Reichsgut, Steuern), die zwar kurzfristig Geld in die Kassen der Könige spülte und deren Kreditwürdigkeit aufrechterhielt, langfristig aber wertvolle regelmäßige Einnahmen abfließen ließ. Daher überrascht es nicht, dass die ältere Forschung das Finanzgebaren der spätmittelalterlichen römisch-deutschen Herrscher nahezu durchweg negativ bewertet hat – sie waren eben »verschuldete Könige«.

Kluge kann dieses geläufige Narrativ relativieren. So eröffneten Kredite den Königen die nötige finanzielle und zeitliche Flexibilität, um ihre politischen Ziele in die

Tat umzusetzen. Auch die Zahlungsmoral der Herrscher war nicht (ganz) so schlecht, wie es uns viele Zeitgenossen und so mancher Historiker glauben machen möchten. Der König beglich seine Schulden über die direkte Rückzahlung, über die Verpachtung von Einnahmen oder mittels Umschuldungen. Der Verfasser betont immer wieder überzeugend, dass der Adel auch in der Rolle als Kreditgeber an der Reichspolitik partizipieren konnte. Bestehende familiäre, politische oder rechtliche Bindungen zwischen dem Herrscher und seinen Großen wurden durch die Geldaufnahme ergänzt und erweitert.

Die Fülle an Details, die Kluge auf seinen über 500 Seiten ausbreitet, ist beeindruckend. Die Abhandlung ist eine wahre Fundgrube an spezifischen Informationen zum Kreditnetzwerk der römisch-deutschen Könige in der ersten Hälfte des 15. Jahrhunderts. Der Autor befasst sich zudem detailliert mit dem königlichen Schatz und den darin mitgeführten Wertgegenständen, die dem Herrscher im Ernstfall zu Bargeld und Krediten verhalfen (S. 300–332). An einigen Stellen hätte die Masse an Informationen aber deutlicher reduziert werden sollen. Seitenlange Ausführungen zum Reiseverlauf des Königshofes (S. 106–143), zu den Stundungs- und Tilgungsmodalitäten (S. 143–166), zur Zusammensetzung und Besoldung des Hofpersonals (S. 180–205, 221–231), zu einzelnen Ausgabeposten (S. 244–287) oder zur Steuererhebung (S. 463–488), um nur ein paar Beispiele zu nennen, wären in einer tabellarischen Zusammenstellung womöglich besser aufgehoben gewesen als im Fließtext.

Problematisch und eher verwirrend sind außerdem Kluges Versuche, die spätmittelalterlichen Geldangaben in heutige Währungen umzurechnen. Hier hätte sich ein Verweis auf die zeitgenössische Kaufkraft angeboten. Ähnliches muss für die immer wieder angestellten kursorischen Aus- und Rückblicke in die frühe Neuzeit respektive das hohe Mittelalter gelten. Anstatt Gemeinsamkeiten und Unterschiede mit den Herrscherinnen und Herrschern anderer Jahrhunderte zu suchen – die selbstverständlich bestanden –, hätte ein Vergleich mit den Finanzen der Zeitgenossen Ruprechts, Sigismunds und Albrechts die Befunde der Arbeit stärker unterstrichen. Denn sowohl für einzelne Fürstendynastien des römisch-deutschen Reiches, zum Beispiel die Wettiner, als auch für westeuropäische Könige, wie etwa Heinrich IV. von England (reg. 1399–1413) oder Karl VI. (reg. 1380–1422) von Frankreich, liegen Untersuchungen zur Finanzgeschichte vor.

Zusammenfassend lässt sich festhalten, dass sich die Reisen ins Hohenloher Land gelohnt haben. Mathias Kluge konnte dank des reichhaltigen Materials im Weinsberger Archiv einen wichtigen Beitrag zur Finanzpolitik der römisch-deutschen Könige im ersten Drittel des 15. Jahrhunderts vorlegen. Historiker, die zur Rolle des Kreditwesens der Krone und der daran beteiligten Akteure arbeiten, werden sein Buch ebenso mit Gewinn zur Hand nehmen wie jene Forscher, die sich vergleichend mit den spätmittelalterlichen Fürstenfinanzen beschäftigen. Kluge hat gezeigt, dass es sich lohnt, bekannte Archivbestände aufs Neue und im Detail aufzuarbeiten. Am Ende bleibt daher nur zu sagen: Auf in die kleinen Archive – Schätze (wieder-)entdecken!

Stuttgart STEFAN G. HOLZ

FRANK LORENZ MÜLLER, Royal Heirs in Imperial Germany. The Future of Monarchy in Nineteenth-Century Bavaria, Saxony and Württemberg *(Palgrave Studies in Modern Monarchy), London 2017, palgrave macmillan, XII + 257 Seiten, zahlreiche Abbildungen.*

Die vorliegende Studie nähert sich einer der zentralen Fragestellungen der neueren deutschen Geschichte auf eine eher unkonventionelle Weise an. Die Diskussion um die Lebens- bzw. Überlebensfähigkeit der konstitutionellen Monarchie des 19. Jahrhunderts oszilliert dabei, wenn man so will, zwischen Ernst-Wolfgang Böckenförde und Ernst Rudolf Huber, zwischen der Auffassung, daß die konstitutionelle Monarchie nur ein notwendigerweise transitorisches Phänomen zwischen der absoluten Monarchie und der Republik gewesen sei, und der Überzeugung, daß man in der konstitutionellen Monarchie ein durchaus tragfähiges Modell für die weitere verfassungsgeschichtliche Entwicklung Deutschlands sehen dürfe.

Jenseits des Versuchs, diese Dichotomie in den Abstraktionen der Verfassungstheorie auflösen zu wollen, wählt Müller einen gänzlich anderen Weg, der seinerseits neue Probleme der Gewichtung bereithält. Der Blick auf die »Royal Heirs«, also auf die Erben, die Thronfolger in den drei Königreichen Bayern, Sachsen und Württemberg innerhalb des deutschen Kaiserreichs von 1871, liefert vor allem deshalb eine ganz spezifische Antwort auf die in Rede stehenden Grundsatzfragen, weil deren individuelle Biographien, von der Adoleszenz bis ins Mannesalter, nur in der Perspektive des Erbes, der Nachfolge, der Fortsetzung des tradierten Systems zu sehen sind – was von Müller auch so thematisiert wird: »This investigation of a selection of challenges and tensions faced by three future monarchs demonstrates that in the constitutional monarchies of Imperial Germany the expectation of a successful future reign and of monarchical continuity was no longer a simple matter of their heirs' birth right. In fact, aspects closely related to their dynastic descent – their place within a succession process that had become part of the legal-constitutional state, their confessional identity as well as their marriages and family lives – now posed questions and created uncertainties, rather than providing stability and predictability. Against a dynamic political, social and cultural background these traditional issues could easily create tensions. In order to ease the path towards a smooth transition to the next generation of monarchical rule, these had to be resolved in line with contemporary expectations. More than others, successful royal heirs had to keep a wary eye on and cultivate ›the ground on which the delicate flower of the people's love can grow.‹« (S. 64)

In einer solchen Selbstwahrnehmung ging es den Thronfolgern nicht um die grundsätzliche Problematisierung der in den drei Königreichen bestehenden Verfassungsordnungen, sondern um die Realität der je eigenen Lebensentwürfe mit Blick auf die bevorstehende Übernahme der Regierungsverantwortung, die auch angesichts der unterschiedlichen Forderungen und Erwartungen der Untertanen gelingen sollte.

Die unscharfe Gewichtung der einzelnen Bestandteile dieser Lebensentwürfe wird man als Schwächen bzw. Unzulänglichkeiten dieser Arbeit registrieren, sie indes auf keinen Fall übergewichten angesichts der Ergiebigkeit des hier praktizierten neuen Ansatzes, weg vom Blick auf die regierenden Monarchen hin zu den nachfolgenden Erben. Die ganze Studie – und das mutet ausgesprochen angenehm an – sieht im Kaiserreich von 1871 und in der Existenz der deutschen Einzelstaaten keine Absurdität einer verfassungsgeschichtlichen Fehlentwicklung, sondern eine historische Realität, der ausschließlich mit der Attitüde der Ausweg- und Alternativlosigkeit zu begegnen mehr als unangebracht wäre.

Um einen Eindruck von der mit Sympathie ausgestatteten Argumentation zu gewinnen, sind abschließend die Motti der vier Hauptkapitel der Arbeit zu zitieren: »Symptoms of the ›Unnaturalness of an Institution‹? Trials and Tribulations on the Way to the Throne«, »›The Love of the People ... Needs to be Acquired.‹ Competence and the Paths of Monarchical Persuasion«, »›I and My House Feel at One with my People!‹ Telling the Tale of a Popular Tribal Monarchy«, »›We Do Not Want to be Regarded as Lesser Brothers‹. Royal Heirs in the German Reich and the Challenges of Particularism«.

Bereits 2016 ist, herausgegeben von Müller und Heidi Mehrkens, ein Sammelband zum Thema »Thronfolger« veröffentlicht worden: »Sons and Heirs. Succession and Political Culture in Nineteenth Century Europe« (Basingstoke, Palgrave Macmillan). Hinter diesem starken Interesse an der Thronfolgerproblematik verbirgt sich ein mehrjähriges Forschungsprojekt, das an der schottischen Universität St. Andrews angesiedelt ist.

Erfreulich wiederum ist, daß viele der Abbildungen im vorliegenden Band nicht nur dekorative Zwecke erfüllen. Gerade die abgedruckten zeitgenössischen Karikaturen helfen, den Erwartungshorizont der Untertanen mit Blick auf die »Royal Heirs« besser einschätzen zu können. Allerdings hätte man sich einige der Abbildungen in besserer Wiedergabequalität gewünscht.

München Katharina Weigand

Waldemar Fromm (Hg.), Münchner Salons. Literarische Geselligkeit im 19. und frühen 20. Jahrhundert, *Regensburg 2021, Friedrich Pustet, 248 Seiten, zahlreiche Abbildungen.*

Arcisstraße 30/2, Brienner Straße 8a, Burgstraße 12, Königinstraße 10, Leopoldstraße 51, Ludwigstraße 17b, Luisenstraße 8, Maria-Eich-Straße 18, Maria-Theresia-Straße 23, Nymphenburger Straße 86, Römerstraße 16 und nicht zuletzt die Residenz König Maximilians II. von Bayern. Was wie ein wahlloser Auszug aus dem Adressbuch Münchens klingt, stellt einen literatur- und kunsthistorischen Rundgang durch das bürgerlich-intellektuelle München des 19. und frühen 20. Jahrhundert dar. Versammelt finden sich die genannten Orte – und weitere mehr – in einem ästhetisch sehr ansprechenden Aufsatzband zur Münchner Salonkultur. Auch wenn eine Stadtkarte mit entsprechenden Markierungen für den, zumal ortsunkundigen, Leser einen Gewinn bedeutet hätte, so erlauben die neun Beiträge einen anregenden Einblick in das »leuchtende« München (S. 207), zu dem sich die bayerische Hauptstadt ab Mitte des 19. Jahrhunderts entwickelte. Um 1900 herum und nach dem Ersten Weltkrieg gehörte die Metropole immerhin zu den herausragenden kulturellen Zentren Deutschlands. Einen nicht unerheblichen Anteil daran hatte die bürgerlich-liberale Salonkultur. Obwohl mit ihr hochrangige Namen wie Hans Christian Andersen, Clemens Brentano, Stefan George, Gerhart Hauptmann, Hugo von Hoffmannsthal, Thomas Mann, Rainer Maria Rilke und viele andere mehr verbunden sind, ist eine systematische wissenschaftliche Betrachtung bislang ausgeblieben – ganz im Unterschied zur Berliner Salonkultur, wie der Literaturwissenschaftler und Herausgeber des Bands, *Waldemar Fromm*, einleitend konstatiert (S. 13). Diesen Missstand wollen die Autoren beheben und spannen in ihren dichten Beiträgen einen langen historischen Bogen von der beginnenden Salonkultur im frühen 19. Jahrhundert über ihre Blüte um 1900 bis zu ihrem Niedergang angesichts der Krise des bürgerlichen Liberalismus in den 1920er Jahren.

Den Anfang macht *Miriam Käfer* mit ihrer Betrachtung des romantischen Salons von Louise Wolf (1796–1859), dem ersten von einer Frau autark geführten Salon in München. Der Aufsatz über eine selbstbewusste, aufgeklärte Frau, die zumal 1813 zu den ersten Frauen an der bayerischen Akademie der Bildenden Künste überhaupt gehörte, gibt sogleich die Richtung des Sammelbands vor. Denn die weibliche Emanzipation in der Münchner Bürgergesellschaft stellt gewissermaßen dessen zentrales Leitthema dar. Das kann kaum überraschen, denn nach *Kristina Kargl* war der Salon insbesondere auch ein »Ort weiblicher Kultur« (S. 123). So galten um 1905 etwa die Hälfte aller Salons in München als von Frauen geführt. *Kargl* widmet ihren Beitrag der bedeutenden Dramatikerin Elsa Bernstein (1866–1949); deren Persönlichkeit beweist, dass der Salon neben der Emanzipation der Frau gleichzeitig auch eine Nische für jüdische Identität bot. Bei Bernstein gingen die großen Namen ein und aus, unter anderem Hugo von Hoffmansthal, Thomas Mann, zeitweise auch Max Weber. Dem Schriftsteller Ernst Penzoldt soll die hochkarätige Zuhörerschaft 1927 das ehrfürchtige Bonmot vom »Parkett von Königen« entlockt haben (S. 148). 1942 wurde Elsa Bernstein nach Theresienstadt deportiert. Und dort noch scharte sie, gewissermaßen im Geiste des Salons, unter widrigsten Umständen einen Kreis literaturinteressierter Menschen um sich. Mit Anna Croissant-Rust (1860–1943) setzt sich *Miriam Käfer* mit einer weiteren starken Frauenfigur in einer unzweifelhaft männlich dominierten Umwelt auseinander und zeigt, was der Salon für die geistige Freiheit von Frauen bedeuten konnte. Croissant-Rust hatte sich als einzige Frau in der naturalistischen Moderne hervorgetan (S. 185) und etablierte mit ihrem Salon einen regelrechten kulturellen Mittelpunkt im München des beginnenden neuen Jahrhunderts. Dabei macht *Käfer* wie schon bei Louise Wolf ebenso die Widersprüche deutlich, die das Leben der Salonière mit sich bringen konnte. So erfuhr Wolf »vor dem Hintergrund der eigenen Biografie […] die Grenzen weiblicher Entfaltungsmöglichkeiten umso schmerzlicher«, da sie »ihr Potenzial nicht entfalten und von ihren intellektuellen wie künstlerischen Fähigkeiten nicht profitieren konnte« (S. 43 f.). Ein Lebensumstand, der sie resigniert zu einer gänzlich anti-emanzipatorischen Mahnung verleiten ließ: »Wir Weiber sind doch unglückliche Geschöpfe, wenn wir auf uns selbst allein reduziert sind, ich sehe täglich mehr ein, daß es nicht viel zu unserem Wohlseyn beiträgt, wenn wir ungewöhnliche Kenntnisse besitzen« (S. 45). Croissant-Rust ihrerseits versuchte wohl durch eine »ostentative Übererfüllung ihrer Pflichten« als Hausfrau den gesellschaftlichen Konventionen gerecht zu werden und gleichzeitig ihre »Autorschaft [zu] legitimieren« (S. 194). Dadurch, so *Käfer*, habe sie ihr Schaffen wiederum eigenhändig konterkariert. Auch *Waldemar Fromm* weist in seiner Betrachtung des spätromantischen Salons Emilie Linders (1797–1867) nach, dass eine hochgebildete, mehrsprachige Künstlerin, die in Kunstgeschichte, Literatur, Philosophie und Musik überaus bewandert war, im Blick des Mannes, insbesondere im katholisch-bürgerlichen Kontext, letztlich zu dem reduziert werden konnte, »was man vorher schon an Frauen erkennen wollte: eine feine, unauffällige Gastgeberin« (S. 67). Nichtsdestoweniger vermochte der bürgerliche Salon im ausgehenden 19. Jahrhundert der Frauenbewegung durchaus ein geeignetes Forum des Zusammenschlusses und der Propagierung der eigenen Programmatik zur Verfügung zu stellen, wie *Ingvild Richardsen* darlegt.

Was aber nun war der »Salon«, welcher auch unter Begriffen wie »Mittagstisch«, »Tee-Abend«, »Jour« oder »Abendgesellschaft« firmierte? Worin lag die Besonderheit begründet, die spezifische Forschungsbeiträge über das Konzept des »Salons« rechtfertigen? *Waldemar Fromm* gibt in seinen einleitenden konzeptionellen Überlegungen eine Antwort hierauf: Der Salon nun stellte eine charakteristische bürgerliche Kulturpraxis dar, die der »Idee der Geselligkeit« eine lebensweltliche Form verlieh. Dies gelang, indem neben dem Privaten und der Öffentlichkeit ein weiterer, halböffentlicher und sozusagen »zweckfreier Raum« (Friedrich Schleiermacher) geschaffen wurde. Versteht man »Geselligkeit« als zivilisierende Tugend, so ermöglichte sie ein harmonisches Zusammenkommen verschiedener Individuen, in diesem Fall für ein kultiviertes Gespräch über Kunst, Literatur und Musik. Mithin waren Salons Orte künstlerischer und literarischer Kreativität und Produktivität. Hier fand das intellektuelle Bürgertum zu sich selbst. Obwohl – oder gerade weil – allen voran ein hoher Bildungsstand die wichtigste Voraussetzung an der Teilnahme war und somit zugleich ein zentrales Kriterium der Distinktion darstellte, darf die Salonkultur im Umfeld starrer ständegesellschaftlicher Konventionen zugleich als Raum einer Art »sozialer Utopie« (S. 8) verstanden werden. Die Teilnehmerstruktur war durchaus von einer gewissen vertikalen sowie horizontalen Durchlässigkeit geprägt. Jedenfalls idealisierte Georg Simmel, dessen konzeptionelle Überlegungen *Fromm* unter anderem anführt, die im bürgerlichen Salon institutionalisierte Geselligkeit als einzige Welt, »in der eine Demokratie der Gleichberechtigten ohne Reibungen möglich ist« (S. 12). So dokumentieren die Aufsätze dieses Bandes, dass in den Münchner Salons tatsächlich ein überaus heterogenes Publikum aufeinandertraf, darunter Männer und Frauen, Norddeutsche und Bayern, Protestanten, Katholiken und Juden, Romantiker und Naturalisten, Künstler, Literaten, Musiker und Wissenschaftler, Bürger und Adlige, Liberale, Konservative, sogar Sozialisten und schließlich auch Völkische und Nationalsozialisten. Immerhin nahmen ebenfalls Baldur von Schirach, Rudolf Heß und nicht zuletzt Adolf Hitler am Münchner Salon-Leben Teil. Im letzten Aufsatz sodann problematisiert *Nikola Becker* etwa am Beispiel der Familie Bruckmann die der Salonkultur zugrundeliegende »hochbürgerliche Intellektualität«, die mitunter unbedarft »nach allen Seiten offen« war (S. 210). Auf diese Weise bildete die tradierte Kultiviertheit nämlich gerade keinen Schutzraum des kulturellen Münchens gegen das München als »Hauptstadt der Bewegung«. Vielmehr spiegelte sich laut *Becker* die »Krise und letztlich Auszehrung des bürgerlichen Liberalismus und sein teilweises Überschwenken ins nationa-

listische bis nationalsozialistische Lager« angesichts der modernisierungsbedingten Verunsicherung in den zeitgenössischen Salon-Diskursen wider (S. 232). Anhand ausgewählter autobiografischer Zeugnisse von Salonteilnehmern zeigt sie ferner nicht nur die Nähe des Bürgertums zum frühen Nationalsozialismus sowie dessen nachträgliche apologetische Strategien im Umgang mit demselben auf. Sie dokumentiert darüber hinaus die Fragmentierung der bürgerlichen Gruppierungen und damit den Erosionsprozess des bürgerlichen Kulturraums Münchens in den 1920er Jahren.

Unter dem Strich liegt hier ein gelungener und anregender Sammelband vor, der nicht nur für die Literaturwissenschaft, sondern als mikrohistorische Studie ebenso für die Liberalismus- und Bürgertumsforschung von großem Interesse ist. Insgesamt ist der Band mit seinen gerade etwas über 200 Seiten Text konzise und übersichtlich gehalten. Allerdings hätte etwas mehr Straffung dem einen oder anderen allzu detailreichen Aufsatz keinen Abbruch getan. So manch ein Leser dürfte sich außerdem am Verzicht auf ein Fazit bzw. eine Zusammenfassung am Ende der meisten Beiträge stören. Allerdings trösten die zahlreichen begleitenden, nie deplazierten Abbildungen über diesen geringfügigen Missstand ohne Weiteres hinweg.

Berlin   Norman Siewert

IV. Recht, Verfassung, Verwaltung

Anja Amend-Traut/Hans-Joachim Hecker/Hans-Georg Hermann (Hg.), Handel, Recht und Gericht in Mittelalter und Neuzeit. Die Reichsstadt Nürnberg im regionalen und europäischen Kontext *(Nürnberger Forschungen 32), Nürnberg 2021, Verein für Geschichte, IX und 179 Seiten, zahlreiche Abbildungen.*

Der liebevoll gestaltete und bebilderte Band vereint zusammen mit einem weiteren Beitrag sieben von neun Referaten einer im Juli 2018 in Nürnberg abgehaltenen Tagung der Gesellschaft für Bayerische Rechtsgeschichte, des Arbeitskreises Handelsrechtsgeschichte, des Stadtarchivs Nürnberg und des Bildungszentrums Nürnberg. Nur die ersten drei Beiträge behandeln die Handelsrechtsgeschichte Nürnbergs, während die restlichen fünf Abhandlungen zum »Kontext« zählen. Ein Namens- und ein Ortsverzeichnis sind vorhanden, ein Stichwortregister und Kurzzusammenfassungen der Beiträge fehlen.

Im Beitrag »Vom Handelsvorstand zum Handelsappellationsgericht. Die Nürnberger Handelsgerichtsbarkeit vom 16. bis zum 19. Jahrhundert« behandelt *Georg Seiderer* (Nürnberg) die besondere Entwicklung der Nürnberger Handelsgerichtsbarkeit in dem genannten Zeitraum. Deren Grundlage bildete ein Privileg Kaiser Maximilians I. von 1508, das die Handelsgerichtsbarkeit der Kaufmannschaft übertrug, das vereinfachte summarische Verfahren vorsah und die Appellation außerhalb Nürnbergs ausschloss. Zur Umsetzung des Privilegs kam es erst mit der Gründung des Bancoamts nach der Einrichtung eines Banco Publico im Jahr 1621. Mit dem Bancoamt erhielt Nürnberg als erste Stadt im Reich ein eigenes, paritätisch mit Kaufleuten und gelehrten Juristen besetztes Handelsgericht, das für die Vernehmung von Zeugen und Abnahme von Eiden allerdings noch auf das Stadtgericht angewiesen war. Erst das Merkantil- und Bancogericht von 1697 war ein auch insoweit eigenständiges Handelsgericht. Noch nach dem Anfall an Bayern kam es 1818 in Nürnberg zur Gründung eines Handelsappellationsgerichts.

Der Beitrag der Mitherausgeberin *Anja Amend-Traut* (Würzburg) »Kaufmännische Gutachten Nürnberger Provenienz. Weg zur Normativität?« gehört in den Zusammenhang des von ihr geleiteten DFG-Projekts »Die Nürnberger Handelsgerichtsbarkeit. Handelsgerichtliche Gutachten in der Frühen Neuzeit«. Das Nürnberger Stadtarchiv verfügt über einen umfangreichen Bestand dieser als »Parere« bezeichneten Gutachten. Deren Grundlagen und Funktion untersucht *Amend-Traut* am Beispiel des 10. Manuals der Nürnberger Marktvorsteher über die Rechts- und Geschäftsvorgänge von 1726 bis 1742. Die Parere waren Beweismittel in einem rechtshängigen Verfahren oder bildeten auch die Grundlage für die Beilegung der Auseinandersetzung. Auf Anfragen, die von außerhalb oder durch die Nürnberger Parteien an den Nürnberger Rat ergingen, erstellten regelmäßig die Marktvorsteher die Parere, bezogen bisweilen aber »Rechtsgelehrte« ein, ohne dass klar ist, um wen es sich dabei handelte. Parere ergingen ferner auf Grundlage eines Reichsschlusses von

1671, der die mit der Bewältigung der Folgen des Dreißigjährigen Kriegs belastete Justiz von Handelsprozessen entlasten und den Handel fördern sollte. Bei der Frage nach dem »Weg zu Normativität« geht es darum, ob die Parere über den Einzelfall und über Nürnberg hinaus die Grundlage erst von Handelsbräuchen und dann von Handelsgewohnheitsrecht bildeten und schließlich in die handelsrechtlichen Kodifikationen eingingen. So verhalf etwa das Reichskammergericht über die Aufnahme der Nürnberger Parere den Nürnberger Handelsgewohnheiten zu allgemeiner Geltung. Insgesamt bleibt es aber nach *Amend-Traut* insoweit noch vornehmlich bei Thesen, deren Bestätigung durch das Forschungsprojekt abzuwarten sei.

Christoph Jeggle (Würzburg), Mitarbeiter *Amend-Trauts* in dem Projekt »Die Nürnberger Handelsgerichtsbarkeit. Handelsgerichtliche Gutachten in der Frühen Neuzeit«, knüpft an deren Ausführungen an mit einem Beitrag über die »Nürnberger Parere im Tractatus Novus vom Wechsel-Recht von Johann Adam Beck«. Anders als die Leipziger und Frankfurter Parere wurden die Nürnberger Parere zwar nicht als solche herausgegeben. Der Nürnberger Jurist Beck (1686–1751) edierte jedoch 1729 in seinem für die Praxis bestimmten Werk neun wechselrechtliche Parere sowie im Anhang (ohne wechselrechtlichen Bezug) zwei Parere zu Zinsfragen, die *Jeggle* eingehend darstellt.

Ergänzend in den Tagungsband aufgenommen worden ist die sehr detailreiche, unter anderem aber auch deshalb in der Darstellung nicht immer klare Untersuchung *Sonja Breustedts* (Frankfurt am Main) über »Kaufmännische Expertise vor Gericht. Die Auswirkungen der ›Affäre Oppenheimer‹ auf die jüdische und christliche Finanzwelt zu Beginn des 18. Jahrhunderts«. Es geht um eine 1726 vor dem Frankfurter Schöffenrat erhobene Klage des jüdischen Bankhauses Goldschmidt zunächst gegen den (christlichen) Kaufmann Christian Rhost, dann gegen seine Witwe auf Zahlung von über 30.000 Reichstalern. Der Prozess stand im Zusammenhang mit dem Konkurs des jüdischen kaiserlichen Hoffaktors Samuel Oppenheimer, mit dem die Parteien wirtschaftlich verflochten waren. In Frage stand unter anderem, ob die Beklagte den Klägern Einsicht in ihre Handelsbücher gewähren musste. Diese Einsicht gestattete den Klägern ein Dekret des Schöffenrats, gegen das die Beklagte an das Reichskammergericht appellierte. Das Reichskammergericht ließ die Einsicht unter engen Voraussetzungen zu und wies die Appellation schließlich zurück. Die im Titel des Beitrags genannte »Kaufmännische Expertise« fand über zwei von der Beklagten eingeholte Parere der Leipziger und der Frankfurter Kaufleute Eingang in das Verfahren. *Breustedt* tritt Stimmen entgegen, die aus diesem einen Prozess auf eine judenfreundliche Haltung des Schöffenrats und eine judenfeindliche Haltung der Frankfurter Kaufmannschaft schließen. Als Ergebnis hält *Breustedt* fest, dass sich die Gerichte auf selbst eingeholte Parere stets gestützt hätten, während von den Parteien eingeholte Parere allenfalls stillschweigend übernommen worden seien, ohne sich mit ihnen auseinanderzusetzen. Ob dieser Schluss aus dem geschilderten Fall oder aus weiteren Verfahren gezogen wird, ist allerdings nicht erkennbar.

In seinem sorgfältig aus den Quellen gearbeiteten Beitrag »Ein Kapitel aus der Geschichte der Regensburger Handelsgerichtbarkeit. Das Amt des Hansgrafen und seine vielfältigen Wandlungen« untersucht *Hans-Jürgen Becker* (Regensburg) das 1184 erstmals bezeugte und nach dem Anfall Regensburgs an Bayern im Jahr 1811 abgeschaffte Amt des Regensburger Hansgrafen. Ursprünglich ein königlicher, mit Hoheitsrechten ausgestatteter Amtsträger, wurde der Hansgraf später von den Regensburger Bürgern gewählt. Ursprünglich für Fernhandel und Fernkaufleute außerhalb der Stadt zuständig, wurde er infolge des Wandels Regensburgs von einer Stadt der Fernkaufleute und des Handels zu einer Stadt von Handwerk und Gewerbe zu einer innerstädtischen Behörde. Während seine Jurisdiktion zunehmend auf Stadtgericht und Rat überging, übernahm das Hansgericht vor allem die Verwaltung der städtischen Wirtschaft und des Handwerks und war vom 15. bis 19. Jahrhundert eine Behörde der »guten Policey«. Hatte der Hansgraf zunächst Bedeutung für die Entwicklung der Kaufmannschaft, dann für die Aufsicht über das Handwerk, so war er am Ende nur noch der Leiter eines von vielen städtischen Ämtern. Für weitere Arbeiten zum Hansgericht und zur Regensburger Rechts- und Sozialgeschichte hat *Becker* die im Stadtarchiv Regensburg und Bayerischen Hauptstaatsarchiv München lückenhaft vorhandenen Akten des Hansgerichts aufgelistet. Den Anhang bildet die Edition einer Regensburger Hansgerichtsordnung aus der Mitte des 16. Jahrhunderts.

Mit der »Gesetzgebung und Rechtsprechung zur Wirtschaftskriminalität in den frühneuzeitlichen Reichsstädten Augsburg, Nördlingen und Memmingen« behandelt *Stefanie Leberle* (Stuttgart) am Beispiel der Delikte der Münz- und Warenfälschung, des Bankrotts und des Betrugs einen weiteren Aspekt des Tagungsthemas. Die Auswahl der drei rechtsvergleichend betrachteten Städte wird nicht begründet. Vornehmlich deskriptiv und meist ohne Analyse der Hintergründe und eigene Stellungnahme werden jeweils Tatbestände und Sanktionen der behandelten Delikte für die drei Reichsstädte und bisweilen auch andere Orte abgehandelt. Zahlreiche Einzelheiten sowie Schwächen in Darstellung und Sprache erschweren das Verständnis. Auch arbeitet *Leberle* zu wenig mit den damaligen Normen und weiteren Primärquellen.

Den Abschluss des Bandes bildet der Beitrag »Von der Subsistenzwirtschaft zur Gewinnorientierung. Religion und wirtschaftlicher Fortschritt« von *Mathias Schmoeckel* (Bonn), der nahezu wortgleich an anderer Stelle erschienen ist (in: Berndt Hamm/Frank Rexroth/Christine Wulf [Hg.], Reichweiten, Dynamiken und Grenzen kultureller Transferprozesse in Europa, 1400–1520, Bd. 2: Grenzüberschreitung und Partikularisierung, Göttingen 2021, S. 123–150). Einleitend in Erinnerung ruft *Schmoeckel* die allgemein als unzutreffend erkannten Grundlagen der These Max Webers über einen Zusammenhang zwischen Protestantismus und Kapitalismus. In Abweichung von der zunächst angekündigten Gliederung belegt er anschließend detailreich an den handels- und wirtschaftsrechtlichen Entwicklungen vom klassischen kanonischen Recht bis zur Schule von Salamanca, dass es schon vor der Reformation in Kirche, Kanonistik und Moraltheologie zahlreiche wirtschaftsfreundliche und insbesondere dem kaufmännischen Gewinn positiv gegenüberstehende Stimmen gab, die einen wichtigen Beitrag zu dem wirtschaftlichen Aufschwung seit dem späten 12. Jahrhundert geleistet haben. Das zeige sich etwa an der offenen Haltung gegenüber Geldgeschäften mit der Ausbildung immer neuer, mit dem kanonischen Zinsverbot zu vereinbarender Verträge. Der Gewinn sei grundsätzlich akzeptiert worden, jedoch nicht als Selbstzweck, sondern eingebunden in gesellschaftliche und moralische Fragen. *Schmoeckel* spricht insoweit (nicht wirklich passend) von »Subsistenzwirtschaft«. Nach der Untersuchung der lutherischen und calvinistischen Haltung zu Wirtschaftsfragen kommt er zu dem Ergebnis, dass insbesondere der calvinistische Protestantismus zwar wirtschaftsfördernd gewirkt, aber keine wirtschaftsfeindliche Tradition beendet, sondern die wirtschaftsfreundliche Linie fortgesetzt oder auch intensiviert habe.

Insgesamt behandeln die Beiträge des besprochenen Bandes zum Teil gemeinsame, zum Teil aber auch sehr unterschiedliche Aspekte des Oberthemas. Ein Gesamtbild ergibt sich daher zwar nicht. Doch bieten die Untersuchungen zahlreiche spannende Einblicke in die mittelalterliche und frühneuzeitliche Handelsrechtsgeschichte.

Heidelberg CHRISTIAN HATTENHAUER

V. Religion und Kirche

ROBERT KLUGSEDER (Hg.), Beiträge zur mittelalterlichen Geschichte des Klosters Aldersbach. Bericht zur interdisziplinären Tagung »Mittelalterliche Geschichte des Klosters Aldersbach« am 1. und 2. Oktober 2020 *(Studien und Mitteilungen zur Geschichte des Benediktinerordens und seiner Zweige, Ergänzungsband 55)*, St. Ottilien 2021, EOS Editions, 570 Seiten.

Wer Aldersbach heute besucht, wird – sofern er nicht in erster Linie um des hier gebrauten Biers willen angereist ist – vor allem von der ansehnlichen Klosteranlage des 18. Jahrhunderts beeindruckt sein, besonders von der barocken Innenausstattung der Kirche, die keine geringeren Künstler als die Brüder Cosmas Damian und Egid Quirin Asam besorgt haben. Als die beiden dort tätig waren, hatte das Kloster freilich schon eine sechshundertjährige Geschichte hinter sich. Um 1120 zunächst als Augustinerchorherrenstift gegründet, wurde es als Eigenkloster des Bistums Bamberg 1146 dem Zisterzienserorden übergeben. Als älteste Zisterze in Altbayern hat die Abtei ihr Umfeld von Anfang an geprägt, nicht nur, aber auch durch die Gründung der Tochterklöster Fürstenfeld, Fürstenzell und Gotteszell.

Diese weniger bekannte und vor allem weniger augenfällige Aldersbacher »Vor-

Geschichte« einmal ins rechte Licht zu rücken, war das Anliegen einer Tagung im Herbst 2020, deren Vorträge erfreulich rasch publiziert werden konnten und nun in einem stattlichen Sammelband zu einem relativ günstigen Preis vorliegen. Dabei steht vor allem das kulturelle Leben der Abtei im Mittelpunkt, und es ist das Verdienst der Veranstalter, die verschiedensten Fachdisziplinen erstmals unter dem gemeinsamen Aldersbacher Dach zusammengebracht zu haben.

Nach einem kurzen einleitenden Überblick zur Klostergeschichte aus der Feder des Mitveranstalters *Bernhard Lübbers* skizziert *Richard Loibl* die regionalen Machtverhältnisse im 12. Jahrhundert. Vor allem die Grafen von Vornbach dominieren hier das Bild, doch kommen mit den Verwerfungen des Investiturstreits auch andere Familien verstärkt zum Zug: zunächst die Rapotonen, dann als deren Erben die Grafen von Ortenburg, die sich besonders langfristig hier etablieren können, letztlich bis zum 19. Jahrhundert. *Herbert W. Wurster* ordnet die Gründung des Stifts in die damalige, schon weitgehend vollständige Klosterlandschaft des Bistums Passau ein und nimmt dann v.a. die der Abtei im Lauf der Zeit inkorporierten Pfarreien in den Blick, also denjenigen Bereich der klösterlichen Wirksamkeit, der die engsten Berührungspunkte mit der Diözesanverwaltung aufwies. *Sebastian Kalla* behandelt die Vogtei über das Kloster; diese wurde zuerst von den benachbarten Herren von Kamm-Hals ausgeübt, die mit Osterhofen und Asbach noch weitere Bamberger Eigenklöster bevogteten, dann von den Ortenburger Grafen. Die Wittelsbacher hingegen traten erst spät als Vögte auf, sogar noch deutlich später als bislang angenommen. Letzteres bestätigt von einer anderen Warte her der Beitrag von *Alois Schmid*, dem zufolge Aldersbach lange Zeit gar nicht in das Blickfeld der wittelsbachischen Territorialpolitik geraten ist. Zwar wurde bereits 1231 eine Schirmvogtei über das Kloster als Anspruch formuliert, doch wurde diese erst in einem längeren Prozess verwirklicht, der 1283 zum Abschluss kam. Das Verhältnis der niederbayerischen Herzöge zu Aldersbach in den Jahren 1255 bis 1340 verfolgt anschließend *Tobias Appl*. Zwar mussten die Äbte die Herzöge relativ häufig bei sich beherbergen und wurden auch sonst regelmäßig zu Diensten und finanziellen Leistungen herangezogen, doch traten die Herzöge kaum mit Stiftungen hervor, und in das Gebetsgedenken der Aldersbacher Mönche wurden nur wenige von ihnen aufgenommen. Die auf den ersten Blick scheinbar intensive Bindung ist letztlich wohl nur einer besonders günstigen Quellenlage geschuldet; das Verhältnis anderer Klöster zum Landesherrn war vermutlich nicht weniger eng, doch fehlt es dort an einschlägiger Überlieferung. *Adelheid Krah* beleuchtet zunächst das politische Umfeld der ersten erhaltenen Aldersbacher Urkunden von 1139 (ausgestellt fast 20 Jahre nach der Entstehung des Stifts) und beschreibt dann genauer einen Rechtsstreit mit der Zisterze Zwettl um das Patronatsrecht über die Pfarrkirche von Thaya in Niederösterreich 1291 bis 1297, den die niederbayerische Abtei für sich entscheiden konnte.

Hat sich dieser erste Block vornehmlich

mit dem Verhältnis des Klosters zu den weltlichen Mächten beschäftigt, so widmet sich ein zweiter Block der handschriftlichen Überlieferung. Vorweg gibt *Susanne Wolf* einen Einblick in die Geschichte des Aldersbacher Archivs und zeigt an einigen Beispielen, wie frühneuzeitliche Archivrepertorien bei der Identifizierung urkundlich genannter Orte und damit bei der lokalhistorischen Forschung helfen können. *Bernhard Lübbers* stellt die von ihm 2009 edierten Rechnungsbücher des Klosters vor (QE NF 47/3), die mit dem Jahr 1291 einsetzen und somit ein ungewöhnlich frühes Beispiel für diese Quellengattung abgeben. Die Ausgabenrechnungen erlauben vielfältige Aussagen zum Alltag im Konvent wie auch zur Baugeschichte; als interessanter Einzelfall erscheint die hier dokumentierte, 1322 erfolgte Anschaffung einer mechanischen Uhr, damals ein hochmodernes Gerät, von dem Aldersbach eines der frühesten bekannten Exemplare in ganz Deutschland besaß. *Carolin Schreiber* gibt einen Überblick über die mittelalterlichen Handschriften, von denen sich heute noch ca. 350 in der Bayerischen Staatsbibliothek befinden, und rekonstruiert anhand alter Kataloge ihre damalige Aufstellung in der Klosterbibliothek. Ein Anhang identifiziert eine Reihe von Codices, die in einem Katalog des 18. Jahrhunderts aufgeführt sind, sich aber in der Staatsbibliothek nicht im geschlossenen Block der Aldersbacher Handschriften (Clm 2531–2891) wiederfinden, sondern schon früh auf andere Bestände verteilt wurden. Speziell den ältesten Handschriften widmet sich *Donatella Frioli*. Das Aldersbacher Skriptorium war bis zur Mitte des 13. Jahrhunderts höchst produktiv; dieser Umstand erlaubt es, das geistige Profil der Abtei im ersten Jahrhundert ihres Bestehens recht genau nachzuzeichnen. Eine offene Frage bleibt vorerst allerdings, woher die Schreiber die nötigen Vorlagen für ihre Texte bezogen. Hier könnten weitere philologische Untersuchungen Aufschluss über das Beziehungsgefüge des jungen Klosters geben. Von diesem Beitrag gibt es übrigens in dem Band eine italienische und eine deutsche Fassung; allerdings wurde die deutsche merklich gekürzt und verzichtet zudem auf Nachweise, sodass man für eine ernsthafte Beschäftigung mit dem Gegenstand doch auf die italienische angewiesen ist. *Martin Roland* bietet mit rund 80 Seiten Darstellung zur Aldersbacher Buchmalerei beinahe eine eigene kleine Monographie; auch die meisten Abbildungen im Band beziehen sich auf diesen Beitrag. Phasen mit hochstehender Produktion wechselten sich mit künstlerischen »Flauten« ab; als »das unbestrittene Hauptwerk der Buchmalerei für Aldersbach« (S. 275) kann ein reich geschmücktes Antiphonar aus dem Jahr 1452 (Clm 2766) gelten. *Robert Klugseder* stellt die handschriftlichen Zeugnisse für die Liturgie und, damit zusammenhängend, für den Choralgesang in der Abtei vor; nebenbei werden auch Messstiftungen sowie einige Minnesänger erwähnt, die mit dem Kloster in Verbindung standen. Besonders bemerkenswert ist ein in Aldersbach überliefertes Fragment des 13. Jahrhunderts mit mehrstimmiger Musik, auch wenn es leider nicht die Musikpraxis im Konvent repräsentiert, sondern aus Frankreich stammt. *David Hiley* erläutert an einigen eindrucksvollen Beispielen die Unterschiede zwischen der Aldersbacher Choralpraxis, die dem zisterziensischen Usus folgte und damit letztlich auf französische Vorbilder zurückging, und den Melodien, wie sie in der Passauer Diözese sonst gesungen wurden. *Daniela von Aretin* stellt einige musiktheoretische Traktate in der Handschrift Clm 2599 vor, geschrieben um 1200 wahrscheinlich, aber nicht sicher in Aldersbach; falls ja, handelt es sich um eines der wenigen Zeugnisse zur Pflege der Artes liberales im Kloster.

Thematisch weniger geschlossen erscheint der abschließende Block, der sich auch zeitlich stärker weg vom Mittelalter in die Neuzeit hinein bewegt. *Ramona Baltolu* behandelt in ihrem Beitrag den in der Epigraphik eher ungewöhnlichen Fall von rund zwanzig Gedenktafeln, die in der Renaissance für längst verstorbene Stifter aus dem 14. und 15. Jahrhundert neu angefertigt wurden. Dafür wurden nicht nur Urkunden und Memorialaufzeichnungen herangezogen, sondern anscheinend auch ältere, jetzt verlorene Inschriften. Anlass und Ziel bleiben jedoch unklar. *Robert Klugseder* stellt, hauptsächlich aus Urkunden, Rechnungen und neuzeitlichen Chroniken, umfangreiches Material zur Baugeschichte der Abtei vom 13. bis zum 17. Jahrhundert zusammen, nicht nur zur Kirche und zu den Konventbauten, sondern auch zu Wirtschaftsgebäuden und Wasserleitungen, darüber hinaus auch zur Innenausstattung wie Wandteppichen, Tafelbildern und liturgischen Geräten. Unter der Rubrik »Raumwirksamkeit zisterziensischer Narrative« verfolgen *Christian Malzer*, *Winfried Schenk* und *Thomas Büttner* in einem gemeinsamen Beitrag die Frage, wie die heutige Kulturlandschaft durch Zisterzienserklöster geprägt wurde, exemplifizieren dies jedoch ausschließlich anhand von Aldersbachs Mutterkloster Ebrach in Oberfranken. *Ludger Drost* behandelt die Wallfahrt nach Kößlarn, die späteren Zeugnissen zufolge 1364 entstand und über die Zugehörigkeit der Wallfahrtskirche zur Pfarrei Rotthalmünster, die ihrerseits der Abtei Aldersbach inkorporiert war, auch mit dem Kloster in Verbindung stand. Dessen Interesse an den dortigen Vorgängen beschränkte sich freilich auf wenige Jahrzehnte um 1500, ehe die Wallfahrt im Zuge der Reformation weitgehend wieder zum Erliegen kam. *Maximilian Vogeltanz* stellt im letzten Beitrag des Bandes die digitale Erschließung der umfangreichen Klosterchronik aus der Feder des Abtes Gerhard Hörger (1651–1669) vor, die unter der Adresse http://gams.uni-graz.at/context:aled online zur Verfügung steht. So begrüßenswert es an sich ist, dass dieser sonst unpublizierte Text damit bequem zugänglich gemacht wird, so ist doch die Transkription leider ausgesprochen unzuverlässig und ohne den Vergleich mit den Handschriften-Digitalisaten teilweise gar nicht verständlich. Neben dieser Möglichkeit zur Überprüfung am Original kommen die zweifellos vorhandenen Vorteile einer digitalen Edition in diesem Fall allerdings kaum zur Geltung. Dass es in München keine »Hauptstaatsbibliothek« (S. 513 u.ö.) gibt, sei bloß nebenbei bemerkt.

Insgesamt behandelt der Band ein

erfreulich breites Themenspektrum, auch wenn es selbstverständlich noch weitere Bereiche der Klostergeschichte gibt, die eine nähere Beschäftigung verdienten, so beispielsweise die Einbindung der Abtei in den Zisterzienserorden, das Verhältnis zum Bistum Bamberg als dem Eigenkirchenherrn oder die Aldersbacher Grundherrschaft und damit der Einfluss des Klosters auf seine nähere Umgebung. Auch die klösterliche Geschichtsschreibung blieb weitgehend außen vor; so wird die Klosterchronik des Abtes Wolfgang Marius (1514–1544) zwar immer wieder als grundlegend für die mittelalterliche Geschichte der Abtei erwähnt, erhält aber keine eingehendere kritische Würdigung. Schmerzlich vermisst man auch eine professionelle Auswertung der archäologischen Befunde im Klosterbereich aus den 1980er Jahren und aus einer kleineren Grabungskampagne von 2019/20, die vor allem über die Gründungs- und Frühzeit des Klosters neuen Aufschluss geben dürfte; sie ist allerdings demnächst in einer separaten Publikation von Bernhard Häck und Hardy Maaß zu erwarten. Beachtenswert ist, dass eine Reihe von Beiträgen über das im Titel genannte Mittelalter hinaus weit in die frühe Neuzeit hinein ausgreift; mehrere erschließen dabei neues Quellenmaterial, auf dem weitere Forschungen aufbauen können. So bietet der Band in gewisser Weise sogar mehr, als man von ihm erwarten würde, und die angesprochenen inhaltlichen Lücken zu füllen würde ohne weiteres einen eigenen Sammelband füllen. Die zahlreichen, in vielen Fällen farbigen Abbildungen sind zwar von mäßiger Qualität, doch bleibt das Buch gerade dadurch auch für Privatleute erschwinglich und somit auch für ein eher lokalhistorisch interessiertes Publikum empfehlenswert.

München Roman Deutinger

Josef Kreiml/Maria Baumann/ Achim Dittrich (Hg.), »Die Schönste von allen«. Hausmadonnen und Mariendarstellungen in den Straßen von Regensburg *(Regensburger Marianische Beiträge 3), Regensburg 2022, Friedrich Pustet, 311 Seiten, 79 Abbildungen.*

»Wunderschön prächtige, hohe und mächtige, liebreich holdselige, himmlische Frau …« – ein Marien-Lob von Laurentius Schnüffis aus dem 17. Jahrhundert – scheint durch Regensburgs Straßen und Gassen zu schallen. Man hört es praktisch klingen, wenn man sich dieses herrliche Buch und seine Fotos anschaut. Eine reich bestückte Palette an künstlerischen Darstellungsweisen und ikonographischen Traditionen zeigt sich dem interessierten Beobachter: Maria mit und ohne ihr göttliches Kind, Maria als Patrona Bavariae, Maria als Himmelskönigin, Maria im Strahlenkranz, Maria im Himmel über den Wolken, Maria über der Stadt Regensburg, Maria empfängt die Heiligen Drei Könige, Maria die schmerzhafte Mutter, Maria als Betende, Maria unter dem Kreuz auf einer Pestsäule, Maria mit Lilien und Rosen, mit und ohne Maphorion, mit unterschiedlichen Kronen, mit einem Blumenkranz oder einer großen Blüte über der Stirn, mit »Salve« gezierter Blumenbrosche, Maria mit Zepter, Maria auf der Mondsichel mit und ohne Adamsgesicht, mit Scheibennimbus, mit appliziertem Herzen und mit dem frommen Schriftzug »Santa Maria«.

Maria in verschiedenen Steinarten, in Stuck, in Holz, in Bronze, in Gips, in Terrakotta, auf Blech gemalt. Maria als freistehende Skulptur, als Halbfigur, als Tondo, als Relief, in einer Mandorla, auf einer als Blatt geformten Fläche, in einer Wegsäule. Maria auf steinernen Konsolen oder Holzsockeln, auf einem Abakus mit der darunterliegenden Gebäudeecke als Säule, auf der Erdkugel mit und ohne Schlange. Maria unter einem geschwungenen Blechdach, unter einem Kegeldach, unter Rundbögen oder eckigem Blechschutz, hinter Gittern.

Das nackte oder bekleidete Jesuskind mit und ohne Reichsapfel, mit goldener Kugel, mit Kreuz, mit der Lanze, die Schlange tötend, mit Scheibennimbus oder kreuzförmigem Nimbus, mit dem Segensgestus.

Die Größen der verschiedenen Skulpturen und Darstellungen reichen von 14 cm einer Patrona Bavariae in Miniatur von Joseph M. Neustifter am Papstdenkmal (S. 31) bis zur barocken »Maria vom Siege« am Altdorfer-Haus, die 2,20 Meter hoch ist (S. 15).

Maria im Tympanon und an den Archivolten des Regensburger Doms, über Portalen, an Hauswänden und -ecken, in Nischen, in einem Blechhäuschen mit Glasfront, in einem Rundbogenfenster mit Glas, in einer Altan-Nische, über einem Säulenportikus oder in einer Lourdesgrotte. Brennende Ampeln als Zeichen der Verehrung laden zum Innehalten und Gebet ein. Eine herzförmige Ampel erinnert an den Paradiesapfel.

All das und vieles mehr offenbart das Buch, jeweils mit Bild und Schrift, eine wahre Freude, eine Fundgrube für Regensburger und Gäste. Jede Madonna ist fotografiert und beschrieben, chronologisch, stadt- und hausgeschichtlich, kunst- und frömmigkeitsgeschichtlich eingeordnet. Man erfährt, wo sie steht und aus welchem Material sie gearbeitet ist. Wenn bekannt, wird der Künstler genannt und zu welchem Anlaß er sie geschaffen hat. Es wird über den Zustand berichtet und falls nötig, werden Empfehlungen zur besseren Präsentation bzw. zum Erhalt gegeben. Denn bedroht sind diese Madonnen im Freien durch Witterung und Luftschadstoffe; auch Gebäudesanierungen und Wärmedämmungsmaßnahmen tun ihnen oft nicht gut. Jeder Text endet mit einer religiösen Deutung oder einem Kommentar oder auch Deutungsversuchen über die Beweggründe der Erbauer und Stifter.

Vor 400 Jahren – 1621 – wurde die erste Patrona Bavariae in Regensburg am neuen Barockportal der Neumünsterkirche angebracht. Zu diesem Jubiläumsanlass hat *Rudolf Voderholzer*, der Bischof von Regensburg, »Über das Vertrauen auf die Gottesmutter« gepredigt. Der Text ist in dem hier vorzustellenden Band ebenfalls abgedruckt. *Voderholzer* erinnert in der Zeit von Corona-Regeln an die Zeit der Aufstellung der Strahlenkranzmadonna am Westportal der Dompfarrkirche kurz nach Ausbruch des 30-jährigen Krieges.

Ein Jubiläum bot also den Anlaß für die Suche nach öffentlich sichtbaren religiösen Bildnissen. Sie sind dabei so fündig geworden, daß sie nach diesem Buch mit den Hausmadonnen im Freien ein weiteres Werk über die Figuren und Bildnisse von Christus und Heiligen in Planung haben.

Wenden wir uns den Befunden des vorliegenden Bands im Einzelnen zu: In seinem Geleitwort bewertet *Voderholzer* die Marienbildnisse an Haus- und Mauerwänden als eine »bemerkenswerte Tradition« sichtbarer Zeichen lebendigen Glaubens und als »Zeichen gläubigen Vertrauens, religiöser Identität und christlichen Bekenntnisses« (S. 7). In der Regel fielen sie durch das Netz der Denkmalpflege und fänden nicht die gebührende Anerkennung.

Josef Kreiml, Domkapitular, Professor für Fundamentaltheologie an der Universität Regensburg und Vorsitzender des Institutum Marianum, pflichtet dieser Beobachtung bei und weist darauf hin, daß die Madonnen als Zeichen tiefer Verehrung »frömmigkeitsgeschichtlich und pastoraltheologisch« (S. 11) noch zu wenig Beachtung gefunden hätten. Daher sollen »diese Zeugnisse der Frömmigkeit und städtebaulichen Kultur stärker ins Bewußtsein« (S. 16) gerückt werden, um sie »theologisch, spirituell und kunstgeschichtlich« (S. 11) zu erschließen.

72 Hausmadonnen und sechs weitere, inhaltlich verwandte Skulpturen haben die Herausgeber in den Straßen Regensburgs gefunden. Im Buch sind sie systematisch nummeriert, in Aufnahmen des Fotografen Gerald Richter dokumentiert und in acht »Ballungsfelder«, einzelne Stadtgebiete, aufgeteilt. Ausgehend vom zentralen Westportal des Doms mit seinem »Marienleben« aus der Zeit um 1400 führt der Weg über die Umgebung der »Alten Kapelle«, den Obermünsterplatz und den St. Peters-Weg durch die Altstadt. Ein weiteres Umfeld liegt etwas weiter westlich. Drei Zentren befinden sich östlich der Innenstadt. Genaue geographische Auskunft gibt ein Stadtplan im vorderen und hinteren aufklappbaren Buchdeckel, aufgeteilt in den westlichen und östlichen Teil von Regensburg. Ein Glossar als Erklärung kunsthistorischer Begriffe rundet den handlichen Begleiter ab.

Hausmadonnen an Fassaden und Außenwänden der Häuser gäbe es vor allem im »Westen und Süden Mitteleuropas, begrenzt in etwa durch die Flüsse Rhein und Main« (S. 13), wie *Achim Dittrich* in seiner thematischen Einführung erläutert. Er verweist auf Parallelen in den Metropolen des früheren Heiligen Römischen Reichs, etwa in »Antwerpen, Köln, Fulda, Mainz, Heidelberg, Freiburg, Würzburg, Nürnberg, Augsburg« und München (S. 13). Auch dort kennt man das Phänomen der öffentlich dargestellten persönlichen Frömmigkeit, häufig an Hausecken angebracht, damit sie von allen Seiten gesehen werden konnte. Neben dem Bekenntnis ist auch immer die Bitte um Schutz und Segen impliziert. Die griechisch-römische Ädikula als »Memorialhäuschen religiöser, politischer oder familiärer Bestimmung« (S. 13) kann als Ursprung dieser Hausnischen mit Heiligenfiguren ausgemacht werden. In der Gotik und dann noch einmal während der Gegenreformation, im Barock, bekamen viele bekannte und unbekannte Künstler Aufträge für Hausmadonnen. Auch wenn nicht alle »ausgeprägte Kunstwerke« seien, so seien sie doch manchmal von »hoher Qualität und Kunstfertigkeit«. Und weiter: »Auch einfache Gipsfiguren vor und nach 1900 haben ihren Reiz, strahlen Frömmigkeit aus« (S. 16). Bis in die 1950er Jahre reichen diese religiösen Darstellungen. An modernen Gebäuden kennt man sie hingegen fast nicht mehr.

In einem weiteren Beitrag widmet sich *Dittrich* den Grundlagen und der Geschichte der Marienverehrung. Ihm erscheint die Marienverehrung im 21. Jahrhundert nach wie vor als »kirchlich unangefochten« (S. 39), wie Äußerungen der Päpste Benedikt XVI. und Franziskus zeigen würden. Das Lob der Gottesmutter Maria würde in Zukunft nicht verstummen – »zur Ehre Gottes und zum Heil des pilgernden Gottesvolkes« (S. 40).

Maria Baumann, Leiterin der Abteilung Kunst und Denkmalpflege im Bistum Regensburg und Leiterin des Diözesanmuseums sowie bischöfliche Konservatorin, gibt einen kunstgeschichtlichen Überblick über Mariendarstellungen von der römischen Priscilla-Katakombe aus dem 2. Jahrhundert bis zur Gegenwart. Ihre erklärenden und weiterführenden Fußnoten und Links sind eine Bereicherung.

Mit der Marienverehrung in der Stadt Regensburg befasst sich *Adolfine Treiber*, eine langjährige Mitarbeiterin am Institutum Marianum. Das Glaubensbekenntnis früherer Generationen solle als Ermutigung aufgefasst werden, den christlichen Glauben auch heute in der Öffentlichkeit sichtbar zu machen und Interesse dafür zu wecken. So das Anliegen dieses Aufsatzes wie überhaupt der drei Herausgeber.

Mit dem informativen und fundierten, handlichen und gleichzeitig schönen Buch ist dieses Anliegen sicherlich eingelöst worden. Es regt dazu an, sich auf die Suche nach den vielfältigen Aussagen und Ausführungen über die Gottesmutter zu machen und so manchen Muttergottesspaziergang zu erleben. Möge der Rest auch gelingen!

Bayreuth   Barbara Zöller

Walter Brandmüller, **Franconia Sacra. Rückblicke auf 1000 Jahre Kirche in Franken,** *Neustadt an der Aisch 2022, Ph.C.W. Schmidt, 303 Seiten.*

»Franconia Sacra« – verband man diesen Buchtitel bisher von der Diözesanbeschreibung von Johann B. Stamminger und August Amrhein bis zur Jubiläumsausstellung zur Erhebung der Kiliansreliquien 1952 mit der Diözese Würzburg, so rückt der vorliegende Band Mittel- und Oberfranken und das Bistum Bamberg in den Mittelpunkt. Walter Cardinal Brandmüller, emeritierter Ordinarius für Kirchengeschichte in Augsburg und Präsident des Päpstlichen Komitees für Geschichtswissenschaften in Rom, legt die Summe seiner historischen Arbeiten zum fränkischen Raum in einem Sammelband vor. Sie sind erstmals in dem weiten Zeitraum von 1956/57 bis 2002 erschienen, haben aber wegen ihrer Quellennähe nichts von ihrer grundlegenden Bedeutung eingebüßt. Sie werden in chronologischer Folge des Erscheinens gegeben.

Den fränkischen Schwerpunkt der Forschungen von Walter Brandmüller bildet seine Heimatstadt Ansbach. Seine 1963 abgeschlossene und an der Ludwig-Maximilians-Universität München von Hermann Tüchle betreute Dissertation »Das Wiedererstehen katholischer Gemeinden in den Fürstentümern Ansbach und Bayreuth« war diesem Bereich gewidmet. Der vorliegende Band enthält seine Studien zu dem letzten katholischen Stiftsprediger bei St. Gumbert in Ansbach, Dr. Johannes Winhart (1467/68–1531), der wegen seiner Glaubenstreue im Exil sterben mußte. Ab der Mitte des 18. Jahrhunderts wurde das konfessionelle Leben in Ansbach toleranter. So wirkte ab 1756 in Bayreuth und ab 1769 in Ansbach der vormalige französische Soldat Leutnant Joseph Sicard (1716–1788) als Hoffechtmeister. In beiden Residenzen engagierte er sich als Mitglied der in Entstehung begriffenen katholischen Gemeinden. Brandmüller ediert sein Testament als wertvolles Zeitdokument. Aus diesem zeitlichen Umfeld stammt auch das ebenfalls edierte Tagebuch des Erlanger Kuraten Dr. Ludwig Busch (1763–1822) aus den Jahren 1793 bis 1801. Es enthält wichtige Informationen über den Entstehungsprozeß der dortigen katholischen Gemeinde, aber auch lokalhistorisch und volkskundlich interessante Nachrichten.

In das Mittelalter greifen die Studien zur Frühgeschichte der Benediktinerabtei Michelsberg in Bamberg zurück. Brandmüller postuliert auf Grund liturgischer Gemeinsamkeiten mit Fulda die Herkunft eines Teils der ersten Mönche aus diesem Kloster. Als Beleg bietet er den Abdruck der Kalendare aus den Handschriften der Staatsbibliothek Bamberg Lit. 1 und der Badischen Landesbibliothek Karlsruhe 504.

Mit weiteren Aufsätzen greift der Herausgeber in das 19. Jahrhundert und damit die in Zeit der bayerischen Quasi-Staatskirche aus. Sehr ausführlich stellt er die Publikation der Beschlüsse des 1. Vatikanischen Konzils im Königreich Bayern vor. Auch dieser Beitrag zu den Anfängen des Kulturkampfes in Bayern zeichnet sich durch die Edition zentraler Quellen aus – immerhin 38 Dokumente. Vom Beginn des 19. Jahrhunderts und noch getragen vom Geist der Spätaufklärung ist die untersuchte Predigt des ersten königlich bayerischen Ansbacher Stadtpfarrers Alois Dörr (1772–1846): »Vom vernünftigen Verhalten des Christen gegen die zufälligen Gebräuche seiner Religion.« Im Mittelpunkt eines weiteren Beitrags steht nochmals ein Ansbacher Geistlicher, mit dem Pfarrer von St. Johannis, Johann Rurer (um 1480–1542), allerdings ein Anhänger der Reformation, der Luthers Lehre in Ansbach Eingang verschaffte. Brandmüller dokumentiert seine Verteidigungsrede gegen den entschieden katholischen Stiftsprediger Dr. Johann Winhart.

Der abschließende jüngste Beitrag ist dem mit dem Namen Förner gezeichneten, nur abschriftlich und fragmentarisch in Rom überlieferten Bericht über einen angeblichen Exorzismus Förners auf der Festung Rosenberg über Kronach gewidmet. Der Bamberger Generalvikar und Weihbischof Friedrich Förner (um 1570–1630) berichtete in seiner »Panoplia«-Predigt 1617/18 tatsächlich über dämonische Vorgänge vom Anfang des 17. Jahrhunderts auf der Festung Rosenberg. Brandmüller kann allerdings wahrscheinlich machen, daß der von ihm edierte Bericht nicht auf Förner, sondern auf seinen kirchenpolitischen Gegner, Weihbischof Johann Schöner (†1651), zurückgeht, der dessen Konfirmation als Weihbischof in Rom hintertreiben wollte. An der päpstlichen Kurie sah man nämlich den Glauben an Dämonie und Hexenspuk durchaus kritisch, und auch wer sich an ihrer vermeintlichen Bekämpfung beteiligte, konnte leicht in ein kritisches Licht geraten.

Walter Cardinal Brandmüller zeigt seine Meisterschaft als wohl bedeutendster Konzilienhistoriker nicht nur mit Arbeiten zu Pavia-Siena (1423–1424) und Konstanz (1414–1418), sondern auch in der kleineren Form von Abhandlungen über seine fränkische Heimat. Die »Franconia Sacra« versteht er selbst als Ausgangspunkt seines historischen Interesses, wie es in dem vorliegenden Band deutlich wird.

München   Dieter J. Weiss

VI. Wissenschaft, Kunst, Kultur

Gerhard Fouquet/Matthias Müller/Sven Rabeler/Sascha Winter (Hg.), Geschichtsbilder in Residenzstädten des späten Mittelalters und der frühen Neuzeit. Präsentationen – Räume – Argumente – Praktiken *(Städteforschung. Reihe A: Darstellungen 103)*, Wien/Köln 2021, *Böhlau, 398 Seiten, zahlreiche Abbildungen.*

Die Veröffentlichung gründet in einem Kolloquium, das das Institut für vergleichende Städtegeschichte und das Kuratorium für vergleichende Städtegeschichte e.V. in Zusammenarbeit mit dem Göttinger Akademieprojekt »Residenzstädte im Alten Reich (1300–1800)« Anfang März 2019 in Münster veranstaltet haben. Besonderes Anliegen der Tagung war die »interdisziplinäre Zusammenführung von Geschichte und Kunstgeschichte in der Erforschung residenzstädtischer Erinnerungskulturen der Vormoderne« (S. 7). An zahlreichen Beispielen der bislang im Verhältnis zu den reichsstädtischen Zentren und größeren Autonomiestädten eher vernachlässigten Residenzstädte wurde also das offene Konzept von »Geschichtsbildern« verfolgt – im Kontrast zu vorangegangenen engeren »Stadtgeschichten« (S. 12 f.). Im Rahmen von »Geschichtsbildern« werden – bezogen auf den deutschsprachigen Raum sowie auf Nachbarregionen – Zeugnisse der historiographischen Schriftkultur ebenso berücksichtigt wie künstlerisch-visuelle, architektonische und städtebauliche Zeugnisse oder vereinzelte Inschriften. Es geht also um Residenzstädte als Orte der Generierung von Geschichtskonzepten und ihren medialen Vermittlungen.

So zeigt eingangs der Kunsthistoriker *Matthias Müller*, dass in der Geschichtsschreibung fiktive Schilderungen oder reale Bauwerke als materiell-ästhetische Äquivalente zur vollkommenen Tugendhaftigkeit der französischen Könige angeboten werden konnten. Man versuchte, auf ästhetischen Grundsätzen basierende Geschichtsbilder zu erstellen. Beispielreich widmet sich im zweiten einleitenden Beitrag *Peter Johanek*, der Nestor der Erforschung der städtischen Chronistik des Mittelalters, der grundsätzlichen Frage, ob es eine spezifische Geschichtsschreibung der Residenzstädte im Alten Reich gab. Die These bejahend legt er dar, wie städtische Identitäten in Residenzstädten überwiegend vom Hof her definiert wurden und in der beginnenden Neuzeit – neben zunehmender visueller Anteile etwa von Druckgraphik – ein Bewusstsein für die Einbindung in das fürstliche Territorium geschaffen werden sollte. Die Resultate fanden – wenig überraschend – tendenziell in anderen Aufsätzen Bestätigung.

Unter dem Teilkapitel »Geschichte präsentieren« zeigt dann *Stephan Hoppe* am Exempel der bischöflichen Festung Hohensalzburg, wie Ende des 15. Jahrhunderts bei deren Verwandlung von einer mittelalterlichen Burg in eine fürstliche Residenz ein humanistisch begründetes Stilbewusstsein zum Tragen kam, genauer: dass bei der Einwölbung von Räumen unter überraschendem Verzicht auf gotische Gewölberippen Formen der zurückliegenden Epoche der Romanik aufgegriffen wurden. Mit Konrad Ottenheym möchte *Hoppe* von einer »romanesque renaissance« (S. 72) sprechen. Daran schließen sich, auf Texten basierend, Ausführungen von *Julia Burkhardt* über spätmittelalterliche »Wahrnehmungen, Deutungsmuster und Repräsentationen« (S. 105) der Stadt Buda an. Und zwar mit dem Resultat, dass im Fokus zeitgenössischer Reflexionen Buda nicht als »königliche Stadt«, sondern als Hauptstadt des gesamten ungarischen Königreichs stand. Unter der Kapitelüberschrift »Geschichte im Raum« widmet sich *Klaus Krüger* historischen Denkmälern und Inschriften an öffentlichen Gebäuden (Kirchen, Grabmälern, Rathäusern etc.) in mitteldeutschen Residenzstädten. Er gliedert sie u.a. in kontextuell »zeitgebundene Erinnerungsmale mit affirmativ-didaktischer Funktion« und jene selteneren Inschriften, die in größerem zeitlichem Abstand entstanden sind, d.h. »abgeschossene Episoden der Stadtgeschichte« betreffen, »Texte also, die als historische[.] Denkmäler konzipiert sind« (S. 133). Anschließend vollzieht *Peter Stephan* gut bebildert und weit ausgreifend nach, wie der preußische König Friedrich I. sein »Herrschaftsnarrativ auf die Stadtbaukunst« (S. 147) Berlins projizierte, nachdem er ein Residenzschloss dem erworbenen höheren Rang entsprechend errichten sowie ein adäquates Bildprogramm ausformulieren ließ. Daran schließt sich die von *Olaf Mörke* präsentierte und visuell nachvollziehbare Analyse der Residenzstadt Den Haag an. Ihre urban realisierten und ablesbaren Geschichtsbilder präsentieren demnach ein »fürstlich[.]-ständisches Raumhybrid« (S. 185).

Unter dem anschließenden Motto »Geschichte als Argument« interpretiert *Pia Eckhardt* Ursprungsgeschichten historiographischer Texte aus deutschen Bischofsstädten. Dabei zielt sie speziell auf deren Rolle bei der Ausgestaltung der Beziehungen zwischen Hof und Stadt. Das Fazit des folgenden Aufsatzes von *Sascha Köhl* besteht darin, dass bis ins 16. Jahrhundert die Bildprogramme von Rathäusern in mehrheitlich niederländischen Residenzstädten von genealogischen Reihen der Landesherren geprägt wurden.

Das vierte und letzte Kapitel ist mit dem Titel »Geschichte als soziale Praxis« überschrieben. In diesem Rahmen untersucht zunächst *Sven Rabeler* anhand von Quellen des 13. bis 16. Jahrhunderts die Frage, welche Bedeutung Präsentationen und Interpretationen karitativen Handelns in Geschichtsbildern von Residenzstädten hatten. Ausgehend von der Betrachtung des Denkmals der Hl. Elisabeth am Rathaus von Marburg (1524) interessiert ihn speziell das Verhältnis zwischen fürstlicher Herrschaft und Gemeinde. Gerhard Fouquet widmet sich anschließend exemplarischen Geschichten des Jahres 1529 in Basel, genauer der Abfolge religiöser, politischer und natürlicher Extremereignisse, die zum Ende der bischöflichen Residenzstadt führten: Es entstand eine »neue, autochthone und autokephale evangelische Gemeinde« (S. 336). Im Mittelpunkt des letzten Beitrags, er stammt von *Herbert Karner*, stehen religiöse Festlichkeiten, die an der barocken Mariensäule gegenüber der Jesuitenkirche Am Hof in Wien zum Teil unter Beteiligung des kaiserlichen Hofes vollzogen wurden. Die eindringliche Analyse zweier graphischer Blätter, die jene Ereignisse überliefern, ist mit »Visualisierung von Performanz als politisches Medium« (S. 337) charakterisiert. Mit »Performanz« wurde die Vielfalt der in den Beiträgen behandelten Schrift- und Bildkulturen also um ein weiteres Element ergänzt.

Die Autoren bzw. die vier Herausgeber haben einen klug zusammengestellten Sammelband vorgelegt, der einen guten Eindruck von der Vielfalt aktueller Forschungsansätze zur Bestimmung residenzstädtischer Identitäten gibt. Es ist absehbar, dass von seiner Rezeption produktive Anstöße für weitere einschlägige Beiträge zur Geschichts- und der Kunstwissenschaft ausgehen werden.

Passau Karl Möseneder

Martin Brons/Thomas Schauerte/ Manuel Teget-Welz (Hg.), 500 Jahre Sebaldusgrab. Neue Forschungen zum Monument des Nürnberger Stadtpatrons, *Regensburg 2021, Schnell & Steiner, 224 Seiten, zahlreiche Farbabbildungen, 30 Farbtafeln, Faltpläne.*

Seit dem 11. Jahrhundert ist in Nürnberg das Grab des heiligen Sebaldus bezeugt. Seine Reliquien galten Jahrhunderte lang als bedeutendstes Heiltum in der älteren Pfarrkirche neben dem (Alten) Rathaus der Reichsstadt. Die Verehrung seines Grabs durch die Gläubigen veranlasste den Rat, beim Papst um Erlaubnis seiner besonderen liturgischen Verehrung anzusuchen; 1425 wurde er schließlich kanonisiert. Wallfahrt und Verehrung nahmen im 15. Jahrhundert großen Aufschwung. Die sterblichen Überreste wurden immer als besonderer Schatz der Stadt angesehen, dessen hohem, öffentlich bekundetem politischen Wert für das Selbstverständnis der Reichsstadt auch die Einführung der Reformation keinen Abbruch tun konnte. Als es 1461 zu einem Diebstahl gekommen war, beschloss die städtische Obrigkeit, den unversehrten Zustand der Reliquien fortan in regelmäßigen Abständen zu überprüfen, eine Praxis, die seit der Reformation 1525 von der evangelisch-lutherischen Geistlichkeit fortgesetzt wurde (zuletzt 2019). Die seit 1397 in einen kastenförmigen Schrein eingeschlossenen Reliquien wurden zusätzlich durch ein aufwendiges architektonisches Gehäuse gesichert. Das Jubiläum des 500-jährigen Bestehens wurde im Juli 2019 festlich begangen (»500 Jahre Sebaldusgrab – Spuren des Stadtpatrons«), u.a. durch ein interdisziplinäres Symposium, für das die Kirchengemeinde St. Sebald, die Friedrich-Alexander-Universität (FAU) Erlangen-Nürnberg und die Museen der Stadt Nürnberg (Albrecht-Dürer-Haus) verantwortlich waren. Der nun erschienene, mit neuem, hervorragendem Bildmaterial illustrierte Tagungsband enthält die Beiträge aus verschiedenen Disziplinen zu einzelnen Aspekten des Sebaldusgrabmals, das als bedeutendes Kunstwerk von internationalem Rang zwar schon lange bekannt, aber in vielen Details nicht hinreichend untersucht war. Mit den »Neuen Forschungen« werden nun Lücken geschlossen und offene Fragen benannt.

Der Historiker *Franz Machilek* (1934–2021) schildert eingangs, was über Person und Leben Sebalds, eines wohl im 8. Jahrhundert in der Nürnberger Gegend ansässigen Einsiedlers, bekannt und in den Quellen überliefert ist, berichtet über die Anfänge von dessen Verehrung – die Geschichte eines Heiligen »per viam cultus« –, der zum Patron der Pfarr- und Ratskirche und der Stadt aufsteigt, dessen Grab und Reliquien schließlich besondere Aufmerksamkeit auf sich ziehen. Im 13. und 14. Jahrhundert war er in der (lokalen) Liturgie verankert, eine ausführliche Überlieferung in der Legende zeichnet sein Lebensbild als Wundertäter, Pilgerheiliger, Missionar und Einsiedler: eine auch in reicher Bildüberlieferung und heraldischen Traditionen nachweisbare Verehrungsgeschichte, die mit seiner Kanonisation Anerkennung gefunden hatte, aber mit der Einführung der Reformation in Nürnberg 1525 nur zögerlich und mit großer Zurückhaltung der politischen Obrigkeit eingedämmt wurde. Noch die Bollandisten konstatierten im 18. Jahrhundert angesichts eines Nürnbergbesuchs, dass der Metallschrein (immer noch) in frommer Verehrung bewahrt werde (S. 11–61).

Es folgen Bemerkungen zur neuen Umzeichnung des Planrisses von 1488 zum geplanten Sebaldusgrab von *Pablo de la Riestra* (S. 63–71). Am deutlichsten stellt *Dorothea Diemer*, Autorin zahlreicher maßgeblicher Untersuchungen zu mittelalterlichen und frühneuzeitlichen Werken aus Bronze, die offenen Fragen zur Formgenese des Grabmals dar: Wie kam es zu seiner heutigen Erscheinungsform? Die komplizierte Entstehungsgeschichte ist in ihrem Beginn mit dem Planriss von 1488 fassbar, endet aber erst 1519. Die am Sebaldusgrabmal deutlich erkennbare stilistische Heterogenität der einzelnen Teile wurde immer der langen Entstehungsgeschichte angelastet, die zu einem Bronzebildwerk »am Übergang vom Spätmittelalter zur Renaissance« geführt habe und mit einem Planwechsel beim Wiederaufnehmen der Arbeiten am Grabmal 1514 begründet wird. Die Verfasserin stellt die einzelnen Arbeitsetappen vom Auftrag an Peter Vischer und seine Werkstatt dar, die zu den beiden, 1508 und 1509 vollendeten Hälften des Sockels führten, und rekonstruiert detailliert die einzelnen Arbeitsschritte mit den jeweils ausgeführten Teilen des Werks (S. 73–103). Sie kann zeigen, dass man offenbar noch lange am ursprünglich geplanten gotischen Aufbau festhielt und sich erst allmählich zu einem Stilwechsel an den Einzelteilen entschied: eine Analyse, die – gerade angesichts der Arbeitsabläufe – viel plausibler erscheint als die in der kunsthistorischen Literatur oft momenthaft beschriebene Entscheidung zu einem »Stilwechsel«. *Manuel Teget-Welz* referiert zum Bronzegießer Peter Vischer und seinen Söhnen und berichtet über Organisation und Produktion der Nürnberger Rotschmiedwerkstatt bis 1519 (S. 105–119). *Gerhard Weilandt* erörtert den Zyklus der Tugenden und Laster am Grabmal (S. 121–141) als Beispiel für eine Gestaltung, ebenso in der Tradition mittelalterlicher Darstellungshierarchien als auch, in der freien Gestaltung der allegorischen Personifikationen, »höchst modern« (S. 138), während *Thomas Schauerte* das humanistische Umfeld des Sebaldgrabs (S. 143–155) vorstellt und *Jaqueline Klusik-Eckert* das »Nachleben« des Grabs im 19. Jahrhundert darstellt: eine Rezeptionsgeschichte »Zwischen Künstlerdenkmal und verklärtem Rückblick« (S. 157–171). Der letzte Beitrag von *Joachim Werz*, einem Theologen und Kirchenhistoriker, behandelt einen besonderen Aspekt, handelt es sich beim Sebaldsgrab doch um das in einer evangelischen Kirche überkommene Monument eines Heiligen, dessen Andenken durch die evangelische Gemeinde gepflegt wird. Gerade die Öffnung und Visitation der Reliquien fordern geradezu dazu heraus, über Stellenwert und Bedeutung dieser lebendigen Tradition nachzudenken: »Liturgische Feier oder traditionelle Bürokratie« (S. 173–190). Hatte der Pfarrer an der Sebaldskirche 1952 im Lutherrock, 1971 im Regenmantel – den überkommenen Pflichten treu – die Visitation vorgenommen, begann man seit den 1990er Jahren durch eine besondere Ausgestaltung (allerdings »befreit von den vorreformatorischen Riten«), diesem Vorgang wieder einen religiösen Charakter zu geben und bemühte sich, eine geistliche Dimension zurückzugewinnen: bei der öffentlichen Reliquienvisitation 2019 durch den Pfarrer an der Sebaldskirche »hochkirchlich« in Albe und Stola eingebunden in eine liturgische Feier, wie *Werz* folgert, eine »symbolische Kommunikationsform«, mit der dieser Vorgang einen gesellschaftsrelevanten und existentiellen Beitrag leiste für das städtische Leben (S. 188).

Der Band bietet einen sehr gut bebilderten Überblick zu einem der bedeutendsten Bronzewerke der frühen Neuzeit in Deutschland, fasst in gut lesbaren Texten den wissenschaftlichen Kenntnisstand zusammen und stellt die offenen Fragen dar.

München   Wolfgang Augustyn

Ariane Schmalzriedt, Baulast und Baulust. Die Entstehung einer barocken Sakrallandschaft in Oberschwaben zwischen Donau und Iller *(Veröffentlichungen der Schwäbischen Forschungsgemeinschaft 1/48), Friedberg 2022, Likias, 407 Seiten, Abbildungen.*

Wie promoviert man über ein Klischee? Diese Stuttgarter Dissertation wagt sich auf eines der meist begangenen und zugleich besonders schwer verminten Forschungsfelder des süddeutschen Barock, indem sie erneut die Frage nach einer ebenso wenig wegzuleugnenden wie schwer erklärbaren Sonderkonjunktur im süddeutschländlichen 18. Jahrhundert stellt. Schon der Begriff »barocke Sakrallandschaft in Oberschwaben« vereint so viele strittige Termini der Kunstgeschichte, dass man gespannt ist, wie die Autorin hier einen sicheren und erkenntnisfördernden Weg bahnen will.

Das Phänomen selbst ist nicht zweifelhaft, nämlich die in erstaunlich großer Zahl und Qualität auf engstem Raum in den (mehrheitlich geistlichen) Kleinterritorien Oberschwabens zu konstatierende Kunst- und Baublüte. Alles andere dagegen scheint umstritten und stark von ideologischen Setzungen geprägt: Handelt es sich um das Ergebnis irrationaler Verschwendung, sozusagen als Vorwegnahme des unausweichlichen Untergangs dieser obsoleten politischen Gebilde wenige Jahre später? Oder war die Baukonjunktur vielmehr (Neben-)Produkt gesunder Ökonomie regional verwurzelter »hidden champions« unter den Reichsständen? Stöhnten und murrten die Untertanen unter den ihnen hierfür auferlegten (Fron-)Lasten, wie Hartmut Zückert 1988 provokativ behauptete, oder profitierten sie nicht vielmehr von der klugen Investitionspolitik ihrer Obrigkeit im Sinne einer lokalen Konjunkturförderung, wie unter anderem Bernd Roeck auf einer Irseer Tagung 2002 vorschlug?

Ariane Schmalzriedt wählt für die Beantwortung dieser sehr generalistischen Fragen ein kluges Setting, indem sie eine bestimmte Teilregion »zwischen Donau und Iller« (Karte S. 42) einem »Close reading« unterwirft: Sie vergleicht die Baupolitik der Benediktiner in Elchingen und Wiblingen mit den Prämonstratensern in Roggenburg, der Grafschaften Fugger-Kirchberg und -Babenhausen sowie den Streubesitz von Buxheim, Kaisheim, Salem und Hochstift Augsburg – somit mehrheitlich reichsunmittelbare (bzw. vorderösterreichische) Territorien ohne Fernsteuerung einer Zentralregierung wie z.B. in Kurbayern. Zudem weitet sie den Blick von den oft betrachteten Großbauten der Klöster auf das jeweilige Herrschaftsgebiet mit seinen »gewöhnlichen« Dorfkirchen, Kapellen und Wallfahrtsheiligtümern. Schließlich stellt sie verschiedene, hierbei oft genannte Motivationsoptionen zur Diskussion: Baulust, Baulast (d.h. rechtliche Verpflichtung, diese zu tragen, S. 205), ständischer Wettbewerb und konfessionelles Selbstverständnis. Sie ergänzt dies durch die Frage nach »Top-down« oder »Bottom-up« (S. 39), also: Von wem ging die Initiative zur Erneuerung z.B. einer Dorfkirche aus? Gab es Konsens, Widerstände oder Diskussionen, wurde geworben, überzeugt oder befohlen? Schließlich ist zu prüfen, ob die charakteristische »Kleinkammerung« (S. 32) der oft sich überlagernden Rechtstitel vielleicht als zusätzlicher regionaler Katalysator diente.

Die Quellendichte zu dieser Kunstlandschaft ist bekanntlich deutlich schlechter als die künstlerische Überlieferung: Selbst wenn sich Aktenbestände (meist weit zerstreut und unvollständig) erhalten haben, ist durchaus nicht gesagt, dass sie im Sinne von Transparenz oder Vollständigkeit geführt worden waren (S. 46–59, 364–369). Die Autorin zeigt auch angemessene Vorsicht gegenüber gern wiederholten

Floskeln wie »Baufälligkeit« oder »höhere Ehre Gottes« (S. 357–361).

Eine Schlüsselrolle spielten bei der Finanzierung neben den Klöstern als bauender Obrigkeit die lokalen Kirchenkassen unter dem sehr sprechenden Gattungsbegriff »Heiligenfabrik« – hieraus wurden nicht nur Baumaßnahmen, sondern auch alltägliche Ausgaben bezahlt sowie Kredite vergeben. Defizite verschwanden manchmal auf rätselhafte Art zum Jahresende, was auf schwarze Kassen zum Wiederauffüllen schließen lässt (z.B. Schießen, die Wallfahrtskirche von Roggenburg, S. 108 ff.).

Es bestätigen sich relativ große, mehrheitlich institutionelle und strukturelle Unterschiede: Während die Prämonstratenser in Roggenburg manche Dorfkirche dreimal in einem Jahrhundert erneuerten (S. 207–228), ließen sich die Benediktiner in Elchingen einmal sogar bis zum Einsturz Zeit (S. 141, 331–348). Verwandtschaftliche Beziehungen von Konventualen und Künstlern sowie erfolgreiche »Platzhirsche« und Netzwerke des Bauwesens sind gut nachweisbar (S. 97, 103). Zugleich sind schwankende Baukonjunkturen bei denselben Klöstern je nach persönlicher Neigung des gerade regierenden Abtes feststellbar (S. 223).

Was mit »Kleinkammerung« gemeint ist, wird besonders deutlich beim Neubau der Wallfahrtskirche von Matzenhofen (S. 240–302), bei der jeder Quadratmeter der Erweiterung des Bauplatzes sofort zu detaillierten rechtlichen und finanziellen Klärungsprozessen des zuständigen Oberamtsmanns der Grafen Fugger-Babenhausen mit den Nachbarn aus dem Hochstift Augsburg, der Reichskartause Buxheim und manchen anderen führte. Insgesamt zeigt sich, dass die quellenmäßig überlieferten Diskussionen regelmäßig um rechtliche und finanzielle Detailfragen, das Anbringen von Wappen, um Genehmigungen und Zuständigkeiten, aber praktisch niemals um die Frage gingen, ob der hohe Aufwand für ländliche Kirchenbauten überhaupt notwendig sei. So kann die zugrunde gelegte Konkurrenzthese meist nur indirekt und implizit beantwortet werden, zumal auf Basis dieser Stichprobe bestimmte Vergleichsebenen wie die interkonfessionelle oder überregionale (z.B. innerhalb eines Ordens) kaum zu erfassen sind (S. 189, 193 f., 353–357).

Dagegen ist das durchgängig hohe Engagement der Untertanen für »ihre« Projekte deutlich zu belegen: Sei es durch Spenden und (verzinsliche) Kreditvergabe an die jeweilige Kirchenkasse, gegen geringe Entschädigung geleistete Fuhrdienste, oder Eingaben bei der Obrigkeit, man wolle den Petenten doch bitte einen dringend erwünschten, bereits begonnenen und selbst finanzierten Kapellenbau zumindest genehmigen (S. 153, 197, 216, 363 f.). Hierbei zeigt sich, dass Arbeitslohn und Rohbau finanziell eine untergeordnete Rolle spielten, während Material-, Transport- und Ausstattungskosten für Stuck, Fresken und Altäre die Bauvollendung und Weihe oft um Jahre verzögern (S. 369).

Obwohl das ausgewertete Material denkbar trocken ist, mehrheitlich Kirchenrechnungen oder amtliche Briefwechsel, gelingt es Schmalzriedt sehr gut, die zwischen den Zeilen gelegenen Intentionen, die Täuschungsmanöver, Lock- und Drohgebärden, Über- und Untertreibungen, Beschönigungen und Schmeicheleien herauszuarbeiten. Besonders Freunde der barocken Amtssprache kommen auf ihre Kosten, wenn z.B. der Roggenburger Chronist die 1781 erneuerten Beichtstühle in der Wallfahrtskirche von Schießen wie folgt beschreibt: »4 Bußverhörsitze[n] steigen von Gypse, der den feinsten Marmor lügt, prangend empor: das beste Gold umschleichet sie, und geben der Kirche neue Zierde.« (S. 114)

Am erhellendsten ist vielleicht das fünfte und letzte Fallbeispiel der Autorin: Jene Michaelskapelle in Balmertshofen (S. 331–348), die der Abt von Elchingen lieber zusammenbrechen ließ, als eine von den Ortsansässigen dringend erwünschte Renovierung finanziell zu unterstützen: Hier träfen eigentlich alle »konkurrenzfördernden« Faktoren zu, nämlich die erst vor kurzem erfolgte Wiedererwerbung der Herrschaftsrechte aus dem Vorbesitz Ulmer protestantischer Patrizier und das Drängen des Augsburger bischöflichen Ordinariats, dass die »Decimatoren«, also Inhaber des Zehnten, doch bitte auch die Baulast übernehmen sollten. Es zeigt sich aber, dass – für Kenner der Epoche und Region keineswegs verwunderlich – rechtliche Fragen alle anderen Überlegungen in den Schatten stellten: Der Abt verlangte einen schriftlichen Nachweis, dass sein »Reichsgotteshaus« hier irgendwie in die Pflicht zu nehmen sei, da ja weder die Umstände der Erbauung (also der Stifter) noch der Rechtsstatus der Kapelle gesichert sei.

Dennoch ließ er seinen Amtmann über die »Heiligenfabrik« penibel Buch führen und das dort gesammelte magere Kapital gerne gegen Zinsen ausleihen (S. 344 f.). Nachdem die Kapelle schließlich 20 Jahre als Ruine dalag, erlaubten die bis 1777 aufgelaufen Renditen – unter dem nachfolgenden, baufreudigeren Abt – den Wiederaufbau. Es ehrt Ariane Schmalzriedt, dass sie mit Blick auf diesen Befund ihre Ausgangsthese von der baufördernden Konkurrenz vor allem in Grenznähe zum Nachbarn als »vermutlich zu naiv und idealistisch gedacht« (S. 346) relativiert. Die von ihr exzellent aufgespürten und ausgewerteten Quellen belegen dagegen, was die Zeitgenossen unter »Concurrenz« beim Bauen verstanden (S. 313, 368 f.): Nämlich die konfliktreiche Abstimmung darüber, wer in einer fast immer komplizierten Rechtslage zur finanziellen Verantwortung für just diesen Kirchenbau herangezogen werden könnte. Dass ländliche Kirchen aber überhaupt zu erneuern seien, wurde nie bezweifelt.

Vielleicht wird man sich in späteren Jahrhunderten einmal fragen, ob die zahllosen ländlichen Sparkassengebäude, Mehrzweckhallen und Schwimmbäder in der »alten Bundesrepublik« vor 1989 dereinst von den lokalen Honoratioren den Steuerzahlen abgetrotzt, oder aber deren Errichtung mit Blick auf das Nachbardorf oder Fördermöglichkeiten dritter vielmehr als Selbstverständlichkeit verantwortlicher Lokalpolitik erwartet wurde. Auch die regelmäßige taktische Unterschätzung der Gesamtbaukosten bei Baubeginn samt späterem bösen Erwachen (S. 367 f.)

scheint ein überzeitliches Phänomen zu sein.

Es drängt sich der Eindruck auf, dass das sakrale Bauen im barocken Oberschwaben trotz aller Unterschiede im Detail so etwas wie eine unhinterfragte kulturelle Praxis, also eine regionale Selbstverständlichkeit war. Hier erscheint die 1767 formulierte Rechtfertigung des Obervogtes von Deisenhausen gegenüber der Kritik des Pfarrers an zu großen Bauaufwendungen für die Dorfkirche symptomatisch: »Der Herr Pfarrer wolle zu jetziger Zeit eine auf dem Lande erbaute Kirche benennen, die nicht en fresco gemalen werde.« (S. 37)

Wem kann man das Buch empfehlen? Allen, die einen quellengestützten Nahblick auf das alltägliche Baugeschehen des 18. Jahrhunderts in Süddeutschland werfen und die Motivation, Mentalität, Rechtsauffassung und Kommunikationsformen derjenigen aus erster Hand kennen lernen wollen, welche die barocke Sakrallandschaft an Donau und Iller mit ihrem ebenso routinierten wie konfliktfreudigen Verwaltungshandeln erst möglich gemacht haben.

Darmstadt MEINRAD VON ENGELBERG

ALOIS SCHMID, Benedikt Stattler (1728–1797). Philosoph und Theologe. Der kantige Einzelgänger, Sankt Ottilien 2021, EOS, 298 Seiten, 11 Abbildungen.

Die intellektuelle Welt Altbayerns hatte von jeher mit Vorurteilen zu kämpfen, war sie doch (»horribile dictu!«) eine katholische Welt. Trug dieses Odium schon seit Jahrhunderten dazu bei, daß ihre literarischen Zeugnisse im übrigen Deutschland großzügig ignoriert wurden, so scheint es heute sogar in Bayern selbst sich zum Ausschlußkriterium zu entwickeln. In dem, was da aktuell als sogenanntes »kulturelles Erbe« mit öffentlichen Mitteln herauspräpariert wird, ist für die Männer (und bisweilen auch Frauen) der Feder, die Bayern, sagen wir vor 1850, hervorbrachte, offenbar kein Platz vorgesehen. Führt man sich den langen Zug der geistigen Köpfe des Landes vor Augen, wie sie am Horizont der Erinnerung, immer undeutlicher werdend, entschwinden, so wird einem wehmütig ums Herz und man überlegt insgeheim, ob einst Carl Amery, einer ihrer letzten legitimen Nachfahren, nicht ganz besonders an sie dachte, als er sein Buch der Trauer über den Untergang der religiös grundierten Lebenswelt seiner Heimat betitelte: »Leb wohl, geliebtes Volk der Bayern.«

Neuerdings wird das Band zur geistigen Vergangenheit nicht mehr nur durch herkömmliche Gleichgültigkeit zusehends dünner, sondern immer öfter wird es vorsätzlich gekappt, weil Aussagen, die nicht einem bestimmten, sich überzeitlich gebenden ideologischen Schema zu entsprechen scheinen, selbst historischen Personen längst versunkener Epochen nicht mehr verziehen werden. So genügte im Sommer 2020 ein einziger schlecht informierter Artikel in der Regionalpresse, um den Namenspatron des Kötztinger Benedikt-Stattler-Gymnasiums zur Disposition zu stellen. Der ungeheure Vorwurf lautete, der Priester und Jesuit Stattler habe zu seiner Zeit die Tötung von Mitmenschen um der Wahrung der eigenen Ehre willen legitimiert. Eine der herausragenden Gestalten der bayerischen Aufklärung des 18. Jahrhunderts, der akademische Lehrer eines Johann Michael Sailer, einer der es intellektuell mit dem großen Immanuel Kant aufnahm, stand mit einem Mal als ein Dunkelmann da, nicht wert, im Gedächtnis der lokalen Schuljugend gehalten zu werden.

Zur Ehrenrettung des angeblichen »Ehrenmörders« trat indes kein geringerer an als der Altmeister der bayerischen Gelehrtengeschichte. Die Schnelligkeit und Schlagkraft, mit der Alois Schmid dieses Geschäft besorgte, wird nur übertroffen von der Gründlichkeit, die er dabei an den Tag legte. Keine der zahlreichen und umfangreichen Schriften des Vielschreibers Stattler bleibt unregistriert, kein Lebenszeugnis unaufgesucht, kein Urteil von Zeitgenossen unbeachtet. Nicht weniger als drei Dutzend Archive, Bibliotheken und Museen, vom Stadtarchiv Bad Kötzting bis zum Vatikanischen Geheimarchiv in Rom (Archivio Apostolico Vaticano), wurden konsultiert, das gesamte bisherige Schrifttum über Stattler, beginnend mit Sailers Nachruf, verarbeitet.

Jedes einzelne Dokument wird dabei einer sorgfältigen, allseitigen Betrachtung unterzogen. Als Beispiel sei hier nur angeführt die mustergültige Untersuchung über das einzige Porträtbild Stattlers, eines der wichtigsten biographischen Zeugnisse aus seinem mittleren Lebensabschnitt, das heute verschollen ist, aber um so größere Beachtung verdient, als von Stattler, der lieber Bücher als Briefe verfaßte, kaum eine Handvoll persönlicher Schreiben erhalten ist. Schmid kann, allein auf der Grundlage eines historischen Kleinbildnegativs und einer Kopie aus dem Jahr 1976, mit geradezu detektivischem Spürsinn plausibel machen, daß das Porträt in die Bildnisreihe der Stadtpfarrer von Ingolstadt-St. Moritz gehört haben muß, und weiß es ikonologisch bis in jedes Darstellungsdetail als Ausweis einer »selbstsicheren, statusbewussten und zeitaufgeschlossenen Gelehrtenpersönlichkeit« auszulegen.

Mit analoger Akribie werden alle Lebensstationen Stattlers systematisch ausgeleuchtet, beginnend mit dem familiären Hintergrund des Beamtensohnes aus dem Bayerischen Wald über die Schulbildung bei den Benediktinern in Niederaltaich und den Jesuiten in München bis zum Eintritt in den Orden und dem Studium der Philosophie und Theologie in Ingolstadt. Die darauffolgende zwanzigjährige Lehrtätigkeit in verschiedenen Instituten des Ordens ist biographisch wenig faßbar. Um so präziser wird dafür die berufliche Wirksamkeit auf dem wichtigen Dogmatiklehrstuhl in Ingolstadt, dann als Stadtpfarrer in Kemnath und schließlich als Privatgelehrter und Mitglied des kurfürstlichen Geistlichen Rates in München umschrieben, wobei auch die Widerstände nicht übersehen werden, die der zum Einzelgängertum neigende Stattler hervorrief und die in der kirchlichen Indizierung einiger seiner Schriften gipfelten.

Die literarische Produktion Stattlers, die Zigtausende Druckseiten und Manuskripte umfaßt und bis 1780 ausschließlich in anstrengendem Jesuitenlatein gehalten war, kann allein schon aus Zeitgründen kein einzelner Sterblicher vollständig durchmustern. Auch thematisch birgt sie große Herausforderungen, umspannt sie doch die gesamte Theologie und Philosophie der Zeit, welch letztere bekanntlich auch die Naturwissenschaften in ihren Bereich zog. Schmid bringt mit sicherer Hand Ordnung in den kaum überschaubaren Bestand, unterscheidet drei Schaffensperioden, von denen die letzte bisher verkannt war, und kann nebenbei die Zahl der bekannten Schriften Stattlers um stolze 22 Nummern auf nun 76 vergrößern.

In mehreren Schritten führt Schmid dann entlang bestimmter Leitfragen, etwa nach der Konfessionsauffassung, dem Staatsverständnis oder dem politischen Horizont, in das Denken Stattlers ein. Daß das Hauptaugenmerk auf die von ihm gelehrte Ethik und weniger auf seine kritische Auseinandersetzung mit der Philosophie Kants gelegt wird, erklärt sich mit Blick auf den äußeren Auslöser des Buches von selbst.

Schmid erschließt ausführlich, indem er die Aussagen Stattlers, die zum Stein des Anstoßes wurden, in ihren sachlichen Zusammenhang rückt, daß von einer »Mordlehre« selbstverständlich keine Rede sein kann. Er beläßt es jedoch nicht dabei, das journalistische Mißverständnis aufzuklären, sondern analysiert nach allen Regeln der Kunst auch noch im Detail die historische Genese dieses Mißverständnisses. Dazu rollt er, wirklich keine Mühe scheuend, einen Kriminalfall aus dem Jahr 1813 auf, in dem der Delinquent sich mit der Berufung auf Stattlers Ethik zu entlasten suchte, aber damit natürlich nicht davonkam. Auf der Grundlage der Prozeßakten kann Schmid nachweisen, daß die völlige Verzeichnung der Lehre Stattlers den literarischen, auf poetischen Effekt, nicht historische Treue bedachten Ambitionen des ansonsten verdienten und zu Recht berühmten Juristen Paul Johann Anselm von Feuerbach geschuldet war, dessen Fallschilderung von 1828 in unkritischen Händen zum Angriffswerkzeug gegen Stattlers guten Ruf werden konnte und wurde.

Erneut den äußeren Anstoß für sein Buch aufgreifend, erörtert Schmid schließlich in gebotener Ausführlichkeit die Eignung des gebürtigen Kötztingers Stattler als Namenspatron für das örtliche Gymnasium. Die umfassende Würdigung der Gesamtpersönlichkeit Stattlers und der Blick auf sein großes bildungspolitisches Engagement führen Schmid dabei zu der Bewertung, für die ihm ob ihrer völligen Klarheit die Entscheidungsträger sicher dankbar sind: »Es besteht keine Veranlassung, über eine Namensänderung auch nur nachzudenken.«

Zu danken haben Alois Schmid für sein neues Werk freilich nicht nur die Kötztinger, denen er zweifellos die gelehrteste Würdigung geschenkt hat, die je einem der ihren zuteil wurde. Dankbar müssen ihm vielmehr alle sein, denen es um die geistige Gestalt des Landes irgendzu tun ist. Ihnen hat Alois Schmid einen Schlüssel an die Hand gegeben, mit dem sie bestens geleitet in die Welt des Benedikt Stattler eintreten können. Die akademische Forschung kann sich über ein neues zuverlässiges Basiswerk freuen, das auf lange Sicht unverzichtbar sein wird bei allen Bemühungen, die geistige Welt des alten Bayern weiter zu erschließen.

München　Stephan Deutinger

VII. Wirtschaft und Gesellschaft

Katharina Wolf, Die Theorie der Seuche. Krankheitskonzepte und Pestbewältigung im Mittelalter, *Stuttgart 2021, Franz Steiner, 445 Seiten.*

Daß sich Theologen und Philosophen auf hohem Niveau mit der Covid-Pandemie auseinandersetzten, läßt sich, dieses Zwischenresümee sei (im Januar 2022) erlaubt, nicht gerade behaupten. Während letztere in Feuilletons und Talkshows zunehmend die sozialen und kulturellen Folgen beklagen, die in der Regel – die Schwarz-Weiß-Skizzierung des Wissenschaftsbetriebs erinnert auf verblüffende Weise an das 19. Jahrhundert – herzlosen »Virologen« bzw. Naturwissenschaftlern in die Schuhe geschoben werden, sind erstere geradezu verstummt. Katharina Wolfs ausgezeichnete Studie zeigt, daß das in der Vergangenheit anders war. Ihre »Theorie der Seuche« teilt die historischen Krankheitskonzepte und Bewältigungsstrategien zunächst in drei Kapitel auf: eine »historische Loimologie«, in der vor allem theologisch-religiöse Implikationen zusammengefaßt werden, eine weitere umfangreiche Darstellung (»Konzept und Kollektiv«), in deren Mittelpunkt – im weitesten Sinn – Maßnahmen zur Seucheneindämmung in Nürnberg, Augsburg und München stehen und schließlich eine »kurze Geschichte der Mikrobiologie«, wo medizinische Erklärungsmodelle von der Antike bis ins 20. Jahrhundert präsentiert werden. Ein kleineres, aber wichtiges Kapitel analysiert solche Fragen auf der Basis unterschiedlichster »Pestschriften« vom 14. bis zum 16. Jahrhundert. Diese sind im Anhang (S. 338-415) nicht nur aufgelistet, sondern stellen dank einer ausführlichen Kontextualisierung (mit Inhaltsangaben) einen beachtlichen Quellenschatz zur Mentalitätsgeschichte überhaupt dar.

Schon im Mittelalter bewirkten Seuchen existentielle Diskussionen, die angesichts hoher Opferzahlen – Ole Benedictow geht allein für 1348 von einer Mortalitätsrate von 60 Prozent aus (2021) – mehr als verständlich erscheinen. Die theologischen Deutungsmuster (vgl. S. 43-85) waren vielfältig. Zweifel an Gottes Gerechtigkeit, wie sie 1348 Petrarca geplagt hatten, werden selten geäußert. Magische Vorstellungen und die Abwehr von Dämonen spielten, wie die Analyse der Pestschriften zeigt, eine weitaus wichtigere Rolle als astrologische Deutungen (S. 51). In theologischen Kreisen dominierte über Jahrhunderte das Bild der Pest als göttliche Strafe. Wallfahrten nach Andechs wurden – um nur ein Beispiel herauszugreifen – von der Münchner Stadtverwaltung mitfinanziert (S. 410)! Es ging darum, Gott durch Gebete, »gute Werke«, Prozessionen und die Fürbitten von Heiligen umzustimmen und an seine Barmherzigkeit zu appellieren. Die Madonna und weitere Schutzheilige wie Sebastian und Rochus, aber auch die »sancti protectores« der jeweiligen Kommunen stellten letzte Hoffnungen dar. Die Pest galt als kollektives Schicksal, weniger als individuelle Bestrafung (S. 59), was individuelle Gebete natürlich nicht ausschloß. Logischerweise hielt man auch an der (heute längst in Konzertsäle verbannten) »Missa contra pestilentiam« fest, die im 14. Jahrhundert durch Clemens VI. institutionalisiert wurde.

Vergleiche zur Gegenwart liegen nahe, obgleich die Pest bis ins 19. Jahrhundert hinein ungleich infektiöser und aggressiver war als die Covid-19-Pandemie. Das Bild eines strafenden Gottes (der immerhin noch im Kontext des Zweiten Weltkriegs diskutiert wurde) gilt in Theologenkreisen weitgehend als obsolet. Dies hängt mit einem völlig veränderten Bild Gottes zusammen, das im europäischen Protestantismus seit dem 18. Jahrhundert, im Katholizismus spätestens seit dem Zweiten Vatikanischen Konzil vorherrscht. Ist er nicht völlig entpersonalisiert, erscheint Gott in Predigten und Feuilletonbeiträgen als absolut gütiges Wesen. Alles Negative, ob Kriege, Krankheiten, Erdbeben, Erderwärmung, Flutkatastrophen oder eben die Covid-Pandemie gilt deshalb als »menschengemacht«. Einer beliebten neupantheistischen Argumentation zufolge ist die Pandemie dagegen Folge ökologischer »Sünden des Westens in der Dritten Welt«. Strafen darf allein die beleidigte Natur. »Schuld« wird hier zum »Ermächtigungsnarrativ« (Wolf) für eine politisch-kulturelle Transformation, welche die Vermeidung von »Umweltsünden« zum Ziel hat (S. 283), die auch Millionen zur Migration gezwungen hätten. Argumente sucht man auch in der Psychologie und den Sozialwissenschaften, wobei man sich gerne auf die »Nächstenliebe« beruft (infizierte Patienten dürfen nicht vereinsamen, Ungeimpfte nicht ausgegrenzt werden usw.). Fragen der Transzendenz, angesichts der tödlichen Bedrohung vieler Patienten eigentlich naheliegend, werden so gut wie nie thematisiert.

Nach diesem kleinen Exkurs, den die Lektüre des Buches nahelegt (vgl. auch S. 62), fallen organisatorische Maßnahmen ins Auge, die verblüffende Parallelen zum heutigen Pandemie-Alltag zeigen. Die in Nürnberg, Augsburg und München angewandten Strategien lassen sich keineswegs nur humoralpathologisch (also mit dem Ziel der Verhinderung von Miasmen) begründen, sondern verraten eine über Jahrhunderte gewachsene praktische Expertise, die das proto-utilitaristische Ziel hatte, die Gesundheit eines höchstmöglichen Anteils der Bevölkerung zu erhalten. Die infizierte Minderheit hatte das Nachsehen. Das Verbot von Trauerfeiern und Trauergeläut, von Tanzfesten, Brett- und Kugelspielen, die Schließung von Geschäften und Märkten, die Isolierung Infizierter, aber auch z.B. der Totengräber, strengste Einreisekontrollen, die Eröffnung von »Pestfriedhöfen« außerhalb der Mauern, einschneidende Quarantänemaßnahmen, ja ein allgemeiner »Ausnahmezustand« waren seit dem 14. Jahrhundert im Seuchenfall fast selbstverständlich.

Die »kurze Geschichte der Mikrobiologie« (inklusive von der Miasmentheorie abweichender Vorstellungen) bietet aus Sicht der klassischen Pestgeschichte zwar kaum neue Erkenntnisse, ergänzt aber die geistesgeschichtlichen Ausführungen eindrucksvoll. Überraschenderweise erscheint hier auch Avicenna, der in der

Tradition Varros kleine »schlechte Körper« als Erreger von Seuchen postuliert hat (S. 232 f.). Fracastoro, Kircher und Leewenhoeck entwickelten diese Vorstellung weiter, wobei ihre Methodik immer noch viele Fragen aufwirft. Daß sie sich nicht durchsetzen konnten, wird mit der Theorie Ludwig Fleks begründet, zeitgenössische Denkkollektive hätten neue Ansätze nicht zugelassen. In diesem Kapitel beschreibt Frau Wolf auch die Welt des 19. Jahrhunderts, die letztlich die Entdeckung des Pesterregers ermöglichte. Erfreulicherweise werden auch »alternative« Krankheitstheorien eingearbeitet, die im »Zeitalter des Positivismus« ebenfalls boomten. Daß die Entdeckung von Yersinia pestis (1895) die gesamte Pestgeschichtsschreibung verändert hat, da die Pathogenese der »Pest« nun allein mit diesem Erreger verbunden blieb, ist bemerkenswert.

Frau Wolfs Buch bietet höchst anregende Lektüre, die viele vertiefende Einsichten ermöglicht. Sie können hier nicht aufgezählt werden. Vieles könnte man zu ihren Thesen zur Covid-Pandemie sagen, die sie nach Abschluß des Buches noch einfügte. Die Wahrheit liegt, wie sie zu Recht betont, nicht allein im Labor, aber eben auch nicht, müßte man ergänzen, in den Geistes- und Sozialwissenschaften (S. 288). Wahr ist, daß die westliche Gesellschaft in den vergangenen Jahrzehnten, was die Seuchengefahr angeht, in einer erstaunlichen Sicherheit gewogen wurde. War dies aber, wie angedeutet wird, Schuld der Naturwissenschaften? Es waren Virologen und Bakteriologen, die seit vielen Jahren vor einem Revival aggressiver Seuchen warnten. Man kann sogar zeigen, wie Politik und Gesellschaft solche Voraussagen immer wieder heruntergespielten. Die Autorin hat recht: Kranksein bleibt ein »ungewisser Zustand« (S. 285). Seriöse Ärzte und Naturforscher haben dies nie in Frage gestellt. Politisch gefärbte Ideologen des späten 19. und frühen 20. Jahrhunderts sollten hier nicht überbewertet werden. Vorsicht ist bei der These geboten, »Seuche ist etwas, was man tut« (S. 276 ff.). Was sollen Patienten und Pflegepersonal der Intensivstationen dazu sagen. Wenn irgendwo Goethes These, Tugend sei »ein sehr schöner Name« für Gesundheit, nicht gilt, dann im Alltag von Seuchen.

Frau Wolfs Buch führt auf eindrucksvolle Weise in die wechselnden Denkmuster der Seuchenmedizin und ihrer Kritiker ein und regt sicher zu vielen Diskussionen an.

Köln   KLAUS BERGDOLT

MARIA HALBRITTER, ... Warum nicht weiter in die Schule gehen wie meine Brüder? Die Frauengeneration zwischen Kaiserreich und Republik. Ameli Baumgartner. Eine Lebensgeschichte aus dem Passauer Land, *Passau 2022, Ralf Schuster, 312 Seiten, 81 Abbildungen.*

Die erste Hälfte des zwanzigsten Jahrhunderts war von großen politischen und gesellschaftlichen Umbrüchen gekennzeichnet. Wie sich der Lauf der Geschichte auf ein Einzelschicksal auswirkt, noch zudem auf das einer Frau, untersucht Maria Halbritter in dieser Biografie über Ameli Baumgartner. Anhand ihres Lebens sollen die Herausforderungen veranschaulicht werden, mit denen sich die Frauengeneration nach dem Ersten Weltkrieg auseinandersetzen musste und Muster aufgedeckt werden, die nicht zuletzt für die heutige Zeit relevant sein können.

Das Anliegen des Werkes ist es, einen Zusammenhang zwischen der »großen Geschichte« und dem privaten Leben Ameli Baumgartners herzustellen, welche stellvertretend für die Mehrheit der »normalen« (S. 10) Frauen ihrer Generation steht. Zentraler Untersuchungsgegenstand ist die Geschichte von Denkmustern in Bezug auf Bildung und Geschlechterrollen. Diese Konzepte existieren auf gesellschaftlicher Ebene, haben jedoch immer Auswirkungen auf das private Leben und sollen deshalb durch die ausführliche Behandlung eines Einzelbeispiels veranschaulicht werden. Entsprechend kann und will das Werk keine umfassende wissenschaftliche Abhandlung dieses gesellschaftlichen Wandels sein, sondern bietet dem Leser oder der Leserin eine ergänzende und individuelle Perspektive. Schwerpunkt des Werkes sind die Jahre von 1914 bis 1951. Amelis Leben wird chronologisch aufgebaut und in wichtige Lebensabschnitte gegliedert beschrieben. Außerdem bietet die Biografie noch einen Stammbaum sowie ein umfangreiches Anmerkungs-, Quellen- und Literaturverzeichnis. Das Werk ist als freie Monografie publiziert worden, welche durch den Verein für Ostbairische Heimatforschung e.V. Passau gefördert wird. Quellentechnisch stützt sich das Werk neben familienbezogenen Quellen im Archiv des Bistums Passau, im Staatsarchiv Landshut und Dokumenten aus dem Ordensarchiv der Congregatio Jesu in München auf Korrespondenzen, Mitschriften und Tagebucheinträge Ameli Baumgartners.

Die Autorin Maria Halbritter selbst zählt zur Familie. Es handelt sich bei Ameli Baumgartner um ihre Mutter. Auch zu weiteren Familienmitgliedern hat Halbritter biografische Studien verfasst: so eine Biografie zu Anton Halbritter (1896–1954), einen katholischen Geistlichen, sowie »Die Buchhandlung Neufeind«, die von Ameli Baumgartners Mann Josef Neufeind handelt. Alle drei Bücher geben eine individuelle Perspektive wieder, die durch den ähnlichen Zeitrahmen und die prominente Rolle der katholischen Kirche im Leben der Personen verbunden ist. Das Thema der Bildungspolitik, welches im vorliegenden Band eine zentrale Rolle spielt, findet sich auch im Lebenslauf der promovierten Autorin wieder: nach einem Germanistik-, Geschichts- und Politikwissenschaftsstudium hat Halbritter als Lehrerin und Schulleiterin gearbeitet und weitere Werke zu Bildungspolitik und Schulpädagogik veröffentlicht.

Die ersten fünf Kapitel schildern ausführlich den Herkunftsort und die familiäre Vorgeschichte Amelis sowie ihren Wunsch, zur höheren Mädchenschule gehen zu wollen. Die Familie Baumgartner verfügte über Hausangestellte, war mit dem Bürgermeister verwandt, führte ein Kaufhaus und besaß neben weiteren Grundstücken »drei oder vier« Häuser in der Stadtmitte (S. 20). In dieses gehobene Lebensumfeld wurde Ameli 1908 hineingeboren. Dass es der Familie dann im Ersten Weltkrieg »wie allen Familien« (S. 45) ergangen sei, trifft insoweit zu, als dass der Vater fehlte, der Betrieb von der Ehefrau geführt und die Kinder unter schwierigeren Umständen ernährt werden mussten. Die wirtschaftliche Stellung erleichterte jedoch den Alltag. Welche Partizipationsmöglichkeiten gab es nun für Frauen, während der Krieg andauerte und die Lebensmittel knapp wurden? Es kam im Sinn des Kriegspatriotismus zur Organisation von Kriegswallfahrten, zu Spendenaktionen, Engagement im »Nationalen Frauendienst«, einem großen Projekt ehrenamtlicher Sozialarbeit, oder im katholischen Mütterverein. Die Frauen der Familie Baumgartner haben sich – wenn überhaupt – nur in letzterem beteiligt. Engagement von Frauen wurde – stark beeinflusst durch die katholische Kirche – häufig mit Opferbereitschaft verknüpft. Hier wäre es interessant gewesen, die kurze Erwähnung von Frauen, die sich international pazifistisch engagiert haben, weiter auszuführen. Aus einer konservativen, politisch distanzierten Familie stammend ist es deshalb erstaunlich, dass Ameli ohne direktes Vorbild von sich aus eine höhere Mädchenschule besuchen wollte.

Die höhere Mädchenschule Freudenhain in Passau, ein Institut der Englischen Fräulein, an der Ameli 1925 den mittleren Schulabschluss ablegte, war katholisch geprägt und vermittelte weiterhin das Leitbild der jungen Frau, welche Bildung als Vorbereitung auf ihre zukünftige Rolle als Mutter, Ehe- und Hausfrau anstrebte. Die von den weiblichen Orden getragenen Mädchenschulen lieferten einen wichtigen Beitrag zur Professionalisierung der Mädchenbildung. Inwiefern Religion und Bildung zu trennen sei, war politisch heftig umstritten. Das galt auch für das Fach »Staatsbürgerkunde«, sodass sich keine politische Bildung etablieren konnte. Während der instabilen Zeit der Weimarer Republik – sie verunsicherte viele junge Menschen in ihrer Zukunftsplanung – wollte Ameli zwar gerne das Abitur ablegen und dachte über ein Studium nach, kehrte jedoch wieder nach Hause zurück, um ihre Eltern nicht weiter finanziell zu belasten. Sie beteiligte sich nicht an den »erfahrbaren Veränderungen ihrer Zeit« und zeigte auch kein Interesse an gesellschaftspolitischen Themen (S. 155).

Nach dem überraschenden Tod des Vaters war eine Fortsetzung der Schule endgültig ausgeschlossen; denn Ameli musste zu Hause helfen. In Folge der Weltwirtschaftskrise bot das elterliche Kaufhaus keine tragfähige Zukunftsperspektive mehr und die Frage nach eigener Zukunftsplanung war ungelöst. Nach dem Tod von Amelis Mutter nur wenige Jahre später war sie auf sich allein gestellt, das Kaufhaus musste verkauft werden. Was Ameli über die ›Machtergreifung‹ der NSDAP 1933 dachte, bleibt spekulativ. »Vermutlich« hat sie die Geschehnisse abgelehnt (S. 199). Es begann eine Zeit des Konformitätsdrucks, gerade im mittelstädtischen Umfeld. Um sich finanziell abzusichern, begann Ameli zu arbeiten, erst als Buchhalterin, danach in der Verwaltung des Bundes Deutscher Mädel, schließlich als Sekretärin in einem Münchener Verlag, in dem sie ihren späteren Ehemann Josef Neuefeind kennenlernte. Ob zu dieser Zeit Kontakt zu jüdischen Mitbürgern und Mitbürgerinnen bestand

»wissen wir nicht«; »vermutlich« fühlte Ameli aber, dass den Juden zu dieser Zeit »Unrecht« angetan wurde (S. 229). Nach der Heirat mit Josef stand das Hoffen auf privates Glück im Vordergrund.

Dieser wurde beruflich nach Berlin versetzt, während Ameli dort als Hausfrau tätig war. Sowohl in München als auch in Berlin besuchten Ameli und Josef katholische Gottesdienste, in denen das NS-Regime kritisiert wurde – eine passive, aber dennoch politische Positionierung. Schließlich kam es zum erneuten Umzug 1941 nach Gleiwitz in Schlesien mit dem Ziel, dort eine eigene Buchhandlung zu eröffnen. Welche Gewaltaktionen Ameli gegen die jüdische Bevölkerung beobachtet hat, »bleibt offen« (S. 258). Wegen »staatsfeindlicher Äußerungen« wurde Josef schließlich von der Gestapo verhaftet und verurteilt, Ameli musste das Geschäft übernehmen und sich allein um die mittlerweile zwei kleinen Kinder kümmern. Vor dem Hintergrund der nahenden Front am Ende des Zweiten Weltkrieges floh Ameli mit den Kindern zurück nach Passau, wo sie bei ihrer Schwester unterkommen konnte. Nach Kriegsende wurde Josef aus der Haft entlassen. Es erfolgte nach einigen Zwischenstationen die Gründung einer eigenen Buchhandlung und Wiederaufbau einer mittelständischen Existenz in Passau.

Zusammenfassend gelingt der Autorin eine flüssige Verknüpfung großer Ereignisse mit der lokalen Mikroebene bzw. dem Einzelschicksal Amelis. Die vielen Abbildungen veranschaulichen die Thematik. Schade ist, dass die Texte auf den abgedruckten Bildern wegen der kleinen Schriftgröße nicht immer gut zu lesen sind. Mit der Biografie der Katholikin, Mutter und Geschäftsfrau untersucht der Band ein konkretes Beispiel aus dem Passauer Land. Damit trägt er zum Forschungsdesiderat der Geschichte der bayerischen Frauenbewegung bei. Deren katholische Ausprägung ist bislang fachwissenschaftlich viel zu wenig gewürdigt worden. Ein besonders aussagekräftiges Beispiel dafür ist Ameli jedoch nicht. Ihre Rolle als »Führsprecherin und Unterstützerin von gleichen Bildungschancen für beide Geschlechter« (S. 281) beschränkte sich auf den vorpolitischen, privaten Raum. In diesem Zusammenhang verharren viele Überlegungen der Biografie im Bereich bloß spekulativer Andeutungen. Interessant wäre zudem eine weitere Kontextualisierung mit den Lebensläufen anderer katholischer Frauen gewesen, wie z.B. der BVP-Politikerin Ellen Ammann, über die 2020 eine von Adelheid Schmidt-Thomé verfasste Biografie erschienen ist (Nikola Becker, in: ZBLG 83 [2020], 831–833).

München/Ithaca NY Cora Alina Blau

VIII. Landesteile und einzelne Orte

Stefan Pfaffenberger, Aspekte der Stadtentwicklung Bambergs im frühen und hohen Mittelalter aus archäologischer Sicht *(Arbeiten zur Archäologie Süddeutschlands 32), Büchenbach 2020, Verlag Dr. Faustus, 647 Seiten, zahlreiche Abbildungen.*

Bei dem seitenstarken Buch handelt es sich um die Promotionsschrift des Bamberger Stadtarchäologen Stefan Pfaffenberger, die 2019 am Lehrstuhl für Archäologie des Mittelalters und der Neuzeit an der Otto-Friedrich-Universität, Bamberg eingereicht wurde.

Ziel der Monographie ist es, einen Beitrag zur Bamberger Stadtgeschichte im frühen und hohen Mittelalter aus archäologischer Sicht zu erbringen. Pfaffenberger leistet eine integrierende Auswertung der wichtigsten archäologischen Befunde aus der genannten Epoche und entwickelt daraus zentrale Aspekte der Stadtentwicklung Bambergs vor dem Hintergrund des bestehenden, größtenteils archäologischen Forschungsstands. Hierbei legt er bautypologische Schwerpunkte, womit die Stadtentwicklung auch als Architekturgeschichte fassbar gemacht wird. Pfaffenbergers Interesse gilt darüber hinaus auch der Geschichte der Bamberger Stadtarchäologie mit einer teils sehr berechtigten kritischen Bestandsaufnahme der archäologischen Grabungen im Stadtgebiet von den Anfängen bis einschließlich 2009. Als erweiterte Materialgrundlage dient dabei der in Teil V als Anhang beigefügte »Katalog der archäologischen Maßnahmen im Stadtgebiet Bambergs« (S. 311–647). Dieser enthält auch die über das frühe und hohe Mittelalter hinausreichenden Befunde, womit sie für weitergehende Forschungen zur Verfügung stehen; sie lassen sich mit Hilfe eines Verzeichnisses der alphabetisch geordneten Straßennamen erschließen.

Die Materialgrundlage der Untersuchung bilden die im 20. und 21. Jahrhundert erhobenen archäologischen sowie bauforscherischen Befunde aus der angeführten Untersuchungsphase. Mit Archäologie und Bauforschung werden also zwei eng benachbarte Fachgebiete berücksichtigt. Ergänzend zieht Pfaffenberger bei der Bewertung und Diskussion der Befunde sowie der Stadtentwicklung Bambergs auch eine Vielzahl an historischen Bild-, Text- sowie Kartenquellen heran, so etwa den aus dem Jahr 1602 stammenden Zweidler-Plan. Diese werden jedoch nicht alle im Buch abgebildet.

Neben einem chronologischen Überblick über die »Stadtarchäologie« (S. 10–13) sowie der Erläuterung der »naturräumlichen Gegebenheiten Bambergs« (S. 13–16) leitet Pfaffenberger den Forschungsteil II (S. 48–267) mit Ausführungen zur »vor- und frühgeschichtlichen Besiedelung des Stadtgebietes« (S. 16–26) und zum »frühmittelalterlichen bis spätkarolingischen Siedlungsgefüge[.] des Bamberger Raums« (S. 26–39) ein. Darauf folgen Beobachtungen zur Territorial- und Kirchengeschichte (S. 39–47), vor allem zur Bistumsgründung sowie -entwicklung von Kaiser Heinrich II. bis Bischof Otto I. (S. 41–47).

Im Hauptteil II (S. 48–267) folgen Beschreibung, Erläuterung, Interpretation, Bewertung und Diskussion der früh- und hochmittelalterlichen archäologischen Befunde in Verbindung mit der Grabungsgeschichte der jeweils betrachteten Areale. Hierbei konzentriert sich Pfaffenberger auf den Domberg mit der Kathedrale (»Heinrichsdom«), das Domkloster und die Pfalz mit dem hier vormals befindlichen Castrum Babenberg sowie den Resten der Befestigungsanlagen wie Wehrmauern und -gräben etc. Wegen ihrer Bedeutung für die Entwicklung Bambergs sind sie zentrale Ausgangspunkte des Erkenntnisinteresses. Im Sinn der von Heinrich II. und den Bischöfen vorangetriebenen städtebaulichen Entwicklung rückt Pfaffenberger dann die Oberstadt und die Anhöhen mit ihrer Sakraltopografie in den Vordergrund seiner Betrachtungen. Hierzu zählen neben dem Michaelsberg mit dem Kloster St. Michael (S. 119–132) und der ebenfalls dort gelegenen, ehemaligen Propstei St. Getreu (S. 133) der Stephans- und Jakobsberg mit Stephans- und Jakobskirche (S. 134–137) sowie das am Unteren Kaulberg gelegene Benediktinerinnenkloster St. Maria und Theodor (S. 141–144).

Das Sandgebiet, als Bereich des ehemaligen Suburbiums, wird anhand diverser Grabungsfunde, etwa im Bereich der Schranne, dem Standort des abgegangenen Franziskanerklosters, am Katzenberg oder am Regnitzufer untersucht (S. 144–200). Die hochmittelalterliche Entwicklung der Inselstadt verfolgt Pfaffenberger vor allem im Fokus auf den Maximiliansplatz, dem Standort der abgegangenen Pfarrkirche St. Martin. Weitere Überlegungen beleuchten die Situation am Jesuitenkolleg oder in der Hellerstraße (S. 201–228). Mit dem Ausblick auf die in der Inselstadt gelegenen Befestigungen versucht Pfaffenberger, den ehemaligen Verlauf der Bamberger Stadtmauer unter Einbeziehung verschiedener Bild- und Textquellen sowie der Bauforschung zu rekonstruieren (S. 221–228). Seine Ausführungen zu den Befunden in der Theuerstadt geben ein sehr differenziertes Bild dieses von verkehrsgeographischen Einflüssen geprägten frühmittelalterlichen Siedlungsgebiets Bambergs (S. 228–268), besonders aussagekräftig am Beispiel der Oberen Königstraße.

Die im III. Teil zusammengefassten Ergebnisse der archäologischen Befunduntersuchung zeichnen facettenreich die früh- bis hochmittelalterliche Siedlungsgenese Bambergs nach (S. 268–289). Demzufolge bildete das von Pfaffenberger typologisch als »große bis sehr große [...] karolingisch-ottonische Mittelpunktburg« (S. 269) eingeordnete »castrum Babenberh« (S. 269) ab dem 8. bis 9. Jahrhundert die Keimzelle für Bambergs Siedlungsentwicklung. Der als vorgelagerte Verteidigungseinrichtung der Burg dienende Michaelsberg nahm hierbei eine bedeutende Funktion ein, wie auch die sich aus einer Furtsiedlung ab dem 10. Jahrhundert am rechten Regnitzarm entwickelnde Theuerstadt. Das im Sandgebiet am Ufer des linken Regnitzarms ebenfalls im Frühmittelalter entstandene Suburbium, mit seiner ökonomischen Versorgungsfunktion für die Burg kann Pfaffenberger als weiteres wichtiges »frühstädtische[s]« Element« (S. 271) identifizieren. Für den Forscher wurde bereits im Frühmittelalter durch die im Bereich der Burg, im Suburbium sowie in der Theuerstadt nachgewiesenen Siedlungszellen die Basis für die »polyzentrische Entwicklung Bambergs« (S. 274) gelegt.

Die Gründung des Bistums Bamberg 1007 durch Heinrich II. eröffnete schließlich im 11. Jahrhundert »ein neues Kapitel in der Stadtentwicklung« (S. 274). Die Bistumsgründung legte die Grundlage für Bambergs Aufstieg »zu einem der politisch, kirchlich und kulturell bedeutendsten Zentralorte des Reiches« (S. 274). Im Stadtbild wird er vor allem in der Sakraltopographie erkennbar. An den Heinrichsdom und die Pfalz im Bereich des ehemaligen »castrum Babenberh« (S. 279) fügten sich noch weitere für die Funktion eines Bischofssitzes essentielle Gebäude an, die Stiftskirchen St. Stephan und St. Jakob sowie das Benediktinerkloster St. Michael. Sie stellten die Grundsteine eines auf die »memoria« (S. 280) für Heinrich II. und seine Gemahlin Kunigunde ausgerichteten Entwicklungskonzepts dar; aus ihnen sollte sich Bambergs hochmittelalterliche »Kirchenlandschaft« (S. 280) entwickeln.

Das 12. Jahrhundert war hingegen gekennzeichnet von »umfangreichen stadträumlichen Veränderungen« (S. 282). Sie wurden in der »Ausbildung eines stadträumlichen Gebildes« greifbar; sie schufen die Basis für die »Ausdehnung der Stadt im weiteren Verlauf des Mittelalters und der Frühen Neuzeit« (S. 282). Erstmals wurden im 12. Jahrhundert »Ansätze zur Ausbildung eines zusammenhängenden Stadtorganismus sichtbar« (S. 289). Im Detail äußerte sich der dem Wirken von Bischof Otto I. zuzuschreibende Stadtentwicklungsprozess in der »Ausweitung des Stadtraumes« (S. 282), »der Einbeziehung der Inselstadt in den Stadtraum« (S. 282), der »Verdichtung innerhalb der bestehenden Kernräume« (S. 282) sowie in einer Transformation von gewerblich genutzten Stadtquartieren für die sakrale Nutzung, wie etwa an der Schranne. Er deutete sich in den nun verwendeten Architekturformen an, so beispielsweise in der Ablösung des Holzbaus durch vermehrten Steinbau.

Pfaffenberger gelingt mit seiner Untersuchung ein bedeutender Wissenszuwachs für die Landesgeschichte, in der Bamberg vor allem unter Heinrich II. aber auch darüber hinaus eine wichtige Stellung einnimmt. Zudem ist seine katalogförmige Aufarbeitung der archäologischen Maßnahmen auf dem Stadtgebiet und seine kritische Sichtung der Stadtarchäologie für die künftige Forschung sehr verdienstvoll. Trotzdem wirkt sein Ansatz wegen des stark architekturtypologisch orientierten Zugangs an manchen Stellen überfrachtet und im Hinblick auf wissenschaftliche Analyse sowie Qualität stark durchwachsen. Mangelnde Stringenz lassen die Betrachtungen der historischen Bild- und Kartenquellen erkennen, gerade auch in ihrer Verbindung mit den archäologischen Befunden. Ein Beispiel dafür ist der Zweidler-Plan: Seine Auswertung für eine weitergreifende Kontextualisierung der archäologischen Befunduntersuchungen vermisst man immer wieder, so etwa bei den Ausführungen zur Inselstadt. Hier fehlt es nicht nur an Durchdringungstiefe in der Befundanalyse, sondern auch an methodisch sauberer Visualisierung der Befestigungsanlagen, vor allem der Stadtmauerverläufe. Der Zweidler-Plan hält hierzu Informationen bereit, wie auch zu Grenzen und Flurstücken. Für die Theuerstadt vermisst man weiterführende Beobachtungen zur gartenbaulichen Nutzung dieses Areals, obwohl dies die Befundgeschichte erlauben würde.

In der Gesamtschau ist das Buch von Stefan Pfaffenberger durchaus als wertvoller Beitrag zur historischen Stadtentwicklung von Bamberg einzustufen. Dem Leser sei dennoch empfohlen, an der ein oder anderen Stelle auch eine kritische Brille aufzusetzen.

Kißlegg Philipp Scheitenberger

Martina Außermeier, St. Kastulus in Moosburg. Geschichte, Bau, Stil, *Lindenberg im Allgäu 2020, Josef Fink, 296 Seiten, 222 Abbildungen.*

In ihrer Regensburger Dissertation widmet sich Martina Außermeier einem bedeutenden Zeugnis des bayerischen Kirchenbaus, dem Münster St. Kastulus in Moosburg an der Isar. Das im Nordosten der Erzdiözese München und Freising gelegene Bauwerk ist vor allem für die noch deutlich erkennbare Architektur der Romanik und Spätgotik bekannt, die der Sakralbau über das Zeitalter barocker Überformungen bewahren konnte.

Ziel der Arbeit ist eine Auseinandersetzung mit der Baugeschichte sowie dem Baustil des ehemaligen Kollegiatstiftes, wobei »Forschungsergebnisse der Vergangenheit […] ergänzt und neu geordnet« sowie »neue Erkenntnisse ausgewertet und kommentiert« (S. 14) werden sollen. Betrachtet wird dabei en détail die Zeit bis zum Ende des 16. Jahrhunderts. Auf die ältere Forschungsliteratur geht Außermeier eher kursorisch ein, als Schwerpunkt für die wissenschaftliche Bezugnahme lässt sich die Forschung des 20. Jahrhunderts festmachen. Neu und äußerst bemerkenswert ist die Behandlung der Baugeschichte der Kapellen und Anbauten sowie die Erstellung graphischer Rekonstruktionen der einzelnen Bauphasen. Die Studie gliedert sich in drei Hauptteile, erstens: eine knappe Verortung des Münsters St. Kastulus in der Bistums- und Landesgeschichte sowie ein Überblick über die Frühphase der Entstehung und den Fortgang vom Benediktinerkloster zum Kollegiatstift bis zu dessen Translation nach Landshut, zweitens: eine detaillierte Beschreibung der Baugeschichte sowie der historischen Ausstattung des Münsters, drittens: eine wissenschaftliche Einordnung der Architektur und Bauskulptur in die kunsthistorischen Stilepochen. Diesem Hauptteil angehängt sind die bereits genannten wertvollen Rekonstruktionen. Während der erste Teil, auch hinsichtlich des Umfanges, eher einleitenden Charakter hat, zeigt Außermeier in den folgenden beiden Teilen mit technischer Raffinesse ihre außerordentliche fachliche Kompetenz. Begleitet werden ihre Ausführungen von hochauflösenden und ästhetisch ansprechend komponierten Farbfotografien, welche dem Leser das Beschriebene treffend bebildern.

Der Fokus der Arbeit liegt auf der Beschreibung der Bau- und Ausstattungsgeschichte. Außermeier stellt bei der Betrachtung der einzelnen Elemente den Bezug zu vergleichbaren Werken zeitgenössischer Künstler in Süddeutschland her. Sie arbeitet für die Gebäudeteile stichhaltig die potenziellen Verwendungszwecke heraus, was ein herausragendes Qualitätsmerkmal dieser Dissertation darstellt. Die skulpturalen Arbeiten Hans Leinbergers reflektiert sie überzeugend innerhalb dessen künstlerischen Werkkomplexes. Überdies bietet die Autorin eine eingehende Beschreibung des romanischen Westportals sowie eine überzeugende Interpretation von dessen berühmten Tympanon. In die Baugeschichte lässt sie viele archäologische Erkenntnisse der jüngeren Zeit einfließen, die während der umfassenden Renovierungsmaßnahmen im Jahr 2009 erlangt werden konnten. Der dritte Hauptteil zur stilistischen Einordnung ist prägnant formuliert und umfasst etwa ein Fünftel der Arbeit. Die dabei gezogenen Rückschlüsse sind evident und fundiert. Bemerkenswert ist die These, dass der markante Westturm des Münsters wohl ursprünglich als Doppelturmfassade angelegt gewesen sein könnte (S. 199). Der Kontext der jeweiligen zeitgenössischen ästhetischen Ideale in der süddeutschen Sakralarchitektur wird treffend zur Ausführung gebracht.

Außermeier analysiert sorgfältig, aber ohne Ausschweifung, die Ausstattung und Architektur des Münsters St. Kastulus. Die Arbeit eignet sich besonders für eine intensive Auseinandersetzung mit dem Gebäude und dessen Innenausstattung und spricht dabei nicht nur ausgewiesene Experten der Kunstgeschichte an, sondern macht sie einem breiten Publikum zugänglich. Durch die Verwendung von Endnoten wird zwar ein ruhiges Schriftbild hergestellt, doch der Zugang zu weiterführender Forschungsliteratur erschwert, was freilich dem in der Schriftsetzung allgemein zu beobachtenden Trend der künstlichen Trennung von Darstellung und Forschung geschuldet ist. Die Dissertation wird ihrem erklärten Vorhaben, einer möglichst umfänglichen kunsthistorischen Beschreibung und stilistischen Einordnung des Münsters in die Baugeschichte bis zum Ende des 16. Jahrhunderts, auf hohe Weise gerecht. Spätere bauliche Entwicklungen finden deshalb nur gelegentlich in Form von Exkursen Erwähnung. Äußerst hilfreich sind darüber hinaus die aufgeführten Thesen zur möglichen säkularen und sakralen Nutzung der einzelnen Räume und Gebäudeteile.

Die kunsthistorische Bearbeitung des Moosburger Münsters St. Kastulus von Außermeier besticht durch eine treffsichere Ausdrucksweise, die auf Grundlage souveräner wissenschaftlicher Argumentation ein gut nachvollziehbares und unerlässliches Werk für diesen Sakralbau darstellt. Es eignet sich für alle, die sich mit der romanischen und gotischen Baugeschichte des Münsters auseinandersetzen möchten und darf zugleich zu weiterführenden, vergleichend angelegten Studien anregen.

München   Markus M. Böck

IX. Nachbarländer

Susanne Lang (Hg.), Jesuiten am Oberrhein *(Oberrheinische Studien 41), Ostfildern 2020, Jan Thorbecke, 304 Seiten, zahlreiche Abbildungen.*

Le livre qu'édite Susanne Lang s'attaque à un problème majeur et double de l'historiographie religieuse du monde moderne: celui de l'implantation de la Compagnie de Jésus dans un espace précisément donné, ici celui de la province érigée en 1626 comme «Provincia Rheni superioris» et qui s'étendait de Bamberg à Worms et de Molsheim à Heiligenstadt. En effet, depuis son désenclavement historiographique du début des années 1990, l'histoire jésuite apparaît aux chercheurs comme un accès privilégié pour l'intelligence des XVIe-XVIIIe siècles, par l'importance des activités de l'ordre et par la richesse des archives conservées. D'autre part, l'intégration des multiples cas d'analyse (personnes, collèges, missions, provinces, etc.) à une histoire plus générale de la Compagnie bute sur la diversité des circonstances, sur la masse documentaire (avec ses manques aussi) et sur l'articulation de ces lieux et documents à une structure hiérarchique plus complexe que ce que les textes normatifs jésuites ont décrit.

Dans son introduction, *Susanne Lang* ne cache pas ces difficultés et s'attache en particulier à décrire les caractéristiques de l'espace d'analyse du livre. L'historiographie du Haut-Rhin le présente comme une «Durchgangsgebiet» et les limites de la province jésuite n'y furent ni celles des diocèses ni celles des principautés séculières, quand bien même chacune des maisons jésuites de la province entretenait des liens étroits avec ces pouvoirs locaux. Ce sont alors les activités des religieux, entre éducation, mission et culture, qui ont concrètement déterminé l'espace de la province jésuite du Haut-Rhin. Les dix contributions du volume les étudient, parfois dans de simples descriptions loin des problématiques de l'historiographie actuelle, mais d'autres fois au contraire en éclairant d'un jour nouveau des questions d'histoire qui dépassent leur cas d'étude.

Parmi ces réussites, on peut en premier lieu mentionner le travail de *Daniela Blum* sur l'installation des jésuites à Speyer. Dans un contexte de partage confessionnel, le Chapitre cathédral fit appel à la Compagnie pour dynamiser un catholicisme pressé par des autorités urbaines réformées, et cela malgré les réticences de l'évêque qui craignait que le fragile équilibre entre confessions fût rompu. Les craintes du prélat se sont avérées fondées quand le zèle missionnaire des jésuites échappa au contrôle du Chapitre pour provoquer de vives réactions chez les réformés. Cet exemple d'une ville pluriconfessionnelle participe à dépasser ce qui reste du paradigme de la confessionnalisation, pertinent surtout pour des cas homogènes, en fait moins fréquents que ceux de partage confessionnel où les principaux acteurs des Réformes religieuses se sont rencontrés.

Une ligne de fracture non religieuse est mise en perspective par les contributions de *Claude Muller* sur l'Alsace et de *Patrick Schiele* centrée sur l'Université de Strasbourg. Cette fracture passait à l'intérieur de la Compagnie, entre ses membres nés sujets du roi de France et ceux originaires des États allemands. Après l'intégration de Strasbourg au royaume de France en 1681, Louis XIV décida le retour des enseignants supérieurs jésuites de Molsheim dans la ville pour faire face à l'Université protestante. Dans cet effort de recatholisation, le pouvoir royal s'appuya avant tout sur des jésuites francophones de la province de Champagne, au détriment des religieux germaniques, jusqu'à l'expulsion de la Compagnie par Louis XV en 1764. Il faut noter par ailleurs la mention par *Claude Muller* du P. Georges Olry, de Weissenburg, qui occupa après 1764, un bénéfice dans sa paroisse d'origine jusqu'à sa mort en 1786 (p. 51); bien que peu développée, cette mention rejoint les préoccupations les plus récentes sur l'histoire de la Compagnie de Jésus durant son temps de suppression.

Les articles de *Sibylle Appuhn-Radtke* et de *Hans-Ulrich Kolb* rendent encore plus visible la difficulté de passer des cas d'étude locaux à cette histoire de la Compagnie universelle. Au sujet des feuilles de thèse, *Appuhn-Radtke* rappelle durant les deux tiers de son texte les caractéristiques du phénomène telles qu'elle les a montrées ailleurs, puis les confronte avec les documents relatifs à la province du Haut-Rhin pour signaler quelques rares feuilles de type romain amenées par des élèves italiens dans les établissements jésuites allemands. De même, la recherche sur la bibliothèque dispersée du collège de Heidelberg – à laquelle *Kolb* joint une très complète bibliographie sur les bibliothèques jésuites – commence par une présentation des textes normatifs de l'ordre relatifs aux bibliothèques; l'effort est d'une grande utilité, puisqu'en plus de dresser un cadre aux activités bibliothéconomiques des jésuites, il met à disposition des sources parfois difficiles d'accès.

Le volume édité par Susanne Lang est riche d'informations, jusque dans ces chapitres peu au fait des développements récents de l'historiographie religieuse. Ainsi, que les jésuites aient fait office de curé dans la paroisse de Ottersweier, dans la région de Baden (p. 68), intéressera sans doute les chercheurs qui travaillent sur les structures bénéficiales post-tridentines ou sur le rapport des jésuites aux institutions ecclésiastiques séculières. Dépasser les intérêts historiographiques locaux est une des gageurs de ce type d'entreprise et «Jesuiten am Oberrhein» ne démérite pas. D'aucuns ont insisté sur une écriture de l'histoire jésuite à partir des collèges (par exemple Stéphane Van Damme, Le temple de la sagesse. Savoirs, écriture et sociabilité urbaine [Lyon, XVIIe–XVIIIe siècle], Paris 2005, p. 471), la direction donnée par Susanne Lang a son livre à le grand intérêt de justifier d'autres voies.

Bern   David Aeby

Rainer Loose (Hg.), **Hezilo und die Freien von Tschengls. Von Kanzlern, rätischen Urkunden, Freien im Vintschgau und einer adeligen Grablege** *(Veröffentlichungen des Südtiroler Landesarchivs 49), Innsbruck 2021, Wagner, 228 Seiten, zahlreiche Abbildungen.*

Bislang von der Forschung kaum beachtet, stellt die aus dem Vintschgauer Niederadel stammende Familie der Herren von Tschengls (erste urkundliche Erwähnung 1149, Aussterben im Mannesstamm 1421/22) den Untersuchungsgegenstand des vorliegenden Sammelbandes dar, der nach langjähriger Arbeit 2021 erschienen ist und aus drei Beiträgen von *Rainer Loose*, *David Fliri* und *Leo Andergassen* besteht. Jeder der drei Beiträge umfasst ein eigenes Quellen-, Literatur- und Abkürzungsverzeichnis, der Beitrag von *Loose* beinhaltet zudem eine Zeittafel (S. 97), welche allerdings bereits Anfang des 14. Jahrhunderts endet. Abschließend wird dem Leser der Zugriff durch ein Orts- und Personenregister sowie eine extra beigefügte Stammtafel erleichtert. Aufgrund der klaren Dreiteilung des Bandes sollen die drei Beiträge getrennt voneinander vorgestellt werden.

Zu Beginn versucht *Rainer Loose*, die Geschichte der Herren von Tschengls zu erfassen und somit »einen Beitrag zur Geschichte noch wenig erforschter niederadeliger Familien des Vintschgaus und des mittleren Alpenraums zu leisten« (S. 13), wobei gleich zu Beginn deutlich gemacht wird, dass der Begriff »Herren« nicht im Sinne einer Standeszugehörigkeit, sondern ausschließlich im Sinne von Herrschaftsausübung über Land und Leute zu verstehen sei (S. 9). Korrekterweise wird jedoch die äußerst problematische Quellenlage betont und unumwunden deutlich gemacht, dass »Manches Hypothese bleiben muss« (S. 13).

Dennoch gelingt es dem Autor, hauptsächlich auf Basis diplomatischer Quellen die Grundzüge der Geschichte der Herren von Tschengls zu rekonstruieren und eine ältere (in Anlehnung an die prominentesten Vertreter auch »Hezilonen« genannt) und eine jüngere Linie (Ministeriale und somit Angehörige des Ritter- oder Niederadels in nachmeinhardinischer Zeit) zu unterscheiden. Beide Linien traten vor allem als Inhaber des Kanzleramts in Erscheinung und waren somit für die Verschriftlichung von Rechtsfällen und die Einhaltung der Rechtsbräuche verantwortlich, weshalb sie im Vintschgau durchaus eine hervorgehobene Stellung innehatten, auch wenn das Kanzleramt im Verlauf des Spätmittelalters aufgrund des aufblühenden Notariatswesens zunehmend an Bedeutung verlor. Auf Basis wichtiger Dokumente wie der Erbteilungsurkunde von 1430 versucht der Autor, den Besitz der Familie näher zu bestimmen (S. 32–44). Kurze topographische Beschreibungen der erhaltenen und nicht erhaltenen Burgen und Türme aus ihrem Besitz (S. 44–52) sowie Überlegungen zur »memoria« (S. 52–60) schließen sich an, wobei auch die St. Johanneskapelle in Prad berücksichtigt wird, die als Grablege der Familie diente. Hiervon zeugt eine Grabplatte aus dem Ende des 14. Jahrhunderts, auf der noch Wappen und Helmzier zu erkennen sind und die »von Größe und Ruhm der Herren von Tschengls Kunde gibt« (S. 59). Zuletzt wird versucht, eine Genealogie beider Linien zu erstellen (S. 60–85). In diesem Zusammenhang wäre es überlegenswert gewesen, diese an den Beginn des Beitrags zu stellen.

David Fliri zeichnet in seinem knappen Beitrag das Leben der Anna von Eschenloch († 1396) nach, der Ehefrau Hilprands von Tschengls († 1378/79) und Mutter Sigmunds von Tschengls († 1421/22). Außerordentlich gewinnbringend für die künftige Forschung ist *Fliris* anschließende Edition von 17 ausgewählten Urkunden, beginnend 1286 und endend 1421, in denen »Mitglieder der Adelsfamilie von Tschengls als Aussteller und/oder Empfänger bzw. als Vertragspartner fungierten« (S. 105).

Abschließend stellt *Leo Andergassen* die Begräbniskirche der Herren von Tschengls, St. Johann in Prad, vor und bietet eine ausführliche Einordnung und Interpretation der spätromanischen und gotischen Wandmalereien, die durch zahlreiche Bildtafeln veranschaulicht werden. Dabei bringt der

Autor die Ausmalungen mit der Stifterfamilie in Verbindung, einzelne Bildprogramme wie etwa der auf der Triumphbogenwand dargestellte Kult der Vierundzwanzig Ältesten der Apokalypse scheinen »individuell auf die Bedürfnisse einer Stiftermemoria abgestimmt« (S. 151). Obwohl im Text die Verweise auf die Nummern der beigefügten Bildtafeln fehlen und so das Auffinden der jeweiligen Abbildung etwas umständlich ist, werden die Besonderheiten der Malereien in der Kirche sehr gut deutlich, auch im Vergleich zu anderen Kirchen im (Süd-)tiroler Raum.

Insgesamt ist das Vorhaben des Herausgebers und der beiden weiteren Autoren eindrucksvoll gelungen: Für jede künftige Beschäftigung mit den Herren von Tschengls stellt der Band ein unverzichtbares Referenzwerk dar. Der Band erfüllt zudem insofern ein Desiderat, als dass er einen Versuch unternimmt, jenen Stand der »Freien« (»homo liber«, »liberi«) näher zu charakterisieren (S. 25–32), der in Zeugenreihen wiederholt in Erscheinung tritt und deren Angehörige den früheren Sozialstatus als niederadliges Prädikat im Namen tragen. Die Freien waren ein »soziologisches Merkmal der alten Grafschaft Vintschgau« (S. 25) und stellten »eine starke soziale Komponente der ländlichen Bevölkerungsstruktur« dar (S. 27). In Anlehnung an die Forschungen von Otto Stolz (Die Ausbreitung des Deutschtums in Südtirol im Lichte der Urkunden, Bd. 4: Die Ausbreitung des Deutschtums im Vintschgau und im Eisacktal und Pustertal, München/Berlin 1934, 76–85; Ders., Bauer und Landesfürst in Tirol und Vorarlberg, in: Theodor Mayer (Hg.), Adel und Bauern im deutschen Staat des Mittelalters, Leipzig 1943, 170–212, hier 174–177) sind als zentrale Merkmale dieses Standes die Unabhängigkeit von grundherrschaftlichen Verpflichtungen, die Unteilbarkeit des freien Grundbesitzes sowie die Rechtsmündigkeit anzusehen; personenrechtliche Bindungen und Pflichten (Freiendienst) bestanden jedoch weiterhin. Herkunft und Verbreitung dieses speziell in der Grafschaft Tirol verbreiteten sozialen Elements harren jedoch weiterer Untersuchungen (S. 32).

Trotz aller Verdienste muss dennoch auf die Grenzen verwiesen werden, an die der Band ob der schwierigen Quellenlage stößt: Eine größere zusammenhängende Darstellung ist nicht möglich, nur bruchstückhaft können einzelne Begebenheiten schlaglichtartig erhellt werden. Auch die sich an die genealogische Untersuchung anlehnende beigefügte Stammtafel ist mit vielen Fragezeichen versehen und beruht zu weiten Teilen auf (wenn auch gut begründeten) Hypothesen und Mutmaßungen (vgl. S. 30: »Bestenfalls sind prosopographische Skizzen möglich, oft aber auch nicht einmal dies.«). Als Sinnbild für Chancen und Grenzen des gesamten Bandes kann das Stifterbild in der Grablege der Herren von Tschengls in St. Johann in Prad dienen (S. 159). Obwohl stark beschädigt, lohnt es sich, die erhaltenen Elemente zu betrachten und durch begründete Schlussfolgerungen zu versuchen, eine ungefähre Vorstellung vom ursprünglichen Aussehen des Bildes zu erhalten.

So kann der Band als Ermutigung angesehen werden, entsprechende Studien zu anderen Geschlechtern nicht nur für Tirol, sondern auch für den süddeutschen Raum anzustreben.

 Innsbruck FELIX SCHULZ